国际金融与结算
(第 2 版)

汪宇瀚　主　编

清华大学出版社
北　京

内 容 简 介

本书分为国际金融和国际结算两篇，共 12 章，主要内容包括：外汇和国际收支、国际储备、外汇汇率及汇率制度、外汇交易、国际金融市场与国际金融机构、国际货币流动与国际金融危机、国际货币制度、票据、汇款与托收、信用证、银行保函以及国际结算中的单据等。同时，附录中还提供了相关的参考资料。

本书可供高等院校商科类相关专业使用，也可供广大在职人员和对国际金融与结算知识感兴趣的人士自学使用。

本书封面贴有清华大学出版社防伪标签，无标签者不得销售。
版权所有，侵权必究。举报：010-62782989，beiqinquan@tup.tsinghua.edu.cn。

图书在版编目(CIP)数据

国际金融与结算/汪宇瀚主编. —2 版. —北京：清华大学出版社，2021.5（2024.1重印）
ISBN 978-7-302-56122-4

Ⅰ.①国… Ⅱ.①汪… Ⅲ.①国际金融—高等职业教育—教材 ②国际结算—高等职业教育—教材 Ⅳ.①F831 ②F830.73

中国版本图书馆 CIP 数据核字(2020)第 140313 号

责任编辑：梁媛媛
封面设计：李 坤
责任校对：周剑云
责任印制：宋 林

出版发行：清华大学出版社
网　　址：https://www.tup.com.cn, https://www.wqxuetang.com
地　　址：北京清华大学学研大厦 A 座　　邮　编：100084
社 总 机：010-83470000　　邮　购：010-62786544
投稿与读者服务：010-62776969, c-service@tup.tsinghua.edu.cn
质量反馈：010-62772015, zhiliang@tup.tsinghua.edu.cn
课件下载：https://www.tup.com.cn, 010-62791865

印 装 者：三河市龙大印装有限公司
经　　销：全国新华书店
开　　本：185mm×260mm　　印　张：21.75　　字　数：526 千字
版　　次：2006 年 5 月第 1 版　　2021 年 5 月第 2 版　　印　次：2024 年 1 月第 3 次印刷
定　　价：65.00 元

产品编号：078346-01

序

20世纪中后叶以来，经济全球化的思潮正在深刻地影响着世界经济。随着贸易全球化和跨国公司的发展，金融的全球化已经成为一种趋势，且势不可挡。金融业的这种跨越国界的发展主要包括三层含义：其一，金融活动跨越国界，逐步形成无国界金融；其二，金融活动按同一规则运行，在全球范围内形成统一的金融体系，资本、资金市场按国际通行规则运行；其三，在统一的国际金融市场里，同质的金融资产在价格上趋于等同。自20世纪70年代末80年代初以来，美国、日本、澳大利亚、加拿大和欧洲一些发达国家纷纷宣布实行"金融自由化"。其主要内容是放松金融管制；放松利率和外汇控制；允许银行、保险和证券业从分业经营走向混业经营；允许银行在离岸市场开展外币业务等。一些发展中国家，随后也进行了类似的改革。这些改革进一步推动了金融全球化的发展。

中国经济正在逐步融入世界经济，并成为世界经济的一个有机组成部分，当代世界货币金融关系的各种变化与发展，与我国经济体制改革、资本和货币市场的健康发展，以及对外经济贸易和对外投资等息息相关。国际金融与结算在我国已经受到越来越广泛的重视，需求决定供给，对国际金融与结算的强烈需求，使得相关的知识走出象牙塔，实现普及化。

本教材作者是上海第二工业大学的汪宇瀚，上海交通职业技术学院周灌东，山东潍坊学院的焦云秋，他们都是在各高校长期从事国际金融和国际结算教学的教师。他们在长期的教学工作中积累了很多经验和心得，这些经验和心得在这本教材中体现得淋漓尽致。本教材将国际金融与国际结算知识有机结合起来，在介绍国际货币金融关系的基础上，分析了国际贸易的各种结算方式，如汇款、托收和信用证等。本教材十分注重知识性与应用性的结合，理论性与实践性相结合，循序渐进、深入浅出，并附有案例分析和大量练习等，这是本教材的显著特点。此次本教材的修改版进一步增添、更新修改了大量内容和信息，以便与现实状况吻合，更进一步体现教材的应用价值。

此外，除了高等院校就读的学生，对这方面有兴趣的同志也不妨试一下以这本教材作为入门向导，相信一定会受益匪浅。

华东师范大学商学院教授、博士生导师

金润圭

引 言

金融是指货币流通和信用活动以及与之相关的经济活动的总称。金融的内容可以包括货币的发行与回笼，存款的吸收与支付，贷款的发放与收回，外汇的买卖，股票债券的发行与流通转让，保险、信托和货币结算等。在不同主权国家的居民和企业之间发生经济活动(主要指贸易和金融)，不可避免地产生国家间的货币资金的周转和运动。

国际金融，主要是指世界各国之间经济活动中的货币金融关系。它研究国家和地区之间由于经济、政治、社会、文化的交往和联系而产生的跨国界货币资金的周转和运动。对于研究各国之间货币金融关系的经济学分支学科就被称为国际金融学，它和国际贸易学共同组成国际经济学。国际金融包括国际货币制度、国际收支、外汇汇率与外汇市场、各种汇率制度、外汇储备、国际资本活动、国际金融市场、国际经贸、国际结算等。在本书中，我们出于偏重实务的考虑，将对国际结算部分的内容做特别强调。

国际金融的发展过程，从时间顺序上可以这样概括：先有商品交换，继而产生货币以促进商品交换，然后进一步发展出货币的存储、流通、借贷等一系列信用活动。这些活动的总称即金融活动。而当这些经济活动在跨越国界、用不同的货币同时进行时，就产生了国际金融。早期国际金融学主要讨论货币兑换、融资、利息的问题。此后，有一系列的学者对国际金融学的理论做了进一步的完善。如：英国哲学家和经济学家大卫·休谟(1711—1776)把货币数量论应用到国际收支分析，他提出的"价格-现金流动机制"至今仍对国际收支分析有指导意义；李嘉图所提倡的金本位制；英国经济学家马歇尔(1842—1924)最早提出国际收支调节弹性理论，他用弹性分析的方法对价格变化、贸易条件与进出口量之间的关系做出了精辟的论述；瑞典经济学家古斯塔夫·卡塞尔(1866—1945)在当时通货膨胀的条件下研究汇率决定问题，他把自己的汇率理论叫作购买力平价理论；英国著名经济学家约翰·梅纳德·凯恩斯(1883—1946)建立了以《就业、利息和货币通论》一书为代表的理论体系。凯恩斯的通货管理理论是他的国际金融理论的基础。

国际金融学成为一门独立学科是一个逐步发展的过程。国际金融作为国际贸易的一个重要组成部分，曾长期依附于国际贸易，国际金融学的形成以宏观经济的一定开放程度为前提。随着商品及资本、劳动力等要素国际流动的加速，一国经济与世界经济相互依存性增加，外部均衡问题日益显现。

国际金融学不同于货币银行学，尽管在开放经济条件下两者的研究对象有交叉的地方，但它们的区别却十分明显：货币银行学关注的焦点是货币供求及国内价格问题，而国际金融学关注的焦点则是内外均衡的相互关系和外汇供求及相对价格——汇率问题。在产出、就业等其他宏观经济目标既定的条件下，货币银行学研究的是货币市场的均衡问题，而国际金融学研究的是外汇市场与国际收支的均衡问题。

由于国家间的经济交往，引起了国家间的债权债务关系，国际金融需要研究这种债权债务关系。而为了结清这种债权债务关系，则必须利用一定的支付工具，采用一定的结算方式。随着国际交往的日益增多和国际分工的不断深化，国与国之间的货币收付量越来越大。据统计，目前世界上几乎每天都要发生万亿美元计的国际结算业务量。引起国际货币收付的原因很多，例如，劳务输出输入、国际工程承包、技术转让、商品进出口、外汇买卖、国际投资、国际融资筹资、对外国的捐款、国际旅游、国外亲朋赠款、出国留学等。这些原因所引起的跨国货币收付大体可分为：①有形贸易类；②无形贸易类；③金融交易类。

　　公元11世纪，地中海沿岸的商品贸易初具规模，商人们已经不满足于用现金进行结算，开始使用"字据"来代替现金。到了16世纪和17世纪，欧洲大陆已出现由"票据"来代替"字据"的情况。18世纪，采用票据进行非现金结算已成为各国的普遍做法。到了19世纪末20世纪初，由于国际商业、航运业、运输业、保险业和金融业的迅速发展，国际结算业务发生了根本性的变化。其具体表现为：①银行信用介入国际结算业务，国际贸易结算与贸易融资有机地结合，逐渐形成了以银行为中枢的国际结算体系；②为使银行间业务委托安全可靠，逐渐形成了一套识别真伪的印鉴和密押系统；③为方便、快速地划拨资金，银行间互设账户，从而在世界范围内形成了一个高效的资金转移网络。

　　国际结算是指国家间由于经济联系而发生的以货币表示的债权、债务的清偿行为。一般是指交易双方因商品买卖、劳务供应等而发生的债权、债务通过某种方式进行清偿。如用现金进行清偿，称为现金结算；用票据或转账方式来清偿，则称为非现金结算或转账结算。现代的国际结算绝大部分采用非现金结算。

　　国际金融学和国际法学是国际结算学的理论基础，国际结算是源于世界各国之间的经济、政治、社会、文化的合作和交流而产生的国际货币收支和国际的债权和债务，国际结算作为国际金融的一个分支，详细地介绍了有形贸易和无形贸易类的结算，通过国际结算，以达到国际货币收支差额平衡和国际债权债务的了结。

　　本教材共分为两篇，分别为国际金融和国际结算。在第一篇中我们将侧重于介绍国际金融中宏观及微观的国际金融理论，具体包括：外汇、国际收支、国际储备、外汇汇率、外汇业务、国际金融市场、国际金融机构、国际货币制度等。在第二篇中，我们将以国际结算中的国际贸易结算实务操作作为重点加以详细介绍，具体包括：票据、汇款方式、信用证业务、托收业务、国际结算中的单据等。

教材编写组

前　言

《国际金融与结算》教材共分为两篇，分别是国际金融和国际结算。在第一篇中我们将侧重于介绍国际金融中宏观及微观的国际金融理论，具体包括：外汇、国际收支、国际储备、外汇汇率、外汇业务、国际金融市场、国际金融机构、国际货币制度等。在第二篇中，我们将以国际结算中的国际贸易结算实务操作作为重点进行详细介绍，具体包括：票据、汇款、信用证业务、托收业务、国际结算中的单据等。

本教材的第一版在使用中得到了使用方的一致好评。考虑到国际资本流动和金融危机的频繁出现，及国际金融、国际结算中相当多的规则、理论及信息、数据都有所更新，故我们对原教材进行修改，使其更具有实效性，更贴近最新的现实案例及经验。

考虑到国际经济一体化程度的深化，世界各国的资本流动对经济所产生的巨大影响，第2版新增了"第6章 国际资本流动与国际金融危机"，并对第1版中的有关章节包括国际收支平衡表、国际储备、外汇汇率分析、国际结算等方面进行了大量的修改和信息、数据的更新，总体修改并完全改写的部分超过第1版的二分之一，由本书主编汪宇瀚独立完成，并进行校对。

修改后的教材较第1版有很大的改进，一方面继续保持了第1版国际金融、国际结算理论与实务相结合的特色，同时又融合了国际金融、国际结算理论、实务方面的新变化和发展，是一本适应我国应用型高等院校经济、管理类学科有关专业使用的教材。

值此出版之际，我们全体成员对审稿的各位专家，对使用本教材的同行和同学们致以深深的谢意。同时，书中难免仍存在不足之处有待进一步完善，也敬请提出宝贵意见。

编　者

目录

第一篇 国际金融

第1章 外汇和国际收支 ... 3
- 1.1 外汇 ... 3
  - 1.1.1 外汇的含义 ... 3
  - 1.1.2 外汇的作用 ... 5
- 1.2 国际收支和国际收支平衡表 ... 5
  - 1.2.1 国际收支的含义 ... 6
  - 1.2.2 国际收支平衡表 ... 9
  - 1.2.3 国际收支平衡表的分析 ... 18
- 1.3 国际收支不平衡的调节 ... 20
  - 1.3.1 国际收支不平衡的类型 ... 20
  - 1.3.2 国际收支调节主体与一般原则 ... 24
  - 1.3.3 国际收支持续失衡对一国经济的影响 ... 25
  - 1.3.4 调节国际收支不平衡的措施 ... 27
- 小结 ... 33
- 复习思考题 ... 34
- 案例及热点问题分析 ... 34
- 课后阅读材料 ... 34

第2章 国际储备 ... 36
- 2.1 国际储备概述 ... 36
  - 2.1.1 国际储备的概念 ... 37
  - 2.1.2 国际储备与国际清偿能力 ... 37
  - 2.1.3 国际储备的构成 ... 38
  - 2.1.4 国际储备的供应 ... 43
  - 2.1.5 国际储备的作用 ... 43
- 2.2 国际储备的管理 ... 44
  - 2.2.1 国际储备资产管理的原则 ... 44
  - 2.2.2 国际储备数量管理 ... 45
  - 2.2.3 国际储备结构的管理 ... 48
- 小结 ... 51
- 复习思考题 ... 51
- 案例及热点问题分析 ... 51
- 课后阅读材料 ... 52

第3章 外汇汇率及汇率制度 ... 53
- 3.1 外汇汇率及其标价方法 ... 53
  - 3.1.1 外汇汇率的概念 ... 53
  - 3.1.2 外汇汇率的标价方法 ... 54
  - 3.1.3 汇率的种类 ... 56
  - 3.1.4 汇率的决定基础 ... 61
  - 3.1.5 汇率变动对经济的影响 ... 63
  - 3.1.6 影响汇率变动的因素 ... 66
- 3.2 汇率制度 ... 69
  - 3.2.1 固定汇率制度 ... 69
  - 3.2.2 浮动汇率制度 ... 72
  - 3.2.3 现行人民币汇率制度的基本内容 ... 74
  - 3.2.4 外汇管制 ... 76
- 小结 ... 79
- 复习思考题 ... 79
- 案例及热点问题分析 ... 80
- 课后阅读材料 ... 81

第4章 外汇交易 ... 82
- 4.1 外汇市场概述 ... 82
  - 4.1.1 外汇市场的概念 ... 82
  - 4.1.2 外汇市场的构成 ... 83
  - 4.1.3 外汇市场的概况 ... 84
- 4.2 即期外汇交易 ... 86
  - 4.2.1 即期外汇交易的概念 ... 86
  - 4.2.2 即期外汇交易的种类 ... 87
  - 4.2.3 即期外汇交易的方式 ... 87
  - 4.2.4 实务中即期外汇交易的市场报价 ... 88

4.2.5 即期外汇交易实务中的
　　　　 报价技巧 89
　　4.2.6 即期汇率的表示 90
　　4.2.7 套汇与套利交易 92
4.3 远期外汇交易 96
　　4.3.1 远期外汇交易的概念 96
　　4.3.2 择期外汇交易 100
　　4.3.3 互换交易 101
　　4.3.4 调期外汇交易 105
4.4 外汇期货交易 107
　　4.4.1 外汇期货交易的概念 107
　　4.4.2 外汇期货交易的特点 107
　　4.4.3 外汇期货交易标准化合约的
　　　　 内容 108
　　4.4.4 外汇期货交易的功能 109
4.5 外汇期权交易 112
　　4.5.1 外汇期权的概念 112
　　4.5.2 外汇期权的种类 113
　　4.5.3 外汇期权交易的特点 114
　　4.5.4 外汇期权交易的作用 114
小结 115
复习思考题 116
案例及热点问题分析 116
课后阅读材料 117

第5章　国际金融市场与国际
　　　　　金融机构 118

5.1 国际金融市场概述 118
　　5.1.1 国际金融市场的概念和类型 ... 119
　　5.1.2 当代国际金融市场的特点 120
　　5.1.3 国际金融市场的形成条件 122
　　5.1.4 国际金融市场的作用 122
5.2 传统国际金融市场 123
　　5.2.1 国际货币市场 123
　　5.2.2 国际资本市场 125
　　5.2.3 国际黄金市场 126
5.3 欧洲货币市场 130
　　5.3.1 离岸金融市场 131
　　5.3.2 欧洲货币 131

5.4 国际金融机构概述 136
　　5.4.1 国际金融机构简介 136
　　5.4.2 国际金融机构的性质与作用 ... 136
5.5 国际货币基金组织 137
　　5.5.1 国际货币基金组织的成立
　　　　 及其宗旨 137
　　5.5.2 国际货币基金组织的
　　　　 组织机构 139
　　5.5.3 国际货币基金组织的
　　　　 资金来源 140
　　5.5.4 国际货币基金组织的
　　　　 主要业务活动 141
5.6 世界银行集团 142
　　5.6.1 国际复兴开发银行 143
　　5.6.2 国际开发协会 146
　　5.6.3 国际金融公司 147
　　5.6.4 多边投资担保机构和解决
　　　　 投资争端国际中心 149
5.7 国际清算银行 150
　　5.7.1 国际清算银行的宗旨 150
　　5.7.2 国际清算银行的组织机构 ... 151
5.8 区域性国际金融机构 152
　　5.8.1 亚洲开发银行 152
　　5.8.2 泛美开发银行 154
小结 155
复习思考题 155
案例及热点问题分析 156
课后阅读材料 156

第6章　国际资本流动与国际
　　　　　金融危机 157

6.1 国际资本流动 157
　　6.1.1 国际资本流动的含义 158
　　6.1.2 国际资本流动的类型 158
　　6.1.3 国际资本流动的起因 162
　　6.1.4 国际资本流动的特点 163
　　6.1.5 国际资本流动的效应 165
6.2 国际金融危机 167
　　6.2.1 金融危机概述 167

6.2.2 债务危机 169
6.2.3 金融危机的传导 172
6.2.4 投机性冲击与国际金融危机 174
6.2.5 国际金融危机的防范 177
小结 178
复习思考题 178
案例及热点问题分析 179
课后阅读材料 179

第7章 国际货币制度

7.1 国际货币制度概述 180
    7.1.1 国际货币制度的概念及其内容 180
    7.1.2 国际货币制度的作用 181
    7.1.3 国际货币制度的类型 182
7.2 国际金本位制 182
    7.2.1 国际金本位制度的特点 183
    7.2.2 国际金本位制度的崩溃 185
7.3 布雷顿森林体系 185
    7.3.1 布雷顿森林体系的建立 185
    7.3.2 布雷顿森林体系的主要内容 186
    7.3.3 布雷顿森林体系的崩溃 187
7.4 牙买加体系 191
    7.4.1 牙买加体系的形成 191
    7.4.2 牙买加体系的主要内容 191
小结 192
复习思考题 192
案例及热点问题分析 192
课后阅读材料 193

第二篇 国际结算

第8章 票据

8.1 票据概述 197
    8.1.1 票据的定义和性质 198
    8.1.2 票据的作用 200
    8.1.3 票据关系的当事人 201
    8.1.4 票据法的法系 202
    8.1.5 票据的权利和义务 203
8.2 国际结算中的几种主要票据 204
    8.2.1 汇票 204
    8.2.2 本票 214
    8.2.3 支票 217
小结 221
复习思考题 222
案例及热点问题分析 222
课后阅读材料 223

第9章 汇款与托收

9.1 汇款 224
    9.1.1 国际汇兑的结算方式 224
    9.1.2 汇款的定义及其当事人 225
    9.1.3 汇款的种类 226
    9.1.4 汇款的偿付 229
    9.1.5 汇款的退汇 230
9.2 托收 231
    9.2.1 托收的含义及其当事人 231
    9.2.2 托收的种类与交单方式 232
    9.2.3 托收方式的特点 235
    9.2.4 银行对托收业务的资金融通和信托收据 237
    9.2.5 《托收统一规则》 238
小结 238
复习思考题 238
案例及热点问题分析 239
课后阅读材料 239

第10章 信用证

10.1 信用证概述 240
    10.1.1 信用证的概念 241
    10.1.2 信用证统一惯例的沿革 245
    10.1.3 信用证的当事人 246
    10.1.4 信用证的作用 248
    10.1.5 信用证的内容 249
    10.1.6 信用证业务程序 251
10.2 信用证的主要种类 258

10.2.1　不可撤销与可撤销信用证……258
　　10.2.2　保兑与不保兑信用证……260
　　10.2.3　跟单信用证和光票信用证……263
　　10.2.4　即期付款信用证……263
　　10.2.5　延期付款信用证……264
　　10.2.6　议付信用证……265
　　10.2.7　可转让信用证……267
　　10.2.8　背对背信用证……269
　　10.2.9　对开信用证……270
　　10.2.10　循环信用证……271
10.3　信用证出口押汇……272
　　10.3.1　信用证出口押汇的定义……272
　　10.3.2　出口押汇种类……273
　　10.3.3　信用证出口押汇的操作规程……273
小结……274
复习思考题……274
案例及热点问题分析……275
课后阅读材料……275

第11章　银行保函……276

11.1　银行保函概述……276
　　11.1.1　银行保函的含义及特点……277
　　11.1.2　银行保函的当事人及关系……277
　　11.1.3　银行保函当事人责任和权利……278
　　11.1.4　银行保函的开立方式……279
　　11.1.5　银行保函的内容……279
　　11.1.6　银行保函的种类……281
　　11.1.7　银行保函与信用证的关系……285
11.2　银行保函的实务操作……286
　　11.2.1　对外开出银行保函……286
　　11.2.2　担保银行审查……287
　　11.2.3　开立保函……288
　　11.2.4　保函的审批、登记……289
　　11.2.5　保函的修改……289
　　11.2.6　保函的管理……290
　　11.2.7　保函的索偿与赔付……290
　　11.2.8　保函的撤销……290

小结……290
复习思考题……291
案例及热点问题分析……291
课后阅读材料……291

第12章　国际结算中的单据……292

12.1　商业单据……292
　　12.1.1　商业发票……292
　　12.1.2　其他商业票据……297
12.2　保险单据……298
　　12.2.1　保险单的种类……298
　　12.2.2　保险单的内容……299
　　12.2.3　保险险别概况……301
　　12.2.4　保险单据的背书转让……304
　　12.2.5　保险单据的审核、修改……305
12.3　运输单据……306
　　12.3.1　运输单据的含义和种类……306
　　12.3.2　海运提单……307
　　12.3.3　多式运输单据……312
　　12.3.4　空运单据……313
12.4　政府单据……314
　　12.4.1　海关发票……314
　　12.4.2　出口原产地证明书……314
　　12.4.3　卫生证明书、动物检疫证明书和植物检疫证明书……316
　　12.4.4　检验证明书……317
小结……317
复习思考题……317
案例及热点问题分析……318
课后阅读材料……318

附录A　参考资料……320

附录B　国际金融事务中的委员会……321

附录C　新型的金融衍生工具——索罗斯的量子基金及其他……323

附录D　世界货币名称……327

参考文献……334

第一篇 国际金融

国际金融学是一门研究国与国之间货币交易、资本流动与资金融通规律及其组织管理方法与技术的学科。详细来说：第一，它是在人类社会发展到一定阶段，因各国之间经济、政治、文化等联系而产生的货币资金的周转和运动；第二，它是世界(国际)经济关系中的资金融通关系；第三，它赖以出现的前提是以货币作为媒介的国家之间的商品交换，即起源于国际贸易。

1. 国际金融的作用

国际金融的作用主要表现在以下四个方面。

(1) 推动生产国际化、全球化。生产国际化对于一国经济发展乃至整个世界经济发展意义重大。目前全世界6.3万家跨国公司及其70万家海外分支机构在国际化经营中投入和筹措的资金总额每年高达2万多亿美元。

(2) 支持出口贸易。国际金融是当代支持出口贸易的重要支柱。一方面，出口贸易的发展是和国际金融强有力的支持分不开的；另一方面，跨国公司通过其海外分支机构和附属企业，充分运用技、工、贸结合的优势，在海外就地生产、就地销售，已成为扩大出口的重要渠道，目前，跨国公司海外分支机构的销售额已突破14万亿美元，比世界商品贸易出口额还要多，这不仅绕过了贸易壁垒，而且扩大了海外市场。

(3) 组织运用国际资金促进各国国内经济发展。各国银行和金融机构及其海外分支机构是组织运用国际资金的重要渠道。它一方面为本国的海外企业提供金融支持和金融服务；另一方面，参与国际金融市场各种金融业务活动，广泛吸收和运用国际资金，参加国际资源重分配和国际分工重安排，从而既有利于本国经济的稳定和发展，也为活跃整个世界经济作出贡献。

(4) 防范外汇风险。随着20世纪70年代中期以来浮动汇率制而增大的外汇风险，对各国外汇资产负债和债权债务的安全、对国际经济贸易交往乃至整个世界经济的正常发展有着重要影响。世界各国都充分利用国际金融市场(外汇市场)的各种外汇交易，作为保值、增值、防范外汇风险的重要手段，以维护本国在外经贸活动中的经济利益。

2. 国际金融学的研究对象

国际金融学的研究对象比较广泛，它不仅要研究世界货币金融及其运动形式和规律，而且要研究与之相关的各国货币金融政策和各种国际金融机构，具体内容如下。

(1) 国际金融学的研究应以世界货币流通为主线。这是因为世界货币流通是国际金融的核心。如果没有世界货币(既包括作为资本的货币，也包括作为货币的货币)流通，也就不会有国际金融活动的发生,世界货币金融关系运动的各种具体形式(如国际收支、国际汇兑等)也就会失去运动的主体。因此,国际金融学的研究要贯穿世界货币流通这条主线。

(2) 国际金融学研究的重点是当代世界货币金融关系运动的各种具体形式。这是因为世界货币金融关系运动的各种具体形式(国际收支、国际汇兑等)是当代国际金融活动的主要内容,通过对这些具体运动形式的研究,就可以揭示出当代世界各国之间货币金融关系的表现形式及其运动的规律。

(3) 国际金融学也要研究当代世界各国之间货币金融关系赖以运行的渠道和媒介。当代世界各国之间货币金融关系赖以运行的主渠道是国际金融市场,赖以运行的主要媒介是各种国际信贷机构和组织。通过对主渠道和主要媒介的研究,就能揭示当代世界货币金融关系得以顺利运行的条件。

3. 国际金融学的内容

完整的国际金融学应该包括以下内容。

(1) 国际收支问题。国际收支,即一国对外国的全部货币资金的收付行为。它是国际金融学的一个非常重要的问题。

(2) 国际汇兑即外汇和汇率问题。国际汇兑,即不同国家之间货币相互兑换的一种金融活动。它是办理国际支付首先面临的问题,这个问题包括外汇和汇率、外汇交易和外汇风险、汇率制度和外汇管制等广泛的内容。

(3) 国际储备问题。国际储备,即一个国家在国际经济生活中,参与对外经济贸易和国际信贷活动时,所拥有的可用于正常的和意外的国际支付或其他国际需要的流动资金准备。国际储备体现一国的国际金融实力和国际融资能力。

(4) 国际金融市场问题。国际金融市场,即世界各国之间货币金融关系赖以运行的主渠道,也即各国货币金融关系活动的主要场所。

(5) 国际资本流动和利用外资问题。国际资本流动,即国家间为一定经济目标而进行的各种形式的资本转移、输出或输入。它是资源国际流动的一个重要方面。自20世纪70年代以来,国际资本流动就一直是国际金融学领域中的一个重要内容,对于发展中国家而言,如何利用外资意义重大。

(6) 国际货币制度问题。国际货币制度,即根据一定历史时期国际货币信用的发展水平,以及适应国际经贸发展的需要,在规定范围内实施的、以主导货币为中心的国际汇率、国际结算、国际储备、国际收支调节等的规定、原则和制度的总称,是国际金融得以运转的核心和准则。

(7) 国际金融组织机构问题。国际金融机构,即从事或协调国际金融业务活动的组织或机构。它是世界货币金融关系顺利发展的一个必要媒介,从而成为国际金融学研究的一项重要内容。各种国际金融机构组成了一个多层次的体系。这个体系既包括位于世界各个国际中心的各国商业银行、国际银行和跨国银行的基本层次;也包括联合国体系的国际货币金融机构,如国际货币基金组织和国际复兴开发银行集团及其所属机构的全球性最高级层次,该层次中还应有国际清算银行、地区性国际金融机构、政府间双边或多边金融协议等。

本篇中,我们将着重根据高职高专学生的特点,介绍外汇、国际收支、国际储备、国际金融市场、外汇业务、国际金融机构等方面的知识点,将国际金融学的知识侧重于应用方面,以适应应用型高等院校教育教学的要求。

第 1 章 外汇和国际收支

【内容提要】

在一国的国际交往中，会发生债权债务关系，这些关系必须凭借一定的手段加以了结，而一些远在另一国运动的货币或货币凭证跨越国界，以国际货币的形式在世界范围内发挥货币的价值尺度、交易媒介、支付手段、价值储藏和社会财富的绝对化身的职能，它们就是我们通常说的外汇。

国际收支是开放经济条件下本国和外国经济往来的重要分析工具，它经历了一个从狭义向广义发展的过程。

国际收支平衡表遵循特定的记账原则，并设置特定的记录项目。虽然根据各国的不同需要，国际收支平衡表稍有不同，但从结构上来看各国大同小异。通过对国际收支平衡表的具体项目的局部分析，我们可以得出诸如贸易差额、经常项目差额、基本差额等指标来具体衡量某国的国际收支状况，对国际失衡原因进行分析并提出相应的应对之道。

本章主要介绍外汇以及国际收支方面的知识点，包括以下几点。
(1) 外汇的含义。
(2) 外汇的种类。
(3) 外汇的作用。
(4) 国际收支项目的具体内容。
(5) 国际收支平衡表的编制原理。
(6) 国际收支不平衡的调节。

1.1 外　　汇

1.1.1 外汇的含义

国际经济的交往必然会产生国际债权债务关系，任何一种债权债务关系总是需要某种货币来表示其价值。由于世界上有许多不同的国家，不同的国家有不同的货币，并且各国所采取的货币政策有所不同，所以国际债权债务关系的清偿需要进行本国货币与外国货币的兑换。

外汇是国际汇兑的简称。国际汇兑,原是指把一个国家的货币兑换为另一个国家的货币。由于一个国家进行对外支付,往往要把本国货币兑换为外国货币,因而现在的外汇专指一国持有的外国货币和以外国货币表示的用来进行国际结算的支付手段。

1. 外汇的概念

在本书中,我们给出的外汇的概念具有双重含义,即有动态和静态之分。

外汇的动态概念,是指把一个国家的货币兑换成另外一个国家的货币,借以清偿国际债权、债务关系的一种专门性的经营活动。它是国际汇兑(Foreign Exchange)的简称。这种动态的外汇实质上是一种活动或一种行为。

外汇的静态概念,是指以外国货币表示的可用于国际之间结算的支付手段。这种支付手段可以广泛用于国际结算和国际储备。

国际货币基金组织的解释为:"外汇是货币行政当局(中央银行、货币管理机构、外汇平准基金组织和财政部)以银行存款、财政部国库券、长短期政府债券等形式保有的、在国际收支逆差时可以使用的债权。"

按照《中华人民共和国外汇管理条例国务院令第532号》的规定,外汇是指以外国货币表示的可以用作国际清偿的支付手段和资产。具体包括以下几方面。

(1) 外国货币,包括纸币、铸币。
(2) 外币支付凭证,包括票据、银行存款凭证、公司债券、股票等。
(3) 外币有价证券,包括政府债券、公司债券、股票等。
(4) 特别提款权。
(5) 其他外汇资产。

人们通常所说的外汇,一般都是就其静态意义而言的。

2. 外汇的分类

外汇按照不同的划分标准可以分为不同的种类。

1) 按其能否自由兑换,可分为自由外汇和记账外汇

自由外汇是指在国际金融市场上可以自由买卖,在国际结算中广泛使用,在国际上可以得到偿付,并可以自由兑换成其他国家货币的外汇。目前世界上有40多种货币属于自由兑换货币,如美元、欧元、日元、英镑等,又被称为硬通货。

记账外汇是指两国政府签订的支付协定中所使用的外汇,在一定条件下可以作为两国交往中使用的记账工具。记账外汇不经货币发行国家管理当局批准,不能自由兑换为其他国家的货币,也不能对第三国支付,只能根据两国的有关协定,在相互间使用。

2) 按其来源和用途,可分为贸易外汇和非贸易外汇

贸易外汇是通过国际贸易活动取得的外汇。各国间的主要经济交往是国际贸易,所以贸易外汇通常是一国外汇收入的主要来源。

非贸易外汇是指除国际贸易以外的各种途径所获得的外汇,如侨汇、旅游、海运、保险、航空、邮电、海关、承包工程、文化交流等取得的外汇。

3) 按其买卖的交割期,可分为即期外汇和远期外汇

即期外汇是指在外汇成交后于当日或两个营业日内办理交割的外汇,故又被称为现汇。即期外汇分别有电汇、信汇、票汇三种。关于三种现汇的具体内容我们会在第二篇国际结算

的汇款结算中详细介绍。

远期外汇是指按商定的汇价订立买入或卖出合约,到约定日期进行交割的外汇,故又被称为期汇。买卖远期外汇的主要目的在于避免因汇价波动所造成的风险。远期外汇的期限一般按月计算。例如,1个月期、6个月期,甚至于长达1年,通常为3个月期。

1.1.2 外汇的作用

1. 促进国际经济、贸易的发展

由于各国的货币制度不同,一国货币一般不能在别国国内流通,对他国商品没有直接购买力。各国居民要相互购买彼此的商品,必须将本国货币兑换成外国货币,即外汇,并用外汇清偿国际债权债务。运用这种信用工具不仅能节省运送现金的费用、降低风险,还能缩短支付时间,加速资金周转,克服了货币在国际流通的障碍,使各国货币的购买力通过相互兑换在国外也能得以实现,更重要的是可以扩大国际间的信用交往,拓宽融资渠道,促进国际经贸的发展。因此,由于外汇的存在而沟通了货币在国家间的流通,扩大了国家间的商品流通规模,促进了国际贸易的迅速发展。

2. 调剂国际资金余缺

世界经济发展不平衡导致了资金配置不平衡。有的国家资金相对过剩,有的国家资金严重短缺,这在客观上就存在着调剂资金余缺的必要。国际资金余缺的调剂是通过国际资本流动进行的。而国际资本的移动离不开外汇,外汇作为国际信贷投资的信用工具,充当国家间的支付手段,通过国际信贷和投资途径,为资金在国家间的调拨和运用提供了条件,加速了资金的周转,使资本短缺国家可以利用国际资本发展本国经济,从而促进了国际投资与国际贸易活动的开展,提高了世界经济发展的总体水平。

3. 保存货币的国际购买力,满足国际支付准备金的需要

在国际经济活动中,外汇持有者往往并不急于马上使用外汇,而是在最方便最有利时才购买商品,或者留待万一急需时使用。将外汇作为一种储备资产,存放在国外银行,不仅可以储存起外汇所代表的国际购买力,以备日后用于对外支付,而且可以作为对外借贷的保证金,提高国际信誉,稳定货币汇率,增强一国的国际金融实力。

4. 用于国际储备

外汇可以充当国际储备手段。一国需要一定的国际储备,以应付各种国际支付的需要。在黄金充当国际支付手段时期,各国的国际储备主要是黄金。随着黄金的非货币化,外汇作为国际支付手段,在国际结算中被广泛采用,成为各国一项十分重要的储备资产。若一国存在国际收支逆差,就可以动用外汇储备来弥补;若一国的外汇储备多,则代表该国的国际清偿能力强大。

1.2 国际收支和国际收支平衡表

国际收支的概念是随着对外贸易的出现而出现的。国际收支是由一个国家对外经济、政治、文化等各方面往来活动而引起的。随着生产社会化与国际分工的发展,各国之间的贸易

日益增多，国家间的经济关系也日益密切，尤其二战后国际经济一体化步伐迅速加快，金融资本交易日益发达，贸易、资金往来的形式也日趋多样化，与此相适应，国家间的政治和文化联系也日益密切与增多。由于广泛的国际交往，必然会在国家间产生货币债权债务关系，这种关系必须在一定时期内进行清算与结算，债权国收入货币了结其债权，债务国支付货币了结其债务，由此便产生了国家间的货币收支。

第二次世界大战后，国际经济交易的内容与范围进一步增加与扩大，国际收支不仅包括商品、劳务和资本往来方面的收支，而且包括海外军事开支、战争赔款及教育、文化、科学往来等方面的收支；不仅包括编表时期必须用现金结清的差额，而且包括已发生但要跨期结算的部分；不仅包括货币收支的往来，而且包括非货币收支但须折算成货币加以记录的往来。因此，国际收支就发展成为一国一定时期内全部国际经济交易的总和，或者说一国一定时期内全部对外往来的系统的货币记录。这也是已被各国普遍采用的广义的国际收支概念。

1.2.1 国际收支的含义

全球统一的国际收支制度是国际货币基金组织成立后着手建立的。国际货币基金组织于1948年首次颁布了《国际收支手册》第一版，目前最新版为《国际收支手册》第六版(BPM6)。详见书后附录 A(1)。

编制和提供国际收支平衡表已成为国际货币基金组织成员国的一项义务，并成为参与其他国际经济组织活动的一项重要内容。

1. 国际收支的定义

由于政治、经济、文化等各方面的频繁交往，从而在世界各国之间形成了债权与债务关系，一国在某一特定时期的债权债务，综合反映为该国的国际借贷关系，这与企业所编制的资产负债表的性质颇类似。这种国际借贷关系所体现的债权债务，到期时必须以货币形式(外汇)结清支付，从而形成一国的外汇收入与支出。

1) 狭义的国际收支概念(外汇收支)

狭义的国际收支(Balance of Payments)概念是建立在现金基础(Cash Basis)上的，即一个国家在一定时期内，由于经济、文化等各种对外交往而产生的，必须立即结清的外汇的收入与支出。由于这一概念仅包含已实现外汇收支的交易，因此称为狭义的国际收支概念。

2) 广义的国际收支概念

两次世界大战后，国际经济关系随着对外贸易的发展以及国际经济、政治、文化往来的频繁而更加广泛，从而国际收支概念又有了新的发展。

广义的国际收支是某个时期内居民与非居民之间的交易汇总统计表，其组成部分包括：货物和服务账户、初次收入账户、二次收入账户、资本账户和金融账户。它建立在国际经济交易的基础(Transaction Basis)上，即凡是在一国与其他国家或经济体之间进行的经济交易都要纳入统计，无论其是否涉及外汇的支付，如记账贸易、易货贸易等。这就是目前所称的广义的国际收支。

其中，国际交易是指在居民与非居民之间发生的，商品、劳务和资产的所有权从一方转移到另一方的行为。这个概念是建立在经济交易(Economic Transaction)基础之上的，即既包括已实现外汇收支的交易，也包括尚未实现外汇收支的交易。

其中，国际收支中包括的各类经济交易如下。

(1) 商品、服务与商品、服务之间的交换，如易货贸易、补偿贸易等。

(2) 金融资产与商品、服务之间的交换，如商品服务的买卖(进出口贸易)等。

(3) 金融资产与金融资产之间的交换，如货币资本借贷、对外直接投资、有价证券投资以及无形资产(如专利权、版权)的转让买卖等。

(4) 商品服务由一方向另一方无偿转移，如无偿的物资捐赠、服务和技术援助等。

(5) 金融资产由一方向另一方无偿转移，如债权国对债务国给予债务注销、富有国家对低收入国家的投资捐赠等。

狭义的国际收支是以支付为基础的国际收支，而广义的国际收支是以交易为基础的国际收支。目前世界各国普遍采用广义的国际收支。

2. 定义中的内涵

国际货币基金组织的定义这个概念具有以下三个层次的内涵。

1) 国际收支是一个流量概念

当人们提及国际收支时，总是需要指明是属于什么时段的。这一报告期可以是一年，也可以是一个月或一个季度等，完全根据分析的需要和资料来源的可能来确定。各国通常以一年为报告期。若不弄清国际收支概念的流量内涵，就容易将之与国际借贷混淆起来。国际借贷，或称国际投资状况，是对一定时点上一国居民对外资产和对外负债的汇总，它是一个存量概念。

2) 国际收支所反映的内容是经济交易

所谓经济交易，是指经济价值从一个经济单位向另一个经济单位的转移。根据转移的内容和方向，经济交易可划分为五类。

(1) 金融资产与商品和劳务之间的交换，即商品和劳务的买卖。

(2) 商品和劳务与商品和劳务之间的交换，即物物交换。

(3) 金融资产和金融资产之间的交换。

(4) 无偿的、单向的商品和劳务转移。

(5) 无偿的、单向的金融资产转移。

3) 居民

国际收支中的居民和我们日常生活中理解的居民概念不一样。日常生活中的"居民"通常指的是居住在一个国家(或地区)的个人。

在国际收支中，居民与非居民的划分是以居住地为标准。国际收支中的"居民"定义包括以下内容。

按照《国际收支手册(第六版)》中规定，一个机构单位，如果在一经济领土内有某种场所、住所、生产地或者其他建筑物，并且在这些地方或者从这些地方无限期地或者有限期但却长期地，从事或者打算继续从事大规模经济活动和交易，那么该单位是该经济领土内的居民。机构单位的地点无须固定，而只需在同一经济领土内。在实际操作时，将机构单位在一个实际或预计地点的时间定义为一年或一年以上。

实务处理中，具体包括以下几方面。

(1) 居民是指在一国(或地区)居住或营业的自然人或法人；在一国(或地区)以外居住或营业的自然人或法人即为非居民。

(2) 身在国外而不代表政府的任何个人，依据经济利益中心或长期居住地确定其居民身份。

(3) 法人组织是其注册国(或地区)的居民。

(4) 一国外交使节、驻外军事人员，不论在国外时间长短都属派出国的居民。

(5) 国际机构，如联合国、IMF、世界银行集团等不是任何国家的居民，而是所有国家的非居民。

(6) 居民和非居民由政府、个人、非营利团体和企业构成。

按照我国的情况来看，具体如下：①在中国境内居留一年以上(包括一年)的自然人；②中国短期出国人员(在境外停留时间不满一年)、在境外留学人员、就医人员及中国驻外使馆领馆工作人员及其家属；③在中国境内依法成立的企业事业法人(含外商投资企业及外资金融机构)及境外法人的驻华机构(不含国际组织驻华机构、外国驻华使馆领馆)；④中国国家机关(含中国驻外使馆领馆)、团体、部队。对于一个国家来说，除了"居民"，其他的机构、个人、企业等均称为"非居民"。

3. 特别说明：住户中的居民地位

同一住户内的个人一定是同一领土内的居民。如果现有住户的某个成员不再居住在其住户所在的领土内，那么该成员将不再是该住户的成员。由于采用了该定义，所以将住户作为机构单位的做法与根据个人所确定的居民地位一致。

除了一般原则外，还利用其他因素为特定类别确定居民地位。这些类别包括：学生、求医病人、船员，以及各国外交人员、军事人员、科学站工作人员和在领土飞地受聘的其他海外公务员。

(1) 学生。出国进行全日制学习的人员一般继续属于其出国学习前常住领土的居民，即使其学习课程的时间超过了一年，也采用这种处理方式。但如果他们在完成学业后继续留在其学习的领土内，那么则转为其学习所在领土内的居民。

(2) 病人。对于到国外求医的人员，其主要利益中心仍然在其求医前具有居民身份的领土内。偶尔情况下，即使复杂的治疗需要一年或一年以上也是如此。

(3) 外交人员、军事人员等。国家外交人员、维和与其他军事人员、在领土飞地受聘的其他海外公务员，及其住户的成员都视为聘用政府所在经济领土的居民。

国际组织工作人员，包括具有外交身份的人员和军事人员是其主要居所所在领土的居民。国际组织工作人员的处理不同于前段讨论的国家外交人员和其他人员，因为后者继续由母国政府支付工资，要受其母国政府的领导，而且其派任时间较短，人员轮换后要回到其原来的经济体。

4. 国际投资头寸

国际投资头寸(International Investment Position，IIP)是显示某一时点上价值的报表，包括：一经济体居民对非居民的债权或作为储备资产持有的金块等金融资产，以及一经济体居民对于非居民的负债。资产和负债之间的差额为净国际投资头寸，是对世界其他地方的净债权或净负债。

国际收支记录的是一国"一定时期的"对外货币收支和经济价值的转移，统计期通常为一年，也可以是半年、一个季度或一个月，所统计的是一个流量，即统计期内的发生额、变动额。它反映的是一国对外经济和金融实力的变化，可以帮助该国政府制定适当的对内对外经济政策。

国际投资头寸则是有关某个时点的统计报表，该报表显示以下项目的价值和构成。

(1) 一经济体居民对非居民的债权和作为储备资产持有的金块等金融资产。

(2) 一经济体居民对于非居民的负债。

一经济体对外金融资产与负债之间的差额为该经济体的净国际投资头寸，可以为正值，也可以为负值。

1.2.2 国际收支平衡表

国际收支平衡表(Balance of Payments Presentation)是在世界统一规范原则的基础上编制的一国涉外经济活动报表。由于规则统一，市场经济国家均使用国际收支平衡表来反映一国的对外经济状况。各国使用相同的记录原则和分类标准，因而各国的国际收支可以相互比较。政府部门、经济学家、工商业从业者等可以用它来进行分析和对政策及业务进行决策。

1. 国际收支平衡表的定义

国际收支平衡表是指按照复式簿记原理，以某一特定货币为计量单位，运用简明的表格形式总括地反映一个经济体(一般指一个国家或地区)在特定时期内与世界其他经济体间发生的全部经济交易。

通过国际收支平衡表，对一定时期一国与其他国家或地区之间发生的货物、服务、收入方面的交易、无偿转让和资本往来进行系统的核算，综合反映一国国际收支平衡状况、收支结构及储备资产的增减变动情况，为制定经济政策、分析影响国际收支平衡的基本经济因素以及采取应对调控措施提供依据。

国际收支平衡表为其他核算表中有关国外部分提供了基础性资料，并与资产负债存量核算衔接，在反映对外交易的过程和结果方面，是其他四大核算方式所不可替代的。

2. 国际收支平衡表的编制原则

国际收支平衡表按照现代会计学的复式记账原理编制，采用借贷记账法记录。贷方以正号表示，记载一国对外负债的增加、资产的减少，主要反映一国来自国外的货币收入；借方以负号表示，记载一国对外负债的减少、对外资产的增加，主要反映一国对外的货币支出。其记账法则为："有借必有贷，借贷必相等，差额必为零。"

1) 垂直和水平复式记账法

垂直复式记账的主要特点是，在交易者的账簿中，每笔交易至少有两个对应分录，传统上称为贷方分录和借方分录。一个经济体的国际账户按垂直复式记账法，是从该经济体居民的角度加以编制的。

同时采用垂直和水平复式记账即为四式记账，这是国民账户和国际账户中记录交易的会计制度。

借贷记账法则是所有国际收支账户都可以分为资金来源账户(如出口)和资金运用账户(如进口)。资金来源账户的贷方表示资金来源(即收入)增加，借方表示资金来源减少。资金运用账户的贷方表示资金占用(即支出)减少，借方表示资金占用增加。凡是有利于国际收支顺差增加或逆差减少的资金来源增加或资金占用减少均记入贷方，凡是有利于国际收支逆差增加或顺差减少的资金占用增加或资金来源减少均记入借方。

简而言之,即各方都需要记录一个与之相应的贷方分录和借方分录。
- 贷记(CR.)——货物和服务出口,应收收入,资产减少,或负债增加。
- 借记(DR.)——货物和服务进口,应付收入,资产增加,或负债减少。

如贷方金额大于借方金额,借贷差额为正,称为顺差,反之称为逆差,如图1.1所示。

	借方(-)	贷方(+)
对外负债(资金来源,收入)	减少	增加
对外资产(资金占用,支出)	增加	减少
对外资金收支	国际收支顺差减少	国际收支顺差增加
(资金来源和资金占用)	国际收支逆差增加	国际收支逆差减少

图1.1 复式记账和借贷记账示意

根据图1.1可以判断:导致本国居民资金变少计入借方,本国居民资金增加计入贷方。具体表现如下。

(1) 进口商品属于借方账户,出口商品属于贷方账户。

(2) 非居民为本国居民提供劳务或从本国取得收入,属于借方账户,本国居民为非居民提供劳务或从外国取得的收入,属于贷方账户。

(3) 本国居民对非居民的单方向转移,属于借方账户;本国居民收到的国外的单方向转移,属于贷方账户。

(4) 本国居民获得外国资产属于借方账户,外国居民获得本国资产或对本国投资,属于贷方账户。

(5) 本国居民偿还非居民债务属于借方账户,非居民偿还本国居民债务属于贷方账户。

(6) 官方储备增加属于借方账户,官方储备减少属于贷方账户。

2) 计价和记录时间原则

对于实际资源、金融债权和债务等各项交易,在国际收支平衡表以成交的市场价格作为交易计价的基础。在没有市场价格的情况下,利用同等条件下形成的市场价格推算。

国际收支项目的记录时间遵循权责发生制原则,每一笔交易的两笔账目都要在同一时间记录。

3) 记账单位和折算原则

国际收支平衡表中的各项交易所采用的货币或价值尺度往往不同,为了便于分析和开展国际比较,必须将这些价值量折算成同一个记账单位。这个标准的记账单位应该是稳定的,即使用该单位表示的国际交易的价值不应由于参加交易的其他货币发生变化(相对于该记账单位)而受到较大的影响。在将各种计价的币种转换为国际收支记账单位时,最合适的汇率是交易日期的市场汇率。如果市场汇率不存在的话,应使用最短时期内的平均汇率。我国目前国际收支平衡表使用的记账单位是美元。

4) 经济领土、经济体和居民原则

从最广义的角度来说,一经济领土可以是需要对其进行统计的任何地理区域或管辖区。各实体与某个特定经济领土的联系取决于各个方面,例如:实体存在、受有关领土的政府管辖。

经济领土具体包括:①陆地区域;②领空;③领海,包括对捕鱼权、燃料或矿物权行使管辖的所在区域;在海上领土中,属于该领土的岛屿;④在世界其他地方的领土飞地。

一经济体由作为特定经济领土居民的所有机构单位组成。居民原则是指国际收支平衡表主要记载的是居民与非居民之间的交易。

3. 国际收支平衡表的基本结构

我国国际收支平衡表是在国际货币基金组织制定的最新标准的基础上，根据中国的实际情况适当调整后形成的。现实中世界各国所编制的国际收支平衡表各具特色，并不完全相同。

扫描二维码获得国际收支平衡表(BPM6，年度表)。

1) 经常账户

经常账户(Current Account)是国际收支平衡表中最基本、最重要的项目，用来反映一国与他国之间真实资源的转移状况。经常账户或称往来项目，反映居民与非居民间经常发生的经济交易内容，在一国国际收支中占有最基本、最重要的地位，其中包括以下几方面。

(1) 货物和服务(见表1.1)。

货物(Goods)项下登记商品的出口或进口的外汇收支，包括一切可移动的、在居民和非居民之间变更了所有权的货物。商品又称货物，有形贸易(Visible Trade)收支等。它不仅是经常账户中，而且也是整个国际收支平衡表中最重要的账户。

各国对商品进出口的记载通常以海关统计的数字为准。但是在海关统计中，大多数国家对出口商品价格以离岸价格(FOB)计算，对进口商品价格则以到岸价格(CIF)计算，而CIF价格中包括了应划归劳务收支的运费和保险费。为了避免进口国和出口国统计数字不一致的现象，正确反映进出口商品的总额，IMF规定，在国际收支统计中，商品进出口一律按离岸价格(FOB)计算。因此在编制国际收支平衡表时，各国对进口商品的海关统计数字要做一定的调整，即应从CIF价格中扣除运费和保险费，并将其列入劳务收支账户中。此外，加工贸易的加工费，与进出口贸易有关的设备或商品的修理、运输工具停靠口岸期间的商品采购和运输工具的维修以及不作为储备资产的黄金买卖的外汇收支，均属货物项下外汇收支的登记范围。

服务(Service)项下登记包括运输、旅游、通信、建筑、工程承包、保险、金融、计算机和信息服务、专有权使用费和特许费、咨询、广告、宣传、电影、音像、邮电、其他商务服务以及政府服务所发生的外汇收支。服务收支，也称无形贸易(Invisible Trade)收支。贷方表示我国对外提供上述服务获得的收入，借方表示我国接受境外提供的上述服务的支出。

表1.1 货物和服务账户概览

项目
1. 经常账户
贷方
借方
1.A 货物和服务
贷方
借方
1.A.a 货物
贷方
借方
1.A.b 服务
贷方

项目
借方
1.A.b.1 加工服务
贷方
借方
1.A.b.2 维护和维修服务
贷方
借方
1.A.b.3 运输
贷方
借方
1.A.b.4 旅行
贷方
借方
1.A.b.5 建设
贷方
借方
1.A.b.6 保险和养老金服务
贷方
借方
1.A.b.7 金融服务
贷方
借方
1.A.b.8 知识产权使用费
贷方
借方
1.A.b.9 电信、计算机和信息服务
贷方
借方
1.A.b.10 其他商业服务
贷方
借方
1.A.b.11 个人、文化和娱乐服务
贷方
借方
1.A.b.12 别处未提及的政府服务
贷方
借方

(2) 初次收入。

初次收入反映的是机构单位因其对生产过程所做的贡献或向其他机构单位提供金融资产和出租自然资源而获得的回报。初次收入账户显示的是居民与非居民机构单位之间的初次收入流量。国民账户体系中，收入的初次分配记入两个账户，即收入产生账户(记录在生产过程中产生的初次收入)和初次收入分配账户(记录对提供劳务、金融资产和自然资源的机构单位分配的初次收入)。国际账户中，所有的初次收入流量皆与初次收入分配账户相关。

初次收入(见表1.2)包括以下类型。

表1.2 初次收入账户概览

1.B 初次收入
贷方
借方
1.B.1 雇员报酬
贷方
借方
1.B.2 投资收益
贷方
借方
1.B.3 其他初次收入
贷方
借方

其中：

1.B.1 雇员报酬。雇员报酬表示个人在与企业的雇主-雇员关系中因对生产过程的劳务投入而获得的酬金回报。在雇主(生产单位)和雇员为不同经济体的居民时计入雇员报酬。雇员报酬有三个组成部分。

① 现金形式的工资和薪金，包括扣减代扣税和雇员的社会保险计划缴款之前应向雇员支付的现金款项(或作为支付手段的任何其他金融工具)，作为后者提供劳务投入的回报。

② 实物形式的工资和薪金，包括以货物、服务、放弃的利息、股份等形式应付给雇员的款项，作为其提供劳务投入的回报，例如，膳食，住宿，体育、娱乐活动或为雇员和其家庭提供假期便利，工作接送，雇主自行生产的货物和服务，分配给雇员的红利股等。实物福利应当按市场等效价格计值。货物或服务可能免费或按优惠成本提供。

③ 雇主的社保缴款是雇主向社会保障基金或其他就业相关社会保险计划支付的社保缴款，用来为其雇员获得社会福利。

1.B.2 投资收益。

① 股息：股息为分配给股权所有者的已分配收益，因为后者投入资金供公司处置。通过发行股票筹集股本是除借款之外另外一种筹集资金的方法。但是，与债务融资不同，股权融资不会产生固定的货币负债，而且公司股票的持有人不享有固定或预先确定的收益。

② 再投资收益：企业的留存收益是确定再投资收益的归属之前来自生产和初次、二次收入交易的净收益。其等于净营业盈余，加上初次收入、应收经常转移和养老金权益变化，减去应付初次收入(不包括应付企业直接投资者和投资基金所有者的再投资收益)和经常转移。

③ 利息：利息是某类金融资产所有者因投入金融资产供另一个机构单位处置而应收的

一种投资收益,这类金融资产包括存款、债务证券、贷款和其他应收款。

④ 归属于保险、标准化担保和养老基金保单持有人的投资收益,是指保单持有人在保险和标准化担保计划中以技术准备金和养老金权益应付收入的形式拥有的债权的回报。

1.B.3 其他初次收入。

这是指不列入上述两项的内容。如:

① 租金;指将自然资源交由另一个机构单位处置而获得的收入。提供自然资源的一方称为出租方或业主,而使用者则称为承租方或租户。租金支付条款须在资源租赁中列明。资源租赁是指具有无限使用期限的自然资源法定所有者向承租人提供该自然资源,以获得定期付款(租金)的协议。

② 对产品和生产的税收和补贴。产品和生产的税收和补贴计入初次收入账户。

(3) 二次收入。

初次收入为提供劳务、金融资产和出租自然资源而获得的回报。二次收入则是通过政府或慈善组织等的经常转移对收入进行的重新分配。二次收入账户表示居民与非居民之间的经常转移(见表1.3)。

表1.3 二次收入账户概览(BPM6)

1.C 二次收入
贷方
借方
1.C.1 个人转移
贷方
借方
1.C.2 其他二次收入
贷方
借方

二次收入账户的差额为贷方合计减借方合计,称为二次收入差额。此外,所有经常账户交易合计差额也列示于本账户最后,因为该账户是经常账户序列中的最后一个账户。经常账户各项交易差额的总和称为经常账户差额,它是分析对外不平衡的重要经济总量指标。

其一,交易:交换和转移每笔交易都是一次交换或转移。交换是指提供具有经济价值的某物换得相应经济价值的物品。转移是指机构单位向另一个机构单位提供货物、服务、金融资产或其他非生产资产而无相应经济价值物品回报的分录。有时,转移和交换之间的界线较为模糊。税收与政府服务收费的区别便是一例。

转移一般不会在两个商业实体之间发生。例如,有直接投资关系的机构单位之间以不明示的费用或以低估的价值提供货物和服务时,不属于转移。

其二,经常转移和资本转移的区别。

资本转移是资产(非现金或存货)所有权从一方转到另一方的转移;或使一方或双方获得或处置资产的转移;或债权人减免负债的转移。因非现金资产(非存货)的处置或获得而产生的现金转移也是资本转移。资本转移使交易一方或双方的资产存量相应变化,而不影响任何一方的储蓄。资本转移通常较大且频率较低,但是,不能根据规模或频率确定是否为资本转移。无费用的实物转移且包含下列要素时应属于资本转移：①非金融资产(非存货，即固定资产、贵重物品或非生产资产)所有权的转移；②投资者向其直接投资企业提供资本设备不属于资本转移，而是直接投资股权交易。与交易一方或双方获得或处置固定资产相关或以其为条件的现金转移也是资本转移(例如，投资捐赠)。

经常转移包括资本转移以外的所有其他类型转移。经常转移直接影响可支配收入的水平和对货物或服务的消费能力。即，经常转移减少捐赠方的收入和消费能力，并增加接受方的收入和消费能力。例如，社会福利和食品援助即为经常转移。

经常转移包括两类：①个人转移，具体包括居民住户向非居民住户提供的或从其获取的所有现金或实物的经常转移；②其他经常转移，具体包括：对所得、财富等征收的经常性税收、社保缴款、社会福利、非寿险净保费、非寿险索赔、经常性国际合作以及其他经常转移。

2) 资本和金融账户

资本和金融账户记录资本转移和非生产、非金融资产交易以及其他所有引起一个经济体对外资产和负债发生的变化。

(1) 资本账户。

国际账户中的资本账户(见表1.4)表述为：①居民与非居民之间的应收和应付资本转移；②居民与非居民之间非生产非金融资产的取得和处置。

表1.4 资本账户概览

2.1 资本账户
贷方
借方

① 非生产非金融资产的取得和处置。

非生产非金融资产包括以下几方面。

(a) 自然资源：包括土地、矿产权、林业权、水资源、渔业权、大气空间和电磁光谱。

(b) 契约、租约和许可：包括确认为经济资产的契约、租约和许可。这些资产由社会和其法律体系所创建，有时称为无形资产。

(c) 营销资产(和商誉)：包括品牌、报刊名称、商标、标志和域名等。

② 资本转移。

债务减免是指债权人与债务人通过合同协议的方式自愿撤销部分或全部债务的行为。

非人寿保险索赔通常划分为经常转移。对于部分因灾难引起的异常大额索赔，可以记为资本转移，而非通常的经常转移。

投资捐赠包括政府或国际组织向其他机构单位提供的、用于购买固定资产的现金或实物形式的资本转移，接受者可以为其他政府或其他实体。接受者必须将收到的现金投资捐赠用于固定资本形成总额，同时，此类捐赠通常与特定的投资项目挂钩，如大型建设项目。

一次性担保启动，同时担保人未获得对债务人的债权或获得的债权净值小于担保价值时，则产生资本转移。

(2) 金融账户。

金融账户(Financial Account)记录涉及金融资产与负债以及发生于居民与非居民之间的交易(见表1.5)。

表 1.5　金融账户概览

2.2 金融账户
　资产
　负债
　2.2.1 非储备性质的金融账户
　　资产
　　负债
　　2.2.1.1 直接投资
　　　2.2.1.1.1 资产
　　　　2.2.1.1.1.1 股权
　　　　2.2.1.1.1.2 关联企业债务
　　　　2.2.1.1.1.a 金融部门
　　　　　2.2.1.1.1.1.a 股权
　　　　　2.2.1.1.1.2.a 关联企业债务
　　　　2.2.1.1.1.b 非金融部门
　　　　　2.2.1.1.1.1.b 股权
　　　　　2.2.1.1.1.2.b 关联企业债务
　　　2.2.1.1.2 负债
　　　　2.2.1.1.2.1 股权
　　　　2.2.1.1.2.2 关联企业债务
　　　　2.2.1.1.2.a 金融部门
　　　　　2.2.1.1.2.1.a 股权
　　　　　2.2.1.1.2.2.a 关联企业债务
　　　　2.2.1.1.2.b 非金融部门
　　　　　2.2.1.1.2.1.b 股权
　　　　　2.2.1.1.2.2.b 关联企业债务
　　2.2.1.2 证券投资
　　　2.2.1.2.1 资产
　　　　2.2.1.2.1.1 股权
　　　　2.2.1.2.1.2 债券
　　　2.2.1.2.2 负债
　　　　2.2.1.2.2.1 股权
　　　　2.2.1.2.2.2 债券
　　2.2.1.3 金融衍生工具
　　　2.2.1.3.1 资产
　　　2.2.1.3.2 负债
　　2.2.1.4 其他投资

续表

| 2.2.1.4.1 资产 |
| 2.2.1.4.1.1 其他股权 |
| 2.2.1.4.1.2 货币和存款 |
| 2.2.1.4.1.3 贷款 |
| 2.2.1.4.1.4 保险和养老金 |
| 2.2.1.4.1.5 贸易信贷 |
| 2.2.1.4.1.6 其他 |
| 2.2.1.4.2 负债 |
| 2.2.1.4.2.1 其他股权 |
| 2.2.1.4.2.2 货币和存款 |
| 2.2.1.4.2.3 贷款 |
| 2.2.1.4.2.4 保险和养老金 |
| 2.2.1.4.2.5 贸易信贷 |
| 2.2.1.4.2.6 其他 |
| 2.2.1.4.2.7 特别提款权 |
| 2.2.2 储备资产 |
| 2.2.2.1 货币黄金 |
| 2.2.2.2 特别提款权 |
| 2.2.2.3 在国际货币基金组织的储备头寸 |
| 2.2.2.4 外汇储备 |
| 2.2.2.5 其他储备资产 |

① 直接投资。

直接投资包括外商在华直接投资和我国对外直接投资两部分。直接投资是指投资者对在国外投资的企业拥有10%或10%以上的普通股或投票权,从而对该企业拥有有效的发言权。在直接投资项下又包括股本投资、其他资产投资及利润收益再投资等。

② 证券投资。

证券投资是指没有被列入直接投资或储备资产的,有关债务或股本证券的跨境交易和头寸。证券投资也称间接投资,证券投资包括股本证券和债务证券两类证券投资形式。它主要指居民与非居民之间投资于股票、债券大额存单、商业票据以及各种衍生工具等。

③ 金融衍生品(储备除外)和雇员认股权。

金融衍生合约是一种金融工具,该金融工具与另一个特定的金融工具、指标或商品挂钩,通过这种挂钩,可以在金融市场上对特定金融风险本身(例如,利率风险、外汇风险、股权和商品价格风险、信用风险等)进行交易。

雇员认股权作为一种报酬形式,是向公司雇员提供的一种购买公司股权的期权。在某些情况下,发行期权的公司可能是雇员所在经济体之外另一个经济体的居民(例如,用人单位是期权所涉公司的一个分支机构或子公司)。

一方面,雇员认股权的定价行为与金融衍生产品类似;另一方面,它们具有不同的性质

(包括在有关授予日和归属日的安排上)和目的(即雇员认股权是为了鼓励雇员为提升公司的价值做贡献,而不是交易风险)。如果授予给雇员的认股权可以不受限制地在金融市场上进行交易,那么就将其列为金融衍生产品。

④ 其他投资。

其他投资为剩余类别,包括没有列入直接投资、证券投资、金融衍生产品和雇员认股权以及储备资产的头寸和交易。

⑤ 储备资产。

储备资产是由货币当局控制,并随时可供货币当局用来满足国际收支资金需求,用以干预汇兑市场、影响货币汇率,以及用于其他相关目的(例如,维护人们对货币和经济的信心,作为向外国借款的基础)的对外资产。

关于储备资产的内容在本教材其他部分中再详细展开。

3) 错误与遗漏净额(Net Errors and Omission)

错误与遗漏净额是指由于资料不完整,统计时间、计价标准以及不同币种间的换算差额等原因而形成的误差与遗漏,又称为净差错与遗漏。它是国际收支中唯一一个人为设立的项目。设置错误与遗漏账户是为了人为地轧平国际收支平衡表中借贷双方总额由于不可避免的统计误差错漏而出现的差额。

该账户记录的数字是国际收支平衡表全部账户借方总额与贷方总额轧差的缺口。如前所述,国际收支平衡表是按复式簿记原理编制的,经常账户与资本和金融账户的借方总额与贷方总额应当相等。但是,各账户、各具体项目登录所用的统计资料不完整,来源不一,分散不准确,致使上述两账户的借方总额与贷方总额不能相等。为此,设立净误差与遗漏项目。

造成国际收支统计中错漏的主要原因有:①统计资料来源不一和不完整、不准确;②汇率变动的影响;③统计时限的影响;④人为隐瞒的因素。

1.2.3　国际收支平衡表的分析

1. 分析国际收支平衡表的意义

国际收支平衡表不仅综合记载了一国在一定时期内与世界各国的经济往来情况和在世界经济中的地位及其消长对比情况,而且还集中反映了该国的经济类型和经济结构。因此,国际收支平衡表是经济分析的工具。通过对国际收支平衡表的分析,对编制平衡表的国家和非编制平衡表的国家都具有提供全面信息的重要意义。

2. 国际收支平衡表的分析方法

1) 静态分析

静态分析是指分析某国在一定时期(一年、一季或一月)的国际收支平衡表。具体来讲就是计算和分析表中的各个项目及其差额,分析各个项目差额形成的原因与对国际收支总差额的影响,从而找出国际收支总差额形成的原因。

2) 动态分析

动态分析是指按时间序列连续分析一国不同时期的国际收支平衡表。一国一定时期的国际收支状况,是过去一定时期该国经济结构状态、经济发展进程及经济政策导向的综合结果,而经济结构、经济发展以及经济政策并不是一成不变的,它随着时间、环境的变化而不断变化。因此，一国的国际收支也处于一个连续不断的运动过程之中。无论对顺差还是逆差，都不能仅仅从静止的角度来考察，还必须考察其发展变化的情况。

(1) 微观的动态分析。微观的动态分析是对国际收支平衡表本身各项目之间的关系进行研究，掌握国际收支的全面情况及其发展变化的规律性。

① 差额分析。差额分析是在对各单项了解的基础上，来观察各项目差额之间的变化关系。贸易差额反映了商品进出口情况，是决定经常项目差额的重要因素，但不是唯一因素。对某些国家来说，劳务和单方转移的变化往往对经常项目差额的平衡起着十分重要的作用。经常项目差额的好坏常被视为国际收支状况是处于有利还是不利境地的标志。在资本国际化日益发展的情况下，资本流动对国际收支的影响越来越引人注目。基本差额包括了长期资本流动的变化。长期资本流动具有极强的商业性质，在各国普遍注重出超的情况下，长期资本输入输出与商品输入输出具有紧密联系，因此，它与经常项目共同形成了一国国际收支的基本状况。综合差额包括了短期资本流动，短期资本流动具有较强的灵活性，时间短，流量大，对一国经济的冲击力强。在基本差额处于逆差时，短期资本流入能给予弥补，但平衡的作用只是暂时性的。

② 比较分析。分析国际收支平衡表的重要目的之一是掌握其发展变化趋势，因此要注意动态分析的连续性，对一个经济体历年的国际收支平衡表进行比较分析，以便从中找出变化规律和发展趋势。

进行比较分析要注重变化的实质原因。如果经常项目差额有了显著变化(由顺差转为逆差，或逆差明显扩大)，变化主要来自贸易差额，而其历年贸易收支只是少数年份有逆差，则可以判断其逆差是由暂时性原因引起的；若其历年多数年份都存在逆差，则可以认为其逆差是由根本性原因造成的，具有长期性。

(2) 宏观动态分析。宏观动态分析是将国际收支放在整个国民经济体系中来考察，以研究国际收支与主要宏观经济变量之间的基本关系，了解一国经济与外国经济相互联系、相互作用的程度。

① 国际收支与国民收入账户。国民收入账户记录了与一个国家的收入和产出有关的全部交易。

影响一国国民收入账户变化的因素主要有四个：第一，消费(C)，指私人部门为满足日常的需要而用于生活的支出。第二，投资或储蓄(I或S)，指私人部门的收入除消费外的剩余部分。从供给角度看，它表现为储蓄(S)；从需求角度看，它表现为投资(I)。私人部门的投资和消费的区分是，一般将企业的购买视为投资，个人或家庭的购买视为消费。第三，政府支出(G)，包括军费开支、公共福利费开支和行政事业费开支。第四，商品和劳务的进出口净额。

封闭经济的国民收入均衡，可用如下关系式表示：

$$Y = C + I + G \tag{1-1}$$

式(1-1)中，Y为国民收入，C为消费，I为投资，G为政府开支。这个关系式中不涉及国际收支。

开放经济的国民收入均衡，可用如下关系式表示：

$$Y = C + I + G + X - M \tag{1-2}$$

式(1-2)中，X为商品和劳务出口，M为商品和劳务进口。这个关系式说明在开放经济中，国际收支与国民收入有着密切的联系，商品和劳务进出口额所占的比重越大，内外经济相互作用的程度就越深。在西方发达国家的经济中，贸易总额常占国民生产总值的比重较高。

② 国际收支与货币供给。国际收支是国际经济社会中一种货币现象，它与一国货币供给有紧密联系。货币供给的变化对国民收入、利息率、投资等都有影响。一般地，货币供应量(M)增加→利息率(i)下降→投资(I)增加→国民收入(Y)增加；货币供应量(M)减少→利息率(i)上升→投资(I)减少→国民收入(Y)减少。

在封闭经济中，货币供给基本上等于本国信贷量(D)。开放经济中的货币供给包括两部分：国内信贷量和国际货币与国内货币的交换量。后者即为国际储备(U)与汇率(E)之积。国际收支差额就意味着国际储备的变化，在汇率不变的条件下，国际储备的变化必然引起货币供给的变化，其关系式可以表示为：

$$M = D + U \cdot E \tag{1-3}$$

上述这些基本的关系式表明了国际收支与宏观经济变量之间的基本关系，是国际收支和汇率理论分析的基础。

总之，一国的国际收支平衡表，是一国某一时期对外各种关系的综合反映。对国际收支平衡表的分析，不仅仅只是对其各项数字进行简单的加减分析或比较分析，而是要透过对这些数字的分析，找到其后面隐藏着的各种经济关系及其作用的结果，以供有关方面决策之用。有关国际收支平衡表的分析内容主要是集中在对各类差额进行分析上，我们将其并至下节"国际收支不平衡的调节"中介绍。

1.3 国际收支不平衡的调节

国际收支不平衡是经常存在的，因此需要对国际收支失衡进行调节。需要说明的是，国际收支顺差和逆差都是失衡的表现。

1.3.1 国际收支不平衡的类型

1. 国际收支不平衡的标准

国际收支平衡表的平衡与国际收支的平衡是两个不同的概念。前者是指一国国际收支平衡表本身各项目之间的平衡，后者是指一国经济活动中涉及国际收支的部分实际发生的结果。因此，一国国际收支平衡表的平衡并不意味着该国国际收支的平衡。

如果将表中所有项目贷方数额相加之和与借方数额相加之和进行对比来判断一个国家的国际收支平衡表是否平衡，我们会发现，一国的国际收支平衡表一定是平衡的。这是因为根据国际收支平衡表的复式簿记编制原则和编制方法，国际收支平衡表最终必须实现平衡。

1) 自主性交易与补偿性交易

通常我们习惯把所有的交易发生的动机分为两种。其一，自主性交易(Autonomous Transaction，又称事前交易)：是指根据自主的经济动机而进行的交易活动。如经常账户的各项交易与长期资本项目的有关收支。其二，补偿性交易(Compensatory Transaction，又称事后交易)：是指当事前交易出现差额时，为弥补自主性交易差额而进行的各种交易活动。通常账户中的短期资本账户和官方储备账户就属于这种交易。补偿性交易是对自主性交易引起的国际收支的不平衡进行的弥补，其本身的发生无主动动机。如为了弥补国际收支逆差而向外国政府或国际金融机构借款、动用官方储备等。

在一个国家的国际收支平衡表上,所谓的国际收支差额,一般是指自主性交易差额。因为只有自主性交易才会涉及实际的外汇收支,"错误与遗漏"项目并不涉及真正的外汇收支。因而,只有自主性交易项目才会影响一国的国际收支平衡。就这两类交易项目而言,调节性交易只是在自主性交易项目出现不平衡后,由货币当局被动地进行的一种事后弥补性的对等交易,是为了弥补自主性交易的缺口而人为地做出的努力,它实际上取决于自主性交易的结果。只有在一国国际收支中自主性交易达到了平衡,即所有自主性交易项目中贷方数字之和等于借方数字之和,那么该国的国际收支才是平衡的;否则,就是不平衡的。

但是,如果按照这种方式来识别国际收支是否平衡是很不现实的。因为从统计的角度分析,我们很难区分何为自主性交易、何为补偿性交易,所以这仅仅只能作为一种理论思维方式而很难被应用于实践之中。

2) 账面平衡与实际平衡

根据国际收支平衡表的复式记账原理决定了单纯从国际收支平衡表的账面来看,其借贷方一定是相等的,即所有交易之和必然等于零,账面平衡。但这不是我们定义所说的国际收支平衡。判断国际收支是否平衡,我们需要的不是账面平衡,而是实际平衡,即国际收支平衡表的自主性交易是平衡的。

2. 静态平衡与动态平衡

1) 静态平衡

静态平衡是指在一个周期内国际收支平衡表的收支相抵,差额为零的一种平衡模式。这只是一种会计角度的国际收支平衡,在静态平衡的角度,我们考虑的是一国国际收支的收与支大抵相等。出现收与支的大幅差额这种静态不平衡时,是否必须调节,这要看该国国际储备和国际清偿能力的大小,要看这样的静态不平衡是否会影响该国经济的正常运行。

静态平衡是基于按年度为周期的国际收支统计,因而其基本特性是一个从平衡到不平衡,再从不平衡回归平衡的动态、运动过程。甚至可以认为,不平衡是绝对的,平衡才是相对的,如果一定要限制在每个国际收支统计周期内都做到静态平衡,操作难度会非常大,且对经济不一定是有利的。

2) 动态平衡

动态平衡是指在较长的数个国际收支周期的阶段(如:五年、十年等)内,实现国际收支的大抵平衡。这种平衡一般是出于一国宏观经济目标的考虑,也是宏观经济四大均衡指标之一。考虑到一国经济发展的长期目标,有必要考虑国际收支在若干财年的时间段中内的收与支大抵相等,即达到国际收支的动态平衡。动态平衡与整个经济发展目标较一致,综合、动态地考虑了国民经济的发展。

动态失衡则是指在一定的时期内,一国的国际收支总体出现的不平衡状态。

3. 国际收支差额及相互关系

一般来说,各国会将国际收支平衡作为国际金融运作的目标,而对各种不同类型的国际收支不平衡实施政策调节。在实际中,对于不同的不平衡采用的措施也是有所不同的。

国际收支差额是指一国在一定时期内外汇支出与外汇收入的差额。收入大于支出为国际收支顺差;支出大于收入为国际收支逆差。国际收支差额分为局部差额与综合账户差额。

1) 局部差额

① 贸易收支差额。即贸易差额。这是指商品进出口收支相抵后的差额。若商品出口收入大于进口支出，叫作出超，或称贸易顺差；反之，若进口大于出口，叫作入超，或称贸易逆差。它反映了一国的进出口状况。贸易差额是世界各国均比较关注的一种差额，代表了该国在实物商品贸易中的进出口规模。一般来说，通过贸易差额能够看到该国的产业结构、产品质量、劳动生产率状况以及外贸依存度等。

② 经常账户差额。经常账户差额线上项目包括贸易收支、无形收支和经常转移收支。经常账户收支差额是指在一定时期内一国出口商品、劳务和单方面转移账户上的贷方总额与同期进口商品、劳务和单方面转移的借方总额之差。当贷方总值大于借方总值时，经常账户收支为顺差，反之则为逆差。经常账户收支差额反映了一个经济体与其他经济体在实际资源转让方面的净额。经常账户差额综合了一个经济体的进出口状况，包括商品、无形贸易等，可以综合反映出一个经济体的国际竞争能力，一般是用于制定国际收支政策、产业政策的重要依据。

③ 资本和金融账户差额。资本和金融账户差额记录了世界其他地方对本国的投资净额或贷款/借款净额。通过资本和金融账户余额，可以了解到一个经济体资本市场的开放程度和金融市场的发达程度，资本市场越开放越发达，其资本和金融账户的流量总额就越大。

2) 综合账户差额

综合账户差额是指经常账户与资本和金融账户中的资本转移、直接投资、证券投资、其他投资，包括了错误和遗漏。即综合账户差额是国际收支账户剔除国际储备后的余额部分。这就是我们通常所说的国际收支差额。国际收支差额的构成如表 1.6 所示。

表 1.6 国际收支差额的构成

项 目	2013 年	2014 年	2015 年	2016 年	2017 年	2018 年
经常账户差额	1482	2360	3042	2022	1951	491
与 GDP 之比	1.5%	2.3%	2.7%	1.8%	1.6%	0.4%
非储备性质的金融账户差额	3430	−514	−4345	−4161	1095	1306
与 GDP 之比	3.6%	−0.5%	−3.9%	−3.7%	0.9%	1.0%

4. 国际收支不平衡的类型

根据国际收支失衡的原因将国际收支不平衡分为七种类型。

(1) 周期性不平衡。每个国家的经济都具有周期性。一般来说，一个周期通常包括经济繁荣、经济衰退、经济萧条以及经济复苏四个阶段。这四个阶段中经济特点具有显著差别。每个阶段经济发展对于国际收支都会产生影响。

由于受资本主义生产方式固有矛盾的制约，私人占有制与生产社会化的矛盾必然会带来周期性经济危机。即危机，萧条，复苏，繁荣。周期的不同阶段对国际收支会产生不同的影响。

当一个经济体的经济处于萧条期的时候，社会总需求下降，进口需求也会下降，贸易收支的借方余额变小，其他因素不变时，则国际收支朝着顺差方向变化。反之，如果一个经济体处于复苏和高涨周期中，则国内的投资、需求都非常旺盛，相应的对进口的需求也会加大，导致贸易、劳务收支借方变大，进而国际收支朝着逆差方向变化。

如日本在 1974 年，国民生产总值增长 19.4%，国际收支却出现 46.9 亿美元的逆差；1976 年日本经济萧条，但国际收支却出现 36.8 亿美元的顺差。到了 20 世纪初期，自由资本主义进入了垄断资本主义时期，每一周期缩短为七八年，甚至更短，而且危机对资本主义经济、贸易所产生的破坏作用日益严重。因此，主要工业国家爆发危机后，往往会加速其他国家危机的发展。第二次世界大战后，资本主义的经济周期大大缩短，经济危机更趋于频繁。

(2) 结构性不平衡。结构性不平衡是指当国际分工的结构(或世界市场)发生变化时，一国经济结构的变动不能适应这种变化而产生的国际收支不平衡。

世界各国由于地理环境、资源分布、技术水平、劳动生产率差异等经济条件和历史条件不同，形成了各自的经济布局和产业结构，从而形成了各自的进出口商品和地区结构，各国的产业、外贸结构，即国际分工结构。若在原有的国际分工结构下，一国的进出口尚能平衡，但在某一时期，若世界市场对该国的出口需求或对该国进口的供给发生了变化，则该国势必要改变其经济结构以适应这种国际变化，即原有的相对平衡和经济秩序受到了冲击。若该国经济结构不能灵活调整以适应国际分工结构的变化，则会产生国际收支的结构性不平衡。

譬如，美国从 20 世纪 70 年代以来发生了持续性国际收支逆差，其原因是多方面的，但引起逆差最重要的因素之一，莫过于贸易出现大量逆差，商品入超过大，以及传统出口商品在国际市场上竞争能力减弱。众所周知，美国传统出口产品中机械制造产品占主导地位，其中出口比重较大的是汽车，美国汽车耗油量较日本、意大利等其他国家的汽车耗油量要大，由于 20 世纪 70 年代石油价格猛涨，各国的消费者当然不愿意购买耗油量大的汽车，因此，美国的汽车就无法与日本、意大利等国的汽车进行竞争，从而贸易赤字越来越大，使该国国际收支出现持续性逆差。

改变结构性不平衡需要重新组织生产，并对生产要素的使用进行重新组合，以适应需求和供给的新结构，否则这种不平衡现象难以克服，而生产的重新组合阻力较大，进展缓慢，因此结构性不平衡具有长期性，扭转起来相当困难。结构性不平衡在发展中国家尤其普遍，因为发展中国家进出口商品具有以下两个特点：其一，产品出口需求的收入弹性低，而产品进口需求的收入弹性高，所以出口难以大幅度增加，而进口则能大幅度增加；其二，产品出口需求的价格弹性大，而产品进口需求的价格弹性小，于是进口价格上涨快于出口价格上涨，贸易条件恶化。

(3) 货币性不平衡。货币性不平衡是指一国货币增长速度、商品成本和物价水平与其他国家相比，如发生较大变化而引起的国际收支不平衡。这种不平衡主要是由于国内通货膨胀或通货紧缩引起的，一般直观地表现为价格水平的不一致，故又称价格性的不平衡(Price Disequilibrium)。

例如，一国发生通货膨胀，其出口商品成本必然上升，使用外国货币计价的本国出口商品的价格就会上涨，就会削弱本国商品在国际市场上的竞争能力，在客观上起着抑制出口的作用。相反，由于国内商品物价普遍上升，相比而言，进口商品就显得便宜，鼓励了外国商品的进口，从而出现贸易收支的逆差。不过还需要注意的是，通货膨胀还会引起该国货币汇率一定程度的贬值，但一般来说此时汇率贬值的幅度比物价上涨的幅度要小得多，因而其影响也小得多。它只能缓和但不会改变通货膨胀对国际收支的影响。货币性不平衡可以是短期的，也可以是中期的或长期的。

(4) 收入性不平衡。收入性不平衡是指由于各种经济条件的恶化导致国民收入的较大变动而引起的国际收支不平衡。国民收入变动的原因有很多，一种是因经济周期波动所致，这属于周期性不平衡；另一种是因经济增长率的变化而产生的，收入性不平衡是指因经济增长率的变化引发，它具有长期性。

一般来说，国民收入的大幅度增加，全社会消费水平就会提高，社会总需求也会扩大，在开放型经济下，社会总需求的扩大，通常不一定会表现为价格上涨，而表现为增加进口，减少出口，从而导致国际收支出现逆差；反之当经济增长率较低，国民收入减少时，国际收支出现顺差。

(5) 政策性不平衡。这是指因一国推出重要的经济政策或实施重大改革而引发的国际收支不平衡。例如，一国推出金融自由化政策或严格外汇管制政策，实行全方位的高利率，大力引进外资或大力提倡对外投资以及实行汇率改制政策等，都可能通过各种传导机制，影响贸易往来和资本流动，进而使国际收支出现顺差或逆差。

(6) 过度债务性不平衡。由于有些发展中国家在经济发展过程中，借入大量凭经济实力无法承担的外债，导致本国经济恶化，进而出现国际收支的不平衡。

(7) 临时性不平衡。临时性不平衡是指短期的由非确定或偶然因素引起的国际收支不平衡。例如，1990年伊拉克入侵科威特，国际社会对伊拉克实行全面经济制裁，世界各国一度中止与伊拉克的一切经济往来，伊拉克的石油不能输出，引起出口收入剧减，贸易收入恶化；相反，由于国际市场石油短缺，石油输出国扩大了石油输出，这些国家的国际收支得到了改善。这种性质的国际不平衡，程度一般较轻，持续时间也不长，具有可逆性，因此，可以认为是一种正常现象。

总之，导致国际收支失衡的因素有很多，既有客观的，又有主观的；既有内部的，也有外部的；既有政治和社会的，也有经济发展阶段性的；既有宏观的，也有微观的。各种因素混合，使国际收支不平衡的原因变得复杂，因此必须找出主要原因，施以正确的调节政策。

1.3.2 国际收支调节主体与一般原则

在国家间出现了持续性的顺差或持续性的逆差，应由谁来负责恢复平衡，即谁是调节国际收支的主体？这是国际经济关系中一个非常重要的问题。对一个国家来说，国际收支不平衡，无论是出现顺差还是出现逆差，其经济均会受到不同程度的不良影响。一般认为，出现逆差受到的不良影响较出现顺差更大。因此，第二次世界大战后，国际收支的失衡大都由逆差国家自动采取措施进行调节，顺差国家只是在外界压力下，才被迫减少顺差，使之达到或者接近于平衡。

20世纪60年代以后，西欧和日本经济迅速发展，它们的国际收支从逆差转变为持续性的顺差，而美国则逐步从顺差国家转变为持续性的逆差国家。面对这种情况，美国依靠它的经济、军事与政治等方面的实力和地位，向顺差国家施加种种压力，迫使它们采取措施以恢复国际收支的平衡。

20世纪60年代以后，联邦德国与日本曾数度被迫实行货币升值，从而减少它们的顺差。特别是20世纪70年代初期，由美国操纵的十国集团决定调整各主要国家的汇率，使一些国家的货币对黄金的比价实行升值，而美元则对黄金进行贬值。这个决定标志着顺差国家在国际收支发生不平衡时，也负有调节的责任。

据上述几种国际收支不平衡形态，在调节国际收支不平衡的方式的选择时，要遵循两个原则。

1. 应按国际收支不平衡的类型来选择调节的方式

在国际收支不平衡的形态中有周期性的不平衡、结构性的不平衡、货币性不平衡与收入性不平衡等多种类型。因此，在选择调节方式的时候，应按其不平衡的性质与类型采取不同的调节方式。

例如，一国的国际收支不平衡是属于周期性的不平衡，说明这种不平衡是短期性的，因此，可以用该国的国际储备与国外短期贷款来弥补缺口，但这种方式用于持续性巨额逆差则是不能收到预期效果的，因为一国的国际储备并非取之不尽，而利用国际短期资本，不但要负担过高的利息，而且偿还期不到一年，到期后必须清偿债款，这样资本项目差额则会出现越来越大的局面，所以用这种方式并不能从根本上缓和国际收支的危机。

如果国际收支是因为货币性的不平衡而引起的，一般采取汇率调整，即逆差国家对本国货币实行贬值，顺差国家对本国货币实行升值的办法。就其效果来看，无论是升值还是贬值，在实行之初，都能够收到一定效果，但并不能因此一劳永逸。

对于结构性的不平衡，西方国家大都采取对金融、贸易进行直接管制的方法。直接管制包括贸易管制与外汇管制，即限制商品进出口并对资本移动采取限制措施，利用国家的财政与金融政策强行干预国际贸易与国际经济关系的发展。通过这些措施达到国际收支平衡的目的。这些措施虽然能收到短期效果，但从长期来看，它对国际贸易与国际金融的发展均会造成严重的阻碍。

2. 选择调节国际收支的方式还应该考虑国内平衡，尽可能使其不互相矛盾

所谓国内平衡，主要是指在充分就业的前提下，抑制通货膨胀，从而保持物价稳定，促进经济增长。

国际收支是一个国家整个经济的有机组成部分，一般来说，谋求国内经济平衡发展必然影响国际收支平衡状况。因此在选择宏观政策时必须按其轻重缓急，在不同的时期和经济发展阶段分别作出抉择。

目前，西方国家都是在谋求国内经济平衡的前提下，设法实现其国际收支平衡的。国际收支不平衡会直接导致一国货币汇率发生变化。如果汇率波动幅度不大，即使时涨时落，也不致造成严重的经济后果。如果汇率从剧烈的波动发展到持续性涨落，就会直接影响该国的经济发展，因此，在谋求国内经济平衡的同时必然要顾及国际收支的平衡。

1.3.3 国际收支持续失衡对一国经济的影响

国际收支持续失衡对一国经济发展的影响，包括两个方面：一是国际收支的持续逆差对国内经济的影响；二是国际收支的持续顺差对国内经济的影响。传统的国际经济理论认为，前者对经济所造成的危害较后者大，故强调对国际收支逆差的调节。但二战后，某些国家发生了长期顺差，对经济发展也带来了不利影响，比较典型的是联邦德国和日本。因此，目前对持续顺差的调节也得到了应有的重视。

1. 国际收支持续性逆差对国内经济的影响

(1) 持续性逆差首先会导致外汇储备大量流失。这是因为一国发生持续性逆差时，一般都会采取三种方式来弥补：一是动用外汇储备，二是对外举债，三是调整经济结构。如果主要以动用外汇储备来弥补，必然严重消耗该国的储备资产，而储备资产又是一国国际清偿力的重要构成，因此，储备资产的流失也就意味着该国金融实力甚至整个国力的下降，进而也会损害该国在国际上的声誉。

（2）持续性逆差会导致该国外汇短缺，造成外汇汇率上升，本币汇率下跌。在其他因素的作用下，一旦本币汇率过度下跌，不但会削弱本币在国际上的地位，而且因汇率波动较大而不利于对外贸易经济核算，降低经济效益，甚至还会导致该国货币信用下降，出现国际资本大量外逃的现象，进而引发货币危机。

（3）持续性逆差使该国获取外汇的能力减弱，同时也使一部分国际储备资产因用以弥补逆差而丧失，这样必然影响该国发展生产所需的生产资料的进口。使国民经济增长受到抑制，进而影响一国的国内财政，以及人民的充分就业。

（4）持续性逆差还可能使该国陷入债务危机。如果发生持续性逆差时，该国主要以举借外债的方式来弥补，而且借入外债的使用效益低下，那么，可能会导致该国到期无法还本付息，爆发债务危机。20世纪80年代初的南美债务危机就证明了这点。

2. 国际收支持续顺差对国内经济发展的影响

一个国家如果发生国际收支持续顺差，也会对经济发展造成不利影响。

（1）持续顺差会破坏国内总需求与总供给的均衡，使总需求迅速大于总供给，冲击经济的正常增长。因为：第一，持续顺差在贸易上表现为大量商品出口，而大量的出口商会直接减少对国内社会产品的供给，使国内需求相对增大；第二，持续顺差产生的储备结余，会产生不同程度的兑换压力，持有者的兑换要求，会迫使本国金融当局增加本国货币的投放，从而又创造出新的需求，加大通货膨胀的压力；第三，持续顺差会使顺差国的国际支付信誉良好，从而吸引国际资本流入，而这又会增加货币投放，从而容易打破原来的总需求与总供给的均衡状况，即使得总需求超过总供给。

（2）持续顺差在外汇市场上表现为有大量的外汇供应，这就增加了外汇对本国货币的需求，导致外汇汇率下跌，本币汇率上升，从而提高了以外币表示的出口产品的价格，降低了以本币表示的进口产品的价格。这样，在竞争激烈的国际市场上，其国内商品和劳务市场将会被占领。

（3）持续顺差也会使该国丧失获取国际金融组织优惠贷款的权利。例如，IMF的一个宗旨就是协调各成员国的货币政策，通过提供优惠贷款帮助成员国平衡国际收支逆差。但如果该国国际收支出现不断的顺差，就无法得到这种益处。

（4）持续顺差也意味着其他国家国际收支持续性逆差，这必然影响到其他国家的经济发展，从而导致国际贸易摩擦，甚至报复，不利于国际经济关系的发展。20世纪60年代以来，日本、瑞士等国家被迫采取种种措施来减少顺差，就是一个例子。此外，一些资源型的发展中国家如果发生过度顺差，则意味着国内资源的持续性开发，它会给这些国家今后的经济发展带来隐患。

总之，国际收支逆差和顺差是不可避免的，但要保持一个合理的限度。即国际收支差额的存在，应该是该国现有能力可控制的，包括适量的国际储备和充分的国际借款还债能力。当然，这种合理的"度"与"量"的规定，是因时、因国而异的。

1.3.4 调节国际收支不平衡的措施

1. 市场自动调节措施

市场自动调节(或市场自发调节)，即靠市场自发的力量，通过价格、收入、汇率等的变化使国际收支自动走向平衡。这种调节体现在国际收支自动调节机制上，其内容有以下三类。

1) 国际金本位制下的国际收支自动调节机制

根据休谟的金本位自发调节理论，即：("物价—现金流动机制")，国际收支的不平衡会引起黄金的流动和一国物价水平的相应变化，进而引起商品进出口的变化，最终调节国际收支。具体来说，当一国国际收支出现顺差时，黄金流入，会导致货币供给量增加，商品价格上涨，出口减少，进口增加，从而使国际收支顺差逐渐减少乃至消失。反之，当国际收支出现逆差时，黄金外流，会导致货币供给量减少，商品价格下跌，出口增加，进口减少，从而使国际收支逆差逐渐趋于消失。总之，无论国际收支顺差还是逆差，都会在没有政府干预下自动恢复平衡。这是一种典型的自动调节机制，如图 1.2 所示。

休谟的金本位制下自动平衡国际收支的理论否定了传统的重商主义认为只要维持贸易顺差，一国就能维持金银、财富积累的论断；同时也消除了各国对贸易逆差一定会发生黄金、财富永久性流失的恐惧。该理论反映了资本主义自由竞争时期市场价格竞争的规律，满足了各国政府制定对外经济政策的需要。

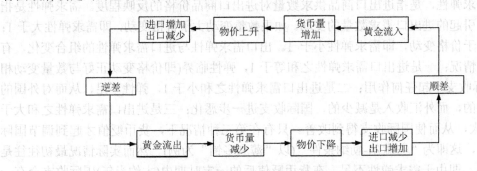

图 1.2 价格—现金流动机制

2) 纸币本位的固定汇率制度下的国际收支自动调节机制

在不兑换纸币流通的情况下，尽管"物价—现金流动机制"不复存在，但自动调节机制在一定程度上依然存在，不过变形为"利率—收入—价格"机制，即国际收支变化会影响利率(资本国际流动)、国民收入及物价等方面的变化，进而使国际收支自动趋于平衡，具体来说，当一国由于进出口不平衡而发生国际收支顺差时，该国的外汇收入和国际储备增加，信用扩张、银根放松，利率趋于下降，结果是(三个效应)：首先，资本外流增加，资本流入受阻，这使国际收支顺差缩减(称为"利率效应")；其次，国内消费和投资都增加，国民收入水平提高，刺激进口需求增加，从而使顺差逐渐减少，趋向平衡(称为"收入效应")；最后，国内总需求增加，物价上涨，引起该国商品成本价格提高，从而使出口下降、进口增加，使国际收支顺差缩减(称为"价格效应")。相反的情形是，当一国发生国际收支逆差时，则通过上述机制的相反作用过程，使国际收支自动得到平衡。

这种纸币本位的固定汇率制度下的国际收支自动调节机制如图 1.3 所示。

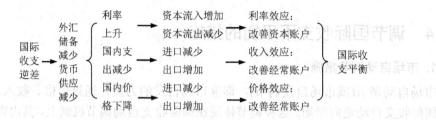

图 1.3 纸币本位的固定汇率制度下的国际收支自动调节机制

3) 浮动汇率制度下的国际收支自动调节机制

国际收支的自动调节还可以通过汇率变动加以说明。在浮动汇率制下(固定汇率制下,国际货币基金组织规定一般不允许调整汇率),当一国出现逆差时,对外汇的需求大于供给,外汇汇率就会上升,即本国货币贬值,本国商品的国外价格会下跌,进口商品价格上升;这会引起进口减少、出口增加,从而使国际收支逆差的情况得到改善。反之,当一国出现国际收支顺差时,相反的过程会使这种顺差减少。

汇率变动对国际收支的调节作用是有条件的,具体如下。

(1) 进出口需求弹性。经济学中所谓弹性,是指一个经济变量对另一个经济变量变动的反应程度。根据弹性论,汇率变动所引起的国内外国际收支相对价格的改变,能否促使进出口规模发生变化,主要取决于进出口商品供求弹性对国际市场供求关系的机制作用。所谓进出口商品供求弹性,是指进出口商品供求数量对进出口商品价格的反映程度。需求弹性是指价格变动所引起的进出口需求数量的变动。如果数量变动大于价格变动,即需求弹性大于1;数量变动小于价格变动,即需求弹性小于 1。出口需求弹性与进口需求弹性的组合变化,有三种不同的情况:一是进出口需求弹性之和等于1,弹性临界(即价格变动正好与数量变动相抵消)对国际收支不起任何作用;二是进出口需求弹性之和小于1,弹性不足,从而对外国的支付是增加的,而外汇收入是减少的,国际收支进一步恶化;三是进出口需求弹性之和大于1,弹性较大,从而使国际收支得到改善。只有在第三种情况下,货币贬值才起到调节国际收支的作用,这即为"马歇尔-勒纳条件"(以"薄利多销"为例)。然而实际情况最初往往是第二种情况,即由于需求弹性不足,在货币贬值后的一定时期内(大约半年)国际收支会有一定程度的恶化,但是过一段时间需求弹性改变后,贬值的结果就会引起国际收支的改善。如果描述一条代表一国贬值之后的贸易差额曲线,这条曲线最初为下跌,而后上升,呈 J 字母形状,即所谓的"J 曲线效应"。

(2) 贸易对方国的反应。如果它们采取相应的报复措施、管制措施或其他保护主义措施,则该国的贬值效果就会被抵消。此外,汇兑心理作用的影响。汇率下跌,人们预期将来可能会进一步下跌,于是出现资金外流,使资本项目出现逆差,这使得调节国际收支逆差的作用减弱,甚至短时间内失效。

浮动汇率制度下的国际收支自动调节机制如图 1.4 所示。

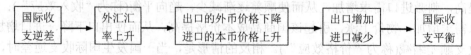

图 1.4 浮动汇率制度下的国际收支自动调节机制

2. 国家政府调节措施

1) 外汇缓冲政策

外汇缓冲政策是指一国运用所持有的一定数量的国际储备，主要是黄金和外汇，作为外汇稳定或平准基金(Exchange Stabilization Fund)，来抵消市场超额外汇供给或需求，从而改善其国际收支状况。它是解决一次性或季节性、临时性国际收支不平衡简便而有利的政策措施。

一国国际收支不平衡往往会导致该国国际储备的增减，进而影响国内经济和金融。因此，当一国国际收支发生逆差或顺差时，中央银行可利用外汇平准基金，在外汇市场上买卖外汇，调节外汇供求，使国际收支不平衡产生的消极影响止于国际储备，避免汇率上下剧烈动荡，而保持国内经济和金融的稳定。但是动用国际储备，实施外汇缓冲政策不能用于解决持续性的长期国际收支逆差，因为一国储备毕竟有限，长期国际收支逆差势必会耗竭一国所拥有的国际储备而难以达到缓冲的最终政策，特别是当一国货币币值不稳定，使人们对该国货币的信心动摇，因而引起大规模资金外逃时，外汇缓冲政策更难达到预期效果。

2) 财政政策

财政政策主要是采取缩减或扩大财政开支和调整税率的方式，以调节国际收支的顺差或逆差。

如果国际收支发生逆差，第一，可削减政府财政预算、压缩财政支出，由于支出乘数的作用，国民收入减少，国内社会总需求下降，物价下跌，可增强出口商品的国际竞争力，进口需求减少，从而改善国际收支逆差；第二，提高税率，国内投资利润下降，个人可支配收入减少，导致国内投资和消费需求降低，在税赋乘数的作用下，国民收入倍减，迫使国内物价下降，扩大商品出口，减少进口，从而缩小逆差。

可见，通过财政政策来调节国际收支不平衡主要是通过调节社会总需求、国民收入的水平来起作用的，这一过程最中心的环节是社会企业和个人的"需求伸缩"，它在不同的体制背景下作用的机制和反应的快捷程度是不一致的，这取决于其产权制约关系的状况。

3) 货币政策

调节国际收支的货币政策主要有贴现政策(Discount Policy)和改变准备金比率(Rate of Reserve Requirement)的政策。

第一，贴现政策。中央银行在贴现票据时，所收取的官方最低利率称为再贴现率(有时简称贴现率)。中央银行以提高或降低贴现率的办法，借以扩充或紧缩货币投放与信贷规模，吸引或排斥国际短期资本的流入流出，以达到调节经济与国际收支的目的，此即为贴现政策。

当一国出现国际收支逆差，该国中央银行就调高再贴现率，从而使市场利率提高，外国短期资本为获得较多的利息收益而会流入，本国资本亦不外流，这样在资本项目下，流入增加，流出减少，可减少国际收支逆差。此外，提高利率，即对市场资金供应采取紧缩的货币政策，会使投资与生产规模缩小，失业增加，国民收入减少，消费缩减，在一定程度上可促进出口增加，进口减少，从而降低经常项目的逆差。在顺差情况下，则由当局采取调低再贴现率和放宽货币政策，从而起到与上述情况相反的作用，以压低顺差的规模。

第二，改变准备金比率政策。在西方国家的商业银行等金融机构都要依法按其吸收存款的一定比率，向中央银行缴存保证存户提现和中央银行控制货币量的特定基金。这个比率的高低决定着商业银行等金融机构可用于贷款资金规模的大小，因而决定着信用的规模与货币量，从而影响总需求和国际收支。过去，这项政策主要用于对国内经济的调节，但从 20 世纪 60 年代末开始，这项政策措施也被一些发达国家用于调节国际收支。例如，日本在 20 世纪 70 年代就曾实行过差别性准备金比率的政策，即商业银行等金融机构吸收的非居民存款缴存中央银行的准备金比率远远高于居民存款准备金比率，以此来抑制国际游资(Hot Money)的流入，从而减少和避免美元危机(Dollar Crisis)对本国经济的冲击。

但是，利率政策对国际收支不平衡的调节存在一定局限性：其一，利率的高低只是影响国际资本流向的因素之一，国际资本流向在很大程度上还要受国际投资环境政治因素的影响，如一国政治经济局势较为稳定，地理位置受国际政治动荡事件的影响小，则在这里投资较安全，可能会成为国际游资的避难所。此外，国际资本流向还与外汇市场动向有关，在汇率市场，游资金融转向投机目的以获取更高利润，因此一国金融市场动荡，即使利率较高也难以吸引资本流入。其二，国内投资、消费要对利率升降反应敏感，而且对进口商品的需求弹性、国外供给弹性要足够大，利率的调整才能起到调节国际收支不平衡的效果。反之，若国内投资、消费对利率反应迟钝，利率提高时，国内投资、消费不能因此减少，则进口需求也不会减少，出口也难以提高。国际收支逆差也难以改善。其三，提高利率短期内有可能吸引外国资本流入本国，起到暂时改善国际收支的作用，但从国内经济角度来看，由于利率上升，经济紧缩，势必削弱本国的出口竞争力，从而不利于从根本上改善国际收支。相反，为了促进出口而活跃经济必须降低利率，这又会导致资本外流，势必加剧国际收支的不平衡，因此利率政策调节国际收支不平衡容易产生内外均衡的矛盾。

4) 汇率政策

汇率政策是指一国通过调整其货币的汇率，以影响进口和出口，改善贸易收支，从而调整国际收支的措施。

当一国发生国际收支逆差时，经常调低本币汇率，使本币对外贬值。在国内价格不变或变动不大的条件下，出口商品若以外币计算，就会较贬值前便宜，从而增强出口商品的竞争力，增加出口收汇；另一方面，当调低本币汇率后，进口商品折成本币的价格则会较贬值前昂贵，因此会缩减输入，减少进口用汇。这有助于减少逆差，逐渐达到平衡，甚至形成顺差。这是为解决逆差问题使用得较多的一种办法。当一国具有国际收支顺差时，有时也采取调高本币汇率的措施，使本币升值稍许扩大输入、压低输出的规模，从而使顺差数额有所缩小。但这常常是在贸易对手国家逆差状况严重、对其施加强大压力下而被迫采用的。

实行货币贬值，只有在一定的进出口商品的供求弹性条件下(即假设供给弹性无穷大的前提下，应满足：出口商品需求弹性+进口商品需求弹性>1 的条件)，才会产生改善贸易收支与国际收支的效果。另外，货币贬值，一般具有加剧国内通货膨胀与物价上涨的作用。因而结合紧缩性财政货币政策来实行货币贬值，才能起到既改善国际收支，又不至于加重国内通货膨胀的作用。

汇率调整政策对国际收支不平衡的调节不一定能起到立竿见影的效果，因为其调节效果还取决于现实的经济和非经济因素：第一，汇率变动对贸易收支的调节受进出口商品价格弹性和时间滞后的影响，这在前面已经分析过，这里不再重复。第二，汇率变动对资本收支的影响不一定有效，其影响要视外汇市场情况而定。如果一国汇率下跌引起一般人预测汇率还会继续下跌，则国内资金将会外逃，资本收支将会恶化，此外，资本输出入主要还是要看一国的利率政策、融资环境等,这些都无法随汇率的变化而变化。第三,汇率变动对国际收支的调节还受制于各国对国际经济的管制和干预程度。这些管制和干预包括贸易壁垒的设置、外汇管制政策的松紧等。

5) 直接管制(Direct Control)和其他奖出限入的外贸措施

直接管制是指政府通过发布行政命令,对国际经济交易进行行政干预,以求国际收支平衡的政策措施。

直接管制政策包括外汇管制和贸易管制两个方面。

(1) 外汇管制方面主要是通过对外汇的买卖直接加以管制以控制外汇市场的供求,维持本国货币对外汇率的稳定。如对外汇实行统购统销,保证外汇的统一使用和管理,从而影响本国商品及劳务的进出口和资本流动,调节国际收支不平衡。

(2) 贸易管制方面的主要内容是奖出限入。

在奖出方面常见的措施有以下几方面:①出口信贷;②出口信贷国家担保制;③出口补贴。

而在限入方面,主要是实行提高关税、进口配额制和进口许可证制,此外,还有许多非关税壁垒的限制措施。

实施直接管制措施调节国际收支不平衡,见效快,同时选择性强,对局部性的国际收支不平衡可以采取有针对性的措施直接进行调节,不必涉及整体经济。例如,国际收支不平衡是由出口减少造成的,就可直接施以鼓励出口的各种措施加以调节。但直接管制会导致一系列行政弊端,如行政费用过大,官僚、贿赂之风盛行等,同时它往往会激起相应国家的报复,致使其效果大大减弱,甚至起反作用,所以,在实施直接管制以调节国际收支不平衡时,各国一般都比较谨慎。

一国在国际收支不平衡时,需针对形成的原因采取相应的政策措施。例如,如果国际收支不平衡是由季节性变化等暂时性原因形成的,可运用外汇缓冲政策;如果国际收支不平衡是由国内通货膨胀加重而形成的,可运用货币贬值的汇率政策;如果国际收支不平衡是由国内总需求大于总供给所致,可运用财政货币政策,实行紧缩性财政、货币政策;如果国际收支不平衡是由经济结构性原因引起的,可进行经济结构调整并采取直接管制措施。

6) 国际经济、金融合作

如前所述,当国际收支不平衡时,各国根据本国的利益采取的调节政策和管制政策措施,有可能引起国家之间的利益冲突和矛盾。因此,除了实施上述调节措施以外,有关国家还试图通过加强国际经济、金融合作的方式,从根本上解决国际收支不平衡的问题。其主要形式有以下几种。

(1) 国家间债务清算自由化。第二次世界大战后成立的国际货币基金组织(IMF)和欧洲支付同盟(European Payment Union,EPU)的主要任务是促使各国放松外汇管制,使国家间的债权债务关系在这些组织内顺利地得到清算,从而达到国际收支平衡。

(2) 国际贸易自由化。为了调节国际收支,必须使商品在国家间自由流动,排除任何人为的阻碍,使国际贸易得以顺利进行,为此或订立国家间的一些协定,或推行经济一体化,如欧洲共同市场(European Common Market)、拉丁美洲自由贸易区(Latin American Free Trade Association)、石油输出国组织(Organization of Petroleum Exporting Countries,OPEC)等。

(3) 协调经济关系。随着20世纪80年代全球性国际收支不平衡的加剧,西方主要工业国日益感到开展国际磋商对话、协调彼此经济政策以减少摩擦,共同调节国际收支不平衡的必要性和重要性。如自1985年起一年一次的西方七国财长会议,就是协调各国经济政策的途径之一,通过西方七国财长会议的协调,近几年来,在纠正全球性国际收支不平衡方面已取得了一些积极成果。

3. 选择国际收支调节方式的一般原则

从前面我们可知,国际收支不平衡的调节方式有很多,但是每一种调节方式都有自己的特点,对国际收支不平衡调节的侧重点也不同,因此在具体调节一国国际收支不平衡时选择适当的调节措施是非常必要的,一般来说应遵循三个原则。

1) 按照国际收支不平衡产生的原因来选择调节方式

国际收支不平衡产生的原因是多方面的,根据其产生原因的不同,选择适当的调节方式可以有的放矢、事半功倍。例如,一国国际收支不平衡是经济周期波动所致,说明这种不平衡是短期的,因而可以用本国的国际储备或通过从国外获得短期贷款来弥补,达到平衡的目的,但这种方式用于持续性巨额逆差的调整不能收到预期效果。如果国际收支不平衡是由于货币性因素引起的,则可采取汇率调整方法。如果国际收支不平衡是因为总需求大于总供给而出现的收入性不平衡时,则可实行调节国内支出的措施,如实行财政金融的紧缩性政策。如果发生结构性的不平衡,则可采取直接管制和经济结构调整的方式来调节。

2) 选择国际收支调节方式应尽量不与国内经济发生冲突

国际收支是一国宏观经济的有机组成部分,调整国际收支势必对国内经济产生直接影响。一般来说,要达到内外均衡是很困难的,往往调节国际收支的措施对国内经济会产生不利影响,而谋求国内均衡的政策又会导致国际收支不平衡。因此,必须按其轻重缓急,在不同的时期和经济发展的不同阶段分别作出抉择。当然最一般的原则是尽量采用国内平衡与国际收支平衡相配合的政策。

3) 选择调节国际收支的方式应尽可能减少来自他国的阻力

在选择调节国际收支的方式时,各国都以自身的利益为出发点,各国利益的不同必然使调节国际收支的措施对不同国家产生不同的影响,有利于一国的调节国际收支的措施往往有害于其他国家,从而导致这些国家采取报复措施,其后果不仅影响了国际收支调节的效果,而且还不利于国际经济关系的发展。因此,在选择调节国际收支的方式时,应尽量避免损人过甚的措施,最大限度地降低来自他国的阻力。

4. 国际收支调节政策的配合

1) 国际收支调节政策的分类

外汇缓冲政策是一种运用外汇储备或通过向外短期借贷的方式来弥补外汇供求缺口从而平衡国际收支的融资(Financing)型政策。其他各种调节政策都是通过对需求产生影响进而消除外汇供求缺口,调节国际收支的政策称为支出政策。支出政策可分为支出变更型政策和支出转换型政策两大类。

支出变更型政策(Expenditure Shifting Policy)也称支出增减型政策,是指通过改变社会总需求和支出总水平来改变对外国商品、服务和金融资产的需求,从而调节国际收支的政策。

财政、货币两类政策就是通过增加或减少国民收入，来改变可用于购买商品和劳务的支出数量。支出转换型政策(Expenditure Switching Policy)是指不改变社会总需求和总支出水平而改变需求和支出方向的政策。如：一国的汇率政策、直接管制政策等。其目的是将国内支出从对外国商品劳务的需求调整到对国内的需求上来。

2) 内部均衡与外部均衡的矛盾

内部均衡与外部均衡的矛盾关系如表1.7所示。

表1.7 内部均衡与外部均衡的矛盾关系

内部经济状况	外部经济状况
经济衰退、失业增加	国际收支逆差
通货膨胀	国际收支逆差
通货膨胀	国际收支顺差
经济衰退、失业增加	国际收支顺差

3) 财政政策与货币政策的配合

财政政策与货币政策的配合如图1.5和表1.8所示。

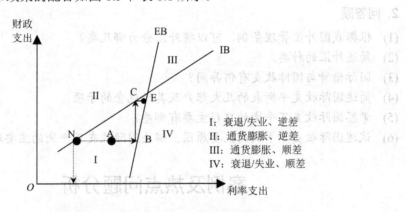

图1.5 财政政策与货币政策的配合

表1.8 财政政策与货币政策的搭配

开放宏观经济状况	财政政策(内部)	货币政策(对外)
失业增加、经济衰退/国际收支逆差	扩张政策	紧缩政策
通货膨胀/国际收支逆差	紧缩政策	紧缩政策
通货膨胀/国际收支顺差	紧缩政策	扩张政策
失业增加、经济衰退/国际收支顺差	扩张政策	扩张政策

小 结

本章我们主要介绍了两部分知识点。第一部分是外汇。国家间债权、债务的清偿要通过将不同国家的货币相互兑换进行，于是发生了国际汇兑行为。外汇即"国际汇兑"

(Foreign-Exchange)的简称。外汇按照不同的标准可以进行不同的分类。其中重点需要掌握外汇的含义。

第二部分是国际收支。国际收支是一定时期内一个国家(或地区)居民与非居民之间发生的全部经济往来的系统化货币记录。交易的绝大部分是在居民和非居民之间进行的，国际收支的主要内容集中体现在国际收支平衡表中。此外，还介绍了有关国际收支不平衡方面的内容。这部分的难点在于国际收支不平衡的调节。重点需要掌握国际收支的定义，国际收支平衡表的编制和分析，不同汇率制度下国际收支不平衡的调节。

复习思考题

1. 名词解释
   - (1) 外汇
   - (2) 国际借贷
   - (3) 国际收支
   - (4) 国际收支平衡表

2. 问答题
   - (1) 根据我国外汇管理条例，可以将外汇分为哪几类？
   - (2) 简述外汇的种类。
   - (3) 国际借贷与国际收支有何异同？
   - (4) 简述国际收支平衡表的几大账户及其所包含的子项。
   - (5) 考察国际收支不平衡的口径主要有哪些？
   - (6) 试述国际收支不平衡的主要原因。解决国际收支不平衡的主要对策有哪些？

案例及热点问题分析

扫一扫，了解2018—2019年上半年我国的国际收支平衡表(季度)，并进行分析。

课后阅读材料

课后阅读1-1 美元基本知识

(扫一扫，了解美元基本知识。)

课后阅读 1-2　关于欧元具体内容

(扫一扫，了解关于欧元的知识。)

课后阅读 1-3　历年中国国际收支平衡表

历年中国国际收支平衡表见附录 A(2)。

第 2 章　国际储备

【内容提要】

在本章中，读者可以学习到有关国际储备的定义、构成、管理及其发展变化；进一步了解我国国际储备的管理；正确认识国际储备的规模和结构；灵活运用外汇储备管理的原理知识。

具体内容包括以下两个方面。

1) 国际储备概述
(1) 国际储备的概念。
(2) 国际储备与国际清偿能力。
(3) 国际储备的构成。
(4) 国际储备的供应。
(5) 国际储备的作用。
2) 国际储备的管理
(1) 国际储备资产管理的原则。
(2) 国际储备数量管理。
(3) 国际储备结构的管理。

2.1　国际储备概述

国际储备是国际收支平衡表中的一个主要项目，它在一国国民经济中起着重要作用，特别在调节国际收支平衡、保持内部与外部平衡中意义重大。

国际储备是反映一国的国际金融实力和在国际经济竞争中的地位的重要标志。随着世界经济交往的发展，全球储备资产不断增加，国际储备又被赋予了其他功能，例如，在发展中国家，国际储备资产成为评估国家风险的重要指标，常常被作为国家向外借款的保证，充足的国际储备可以加强本国企业和机构在国外的资信水平，鼓励国外资金流入，促进经济发展。国际储备可以用作信心指标，雄厚的国际储备是一种财富拥有的象征，可以在心理上、客观上稳固本国货币在国家间的信誉，提高或者打击投资者对于储备持有国经济的信心。在一些转轨国家中，储备还常常被用作改革基金，以应付可能出现的支付困难。总的来看，储备资产不仅是一种支付工具，而且是平衡国际收支失衡和干预外汇市场的重要资产。

2.1.1 国际储备的概念

国际储备(International Reserve)是二战后国际货币制度改革的重要问题之一，它不仅关系各国调节国际收支和稳定汇率的能力，而且会影响世界物价水平和国际贸易的发展。

国际储备是指一国货币当局为平衡国际收支和维持本国货币汇率的稳定以及用于紧急国际支付而持有的为各国普遍接受的一切资产，又称为储备资产。

储备资产是一国货币当局所占有的，当该国在国际收支出现逆差或支付困难时，可以直接或通过有保障的机制兑换成其他资产，以稳定该国汇率的资产。即：国际储备是一个国家拥有的用于对外购买和清偿的各种支付手段。

作为国际储备资产，它必须具备以下三个基本条件。

1. 官方无偿持有性

国际储备资产是一国当局所持有的，并可以自由地无条件支配使用的官方资产，而不是其他机构或经济实体所持有。

一国货币当局必须能够无条件获得这类资产。

(1) 它必须是掌握在该国货币当局手中的资产。非官方的金融机构、企业、私人持有的资金和外汇，尽管也是流动资产，但不能算作国际储备资产。这一特点使国际储备有时被称为官方储备。

(2) 作为国际储备的资产必须为一国货币当局无条件地获得，即它能随时地、方便地被货币当局得到。

2. 自由兑换性

国际储备资产必须为世界各国所能普遍接受，如果该资产不能为世界各国普遍承认和接受，就不能充当国际储备资产。

3. 充分流动性

国际储备资产必须可以在国家间自由调拨，自由流动，而不会受到限制。

当然，国际储备资产还有一些其他的特点，但上述三点是最基本的。

2.1.2 国际储备与国际清偿能力

在平常的概念使用中，常常会有人将国际储备与国际清偿能力(International Liquidity)混为一谈，其实二者是有区别的。

国际清偿能力是指一国直接掌握或不直接掌握，但在必要时可以用以调节、支持本国货币对外汇率安排以及清偿国际债务的一切国际流动资金与资产。它既包括一国货币当局持有的国际储备，也包括该国从国外借入的外汇储备、该国商业银行的短期外汇资产和该国官方或私人拥有的中长期外汇资产。

国际清偿能力实际是一国官方所能动用的一切外汇资源的总和。显然，国际清偿能力的内容要大于国际储备。我们以表格(见表 2.1)的方式来说明国际清偿能力。

表 2.1　国际清偿能力的构成要素

自有储备(国际储备)构成要素	借入储备构成要素
1. 黄金储备	1. 备用信贷
2. 外汇储备	2. 互惠信贷
3. 在基金组织的储备地位	3. 支付协议
4. 特别提款权贷方余额	4. 商业银行的对外短期可兑换货币资产
	5. 其他类似的安排

国际清偿能力与国际储备具有很多共同点，二者都是一国对外支付能力及金融实力的标志。二者的区别主要在于以下两方面。

一是国际清偿能力不仅包括各种形式的国际储备，而且还包括向国外筹措资金的能力。二是国际清偿能力不仅反映一国对外的支付能力，而且是一国综合国力及国际地位和对外资信的重要标志。

总之，国际储备是一国具有的现实对外清偿能力，而国际清偿能力既包括该国的现实对外清偿能力，也包括可能的对外清偿能力，即除包括一国货币当局直接掌握的国际储备资产外，还包括国际金融机构向该国提供的国际信贷以及商业银行和个人持有的外汇和借款能力等，是一国政府所能动用的一切外汇资源的总和。从这个意义上看，国际储备只能算作"狭义"的国际清偿能力。

2.1.3　国际储备的构成

根据国际货币基金组织(IMF)的统计口径，一国的国际储备主要由四种形态的资产构成，即：政府持有的黄金，即黄金储备；政府持有的外汇，即外汇储备；在国际货币基金组织的储备头寸(Reserve Position in the Fund)，即普通提款权；国际货币基金组织分配的特别提款权。其中最主要的国际储备资产是外汇储备。

1. 黄金储备

黄金储备(Gold Reserves)是指一国政府所持有的货币性基金，是一国货币当局作为金融资产持有的货币性黄金。

黄金一直作为各历史时期国际货币体系的重要国际储备资产，主要是其具有实际价值，是可靠的保值手段。黄金储备完全属于国家主权范围内，可自行控制，不受任何超国家权力的干预。

资本主义发展初期，由于黄金在国际经济中直接执行着世界货币的职能，所以国际金本位和布雷顿森林体系时期，黄金一直是最重要的储备资产，一国的黄金储备数量反映着该国应付国际收支危机的能力及其货币的国际信用，也反映其在国际金融市场的实力地位。

并非所有的黄金都是储备，只有货币当局持有的黄金才是国际储备。20 世纪 90 年代以来，世界各国或地区货币当局所持有的货币性黄金规模并未出现大的变动，但是由于黄金市场价格的不断变化，各国拥有的货币性黄金以市场价格计算却出现一定的价值变化。从目前来看，发展中国家的黄金储备基本上没有增长，工业化国家在 1997 年年末黄金持有量曾出现止跌回升，但是 1999 年以后，黄金持有量又开始下降。目前全世界拥有的黄金储备约 10 亿盎司，按现行市价计算，约值 4000 亿美元。

各种不同类型的储备资产中，以黄金作为国际储备的历史比较长，二战后黄金在世界国际储备中所占的比重不断下降的原因主要是：在布雷顿森林体系崩溃后，黄金非货币化以及国际货币基金组织切断黄金与货币的固定联系；非黄金储备增长迅速；民间市场对黄金需求扩大等，这些使得黄金作为严格意义上的国际储备资产的作用大大减弱。

黄金不能保持其主要储备地位还由于它受特定条件所限制，具体表现在以下几方面。

(1) 黄金作为储备，不能创造价值，不能生息获利，而且还要支付保管费用。

(2) 黄金极少直接用作国际清偿手段(战争期间例外)。

(3) 黄金储备计价方法不同。目前一般采用黄金储备的数量和市场价格公布黄金储备金额。由于计算方法不同，各国黄金储备价值不便直接比较。

(4) 黄金产量受自然条件的限制。由于黄金生产成本高，产量低，造成黄金储备供应不足，无法满足各方面日益增长的需求。

(5) 黄金的占有极不均衡。国际上仍有近 36 000 吨黄金作为外汇储备储存在各国中央银行，大约占世界全部外汇储备的 18%。其中，仅美国就储存了 8000 吨黄金。

(6) 黄金价格波动频繁。这些年来,黄金价格根据市场供求起伏动荡，1970 年金价为每盎司 35.99 美元，1980 年 1 月伦敦黄金市场出现每盎司高达 870 美元的创纪录高峰，以 2004 年 3 月 18 日为例，国际现货黄金价格在每盎司 406 美元上下波动。这既有黄金供求的影响，更多的是市场投机交易的冲击造成的。

但是，IMF 在统计和公布各成员国的国际储备时，依然把黄金列入其中。黄金作为各个历史时期国际货币制度的重要国际储备资产，是因为它具有其他任何形式的储备资产所不具备的特点。

(1) 黄金本身是价值实体，是财富的表现，是理想的储备资产。长期以来，黄金一直被公认为是一种最后的支付手段，它的贵金属特性使它易于被人们所接受。在国际形势动荡时，黄金储备是一国国际储备中最坚实的部分。

(2) 黄金储备完全属于国家主权范围，是一国所拥有的财富，凭此可以自主地根据宏观经济发展的需要进行调控。

(3) 各国货币当局可以较方便地通过发达的黄金市场出售黄金来获得所需外汇，平衡国际收支差额。在货币制度不太完善的国家，黄金储备还是货币发行的重要保证。

2. 外汇储备

外汇储备(Foreign Exchange Reserves)是指一国政府所持有的外国可兑换货币及其短期金融资产，即政府持有的外汇。被各国用作外汇储备的货币称为储备货币，它是世界各国普遍接受的通货。其具体形式为国外银行存款与外国政府债券以及其他可在外国兑现的外国银行支票、外币商业票据(本票、支票)。它可以作为广泛的国际储藏和国际结算的手段，具有世界货币的作用。目前，世界各国的国际储备中，外汇储备占了 90%以上。

第二次世界大战前的储备货币中，英镑占统治地位，战后美元占统治地位。20 世纪 70 年代以后，德国马克、日元、瑞士法郎、欧洲货币单位等也先后被用作储备货币。牙买加国际货币体系实施以来，外汇储备的多元化已是一种必然趋势。世界各国普遍接受可自由兑换的货币有美元、欧元、英镑、日元和瑞士法郎等。

作为国际储备中主要构成部分的外汇储备必须具备以下四个条件。
(1) 它要在国际货币制度中占重要地位,为世界各国普遍接受的国际计价手段和支付手段。
(2) 能够自由兑换其他储备资产。
(3) 人们对其购买力的稳定性具有信心。
(4) 供给数量能同国际贸易和世界经济的发展相适应。

由于储备货币既是一种国际货币,又是一种国家货币,因而具有双重的货币职能作用。不同的职能往往会对该货币提出各自不同的或完全矛盾的要求:作为一种国际货币,它是国际储备中的重要组成部分,其供给状况直接影响世界贸易和国际经济往来能否顺利进行;作为一种国家货币,要求它适应本国宏观经济政策的需要,促进本国经济贸易的增长。因此,如果储备货币发行国从本国宏观经济政策的目标出发,其货币供应量相对于世界贸易和国际经济往来的需要量太少,其他国家将被迫实行外汇管制或采取其他不利于国际经贸活动顺利开展的措施;反之,若供给太多,又会影响本国的经济政策,因此,一个国家的货币,作为储备货币的地位和实力,是建立在该国的经济力量和黄金储备基础上的。

外汇储备的主要功能包括以下几方面。
(1) 调节国际收支,保证对外支付。
(2) 干预外汇市场,稳定本币汇率。
(3) 维护国际信誉,提高对外融资能力。
(4) 增强综合国力和抵抗风险的能力。

外汇储备的经营原则是要考虑安全性、流动性、增值性。但是,此三者不可能完全兼得,所以各国在经营外汇储备时,往往各有侧重,一般来说,应尽可能兼顾这三项原则,采用"投资组合""不把所有的鸡蛋放在一个篮子中"的策略,实现外汇储备的多元化经营,降低风险,实现增值。

改革开放以来,中国的外汇储备曾有过两次高速增长时期。第一次是在20世纪90年代中期。1994—1997年,随着社会主义市场经济体系的初步建立和外汇管理体制的改革,中国外汇储备终于摆脱了十余年低速徘徊的局面,出现了连续四年的高增长。第二次发生在21世纪初。外汇储备管理从亚洲金融危机的冲击中恢复之后,中国经济很快就步入了快速发展的轨道。外汇储备管理与此相伴,中国的外汇储备从2001年开始又快速增长;到了2006年4月底,中国外汇储备已跃居世界首位,截至2019年年底,已逾3万亿美元。

3. 普通提款权

普通提款权(General Drawing Rights)也可称为在国际货币基金组织(IMF)中的储备头寸(Reserve Position in the Fund)。它是会员国在IMF的普通账户可以自由提取和使用的资产。其组成形式分为两部分:一是黄金部分;二是信贷部分。

作为国际货币基金组织的各个成员国,均必须向国际货币基金组织缴纳一定的份额。份额的25%可以用外汇缴纳,75%用本国货币缴纳。储备头寸包括成员国所缴纳份额中的外汇部分,国际货币基金组织用去的成员国所缴纳份额中本币部分和成员国对国际货币基金组织的贷款。当本国出现支付困难时,可以动用在国际货币基金组织的储备头寸,进行对外支付。20世纪90年代以来,全世界所持有的在国际货币基金组织的储备头寸规模增长较快,目前,世界上所有的国际货币基金组织的成员国拥有的储备头寸总和已超过了600亿美元。

从国际货币基金组织储备头寸的世界分布来看,储备头寸的分配呈现出明显的不平衡。

工业化国家持有的在国际货币基金组织的储备头寸超过世界总量的86%，而发展中国家持有的在国际货币基金组织的储备头寸仅为14%。即便从工业化国家之间来看，其分配也是极不均衡的。美国持有的在国际货币基金组织的储备头寸在工业化国家中所占比重超过30%，而日本、德国、加拿大等工业化国家的持有量均不足11%。从发展中国家来看，亚洲和中东分别占据47%和27%，而非洲、欧洲和西半球国家持有的在国际货币基金组织的储备头寸基本保持在发展中国家的4%～14%之间。因其是一国在国际货币基金组织里的自动提款权，持有国可自由提取使用，故构成一国的国际储备。这部分国际储备包括以下三个部分。

(1) 会员国向基金组织认缴份额中25%的黄金或可兑换货币部分(牙买加协议生效后，改用特别提款权和可兑换货币)。按照IMF的规定，会员国可自由提用这部分资金，无须特殊批准，因此，它也是一国的国际储备资产。

(2) IMF为满足其他会员国借款需要而动用的该会员国认缴的本国货币。按照IMF的规定，会员国认缴份额的75%可用本国货币缴纳。IMF向其他会员国提供该国货币的贷款会产生该会员国对IMF的债权，对于这一债权，该会员国可无条件地用于支付国际收支逆差。

(3) IMF向该会员国借款的净额，也构成该会员国对IMF的债权。

普通提款权在IMF会员国国际储备资产总额中所占比重较小，仅占3%左右。

4. 特别提款权

特别提款权(Special Drawing Rights，SDR)是国际货币基金组织于1969年创造的国际储备资产，用于补充成员国的官方储备。特别提款权账户的参与方(目前为全体成员国)可以将特别提款权兑换成可自由使用的货币。

特别提款权不是货币资产，仅仅是一种记账单位，与普通提款权一样，也是国际储备的一个构成部分，具有价值尺度、支付和储藏的功能。

在1969年创始之初，特别提款权是与美元等价的，即一盎司黄金兑换35特别提款权。之后由于20世纪70年代的数次美元危机及美元本位制的动荡，1974年6月28日以后，国际货币基金组织将特别提款权的价值改为16种货币的加权平均数，即我们通常所说的"一篮子"货币。以后为了简化手续，又从1981年1月1日起选用从1975—1979年出口商品和劳务最多的五国货币定值。至2001年，国际货币基金组织基于欧元的出现，将特别提款权的构成货币改变为四种，即美元、欧元、日元、英镑，其权数随之作出调整。至2015年11月，国际货币基金组织执行董事会决定人民币(RMB)满足纳入特别提款权篮子的标准。根据此决定，自2016年10月1日起，人民币与美元、欧元、日元和英镑一起，构成特别提款权篮子货币。

2018财年，国际货币基金组织189个成员国的份额均会增加，总份额将由大约2385亿特别提款权(约合3430亿美元)增加到4770亿特别提款权(约合6860亿美元)。截至2018年4月30日，189个成员国中有181个已经进行了份额认缴，在总份额增加中的占比超过99%，总份额达到4750亿特别提款权(约合6840亿美元)。

表2.2中自2001年1月1日起，特别提款权中德国马克和法国法郎共同被欧元区统一货币欧元所替换。

特别提款权是由IMF创设的一种记账单位，或称为账面资产，用于转账以解决会员国国际收支的暂时困难，目的是弥补国际清偿力的不足。它实质上是一种"虚拟"资产，没有流通手段的职能，私人不能直接用其进行国际商品的流通。

表 2.2 特别提款权权数(%)的变化

单位：%

时间	美元	德国马克	欧元	日元	英镑	法国法郎	人民币
1981.01.01	42	19	\	13	13	13	\
1986.01.01	42	19	\	15	12	12	\
1991.01.01	40	21	\	17	11	11	\
1996.01.01	39	21	\	18	11	11	\
2001.01.01	45	\	29	15	11	\	\
2006.01.01	44	\	34	11	11	\	\
2010.01.01	41.9	\	37.4	11.3	9.4	\	\
2015.11.30	41.73	\	30.93	8.33	8.09	\	10.92

国际货币基金组织设有特别提款权部，参与的成员国开设特别提款权账户。国际货币基金组织根据成员国的份额，分配这种资金使用权，它虽然不能直接用于国际贸易支付，但成员国可以在分配的额度内，拿到基金组织或国际清算银行去冲抵自己的国际收支逆差，或偿还所欠贷款。

成员国若要取得特别提款权，必须承担两项义务，一是向国际货币基金组织支付利息，二是当国际货币基金组织需要时，必须按照分配的提款权额度，为其兑换相同数额的货币。特别提款权1970年首次发行，目前总规模在220亿美元左右，其中2/3为发达国家所拥有。一个国家在国际货币基金组织的发言权，也与之密切相关。

特别提款权的运作过程是：IMF设有特别提款权部，参与的成员国均设有特别提款权账户。当IMF向成员国分配特别提款权时，将该成员国分到的数额记录在该特别提款权账户的贷方。当该成员国发生国际收支逆差而需要动用特别提款权时，IMF按有关章程通过协商指定一国(通常是国际收支处于强势的国家)接受特别提款权。

与上述三种储备资产相比，特别提款权的特征主要有以下几方面。

(1) 特别提款权是一种"有名无实"的储备资产，它不像黄金那样具有价值，也不像美元等储备货币那样以一国的政治、经济实力作为后盾，而是一种以数字表示的记账单位。

(2) 特别提款权是一种人为的资产，是一种额外的资金来源。它不像黄金和外汇那样通过贸易盈余、外来投资或借款收入取得，也不像普通提款权那样有各国缴纳给国际货币基金组织的黄金及本国货币作为基础，而是由国际货币基金组织按一定比例分配的，会员国可无条件享受它的分配额，且无须偿还。

(3) 特别提款权只能在基金组织及各国政府之间发挥作用，任何私人和企业都不能持有和使用，不能直接用于贸易或非贸易，对其用途有严格限制。

由于特别提款权不受任何一国政府的影响而贬值，因此是一种比较稳定的储备资产。但它作为普通提款权的补充，在世界国际储备总额中所占比重不大，仅约占会员国国际储备总额的1%。

特别提款权的创设解决了两个问题，其一，从总量上消除国际清偿的不足，其二，在成员国之间进行平等合理的分配。但是，也需要看到，按照份额分配特别提款权存在一些问题，往往是资金匮乏、份额比重小的发展中国家对特别提款权用于解决国际支付问题的需求更甚于发达国家,然而,特别提款权的分配方式,使大量特别提款权集中在发达国家手中。

对于特别提款权的其他知识详见本章课后阅读资料。

2.1.4 国际储备的供应

国际储备的供给,又称国际储备的来源。其供应包括两种途径:一是内部供应,二是外部供应。

1. 国际收支顺差

国际收支顺差是一国国际储备直接而又主要的来源,它包括经常项目顺差和资本项目顺差两个方面。其中经常项目顺差是最直接、最主要而又最实际的来源。资本项目顺差,由于它是对外净负债所形成的,将来要还本付息,所以,它带有一定的虚假性、暂时性和不稳定性。

2. 中央银行针对本国货币升值对外汇市场进行的外汇干预活动

当一国货币的汇率升势过猛,给国内经济及对外贸易带来不利影响时,该国货币当局就会进入外汇市场抛售本币并收购其他储备货币,所得外币一般列入国际储备。

3. 国际货币基金组织分配提款权

前文已指出,特别提款权是国际储备资产的形式之一,因而国际货币基金组织分配特别提款权也成为国际储备的一个来源。

4. 中央银行购买黄金

官方黄金的增加一般通过两条途径:其一,一国中央银行购买外国的黄金,或在国内收购黄金,都会增加其黄金持有量;其二,进入国际黄金市场以外汇储备购入黄金并由中央银行持有,这只会改变国际储备的结构,不会改变国际储备的总量。

5. 储备资产收益及溢价

储备资产的收益包括储备外汇存款利息,作为储备资产的国外债券、国库券、大额可转让定期存单(CD)的收益等。储备资产的溢价包括由于外汇汇率的变动造成的一国外汇储备折成特别提款权(SDR)或美元的溢价,也包括由于金价的上涨,造成黄金储备总量不变的情况下黄金储备价值的增加。

前述五个方面既可以是增加一国国际储备的渠道,也可以是减少其国际储备的渠道。例如:国际收支逆差,中央银行针对本国货币贬值对外汇市场进行的干预活动,以及中央银行向国内居民出售黄金,都会减少其国际储备。

2.1.5 国际储备的作用

一国的国际储备在维护本国经济发展和促进国际经济的交往中具有如下重要作用。

1. 弥补国际收支逆差

国际储备的首要用途是,在一国国际收支发生困难时起缓冲作用。尤其是当一国经济贸易发生出口下降、自然灾害及战争等突发性情况造成的短期国际收支逆差,一时又难以举借外债来平衡时,可用国际储备临时弥补收支赤字,而不必采取调整国内经济或进出口贸易的措施来纠正，从而减少因采取紧急措施而付出沉重的代价，不致影响国内经济的发展。由于一国的国际储备是有限的，解决国际收支逆差也只是暂时的，在发生国际收支持续性逆差时，就不能盲目滥用国际储备了。

2. 保持本国货币汇率的稳定

国际储备资产对稳定一国的货币汇率具有一定的作用。目前，在世界各国普遍实行浮动汇率制度的条件下，国际金融市场经常波动，严重影响有关国家经济的发展和稳定。因此，为了本国的经济利益，使本国货币汇率稳定在一定的水平上，就要动用国际储备来干预外汇市场。国际储备中用来干预外汇市场的储备基金被称为外汇平准基金，由黄金、外汇和本国货币构成。当外汇汇率上升，本币汇率下降，超出政府限定的目标区间时，该国货币当局就要及时向市场抛出外汇，购回本币；反之则投放本币，收进外汇，从而达到稳定汇率的目的。而一国的外汇平准基金总是有限的，以其来稳定汇率的作用只能在短期内产生有限的影响。

当一国国际收支发生根本性的不平衡，致使汇率持续上升或下跌时，就难以用有限的国际储备来稳定其汇率。

3. 保证本国的国际信誉

国际储备的多少是一国综合国力的表现之一，尤其表现出了一国的金融实力和信誉。国际储备是衡量一国对外资信的重要指标。国际储备可以作为一国向外借款、偿还外债的保证，充足的储备可以提高一国的资信，便于对外筹资，降低融资成本。通常，无论是国际金融机构，还是国外政府或银行，在对外提供贷款时都要考察评估借款国的一系列贷款风险指标，了解借款国偿还债务的能力，其中借款国的国际储备就是重要的评估指标之一。如一国的国际储备比较充足，则会比较容易从国外筹集到必要的资金，达到利用外资发展本国经济的目的；反之则比较困难。

4. 增强国际竞争能力

一国的金融当局持有比较充足的国际储备资产，就有了维持货币高位或低位的能力，可以针对国际经济发展的需要，增强国家间的竞争能力。一国的货币如作为储备货币或关键货币，雄厚的储备则更有利于支持储备货币在国际上的地位。

2.2 国际储备的管理

国际储备管理是一国的政府及货币当局根据一定时期内本国国际收支状况及经济发展的要求，对国际储备规模的适度化、结构的最优化及储备资产运用的高效化等方面所进行的调节与控制。

一国国际储备的管理包括两个方面：一方面是国际储备水平的管理，也称为国际储备数量管理，即求得适度的储备水平；另一方面是国际储备结构的管理，即求得合理的储备结构。通常我们将二者合称为适度国际储备管理。

2.2.1 国际储备资产管理的原则

加强国际储备资产的管理，是当今世界各国比较重视的一个问题。各国在对其储备资产的管理上通常遵循以下四个原则。

1. 安全性

所谓安全性，是指储备资产在存放过程中不受损失。由于储备资产一般是以不同的形式存放在国外银行，所以，在确定储备资产存放的形式和地点时，一定要事先充分考虑到该国的经济发达程度、外汇管理制度、存放银行的资信程度、币种的优劣状况、信用工具的选择等。一般是把储备资产存放到管理宽松、资信高、币种坚挺、信用工具安全可靠的地方，从而可以避免损失。从安全性出发，国际储备的选择还要体现多元化、分散化的储备策略，并根据汇率、利率、金价的走势制订一定时期的储备计划加以实施，视局势的变化及时地作出调整。

2. 流动性

所谓流动性，是指储备资产能够根据需要随时提取，灵活调拨，使用方便。由于储备资产是一国货币行政当局的备用手段，一旦需要，能够及时发挥作用。所以，各国在安排储备资产时，应根据对未来使用的时间、金额的估算，将储备资产作不同期和不同量的安排，以使各类储备资产的期限和数量与使用的情况相衔接，保证使用的方便和灵活。

3. 营利性

所谓营利性，是指储备资产在存放和使用的过程中能够增值。目前，国际金融市场的金融工具多种多样，各国储备资产的构成也存在多种组合，各种金融工具和储备资产的收益率也高低不等。因此，各国在安排储备资产时，在保证其安全性和流动性的前提下，要选择收益率较高的金融工具，并随时调整储备资产结构，以达到储备资产价值增值的目的。

4. 保值性

所谓保值性，是指储备资产价值的安全保证，这里主要是指外汇储备资产价值的保值问题。因为在浮动汇率制度下，由于货币汇率的经常变动，会影响到作为储备货币的币值发生变动，因此，在币种的选择上要考虑多种货币的组合，以便使不同货币的升值与贬值相互抵消，确保全部外汇储备资产的价值不变或少变。

以上四项原则既有区别，又有联系，它们相辅相成，缺一不可，在不同时期和不同条件下，各自的作用和地位是不同的，因此，各国在储备资产管理上要进行不同的掌握和运用。

2.2.2 国际储备数量管理

国际储备数量管理即国际储备水平管理，是各国根据本国的经济发展状况和实际需要，对该国储备资产总量应保持的适度水平的确定。

1. 国际储备适度水平管理的必要性

国际储备适度水平管理的必要性可以从规模失当对一国经济的不利影响体现出来。国际储备作为一国调节国际收支逆差、稳定外汇市场的现实能力的标志，其规模不能过小，因为那样容易发生支付危机、经济脆弱，不利于一国经济的稳定增长。同时，国际储备的规模也不宜过大，否则将产生以下不利的影响。

(1) 国际储备过多将人为地减少本国国民经济对其资源、物资的有效利用。从国际储备的来源来看，主要是出口商品换取的外汇资金，这部分储备资产实质是国内的物资以资金的形式存放在国外。因此，外汇储备越多，意味着从国内抽出的物资越多，这是一种变相的物资闲置，是对资源的浪费。

(2) 国际储备过多将对一国的通货膨胀带来压力。如 2.2.1 节所述，一国的国际储备增加将导致该国货币发行量的扩大，因而必然对其通货膨胀产生压力。

(3) 国际储备过多对于发展中国家来说尤其不利，因为它使国际社会认为该国具有充裕的资金，这样该国就有可能失去享受国际金融组织低利息优惠贷款的机会，从而难以借助国际力量加快经济发展。

(4) 由于国际储备的构成中外汇储备占大部分，因此国际储备过多，其实质往往就是外汇储备过多，而外汇储备是一国存放在其他国家银行的国外资产，因此，难免要受到外汇汇率波动的冲击。

在实践中，因国际储备规模失当对一国经济带来不利影响的例证比比皆是，如 20 世纪 80 年代初期，非洲和拉丁美洲国家地区因国际储备不足，不具备充足的对外支付能力，而引发债务危机；再如我国台湾地区，由于国际储备过多，一直面临巨大的通货膨胀压力，同时经常受到外汇汇率波动的冲击，仅 1995 年的美元危机，中国台湾的外汇储备就损失近 20 亿美元。

2. 影响一国国际储备水平的因素

一个国家的国际储备水平受多方面因素的影响，其中主要有以下几个方面。

1) 持有国际储备的成本

国际储备代表对国外资源的购买力，保持储备就减少了用于投入国内的资源，客观上牺牲了用于国内经济发展的资源，从而丧失了一定的国内投资收益率，例如，以外国银行存款、政府债券等形式的国际储备可带来一定的利息收益，这便转化为持有国际储备的机会成本。所以一国持有国际储备的成本等于投资收益率和利息收益率之差。该差额越大，则成本高；反之，则成本低。当机会成本过高时，则持有的国际储备应减少；反之亦然。

2) 经济开放度与外贸状况开放度

当一国的开放度越高时，对外贸易规模就越大，所需国际储备也越多；反之亦然。一国对外贸易条件恶化，出口商品竞争力差，需较多的国际储备；反之亦然。

3) 国家信用等级与对外融资能力

信用等级高，对外融资能力强，可持有较少的国际储备；反之亦然。

4) 国家经济的发展状况和一国产业结构

当一国的经济发展健康，产业结构健全并能适应国内外市场变化而及时调整时，则可持有较少的国际储备；反之亦然。

5) 本币的可自由兑换和国际支付便利性

当一国的本国货币可自由兑换且被国际广为接受并用于支付时，则其可以本国货币弥补其国际收支逆差，即可较少持有国际储备；反之亦然。

6) 国际收支调节机制的效力

国际收支的自动调节机制一般受一国的现金结余、价格水平和实际收入等变量的影响。一国政府解决其国际收支失衡的能力越强，失衡后政府政策能使其恢复正常的时间越短，所需的国际储备就越少；反之亦然。

7) 外汇管制的严格程度

一国对外汇管制严格，所需国际储备量相对要少；反之亦然。

8) 财富效应

如果把国际储备资产看成一种奢侈品，储备需求方面就存在财富效应，即储备需求与人均国民收入之间呈正方向变化，人均国民收入低，则收入的边际效用较高，对作为奢侈品的国际储备将有较低的需求；反之亦然。

9) 对外经济合作和国际政策协调

一国与其他国家如能正常开展广泛的国际经济合作和政策相协调，显然有益于国际收支不平衡的调节，可适当降低国际储备的持有量；反之亦然。

10) 汇率制度的选择

储备需求同汇率制度有密切的联系。如前所述，国际储备的首要作用就是干预汇率。如果一国采取的是固定汇率制，并且政府不愿意经常性地改变汇率水平，那么相应地讲，它就需要持有较多的储备，以应付国际收支可能产生的突发性巨额逆差或外汇市场上突然的大规模投机。反之，一个实行浮动汇率制的国家，可以对外汇市场的汇率波动不予理睬，即对汇率波动的容忍程度较大，其国际储备的持有量就可相对较低。

3. 确定国际储备水平的数量指标

从以上分析可知，确定适度国际储备总量是由多种因素决定的，仅靠单一指标很难衡量国际储备是否适度。目前较为流行的确定适度储备量的通用参考指标有三个。

1) 一国国际储备量与国民生产总值之比

两者之间基本上成正比例变化关系，一般情况下，发达国家较低，而发展中国家较高。一国的国际储备应与该国国民生产总值之间保持一个合理比例，并以这一比例作为制定该国国际储备政策的参考因素之一。因为在国际分工条件下，经济规模越大，对外市场的依赖程度也相应增大，因而需要有较多的国际储备作为后备；反之，要求的国际储备量就较少。因为各国的经济发展程度不一，所以在世界各国中并没有关于国际储备与国民生产总值之比的统一标准，只有各国根据本国的经济发展情况找出两者的最适当的比例。

2) 国际储备和外债之比

一国国际储备占外债总额的比例是衡量一国资信和对外清偿能力的重要指标。这项指标是从满足国际社会对国内经济要求角度设计的，国际经济学界认为一般国际储备额占一国外债总额的50%为宜。

从实际情况来看，偿债能力除取决于国际储备外，还取决于出口能力以及重新举债能力。所以，一国的国际储备占外债总额的50%是较为适宜的。但对于国际储备与外债总额之比，在按照一般标准的基础上，各国还应根据各自的国情加以具体分析确定。

3) 国际储备量与月平均进口额之比(25%，3个月)

美国经济学家特里芬通过对60多个国家的国际储备与进口的比率进行分析研究后，在1960年出版的《黄金与美元危机——自由兑换的未来》一书中指出：一国的国际储备应与其贸易进口额保持一定的比例关系。根据他的验证，认为一国的国际储备与进口额的比例一般以40%为合理，低于30%就需要采取调节措施，而20%为最低限。如按全年储备对进口额的比例计算，约为25%，即一国储备量应以满足3个月进口用汇为宜，这已成为大多数国家确定储备适度量的重要参考指标。但是，这一参考指标也存在明显缺陷，因决定国际储备量有如上所述诸多因素,包含许多变量的函数,它不仅受进口额的影响,还受出口、非贸易往来及资本流动等因素的影响,仅将进口额作为唯一的变量,过于笼统和机械,有失偏颇。各国具体情况不同,所需的储备水平也不同,以一个指标适用于不同类型的国家是不适宜的。因此,各国可以其作为参考,仍需结合具体情况加以估算确定。假定一国全年的进口贸易总额为750亿美元,那么,该国的国际储备量的下限是150亿美元,上限是300亿美元,较理想的量应是200亿美元左右。在这个基本量的基础上再考虑本国的其他经济情况和所要参照的其他指标并加以适当地调整。

4) 适度国际储备区间

下限为经常储备量,上限为保险储备量。

国际储备的区间波动在理论上分为四种储备。

(1) 最低储备量,是指当一国国际收支逆差,如只利用调节政策与对外融资时,则国际储备为零。

(2) 最高储备量,是指一国国际收支逆差、汇率波动剧烈时,该国不利用调节政策与对外融资政策,而完全依据国际储备来调节国际收支与维持汇率的稳定所需的储备量。

(3) 保险储备量,是指一国既能满足国际收支逆差的弥补,又能保证国内经济增长所需的实际资源投入的储备量。

(4) 经常储备量,是指保证一国正常经济增长所需进口,而不致因储备不足而受影响的储备量。

适度储备量即为此四类储备量构成的一个区间,以保证一国最低限度进出口贸易总量所需的储备量(经常储备量)为下限,以一国经济增长幅度最大时可能出现的进出口贸易量与其他国际支付所需的储备量(保险储备量)为上限,在此区间内各国货币当局进行灵活管理,优化配置。

此外,国际货币基金组织还利用下列几个指标确定储备的适度规模:①一国过去实际储备的趋势;②一国过去储备对进口的比率;③一国过去储备对国际收支总差额趋势的比率。

2.2.3 国际储备结构的管理

一国对国际储备的管理,除了在总量上将国际储备保持在最适度的水平以外,还需要在质上拥有一个适当的国际储备结构,尤其是各种储备货币的构成。国际储备资产的结构管理,是指在总量一定的情况下,遵循储备资产管理原则,对持有的国际储备资产在构成比例上的合理安排。它包括国际储备的总量结构管理、外汇储备资产的币种结构管理以及国际储备资产运用的管理三个方面。

1. 国际储备的总量结构管理

国际储备的总量结构管理是指各国货币当局对储备资产所进行的最佳配置,使黄金储备、外汇储备、在 IMF 的普通提款权和 SDR 四部分储备资产持有量及其构成要素之间保持合理比例,以便分散风险,获取收益。

这四部分储备资产在一国的国际储备资产总量上各自占多大比例,应有一个基本的确定。我们知道,一国在国际货币基金组织的普通提款权和特别提款权是由 IMF 根据其所占份额予以确定的,所以货币当局对这一部分资产的控制力比较弱,无法主动增减其持有额,因而，对国际储备的总量结构管理就集中在了对黄金储备和外汇储备的数额管理上。

1) 黄金储备的数量管理

黄金是国际储备最早的一类，由于其价值稳定、安全性比较高，长期以来被各国作为主要的储备资产持有，并作为防范通货膨胀的重要手段。虽然黄金的价格随市场的供求状况而经常变动，且在国际经济贸易活动中不再充当正常支付手段，持有黄金还要支付保管费等，但在全球经济进入低谷，世界主要货币发行国经济形势不明朗以及经济动荡、贸易争端不断的时期，黄金作为"避风港"的地位依然存在，使得黄金在各国储备中仍有一定的保有量，各国央行仍然要对黄金储备数量作出合理安排。

目前来看，世界各国央行的黄金储备量中发达国家的比重更高，而发展中国家则主要持有外汇储备。

2) 外汇储备的数量管理

外汇储备资产是国际储备中的主要组成部分，一方面是因为它是国际经济贸易活动中经常使用的支付手段，另一方面是因为外汇储备资产在使用中能够发挥其流动性和盈利性的作用。

第二次世界大战以后，世界外汇储备一直保持较高的增长势头，特别是到了20世纪90年代，发展中国家经济增长迅速，外汇储备以惊人的速度骤增。

2. 外汇储备资产的币种结构管理

外汇储备资产的币种结构管理是指对外汇储备资产的币种组合的合理选择与搭配。外汇储备货币结构的管理包括储备货币币种的选择和安排、调整各种储备货币在外汇储备中的比重以及存放机构的选择等内容。

一般来说，各国在确定外汇储备币种结构时应该遵循或参考以下原则。

(1) 及时了解储备货币发行国的经济、金融状况，包括该国经济、金融实力、货币供给量、经济发展趋势、国际收支动态等，这是因为，一国货币的汇率主要受这些因素的影响，通过了解上述因素的发展状况就可以较准确地预测各储备货币汇价变动的中长期趋势。

(2) 从短期来看，汇率受利率以及政治、经济等偶发事件的影响很大，因此应注意主要储备货币发行国家的利率动向，同时也应密切关注世界上"热点"地区事态的发展，这对避免某些储备货币的贬值风险有重大意义。

(3) 根据本国对外贸易的地区结构及其金融支付、对外投资和对外债务等对储备货币的需求作出选择。国际储备是国际收支的准备金，因此，分析外贸商品的流向、数量及历来的支付惯例，力求使外汇储备币种结构与国际支付所使用货币的结构相一致。

(4) 选择储备货币的结构时，还应考虑在外汇市场上为支持本国货币汇率实行干预时所需货币的类型和规模。假定一国实行的是盯住单一货币的汇率政策，往往其外汇储备中盯住的单一货币占有较高的比例。外汇储备的作用之一就是干预外汇市场，尤其是在本国货币受到某种储备货币的冲击、汇率趋于下跌时，为了使本币汇率趋于稳定，金融当局必须抛售该种储备货币换购本国货币以支持本币的汇率，这就要求一国在外汇储备中该储备货币应保持一定的存量。

(5) 储备货币发行国的经济、金融状况以及该国的国际地位。一般应选择经济、金融状况良好和国际经济地位较高的国家的货币。

在现实中，对于如何确定一国的外汇储备的币种结构，没有一个既定的标准或模式，各国货币行政当局应根据本国的实际情况和不同时期的实际需要，不断地灵活调整外汇储备资产中的各种货币比例，以实现储备的目的。

3. 国际储备资产运用的管理

国际储备资产运用的管理，是指一国货币行政当局对持有的储备资产应该如何加以正确使用，使其既能保证储备资产的安全保值，又能保证对外支付的需要，同时还能获取一定的收益。由于黄金储备、普通提款权和特别提款权的量少且作用有限，因此，国际储备资产运用的管理，一般把重点放在对外汇储备资产如何加以合理运用上。

外汇储备资产的合理运用就是要在保证其安全性和保值性的同时，兼顾其流动性和盈利性。但流动性和盈利性往往是相互矛盾的。如果把外汇储备资产全部存放于国外银行的活期账户上，虽然具有较强的流动性，但由于活期账户的存款一般没有利息或只有很低的利息，因而达不到盈利性的要求；如果把外汇储备资产全部用于中长期证券投资，虽然能获得较高的收益，但由于中长期证券投资的变现能力较差，因而达不到流动性的要求。因此，要想使流动性和盈利性兼顾，必须采取分层次的管理办法，即将全部外汇储备资产按比例划分为几个等级，一般可分为以下三个等级或三个层次。

1) 一线储备资产

一线储备资产是指流动性非常高的资产，即活期存款和短期票据(如90天国库券)，平均期限为三个月。其主要用途是满足一国经常性或临时性对外支付的需要，其资产存放形式包括现金、活期存款、短期证券等，这部分储备资产具有高度的流动性，随时可以变现使用，其比例一般应占全部外汇储备资产的30%～40%，过低会影响对外支付，过高会影响收益。

2) 二线储备资产

二线储备资产是指收益率高于一级储备资产，而流动性低于一级储备资产，如中期国库券，平均期限为2～5年。其主要用途是满足一国临时性或突然性对外支付的需要，其资产形式包括中期外国政府债券等。这部分储备资产既有一定的流动性，又有较高的盈利性，一般情况下以盈利性为主，特殊情况下也是对一线储备资产的补充，其比例一般应占全部外汇储备资产的20%～30%，过低达不到对一线储备资产补充的目的，过高会影响收益。

3) 三线储备资产

三线储备资产主要用于取得较高的收益，其资产形式包括各种能获得较高收益的长期有价证券，这部分储备资产具有流动性差但收益性高的特点，一方面可以弥补一线储备资产的收益不足，另一方面也可以作为对外举借的保证，其比例一般应占全部外汇储备资产的30%～40%，过低会影响收益，过高会影响储备资产作为国际支付第一需要的作用。

至于这流动性的三个档次在储备资产中具体如何安排，则视各国的具体情况而定。大体来说，一国应当拥有足够的一级储备资产来满足储备的交易性需求。这部分储备资产随时可以动用，充当日常干预外汇市场的手段。一旦满足这种交易性需要，货币当局就可以将剩余的储备资产主要在各种二级储备与高收益储备之间进行组合投资，以期在保持一定流动性的条件下获取尽可能高的预期收益率。

国际储备资产的管理，特别是外汇储备资产的管理，是一项既复杂而技术性又很强的工作。因此，各国货币行政当局要根据本国的实际情况，在总量和结构上加强管理，使其在保证支付的基础上获得更大收益。

小 结

在本章中主要介绍了一国的国际储备的概念、构成、管理及其发展变化；正确认识国际储备的规模和结构；灵活运用外汇储备管理的原理知识进行外汇储备资产的管理。其中难点部分是：对国际储备多元化的认识及外汇储备的管理。重点需要掌握的部分是：国际储备的构成及外汇储备的管理。

复习思考题

1. 名词解释
   (1) 国际储备
   (2) 国际清偿能力
   (3) 普通提款权
   (4) 特别提款权
   (5) 外汇储备

2. 问答题
   (1) 国际储备与国际清偿能力有何关系？
   (2) 外汇储备是否越多越好？为什么？
   (3) 试述特别提款权的特征。
   (4) 国际储备有何作用？
   (5) 确定国际储备水平的数量指标有哪些？
   (6) 国际储备结构的管理包括哪些方面？
   (7) 一国国际储备的管理包括哪两个方面？国际储备资产管理的原则是什么？

案例及热点问题分析

扫一扫，阅读案例并进行问题分析。

课后阅读材料

课后阅读 2-1　中国历年外汇储备(1950—2018)

(扫一扫,一起了解一下中国历年外汇储备。)

课后阅读 2-2　中国 2018 年储备资产

(扫一扫,看看中国 2018 年储备资产有多少。)

课后阅读 2-3　国际储备与外币流动性数据模板

(扫一扫,详细了解国际储备与外币流动性数据模板。)

课后阅读 2-4　特别提款权(SDR)

(扫一扫,了解特别提款权的主要内容、分配使用原则和演变。)

课后阅读 2-5　2018 年 12 月全球各国官方黄金储备量排名

(扫一扫,看看中国排第几吧!)

第 3 章　外汇汇率及汇率制度

【内容提要】
在本章中，我们主要介绍外汇汇率的基本知识、外汇汇率的种类与标价方法，汇率变动的主要原因和对经济的影响，汇率制度及现行人民币汇率制度的基本内容等方面的知识。
具体内容包括以下两个方面。
1) 外汇汇率及其标价方法
(1) 外汇汇率的概念。
(2) 外汇汇率的标价方法。
(3) 汇率的种类。
(4) 汇率变动对经济的影响。
(5) 影响汇率变动的因素。
2) 汇率制度
(1) 固定汇率制度。
(2) 浮动汇率制度。

3.1　外汇汇率及其标价方法

3.1.1　外汇汇率的概念

通常，人们说用一本字典可以将一种语言翻译成另一种语言，而外汇汇率(Foreign Exchange Rate)在货币中的作用等同于字典在语言中的作用，它可以将一种货币转换成另一种货币来表示。

外汇汇率是用一个国家的货币折算成另一个国家的货币的比率，也可以说是用一种货币表示的另一种货币的价格。如果把外汇看作一种特殊商品，汇率就是购买这种特殊商品的"特殊价格"。我们知道，一般商品的价格是用货币表示的，但不能反过来用商品表示货币的价格。在国际汇兑中，不同的货币之间却可以相互表示对方的价格，因此，外汇汇率具有双向表示的特点。

一种货币的国内价格表现为利率,而一种货币的国际价格即为汇率。世界各国货币/人民币汇率的情况如表 3.1 所示。

表 3.1 世界各国货币/人民币汇率情况

单位:100 外币/人民币

日　期	美　元	欧　元	日　元	港　元	英　镑	澳　元	加　元	瑞士法郎
2019-09-11	708.43	783.59	6.5931	90.345	876.34	486.65	539.66	715.49
2019-09-10	708.46	784.03	6.6183	90.378	876.5	487.44	539.34	716.02
2019-09-09	708.51	782.07	6.637	90.356	872.3	486.05	539.23	718.61
2019-09-06	708.55	784.11	6.6456	90.403	876.92	484.67	537.9	721.66
2019-09-05	708.52	782.9	6.6725	90.381	869.73	482.7	537.02	724.2
2019-09-04	708.78	780.28	6.7212	90.349	861.06	481.57	534.09	721.76
2019-09-03	708.84	780.51	6.7118	90.375	860.38	478.76	535.06	719.98
2019-09-02	708.83	781.53	6.7054	90.404	865.63	479.07	534.57	719.63
2019-08-30	708.79	786.61	6.6845	90.332	867.91	479.4	536.15	722.17
2019-08-29	708.58	789.02	6.7174	90.337	870.89	480.26	535.64	726.55

3.1.2 外汇汇率的标价方法

折算两种货币的兑换比率,首先要确定以哪一国货币作为标准,即是以本国货币表示外国货币的价格,还是以外国货币表示本国货币的价格。

1. 双向报价法

在国际外汇市场上,汇率通常采用双向报价方式,即报价者(Quoting Party)同时报出买入汇率(Bid Rate)及卖出汇率(Offer Rate)。一般而言,报价者会同时报出买价与卖价,例如:英镑/美元为 1.6410/20,第一个数字(1.6410)表示报价者愿意买入被报价币的价格,这就是所谓的买入汇率,第二个数字(1.6420)表示报价者愿意卖出被报价币的价格,这就是卖出汇率。

实际的外汇交易中通常只会报出 10/20,一旦成交后,再确认全部的汇率是 1.6410。依外汇市场上的惯例,汇率的价格共有 5 个位数(含小数位数),如 USD/CHY8.1910、GBP/USD1.6450 或 USD/JPY108.10。其中,汇率价格的最后一位数,称为基本点(Point),也有人称为 Pips 或 Ticks。这是汇率变动的最小基本单位。倒数第二位称为"X 十个点",依此类推。如:1 欧元 = 1.1011 美元;1 美元 = 120.55 日元;欧元对美元从 1.1010 变为 1.1015,称欧元对美元上升了 5 点;美元对日元从 120.50 变为 120.00,称美元对日元下跌了 50 点。而外汇交易员在报价时,未曾报出的数字(例如 GBP/USD1.6450 中的 1.64),我们称为大数(Big Figure)。交易员未报出的原因是:在短短数秒的询价、报价及成交的过程中,汇率通常不会如此快速地变动,于是大数便可省略不说。

外汇市场上的双向报价中,买入价和卖出价的价差越小,对于投资者来说意味着成本越小。银行间交易的报价点差正常为 2~3 点,银行(或交易商)向客户的报价点差依各家情况差别较大。

2. 汇率标价法

由于汇率中存在两种不同的货币可以相互表示其价格，也就有了两种基本的汇率标价方法：一是直接标价法；二是间接标价法。二十世纪五六十年代，随着欧洲货币市场的兴起，西方各国的跨国银行普遍采用美元标价法。

1) 直接标价法

直接标价法(Direct Quotation)是指以一定单位的外国货币(1 或 100、10 000 等)为标准，来计算折合多少本国货币。也就是说，在直接标价法下，是以本国货币表示外国货币的价格。即：我们将外国货币作为商品，计算购买其时应支付的本国货币数额，故又将其称为应付标价法。

例如：表 3.1 中，2019 年 09 月 10 日，我国国家外汇管理局公布的人民币对美元的官方汇率为 100 美元=708.46 元人民币，这就是直接标价法。

这种标价法的特点是：外币数额固定不变，折合本币的数额则根据外国货币和本国货币币值对比的变化而变化。

在直接标价法下，若一定单位的外币折合的本币数额多于前期，叫作外汇汇率上升，说明了外币币值上升即外汇升值，或本币币值下跌即本币贬值；反之，如果要用比原来较少的本币即能兑换到同一数额的外币，叫作外汇汇率下跌，这说明外币币值下跌即外汇升值，或本币币值上升即本币贬值。在直接标价法下，外币的价值与汇率的涨跌成正比。

例如：若汇率由 100 美元=708 元人民币变为 100 美元=709 元人民币，为外汇汇率上升，即美元升值，人民币贬值；若美元汇率由 100 美元=708 元人民币变为 100 美元=706 元人民币，为外汇汇率下降，即美元贬值，人民币升值。

目前，世界上除英国、美国、澳大利亚、新西兰等国之外，绝大多数国家都采用直接标价法。

2) 间接标价法

间接标价法(Indirect Quotation)是指以一定单位的本国货币(1 或 100、10 000 等)为标准，来计算折合多少外国货币。也就是说，在间接标价法下，以外国货币表示本国货币的价格。即：我们将本国货币作为商品，计算购买其时应收取的外国货币数额，故又将其称为应收标价法。

例如：某年某月某日，伦敦外汇市场公布 1 英镑=1.2357 美元，这就是间接标价法。

这种标价法的特点是：以本币为标准数量固定不变，折合外币的数额则根据本币与外币币值对比的变化而变化。

如果一定数额的本币能兑换的外币数额比前期减少，叫作外汇汇率下降。这说明外币币值上升即外汇升值，本币币值下降即本币贬值；反之，如果一定数额的本币能兑换的外币数额比前期多，叫作外汇汇率上升，这说明外币币值下降即外汇贬值，本币币值上升即本币升值。在间接标价法下，外币的价值和汇率的升跌成反比。

例如：某年某月某日，伦敦外汇市场公布汇率由 1 英镑=1.2357 美元变化为 1 英镑=1.2410 美元，此时一定数额的本币能够兑换的外币数额比以前变多，表示英镑升值，美元贬值。若伦敦外汇市场公布汇率由 1 英镑=1.2357 美元变为 1 英镑=1.2290 美元，此时一定数额的本币能够兑换的外币数额比以前变少，表示英镑贬值，美元升值。

最早实行间接标价法的国家是英国及其殖民地国家，第二次世界大战之后，由于美国经济实力迅速增强，美元逐渐成为国际结算、国际储备的主要货币。为了便于计价结算，从 1978 年 9 月 11 日开始，纽约外汇市场也改用间接标价法，即以美元为标准公布美元与其他货币之间的汇率，但是对英镑仍沿用直接标价法。

3) 美元标价法

20 世纪 60 年代欧洲货币市场迅速发展起来，国际金融市场间外汇交易量迅猛增加。在国家间进行外汇交易时，银行之间的报价通常以美元为基准来表示各国货币的价格，即以单位美元折合成各国货币数量的多少来表示各国货币的价格，这种标价法称为美元标价法。

世界各金融中心的国际银行所公布的外汇牌价都是以美元对其他主要货币的汇率，非美元货币之间的汇率则通过各自对美元的汇率套算，作为报价的基础。在美元标价法下，美元作为基准货币，其他货币是标价货币；在非美元报价法下，非美元货币作为基准货币，美元是标价货币。在国际外汇市场上，除英镑、澳大利亚元、新西兰元、欧元等几种货币采用非美元标价法以外，其余大多数货币均采用美元标价法。

美元标价法与上述两种基本的标价法并不矛盾，它的特点是：美元的量始终不变，美元和其他各国货币币值的变化都通过其他国家货币数量的变化表现出来的。

3. 基准货币与报价货币

人们将各种标价法下数量固定不变的货币叫作基准货币(Base Currency)，也称为基础货币。把数量不断变化的货币叫作标价货币(Quoted Currency)。显然，在直接标价法下，基础货币为外国货币，标价货币为本国货币；在间接标价法下，基础货币为本国货币，标价货币为外国货币。无论采取何种标价法都是以标价货币来表示基准货币的价格。

法定升值是指政府通过提高货币含金量或明文宣布的方式，提高本国货币对外的汇价。升值是指由于外汇市场上供求关系的变化造成的货币对外汇价的上升。法定贬值是指政府通过降低货币含金量或明文宣布的方式，降低本国货币对外的汇价。贬值是指由于外汇市场上供求关系的变化造成的货币对外汇价的下降。当某货币的汇价持续上升时，我们习惯称之为"趋于坚挺"，称该货币为"硬通货"；反之则习惯称之为"趋于疲软"，称该货币为"软通货"。

3.1.3　汇率的种类

汇率的种类极其繁多，我们可以从不同的角度进行划分。

1. 按国际货币制度的演变划分，分为固定汇率与浮动汇率

固定汇率(Fixed Rate)是指货币的汇率基本固定，波动幅度被限制在较小范围之内的汇率。在金本位制下，汇率决定的基础是两国铸币含金量的对比，汇率波动受黄金输送点的制约，故被称为固定汇率制度。在第二次世界大战后建立的布雷顿森林货币体系下，两国货币法定含金量的对比决定着两种货币的汇率，汇率的波动被限制在一定范围之内，也被称为固定汇率制度。二者相比，在金本位制下的是长期固定汇率制而在布雷顿森林体系下的是可调整的固定汇率制。

浮动汇率(Floating Rate)是指各国货币之间的汇率波动不受限制，而根据外汇市场供求状况自由波动的汇率。1973 年以后，各国政府不再公布本国货币的含金量，各国政府不再承担维持汇率稳定的义务，这时在全球范围内由固定汇率制度转变为浮动汇率制度。

2. 按照制定汇率的不同方法划分，分为基本汇率与套算汇率

基本汇率(Basic Rate)是指一国货币对国际上某一关键货币(许多国家均以美元作为关键货币)所确定的比价即为基础汇率。因为这种汇率根据两种货币所代表的价值量直接计算得出，所以又叫作直接汇率，它通常是确定与其他各种外币汇率的基础。所谓关键货币，是指该国在国际收支中使用最多、外汇储备中占比重最大，同时又可以自由兑换、在国际上被普遍接受的货币。

由于美元是当今世界上使用最广泛，也是最重要的国际货币，故很多国家把美元作为关键货币。

套算汇率(Cross Rate)也叫作交叉汇率，是指通过两种不同货币与关键货币的汇率间接地计算出两种不同货币之间的汇率。

在实务操作中有以下两种计算规则。

1) "币同，交叉相除"

(1) 基准货币不同，标价货币相同，求基准货币之间的比价：交叉相除。

例 3.1

国际外汇市场加拿大元与新西兰元兑美元的汇率分别为：

加拿大元 1=美元 0.7350/0.7360

新西兰元 1=美元 0.6030/0.6040

求：加拿大元兑新西兰元的买入汇率与卖出汇率。

分析：两个汇率的右边，即标价货币均为美元，因此交叉相除。

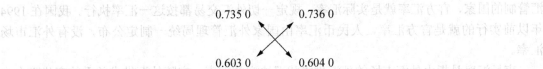

解答：

交叉相除后结果：

加拿大元兑新西兰元的汇率为：加元/新元=1.2169/1.2206

(2) 基准货币相同，标价货币不同，求标价货币之间的比价：交叉相除。

例 3.2

国际外汇市场美元兑新加坡元与美元兑日元的汇率如下：

美元 1=新加坡元 1.4860/1.4870

美元 1=日元 100.00/100.10

求：新加坡元兑日元的买入汇率与卖出汇率。

分析：两个汇率的左边，即基准货币均为美元，因此交叉相除。

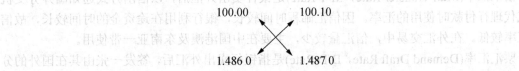

解答：

交叉相除后结果：

新加坡元兑日元的交叉汇率为 67.2495/67.3620

2）"币不同，同边相乘"

即：汇率报价两边各不相同，同一边汇率相乘。

例 3.3

国际外汇市场上，美元、新加坡、英镑的汇率为：

美元 1=新加坡元 1.4860/1.4870

英镑 1=美元 1.5400/1.5410

分析：

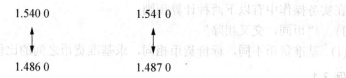

解答：

英镑兑新加坡元的汇率为 2.2884/2.2915

3. 按照汇率对汇率管制的宽严程度划分，分为官方汇率与市场汇率

官方汇率是指由国家外汇当局制定并公布本国货币对外币的汇率。在外汇管制较松的国家，官方汇率往往只起中心汇率的作用，而实际外汇买卖多按市场汇率成交。在实行严格外汇管制的国家，官方汇率就是实际汇率，规定一切外汇交易都按这一汇率执行。我国在 1994 年以前实行的就是官方汇率，人民币汇率由国家外汇管理局统一制定公布，没有外汇市场汇率。

市场汇率是指由外汇市场的外汇供求状况决定的汇率，它随外汇供求关系的变化而自由波动。但各国货币金融当局经常运用各种手段干预外汇市场，使市场汇率保持基本稳定和向预定目标方向变动。

4. 按照银行外汇汇付方式不同，分为电汇汇率、信汇汇率与票汇汇率

电汇汇率(Telegraphic Transfer Rate，T/T Rate)是银行卖出外汇以后，以电报、电传等方式通知国外的分支机构或代理机构付款时使用的汇率。在国际支付中，大额的资金调拨一般采用电汇。由于电汇付款时间快，一般可以当天到达，银行无法占用客户的资金头寸，并且国际电报、电传费用也比较高，使得电汇汇率较信汇汇率、票汇汇率高。电汇汇率在外汇交易中占有较大的比重，成为计算厘定其他汇率的基础，因此电汇汇率又称基础汇率。通常的做法是，交易双方首先通过电话或电报达成协议，然后再用电传予以确认。

信汇汇率(Mail Transfer Rate，M/T Rate)是银行卖出外汇后，以信函方式通知国外分支机构或代理行付款时使用的汇率。因信汇邮程时间较长，银行利用在途资金的时间较长，故信汇汇率较低。在外汇交易中，信汇量较少，主要在中国港澳及东南亚一带使用。

票汇汇率(Demand Draft Rate，D/D Rate)是指银行卖出外汇后，签发一张由其在国外的分支行或代理行付款的支付命令给汇款人，由其自带或寄往国外取款的一种汇率。票汇汇率分为两种：一种是即期票汇汇率，另一种是远期票汇汇率。由于卖出汇票与支付外汇间隔一段

时间，因此票汇汇率需要在电汇汇率的基础上对利息因素做一些调整，并且期限越长，其汇率越低。即期票汇和远期票汇都是外汇交易的重要形式。

5. 按照银行买卖外汇的角度划分，可分为买入汇率、卖出汇率与中间汇率

买入汇率(Buying Rate)，也称外汇买入价(Bid Price)，即银行向同业或客户买入外汇时所使用的汇率。采用直接标价法时，外币折合本币数额较少的那个汇率就是买入价；采用间接标价法时则相反。

卖出汇率(Selling Rate)，也称外汇卖出价(Offer Price/Ask Price)，即银行向同业或客户卖出外汇时使用的汇率。采用直接标价法时，外币折合本币数额较多的那个汇率就是卖出价；采用间接标价法时则相反。

买入、卖出都是从银行买卖外汇的立场来看，两者之间的差价称为买卖差价，一般为1‰～5‰，它是外汇银行经办外汇业务的收入来源。一般外汇市场越发达，差价越小。储备货币与非储备货币相差幅度也不相同。买入汇率与卖出汇率的差额即商业银行买卖外汇的利润。

在实际操作中，外汇银行所报的买入卖出两个汇率，前一个数值较小，后一个数值较大。

在直接标价法下，一定基准货币(外币)后的前一个标价货币(本币)数字表示"买价"，即银行买进外币时付给客户的本币数；后一个标价货币(本币)数字表示"卖价"，即银行卖出外汇时向客户收取的本币数。

在间接标价法下，情况恰恰相反，在基准货币(本币)后的前一个标价货币(外币)数字为"卖价"，即银行收进一定量的(1 或 100、10000)本币而卖出外汇时，它所付给客户的外汇数；后一个标价货币(外币)数字是"买价"，即银行付出一定量的(1 或 100、10000)本币而买进外汇时，它向客户收取的外币数。

例如，某日新加坡外汇市场的报价如下：

    1USD=SGD 1.3785 /1.3795
(直接标价法)　　(银行买入美元价)(银行卖出美元价)

例如：伦敦外汇市场

    GBP1=USD 1.2870 /1.2890
(间接标价法)　(银行卖出美元价)(银行买入美元价)

再如：

中国银行人民币牌价(2019-09-11)如表3.2 所示。

表3.2　中国银行人民币牌价

货币名称	现汇买入价	现钞买入价	现汇卖出价	现钞卖出价
美元	709.91	704.14	712.92	712.92
英镑	876.15	848.92	882.6	884.74
港币	90.53	89.81	90.89	90.89
日元	6.5798	6.3754	6.6282	6.6319
欧元	783.56	759.21	789.34	791.09
加拿大元	539.51	522.48	543.49	544.81
瑞士法郎	714.55	692.5	719.57	721.94

续表

货币名称	现汇买入价	现钞买入价	现汇卖出价	现钞卖出价
港币	90.53	89.81	90.89	90.89
澳大利亚元	487.24	472.1	490.82	492.02
新加坡元	514.04	498.18	517.66	519.2

前面所说的买价和卖价是采用电汇方式时的价格。

外汇银行在向客户直接买进现钞时，要用现钞价，现钞价低于现汇价。因为外国现钞不能在本国流通使用，银行收兑外币现钞后，需将外币现钞运送到各发行国或该货币中心，存入海外银行才能充当流通或支付手段，而运送外币现钞既要花费一定的运输费、保险费等，又要承担一定的风险，而且银行在收兑外币现钞时要垫付本币和保管外币现钞的费用，因此银行在收兑外币现钞时要扣除一定费用，致使银行的现钞买入价要低于现汇买入价，而卖出现钞时使用现汇卖价。

中间汇率(Medium rate of exchange)，买入汇率与卖出汇率相加，除以2，则为中间汇率。中间汇率不含银行买卖外汇的利润，常用来衡量预测某种货币汇率变动的趋势和幅度，一般商业银行或企业进行内部核算时也用中间汇率。

在我国，外汇银行的买入汇率和卖出汇率通常是以中间价为基础，在允许的幅度范围内上下浮动形成的。

(扫一扫，了解我国人民币汇率的中间价形式机制。)

6. 按照外汇的交易种类划分，分为即期汇率与远期汇率

即期汇率(Spot Rate)也称现汇汇率，是指买卖双方成交后，于两个营业日内办理交割所使用的汇率。

远期汇率(Forward Rate)，也称期汇汇率，是指买卖外汇成交后签订外汇交易合同，按约定的时间进行交割所使用的汇率。买卖远期外汇的期限一般为1、3、6、9、12个月等。

对远期汇率的报价包括两种方式：其一是直接报价(Outright Rate)，即直接将各种不同交割期限的期汇的买入价和卖出价标示出来，这与现汇报价相同，这种直接报价法适用于银行与一般客户之间，通常也称为大数标价法。其二称为间接报价法，它是指远期汇率通过在即期汇率的基础上加减一定差额形成的。即：用远期差价(Forward Margin)或掉期率(Swap Rate)报价，银行报出的点数，称为远期差价(Forward Margin)。远期差价用升水(At Premium)、贴水(At Discount)和平价(At Par)来表示。升水表示远期外汇比即期外汇贵；贴水表示远期外汇比即期外汇便宜；平价表示远期汇率等于即期汇率。间接报价适用于银行同业之间。通常称为小数标价法。即：

$$远期汇率=即期汇率+(-)远期差价$$

由于汇率的标价方法不同，按远期差价计算远期汇率的方法也不同。我们将在外汇业务中详细介绍有关实务中几类远期汇率标识方法。

7. 按照汇率是否统一划分，分为单一汇率与复汇率

单一汇率(Uniform Rate)是指一国的货币对一种外币只有一种汇率，各种支付均按此汇率进行外汇买卖。

复汇率(Multiple Rate)是指一国的货币对一种外币同时存在两种以上的汇率，它有双重汇率和多种汇率两种形式。双重汇率是指对一种外币同时存在两种汇率(贸易汇率和金融汇率)，多种汇率是指对一种外币同时存在多种汇率，多者可达几十种，汇率高低相差若干倍。复汇率是外汇管制的产物，目前只有一些发展中国家实施复汇率。根据国际货币基金组织的要求，依据需要只能使用简单的复汇率，严格限制实行复杂的复汇率。

8. 按照外汇的标价方法划分，分为贸易汇率与金融汇率

一国的汇率同时存在贸易汇率(Trade Rate)和金融汇率(Financial Rate)，那么这个国家实行的是复汇率制度。

贸易汇率又称"商业汇率"，是指主要用于进出口贸易货款和从属费用方面收付的汇率。它体现了"奖出限入"的贸易政策，能改善该国的国际收支状况。

金融汇率是指适用于资金流动、旅游事业等非贸易外汇收支的汇率。与贸易汇率相比，金融汇率一般定得较高，以起到限制资金流出、鼓励外资流入的作用。

9. 按外汇买卖的对象划分，分为同业汇率与商人汇率

同业汇率(Inter-bank-Rate)是指银行与银行之间买卖外汇的汇率。同业汇率的银行买入价和卖出价的差别较小。

商人汇率(Merchant Rate)是指银行对客户买卖外汇的汇率。商人汇率是根据同业汇率卖出价增(买入价减)一定的差额确定的。所以商人汇率的银行买入价与卖出价的价差较大。

3.1.4 汇率的决定基础

1. 国际金本位制度下汇率的决定基础

金本位制度是以黄金作为本位货币的制度，它包括金铸币本位制、金块本位制和金汇兑本位制。金铸币本位制是典型的金本位制，而后两者是削弱了的、没有金币流通的金本位制。

在金本位制度下，各国规定了每一金铸币单位包括的黄金重量与成色，即含金量。两种货币的含金量对比叫作铸币平价，它是决定两种货币汇率的基础。即：

铸币平价=A 国单位货币含金量/B 国货币单位含金量

列举当时英美两国的情况来看，英国规定：1 英镑金币含纯金 7.322 4 克(重量 123.274 47 格令，成色 24K，纯金 113 格令)美国规定：1 美元金币含纯金 1.504 656 克(重量 25.8 格令，成色 21.6K，纯金 23.22 格令)，则两国的铸币平价为：1 英镑=7.3224 克/1.504 656 克=4.866 5 美元。

那么，是否两国就以此铸币平价作为汇率了呢？事实上，汇率并不一定就是 4.8665，这要根据市场上对英镑或美元的需求程度而定，对英镑需求大，英镑就高一点，反之美元高一些，但因为可以直接用黄金支付，故汇率的波动是有限制的，这个限制即黄金输送点。这里所谓的黄金输送点(Gold Point)就是指：汇率波动而引起黄金从一国输出或输入的界限。黄金输送点可分为黄金输出点和黄金输入点，分别为汇率上下波动的界限。汇率波动的最高界限

是铸币平价加运金费用,即黄金输出点(Gold Export Point);汇率波动的最低界限是铸币平价减运金费用,即黄金输入点(Gold Import Point)。

可见,铸币平价是决定汇率的基础,但它不是外汇市场上买卖外汇时的实际汇率。在外汇市场上,由于受外汇供求关系因素的影响,汇率有时高于或低于铸币平价。

之所以会形成黄金输送点,是由于在金本位制度下,国际结算可以采用两种方法:一种是非现金结算,另一种是现金结算,这两种方法可供自由选择。一般来说,当市场上外汇汇率高于铸币平价加黄金运费时,进口商通常不购买外汇而采用现金结算,即输出黄金;当市场汇率低于铸币平价减黄金运费时,出口商同样不购买外汇而采用现金结算,即输入黄金;反之,当市场汇率低于铸币平价加黄金运费或市场汇率高于铸币平价减黄金运费时,进、出口商通常采用非现金结算。由此可见,外汇汇率波动的界限为黄金输出点和黄金输入点,即黄金输送点。

例如,在第一次世界大战前,英国和美国之间运送黄金的各项费用约为黄金价值的 5‰～7‰,以 1 英镑计,运送黄金的各项费用约为 0.03 美元。假定美国对英国产生国际收支逆差,于是美国外汇市场对英镑的需求增加,英镑的汇率必然上涨。若 1 英镑上涨到 4.8965 美元(铸币平价 4.8665 美元+运送黄金的费用 0.03 美元)以上时,在美国负有英镑债务的企业,就不会购买英镑外汇,而宁愿在美国购买黄金运送到英国偿还其债务。因为采用直接运送黄金的方法偿还 1 英镑的债务,只需 4.8965 美元。因此,引起美国黄金流出的汇率就是黄金输出点,汇率的波动难以超出黄金输出点。反之,若美国对英国的国际收支为顺差,美国外汇市场的英镑供给增加,英镑的汇率必然下跌。若 1 英镑跌到 4.8365 美元(铸币平价 4.8665 美元-运送黄金的费用 0.03 美元)以下时,在美国持有英镑债权的企业,就不会出售英镑,而宁愿在英国用英镑购买黄金后运送回美国。因为用运送黄金的方法收回 1 英镑债权,可以得到 4.8365 美元。引起黄金输入的汇率就是黄金输入点,汇率的波动难以低于黄金输入点。在金本位制度下,汇率的波动幅度是相当有限的,因此汇率比较稳定。

在金块、金汇兑本位制度下,黄金极少充当流通手段和支付手段的职能,其输入/输出受到极大限制,汇率的波动幅度已不再受制于黄金输送点,因为黄金输送点实际已不复存在。与金币本位制相比,金块、金汇兑本位制的汇率失去了稳定的条件。

2. 纸币流通制度下汇率的决定基础

金本位制崩溃以后,各国都实行了纸币流通制度。纸币流通分两种情况:一是固定汇率制度下的纸币流通(即布雷顿森林货币体系下的纸币流通);二是浮动汇率制度下的纸币流通(即牙买加体系下的纸币流通)。

1) 布雷顿森林货币体系下汇率的决定基础

布雷顿森林货币体系下,各国政府普遍参照过去流通中金属货币的含金量,规定了单位纸币的含金量。实行双挂钩(即美元与黄金挂钩,各国货币与美元挂钩)固定汇率制,各国货币与美元挂钩即为货币平价或美元平价,决定汇率的基础是两国的货币平价或美元平价之比。

具体内容是:美国公布美元的含金量,1 美元的含金量为 0.888 671 克,美元与黄金的兑换比例为 1 盎司黄金=35 美元。其他货币按各自的含金量与美元挂钩,确定其与美元的汇率。这就意味着其他国家货币都盯住美元,美元成了各国货币围绕的中心。各国货币对美元的汇率只能在平价上下各 1%的限度内波动,1971 年 12 月后调整为平价上下各 2.25%的限度内波动,超过这个限度,各国中央银行有义务在外汇市场上进行干预,以保持汇率的稳定。只有在一国的国际收支发生"根本性不平衡"时,才允许贬值或升值。

布雷顿森林体系下的固定汇率制,实质上是一种可调整的固定汇率制,它兼有固定汇率与弹性汇率的特点,即在短期内汇率要保持稳定,这类似金本位制度下的固定汇率制;但它又允许在一国国际收支发生根本性不平衡时可以随时调整,这类似弹性汇率。这种汇率制度属于纸币流通下的固定汇率制度。

在这种可调整的固定汇率制度下,如果汇率波动超过了规定界限,各国货币当局又无力干预维持,则一国政府就要采取货币法定升值或法定货币贬值的措施。但是,各会员国如需变更平价,必须事先通知国际货币基金组织,如果变动的幅度在旧平价的10%以下,国际货币基金组织应无异议;若超过10%,须取得国际货币基金组织同意后才能变更。如果在国际货币基金组织反对的情况下,会员国擅自变更货币平价,国际货币基金组织有权停止该会员国向国际货币基金组织借款的权利。但该体系规定汇率波动的界限为上下1%(1971年12月以后改为上下2.25%),各国有义务干预并维持。因此,它是一种可调整的固定汇率制。

2) 牙买加体系下汇率的决定基础

布雷顿森林货币体系瓦解后,各国普遍实行了浮动汇率制,各国货币间的汇率已不再以其含金量之比来确定,而是以该纸币所代表的实际价值来决定。汇率的波动由外汇供求关系决定。同时,一国国际收支状况所引起的外汇供求变化是影响汇率变化的主要因素。例如,国际收支顺差的国家,外汇供给增加,外国货币价格下跌、汇率下浮;国际收支逆差的国家,对外汇的需求增加,外国货币价格上涨、汇率上浮。汇率上下波动是外汇市场的正常现象,一国货币汇率上浮,就是货币升值,汇率下浮就是货币贬值。

纸币的实际价值是通过其购买力表现出来的。比较两国的购买力就可决定两国货币的比价,一国货币具有对内和对外两种价值,对内价值是通过对国内市场商品的购买力表现出来的;对外价值是一国货币所代表的商品的国际价值。货币的对内价值虽然是决定对外价值的基本因素,但并不完全表现为对外价值。因为各国的经济结构不一,劳动生产率不一,生产同一个单位商品的劳动消耗不一。在这种条件下,不能简单地比较两国的纸币购买力来决定两国货币的汇率。但是,在国际市场上,相同质量的同一种商品只能有一个价格。这是因为各国同一种商品的国际价值量决定于世界平均劳动时间,即在世界平均生产条件下,制造该商品所需的社会必要劳动时间。商品的国际价格是国际价值的货币表现。从一个较长的时间段来看,在供求平衡的条件下,商品的国际价格和它的国际价值是相符的。因此,决定两国货币汇率的基础是两国纸币所代表的国际价值之比,汇率的波动主要取决于外汇供求关系的变化,影响外汇供求关系变化的因素是复杂多样的,必须认真研究。

3.1.5 汇率变动对经济的影响

汇率作为调节经济的一个重要杠杆,在其他宏观经济因素影响经济的同时,其变动对一国经济,尤其是涉外经济领域也会产生广泛而复杂的影响。汇率受国际收支等诸多因素的影响在不断变动,同时汇率的变动又会对一国经济和国际经济关系产生深刻影响。因而,各国政府都十分重视汇率的变动。

1. 对国际收支的影响

1) 对贸易收支的影响

汇率稳定,有利于促进国际贸易的发展和生产的增长;而一国货币汇率变动,会使该国进出口商品价格相应涨落,抑制或刺激国内外居民对进出口商品的需求,从而影响进出口规模和贸易收支。

一般而言,外汇汇率上涨,在一定条件下可以鼓励出口,限制进口。因为外汇汇率上涨表明本币汇率下跌,即本国货币对外贬值,用一定数额的外币可兑换较多的本币。这样首先使进出口商品的相对价格发生变化:在出口方面,以外币表示的商品价格下降,即提高商品价格竞争力会引起出口量的增加;在进口方面,以本币表示的商品价格上涨,会引起进口量的减少。当出口值增加,进口值减少时,货币贬值能改善贸易收支。

在现实经济生活中,一国货币对外贬值对贸易收支的改善,往往受到一些经济因素的影响:例如,进出口商品的需求弹性,应满足"马歇尔-勒纳条件";国内总供给的数量和结构富有弹性;国内闲置资源(如资金、土地、劳动力和科学技术)能随时用于出口品和进口替代品生产资源;该国货币对外贬值幅度应大于对内贬值的幅度。此外,还应考虑主要的贸易伙伴国的贸易条件是否发生变化,主要出口商品的非价格竞争力强弱等。

但要看到,调低本国汇率实行外汇倾销会引起对方国家的强烈反应,导致竞相贬值,损害国际经济关系。

2) 对非贸易收支的影响

汇率变动不仅对国际贸易有重要影响,而且对非贸易收支也产生很大影响。一国货币汇率下跌,则外国货币兑换本国货币的数量增加,外币的购买力相对提高,本国商品和劳务相对低廉。与此同时,由于本国货币兑换外币的数量减少,意味着本币购买力相对降低,国外商品和劳务价格也变得昂贵了,这有利于该国旅游与其他劳务收支状况的改善。至于汇率上升,其作用则与此相反。当然,汇率变动的这一作用,须以货币贬值国国内物价不变或上涨相对缓慢为前提。

3) 对资本国际流动的影响

资本从一国流向国外,主要是追求利润和避免受损,因而汇率变动会影响资本的流出与流入。汇率变动对资本流动的上述影响,是以利率、通货膨胀等因素不变或相对缓慢变动为前提的。

汇率变动对国际资本流动的影响主要包括以下三种情况。

首先,反映在对金融资产价值的影响上,汇率的变动会影响金融资产价值的变化,进而影响资本的流动。当一国货币贬值而尚未到位时,国内资本的持有者和外国投资者为避免该国货币再贬值而蒙受损失,会将资本调出该国,进行资本逃避。若该国货币贬值,并已到位,在具备投资环境的条件下,投资者不再担心贬值受损,外逃的资本就会返回本国。当然,货币贬值过头,当投资者预期汇率将会反弹,就会纷纷将资本调到该国,以谋取汇率将会上升的好处。

其次,对来自国外的直接投资产生影响。与金融资产投资不同,如外汇汇率上涨,本币汇率下跌,则有利于外国的直接投资。因为他们以外币形式的投资这时可以折算成更多的投资国货币,这就有利于外国资本的流入。如1985年以来,美元汇率大幅度下跌,日资大举进入美国,利用美元贬值的机会取得较大的投资收益;反之,则相反。

同时汇率变动对国际资本借贷也将产生影响,外汇汇率的上涨,会使债务国还本付息的负担加重,使资本的借入者踌躇不前。如果这些债务负担重的国家形成了债务危机,则更会减少国际资本向这些国家的流动;反之,则相反。

4) 对国际储备的影响

汇率变动可以从两个方面对一国外汇储备产生明显影响。

一方面，储备货币汇率的变动会影响有关国家外汇储备资产的实际价值。若储备货币的汇率上涨，则会使该储备国的储备资产相应升值；反之，若储备货币的汇率下跌，则使该储备国的储备资产相应贬值。即：储备货币的汇率下跌，使保持储备货币国家的外汇储备的实际价值遭受损失；而储备货币国家则因该货币的贬值而减少了债务负担，从中获利。

另一方面，本国货币汇率变动通过资本转移和进出口贸易额的增减，直接影响本国外汇储备的增加或减少。一般来讲，一国货币汇率稳定，有利于该国吸收外资，从而促进该国外汇储备增加；反之，则会引起资本外流，使得黄金、外汇储备减少。由于一国汇率变动，其出口额大于进口额时，则其外汇收入增加，储备状况也随之改善；反之，则储备状况恶化。

2. 汇率变动对产业结构和资源配置的影响

本币贬值后，出口产品在国外市场的竞争能力提高，出口扩大，整个贸易部门的利润率就会高于非贸易部门，从而会诱使资源流向出口产品制造业或出口贸易部门，这样一来，整个经济体系中贸易出口部门或出口产品制造业所占的比重就会扩大，从而提高本国的对外开放程度，更多的产品将加入与外国产品竞争的行列。另一方面，货币贬值后，进口商品的价格提高，使原来对进口商品的一部分需求转向了对本国商品的需求，这样，使国内某些内销产品行业也得到了较快的发展。

3. 对国内经济的影响

汇率变动对一国国内经济的影响，主要表现在对国内物价、利率、就业和国民收入的影响上。

1) 对国内物价的影响

在货币发行量一定的情况下，本币汇率上升会引起国内物价水平的下降。因为本币汇率上升、外汇汇率下降，就会使以本币表示的进口商品在国内市场价格相对便宜，刺激进口增加，并带动用进口原料生产的本国产品价格降低。另外，由于本币汇率上升，以外币表示的出口商品在国外市场价格升高，降低了出口商品的竞争力，促使一部分出口商品转为内销，增加了国内市场商品供给量，也会引起国内物价水平的下降。

在货币发行量一定的情况下，本币汇率下浮会引起国内物价水平上升。因为本币汇率下浮，一方面有利于本国商品出口，出口商品数量增加会使国内市场商品供应发生缺口，促使价格上涨；另一方面，进口商品用本币表示的成本因本币汇率下跌而上升，促使进口的生产资料价格提高，导致以此为原料的国产商品价格上涨，同时，进口的消费资料也因本币汇率的下浮而价格上涨，进口需求随之会减少，国内市场商品供应相对减少，引起国内物价总水平上涨。

2) 对国内利率水平的影响

在货币发行量一定的条件下，本国货币汇率上升，使国内利率总水平上升。因为本币汇率上升会对商品出口和资本流入产生不利的影响，对商品进口和资本流出产生有利的影响，引起本国外汇收入减少、外汇支出增加，从而使国内资金总供给减少，引起国内利率总水平上升。相反，本国货币汇率下降，使本国外汇收入增加、外汇支出相对减少，国内资金总供应增加，导致国内利率总水平下降。

因此，凡是货币汇率高估而有逆差的国家，其国内利率水平必定偏高；凡是货币汇率低估而有顺差的国家，其国内利率水平必定偏低。

对国内就业和国民收入的影响：因为本币汇率下跌，有利于出口而不利于进口，从而有利于本国第一产业、第二产业和第三产业的发展，促进国内就业门路增多和国民收入的增加；反之，由于本国货币汇率上升，不利于出口而有利于进口，限制了本国经济的发展，必然减少国内就业量和国民收入。

在经济进入相对过剩、国内就业压力日益加大的情况下，许多国家不时采用各种措施降低本国货币汇率，以达到增加国民收入和充分就业的目的。

3.1.6 影响汇率变动的因素

目前，世界上普遍实行的是浮动汇率，汇率的频繁波动对世界经济乃至各国经济的发展具有很大影响。引起汇率变动的直接原因是外汇供求的变化。同商品市场一样，在外汇市场上，如果外汇供过于求，则外汇汇率下降；反之，如果外汇求过于供，则外汇汇率上升。而外汇供求的变化又受多种因素制约，因此，在研究分析影响汇率变动的因素时，应从多方面进行。

1. 国际收支状况

国际收支是一国对外经济活动的综合反映，国际收支包括经常性收支和资本流动收支等，它是影响汇率变动一个最直接的因素。具体表现为：当一国国际收支发生顺差时，该国外汇收入大于支出，即外汇供大于求，外币汇率会下跌，本币汇率上升；反之，当一国国际收支发生逆差时，该国外汇支出大于收入，即外汇求大于供，外汇汇率就会上升，本币汇率下跌。

例如，某一主要国家的国际收支持续顺差，国外为偿付债务必然会增加对该国货币的需求，反映在外汇市场的外汇供求关系上，就是外汇的供过于求，直接导致外汇汇率的下跌；反之，如果该国国际收支发生逆差，该国为偿付对外债务必然会增加对外汇的需求，反映在外汇市场的外汇供求关系上，就是对外汇的求过于供，使外汇供应短缺，直接导致外汇汇率的上涨。如美国自1985年9月以来，由于国际收支逆差日益严重，而导致美元对日元汇率大幅度下跌，而日本却因国际收支顺差日益增加，使日元对美元的汇率不断上升。

需要注意的是，一般情况下，国际收支变动决定汇率的中长期走势。

2. 通货膨胀的高低

通货膨胀是影响汇率变动的一个长期、主要而又有规律性的因素。在纸币流通条件下，两国货币之间的比率，从根本上说是根据其所代表的价值量的对比关系来决定的。因此，在一国发生通货膨胀的情况下，该国货币所代表的价值量就会减少，其实际购买力也就下降，于是其对外比价也会下跌。当然如果对方国家也发生了通货膨胀，并且幅度恰好一致，两者就会相互抵消，两国货币间的名义汇率可以不受影响。通货膨胀率高的国家货币汇率下跌，通货膨胀率低的国家货币汇率上升。

1) 商品劳务贸易机制

一国发生通货膨胀，该国出口商品劳务的国内成本提高，必然提高其商品、劳务的国际价格，从而削弱了该国商品、劳务在国际上的竞争能力，影响出口和外汇收入。相反，在进口方面，假设汇率不发生变化，通货膨胀会使进口商品的利润增加，刺激进口和外汇支出的增加，从而使得该国国际收支中经常账户朝向逆差方向变化。

2) 国际资本流动渠道

一国发生通货膨胀，必然使该国实际利息率(即名义利息率减去通货膨胀率)降低，这样，用该国货币所表示的各种金融资产的实际收益就下降，导致各国投资者把资本移向国外，不利于该国的资本项目状况。

3) 心理预期

一国持续发生通货膨胀，会影响市场上对汇率走势的预期心理，继而有可能产生外汇市场参加者有汇惜售、待价而沽，无汇抢购的现象，进而对外汇汇率产生影响。据估计，通货膨胀对汇率的影响往往需要经历半年以上的时间才能显现出来，然而其延续时间却较长，一般在几年以上。

3. 利率水平

一国利率水平的高低是反映借贷资本供求状况的主要标志。它直接关系到各种金融资产的价格、成本和利润的高低。人们在选择持有该国货币还是持有另一国货币，首先是考虑哪一种货币带来的收益最大，这种收益是由其金融市场的利率所决定的(比如美元 1 年期定期存款利率是 4%，而人民币 1 年期定期存款利率是 3%)，人们便会放弃人民币而选择美元，在多次流动后，两国利率最终达到 $R_i=R_j$(汇率平价条件)，其中 R 代表收益率，i、j 表示不同的国家。

利率的不同会影响汇率。利率变化对汇率产生的影响，主要作用在资本和金融账户中。当一国利率较高时，使用本国资金的成本会上升，进而导致外汇市场上的本国货币供应相对减少；同时，利率的相同较高也意味着放弃使用资金的收益上升，将会吸收境外资本内流。使外汇市场外汇供应量增加，并推动外汇汇率贬值，本国货币汇率升值。

与此同时，我们还需要结合两国的通货膨胀率。即：如果一国利率上升幅度小于其国内通货膨胀率的上升，则不能带来本国货币汇率的升值。

一般来说，利率若发生变化，短期资本反应最为敏感。短期资金总是从利率低的地方流向利率高的地方。例如，20 世纪 80 年代初期，美国实行高利率政策，使国际上的游资涌向美国，从而促使美元汇率上涨。

4. 市场预期心理和投机行为

人的心理状态对外汇市场起着至关重要的作用。法国学者阿夫塔力提出了一种"汇兑心理学"，认为外汇的价值不遵从任何规则，而是决定于外汇供求双方对外币边际效用所作的主观评价。

人们根据各种经济的和非经济的因素对汇率的波动方向、趋势与幅度进行预期，作出外汇汇率将上涨或下跌的判断，进而根据这种预期作出是抛售还是购买外汇的决策。

在外汇市场上，直接的国际贸易和投资交易相对来说所占比例是不高的。大多数交易从实质上讲是据此衍生的交易，具有一定的投机性。这种投机行为将对汇率变动产生放大影响。当人们分析了影响汇率变动的因素后得出某种货币汇率将上涨，于是竞相抢购，使其汇率上涨加速，遂把该货币汇率上涨变为现实；反之，当人们预期某种货币将下跌，就会竞相抛售，从而使汇率下滑。

5. 中央银行和政府干预

如果某经济体实行的浮动汇率制并不是一种彻底的浮动汇率制，而是一种有管理的浮动汇率制。中央银行不仅需要通过间接的方法如货币政策进行干预，还需要经常在外汇市场异常波动时直接干预外汇市场，影响汇率。其具体表现为以下几方面。

1) 直接在外汇市场上买进或卖出外汇

如前所述，各国政府为了使本国货币对外汇率稳定在一国货币当局所希望的水平上，会建立一笔外汇平准基金，借以干预外汇市场，影响汇率的变动。如外汇汇率有下跌趋势，一国货币当局不希望出现这种情况，就可在外汇市场上抛出本币，购进外币；反之，如外汇汇率上涨，则会抛售外币，收回本币。

2) 调整国内货币政策、财政政策或其他政策

表3.3列出了仅考虑以公开市场操作为政策工具与外汇干预相搭配的八种类型。

表3.3 外汇市场操作和公开市场操作的搭配

类　型	外汇操作	公开市场操作
紧----紧	卖出外汇	卖出债券
松----松	买入外汇	买入债券
紧----松	卖出外汇	买入债券
松----紧	买入外汇	卖出外汇
紧----0	卖出外汇	不变
松----0	买入外汇	不变
0----紧	不变	卖出债券
0----松	不变	买入债券

3) 与其他国家联合，进行直接干预或通过政策协调进行间接干预等

从某种程度上说，政府干预尤其是国际联合干预可影响整个市场的心理预期，进而使汇率走势发生逆转。它不能从根本上改变汇率的长期趋势，但对汇率的短期波动有很大影响。

6. 经济增长

经济增长对一国货币汇率的影响是多方面的。经济增长可能导致本国货币币值上升的原因是：一国经济的正常增长，往往意味着生产率提高很快，因此通过生产成本的降低改善本国产品的竞争地位有利于出口，抑制进口；一国实际经济的正常增长反映了一国经济实力的增强，于是该国货币在外汇市场上的信心增强，货币替换就会发生作用，即人们开始把手中的其他国家货币转化为该国货币。但一国的经济增长也可能导致该国货币币值下降的趋势，这是因为一国经济在高速增长的情况下，国内需求水平会提高，因此会造成进口支出的大幅度增长，如果出口保持不变，则该国经常收支项目的盈余减少甚至出现逆差，这样该国币值就会产生下降趋势。就一般意义来说，从较短时期来看，经济增长速度加快，国内市场需求旺盛，物价上涨会增加对进口商品的需求，原来的出口商品也可能会转为内销，如果政府未能有效地进行调控，贸易收支会出现逆差，外汇供不应求，外汇汇率会上涨。如果政府能有效地进行调控，控制进口增长，积极扩大出口，特别是通过国内加工，将进口原材料转化为高附加值制成品出口，则可避免本币汇率下跌。从长期看，这样做会增强该国的经济实力，

有利于提高一国在国际经济中的地位，使国际收支处于良好状态，有力地支持着本国的货币币值。

例如：二十世纪七八十年代日本经济发展迅速，而日元汇率保持较大幅度上升的趋势，就是生动的实例。随着经济的全球化，经济增长变动必然会具有同步性，但是处于同步性的经济增长率仍有差别，所以有的国家会出现国际收支顺差，有的会出现国际收支逆差，有的货币会升值，有的货币会贬值。不过，若一国国民经济发展低速、不稳定，甚至出现负增长，则该国货币必然对外贬值。

7. 政治因素

当今社会，政治与经济就像孪生兄弟，密不可分。由于资本首先具有追求安全的特性，因此，政治及突发性因素对外汇市场的影响是直接和迅速的，政治突发因素包括政局的稳定、政策的连续性、政府的外交政策，以及战争、经济制裁和自然灾害等，另外，西方国家大选也会对外汇市场产生影响。政治与突发事件因其突发性及临时性，使市场难以预测，故容易对市场构成冲击波，一旦市场对消息作出反应并将其消化后，原有消息的影响力就大为削弱。

政治的动荡不安会引起人们抛售一种货币，抢购另一种货币，使被抛售货币的汇率下跌，被抢购货币的汇率上涨。

此外，一国的关税、外贸政策、财政赤字、货币供应量、经济增长率等都会直接或间接地影响汇率的变动。

总之，影响汇率的因素是多种多样的，这些因素的关系错综复杂，有时这些因素同时起作用，有时个别因素起作用，有时甚至起互相抵消的作用，有时一个因素起主要作用而另一因素起次要作用。

3.2 汇率制度

汇率制度(Exchange Rate Regime or Exchange Rate System)，又称汇率安排，它是指一国货币当局对本国汇率变动的基本方式所作的一系列安排或规定。按照汇率的稳定程度，一般把汇率制度分为两大类型：固定汇率制度和浮动汇率制度。

3.2.1 固定汇率制度

固定汇率制度(Fixed Exchange Rate System)是两国货币比率基本固定，并把两国货币比价的波动幅度控制在一定范围之内的汇率制度。

1. 固定汇率制度的类型

从历史发展进程来看，自19世纪中末期金本位制在西方各国确定以来，一直到1973年，世界各国的汇率制度基本上属于固定汇率制度。固定汇率制度经历了两个阶段：一是从1816年到第二次世界大战前国际金本位制度时的固定汇率制；二是从1944年到1973年的布雷顿森林体系的固定汇率制。

1) 金本位制度下的固定汇率制度

金本位制度下的固定汇率制度有两个主要特征。

其一，汇率有着稳定的物质基础。通过货币的黄金含量或铸币平价来规定货币的价值，黄金成了两种货币汇率的物质基础。

其二，汇率波动极小，具有较好的稳定性。即使由于供求关系变化而使汇率产生波动，也被自动地限制在黄金输送点以内。

由于金币可以自由铸造、银行券可以自由兑换金币、黄金可以自由输出输入，汇率受黄金输送点的限制，故波动幅度局限于很狭窄的范围内。可以说，金本位制度下的固定汇率制度是典型的固定汇率制度。

2) 布雷顿森林体系下的固定汇率制度

1944年，在美国新罕布什尔州的布雷顿森林召开的联合国货币金融会议上，确定了以美元为中心的汇率制度，被称为布雷顿森林体系下的固定汇率制度(见图3.1)。

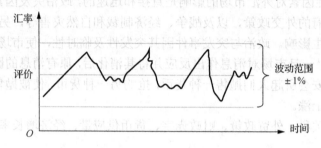

图3.1 布雷顿森林体系下的钉住汇率制度

其关于汇率的核心内容为：美元规定含金量，其他货币与美元挂钩，两种货币的兑换比率由黄金平价决定，各国的中央银行有义务使本国货币与美元汇率围绕黄金平价在规定的幅度内波动，各国中央银行持有的美元可按黄金官价向美国兑取黄金。

根据国际货币基金组织的规定，国际货币基金组织的成员国都要规定本国货币的金平价，两国货币的金平价是固定汇率的基础；这个比价随外汇市场的供求状况不断波动，国际货币基金组织对波动的幅度有统一的规定，上涨不能超过金平价对比的1%，即上限为1%；下降不能低于金平价对比的1%，即下限为1%，一般以±1%来表示。例如，第二次世界大战后英镑的金平价为3.58134克黄金，美元的金平价为0.888671克黄金，英镑与美元金平价的对比为1英镑=4.03美元，这就是固定汇率制度下英镑与美元汇率确定的基础。1英镑=4.03美元的比价必然会随着外汇市场的供求状况不断变动，但国际货币基金组织规定汇价波动幅度不能超过金平价对比1:4.03的±1%。

2. 国家维持固定汇率的主要调节措施

1) 运用贴现政策

运用贴现政策主要是通过调整贴现率使利率发生变动，引起本国货币币值发生变动和刺激国际资本流动，以引起外汇供求状况的改变，进而引起汇率的变动。当外汇汇率上涨，有超过汇率波动上限趋势时，该国货币当局常常提高贴现率，带动利率总体水平的上涨，一方面使通货收缩，本币实际币值提高；另一方面吸引外国资本流入，增加本国的外汇收入，从而减少本国国际收支的逆差，使本币汇率上升、外币汇率下降，使汇率维持在规定的波动范围之内。当外汇汇率下降，出现低于汇率波动下限的趋势时，则降低贴现率，带动利率总体水平的下降，使通货膨胀、本币实际币值降低，同时引起资金外流，刺激本国对外汇的需求增加，最终使汇率在规定的幅度内变化。

2) 动用外汇黄金储备

一国为了满足其对外政治及经济往来的需要，都必须保有一定数量的黄金和外汇储备，不仅作为国际交往的周转金，而且也是维持其货币对外汇率稳定的后备力量，这是弥补国际收支逆差的一个手段。货币管理当局经常利用所掌握的黄金和外汇储备，通过参与外汇市场上的交易(买卖外汇)平抑外汇供求关系，以维持其汇率在规定的上下限内波动。

3) 实行外汇管制

一国在国际收支状况异常严峻和国际收支长期恶化的情况下，黄金和外汇储备不足，无力在外汇市场上大量买卖外汇进行外汇干预时，则借助于外汇管制手段，直接限制某些外汇的支出，甚至直接控制汇率的变动。

4) 向国际货币基金组织借款

当一国出现暂时的国际收支逆差，而且有可能导致汇率的波动超过规定的幅度，同时动用本国的黄金和外汇储备不足以干预外汇市场时，就可以向国际货币基金组织申请借款。这大大减轻或避免了为纠正国际收支不平衡而匆忙对本国货币宣布贬值，或采取紧缩性宏观政策，或诉诸管制等非正常措施给一国经济发展所造成的消极影响。

5) 举借外债或签订互换货币协定

哪种外币在本国外汇市场短缺，就向短缺货币的国家借用，投放市场以平抑汇率。20世纪60年代以后，美国曾与14个国家签订互换货币协议，签约国一方如对某种外汇需求急迫时，可立即从对方国家取得，投放市场，无须临时磋商。

6) 实行货币法定升值或贬值

当一国国际收支长期存在巨额顺差时，一般会导致该国货币汇率大幅度上浮，超过规定的幅度，货币管理当局应对本国货币进行法定升值。虽然顺差国的外汇储备大幅度增加，容易引起通货膨胀，但政府经常采用冲抵政策减少国际收支顺差对本国货币供应量的影响，其结果是顺差国货币法定升值的压力被严重削弱了。而当国际收支长期存在巨额逆差时，通过上述1~5种手段不能稳定汇率时，货币当局就常常实行货币法定贬值(以法令明文宣布降低本国货币的含金量)。贬值后，外汇汇率在新的黄金平价基础上上升，既可以减少本国对该外汇的需求，从而减少本国外汇黄金储备的流失，也可以提高本国的出口竞争力，增加收入，改善国际收支状况，达到新的汇率稳定。

3. 固定汇率制度的作用

1) 固定汇率对国际贸易和投资的作用

固定汇率为国际贸易与投资提供了较为稳定的环境，降低了汇率的风险，便于进出口成本的核算，以及国际投资项目的利润评估，从而有利于对外贸易的发展，对某些西方国家的对外经济扩张与资本输出有一定的促进作用。

另外，在外汇市场动荡时期，固定汇率制度也易招致国际游资的冲击，引起国际外汇制度的动荡与混乱。当一国国际收支恶化，国际游资突然从该国转移，换取外国货币时，该国为了维持汇率的稳定，不得不拿出黄金和外汇储备在市场上供应，从而引起黄金的大量流失和外汇储备的急剧缩减。如果黄金外汇储备急剧流失后仍不能平抑汇价，该国最后有可能采取法定贬值的措施。一国的法定贬值又会引起与其经济关系密切的国家同时采取贬值措施，从而导致整个汇率制度与货币体系的极度混乱与动荡。经过一定时期以后，外汇市场与各国的货币制度才能恢复相对平静。

2) 固定汇率对国内经济和国内经济政策的影响

在固定汇率制下,一国很难执行独立的国内经济政策。

(1) 固定汇率制下,一国的货币政策很难奏效。为紧缩投资、治理通货膨胀而采取紧缩的货币政策,虽提高了利息率,却因此吸引了外资的流入,从而达不到紧缩投资的目的;相反,为刺激投资而降低利率,却又造成资金的外流。

(2) 固定汇率制下,为维护固定汇率,一国往往须以牺牲国内经济目标为代价。例如,一国国内通货膨胀严重,该国为治理通货膨胀,实行紧缩的货币政策和财政政策,提高贴现率,增加税收。但由于该国利率的提高,势必会引起资本流入,造成资本项目顺差,由于增加税收,势必造成总需求减少,进口减少,出口增加,造成贸易顺差,这就使得本币汇率上涨,不利于固定汇率的维持。因此,该国政府为维持固定汇率,不得不放弃为实现国内经济目标所需采取的国内经济政策。

3.2.2 浮动汇率制度

浮动汇率制度是对本国货币与外国货币的比价不加以固定,也不规定汇率波动的界限,而听任外汇市场根据供求状况的变化自发地决定本币对外币的汇率。外币供过于求,外币汇率就下跌(下浮);外币求过于供,外币汇率就上涨(上浮)。

1. 浮动汇率制度的历史

浮动汇率制度是在固定汇率制度崩溃以后,主要西方国家从 1973 年开始普遍实行的一种汇率制度。但是浮动汇率制度却不是 1973 年以后才出现的新的汇率制度。

美国在 1879 年开始正式实行金本位制以前,曾在不太长的时间内实行过浮动汇率制度。在各国普遍实行金本位制以后,一些银本位国家的汇率仍然经常波动。例如,印度在 1893 年以前一直实行银本位制,印度卢比与金本位制国家货币之间的汇率,就经常随着金银比价的变化而波动。奥匈帝国的货币盾在 1891 年金本位制法案正式通过以前,也曾一度处于浮动状态;甚至在 1891 年以后,仍有一段短暂的浮动时期。俄国的卢布在 1897 年实行金本位制以前,也曾经实行过浮动汇率制度。

1919 年 3 月—1926 年(1924 年除外),法国实行法郎完全无管制的浮动汇率制度。在 20 世纪 30 年代大危机时期英国曾于 1932 年年底实行浮动汇率制。美国从 1933 年 4 月至 1934 年 1 月也实行浮动汇率制度。即使在以美元为中心的固定汇率制度时期,也照样有许多国家在其中某段时期实行过浮动汇率制度。

加拿大 1950 年 9 月实行浮动汇率,直到 1962 年 5 月底再恢复为固定汇率,但 1970 年 5 月底又实行了浮动汇率。1971 年 5 月,联邦德国与荷兰实行浮动汇率制。1971 年 8 月美国政府停止美元兑换黄金后,大多数西方国家都实行浮动汇率,直到 1971 年 12 月"华盛顿协议(Washington Agreement)"后,才恢复固定汇率。1973 年年初,又爆发了一次新的美元危机,各主要金融市场大量抛售美元,抢购马克和日元,金价上涨,外汇市场关闭。同年 2 月 12 日,美国政府再次将美元贬值 10%,黄金官价从每盎司 38 美元提高到 42.23 美元。

美元第二次贬值后,西方各国普遍实行浮动汇率制。1976 年 1 月,国际货币基金组织正式承认浮动汇率制度。1978 年 4 月,国际货币基金组织理事会通过"关于第二次修改协定条例"，正式废止以美元为中心的国际货币制度。至此，浮动汇率制度在世界范围取得了合法的地位。

2. 浮动汇率制度的类型

1) 按照政府对汇率是否干预，分为自由浮动汇率和管理浮动汇率

自由浮动汇率(Free Floating)，是指政府对外汇市场不加任何干预，完全听任外汇市场供求力量的对比自发地决定本国货币对外国货币的汇率。这种浮动也称清洁浮动(Clean Floating)。

管理浮动汇率(Managed Floating)，是指政府对外汇市场进行公开或不公开的干预，以影响外汇的供求关系，使外汇市场的汇率向有利于自己的方向变动，故又被称为肮脏浮动(Dirty Floating)。

2) 按照汇率的浮动方式，可分为单独浮动、联合浮动、钉住浮动汇率和联系汇率制

单独浮动(Independent Floating)，是指一国货币不与其他国家货币发生固定联系，其汇率根据外汇市场的供求变化而自动调整。如美元、日元、加拿大元、澳大利亚元和少数发展中国家的货币采取单独浮动。

联合浮动又称共同浮动(Joint Floating)，是指国家集团在成员国之间实行固定汇率，同时对非成员国货币采取共同浮动的方法。如原欧洲货币体系各成员国货币之间保持固定汇率，而对非成员国货币则采取共同浮动的做法。欧元诞生后，目前实行这种联合浮动的是欧元与暂且未加入欧元的原欧洲货币体系各成员国货币。在欧元出现前，欧洲货币体系的成员国采用的也是联合活动。

钉住浮动(Pegged Float)，是指一国货币与某种外币保持固定比价关系，随该外币的浮动而浮动。按钉住货币的不同，有钉住单一货币浮动和钉住合成货币浮动两种。钉住单一货币浮动是因为一些国家由于历史的原因，对外经济往来主要集中于某一发达国家，或主要使用某种外币，这些国家使本币汇率钉住该国货币变动。它的最大特点在于允许有一定的波动幅度，这个幅度必须维持在所钉住货币汇率的±2.25%范围内。钉住合成货币是指一些国家为了摆脱本币受某一种货币支配的状况，将本币与一篮子货币挂钩，这一篮子货币或是复合货币单位，或是以贸易额为权数确定出来的与本国经济联系最为密切国家的一篮子货币的组合。

联系汇率制是一种特殊的钉住汇率制，但它又不同于一般的钉住汇率制，其最具有典型意义的是港元联系汇率制。1983年10月17日，当时的香港地方政府以1美元兑换7.8港元的比价实行联系汇率制，其核心是港元现钞的发行与美元储备相联系。其主要特点是：由外汇基金管理局规定现钞发行和现钞回笼的官方汇率，并利用市场的竞争机制，使市场汇率接近官方汇率。其运作方式是：外汇基金管理局收到货币发行银行(汇丰、渣打和中银)以1美元=7.8港元的比价缴存的美元后，向它们发出负债证明书，发行银行再以负债证明书为后盾向社会发行纸币。任何银行从发行银行得到港币时，可按1美元=7.8港元的汇率上缴相应数额的美元，而任何银行也可按此汇率向发行银行换取美元。中国香港的货币发行与港元的联系汇率直接挂钩。

3. 国际货币基金组织对浮动汇率制度的分类

按照国际货币基金组织对汇率制度的分类，只有完全由外汇市场供求决定的独立浮动即自由浮动汇率制度才可以被称为浮动汇率制度，如表3.4所示。

表 3.4　国际货币基金组织(IMF)及其他学者对汇率制度的分类

IMF 及其他学者 制度类别	IMF(1999 年后)	Edwards&Savastano (1999)	Ghosh,Gulde&Wolf (2003)	Frenkel(1999) Bordo(2003)
固定汇率制度	无独立法定货币	美元化	美元化	严格钉住
	货币局制	货币局制	货币局制	货币局制
			货币联盟	货币联盟
中间汇率制度	传统钉住	可调整的钉住	钉住单一	可调整的钉住
	波幅钉住	爬行波幅钉住	钉住货币篮	爬行钉住
	爬行钉住	爬行钉住	爬行钉住	钉住货币篮
	波幅爬行钉住	滑动波幅	合作制度	汇率目标区
	管理浮动	汇率目标区	汇率目标区	
		肮脏浮动	肮脏浮动	
浮动汇率制度	独立浮动	自由浮动	自由浮动	管理浮动
				自由浮动

4. 浮动汇率制度的作用

1) 浮动汇率对金融和外贸的影响

实行浮动汇率在国际金融市场上可防止国际游资对某些主要国家货币的冲击，防止外汇储备的大量流失，使货币公开贬值与升值的危机得以避免。在浮动汇率制度下，汇率的自由升降虽可阻挡国际游资的冲击，但容易因投机或谣言引起汇率的暴涨或暴跌，造成汇率波动频繁和波幅较大的局面。

2) 浮动汇率对国内经济和国内经济政策的影响

与固定汇率相比，浮动汇率下一国无义务维持本国货币的固定比价，因而得以根据本国国情，独立自主地采取各项经济政策。同时，由于在浮动汇率下，为追求高利率的投机资本往往受到汇率波动的打击，因而减缓国际游资对一国的冲击，从而使其货币政策能产生一定的预期效果。由于各国没有维持固定汇率界限的义务，所以，在浮动汇率下一国国内经济受到他国经济动荡的影响一般相对较小。

3.2.3　现行人民币汇率制度的基本内容

人民币是我国的法定货币，人民币汇率是指人民币对外币的比价。从其发展过程来看，主要经历了如下阶段。

1973—1980 年，人民币实行"一篮子货币"钉住汇率制度。

1973 年按"一篮子货币"原则，确定对西方国家货币的汇价，即选择我国在对外经济贸易往来中经常使用的若干种货币，按其重要程度和政策上的需要确定权重，根据这些货币在国际市场的升降幅度，加权计算出人民币汇率。从 1973—1980 年，选用的货币和权重曾做过七次调整。由于我国对外推行人民币计价结算的目的是为了保值，所以在制定人民币汇价的指导思想上对人民币定值较高。

1981—1984年，实行贸易内部结算价。

1984年起，我国实行两种汇价：一种是使用于非贸易外汇收支的对外公布的汇价；另一种是使用于贸易外汇收支的贸易外汇内部结算价。

在此期间，我国实际存在着三种汇率：一是对外的，并适用于非贸易收支的官方牌价；二是适用于贸易收支的贸易内部结算价；三是调剂外汇市场的外汇调剂价。

1985—1993年年底，实行以美元为基准的有限弹性汇率制。

1985年1月1日，我国停止贸易内部结算价的使用，贸易收支与非贸易收支均按官方牌价结算。内部结算价虽然与官方牌价并轨，但调剂外汇市场仍然存在，实际上除官方牌价外，仍存在一个调剂外汇价。

1991年4月以后，外汇管理局根据国内物价上涨水平与美元汇率的涨落情况，经常进行微调，1992—1993年，保持在1美元=5.8元左右的水平。

在此期间，由于需求的加大与其他因素的影响，到1993年年底，官方牌价与外汇调剂价相差3元，即官方牌价1美元=5.8元左右，调剂外汇价1美元=8.7元左右。

1994年起，我国实行新的外汇管理体制。在这种新的体制下，人民币汇率有以下几个特点。

(1) 人民币汇率不再由官方行政当局直接制定，而是由中国人民银行根据前一日银行间外汇市场形成的价格公布当日人民币汇率，各外汇指定银行根据中国人民银行公布的汇率和规定的浮动范围，自行确定和调整对客户的买卖价格。

(2) 由外汇指定银行制定出的汇率是以市场供求为基础的。这是因为：第一，新体制实行外汇收入结汇制，所有经常项目项下的外汇供给均进入外汇市场；第二，实行银行售汇制，取消经常项目支付用汇的经常性计划审批，同时取消外汇收支的指令性计划，这意味着经常项目的绝大部分外汇需求可以也必须通过外汇市场来满足。

(3) 以市场供求为基础所形成的汇率是统一的。新的体制实施后，同时在结汇制和售汇制下，外汇的供求均以外汇指定银行为中介，企业之间不得直接相互买卖外汇，外汇调剂市场也就完成了历史使命，外汇调剂价也相应地演变成市场汇率，即"汇率并轨"。由于汇率是各外汇指定银行自行确定的，但外汇供求在各银行的业务范围内的分布又是不一致的，所以，人民币汇率的全国统一性就必须通过建立全国银行同行业间的外汇交易市场来实现。目前我国实行的是以市场供求为基础的、单一的有管理的浮动汇率制度，取消了人民币官方汇率，人民币汇率由市场供求关系确定，政府只在必要时予以干预和调控。

我国人民币的汇率是采用直接标价法的。现行的人民币汇率以人民币对美元的汇率作为基准汇率，人民币与其他货币之间的汇率则通过各自与美元的汇率进行套算。人民币汇率每天通过中国银行挂牌公布，具体分买入价、卖出价和中间价，买卖价差一般为5‰。除此之外，还公布人民币对外币的现钞价，而且也分买入价和卖出价，主要用于外币现钞的兑换。目前人民币汇率挂牌的货币都是可以自由兑换的货币。

人民币汇率也公布远期汇率。我国自1971年起开始办理人民币对外币的远期买卖，远期汇率不用升水、贴水表示，而是在即期汇率的基础上加上一定比例的远期费。远期费率分1个月到6个月不等，而且随远期市场行情变化经常调整。我国办理的远期外汇业务最早主要集中在中国银行总行营业部，在各大国际金融中心，如伦敦、我国香港等地的中国银行海外分行也办理远期外汇买卖。随着我国国际金融业务的扩展，国内其他外汇银行也开始办理远期外汇业务。

3.2.4 外汇管制

1. 外汇管制的内容

1) 外汇管制的定义

外汇管制(Exchange Control or Exchange Restriction)，指的是一国政府利用各种法令、规定和措施，对居民和非居民外汇买卖的数量和价格加以严格的行政控制，以平衡国际收支，维持汇率，以及集中外汇资金，根据政策需要加以分配。

在实行外汇管制的国家，一般由政府授权中央银行、财政部或另行成立专门政府机构行使外汇管制职能。有些国家还由中央银行指定经营外汇的商业银行按外汇管制法令办理一切外汇业务，使外汇业务集中在少数银行，以便于管理。

2) 外汇管制的对象和手段

外汇管制的对象是多种多样的。围绕着外汇的收、支、存、兑多种环节，有些规定和措施是针对人来制定的，有些是针对交易项目来制定的。一般来说，由于居民的外汇支出涉及本国的国际收支问题，故对居民管制较严，而对非居民管制较松。在各种交易项目中，一般对资本流动管制较紧，以防止资本外流，而对贸易收支管制较松，有时还涉及对非贸易外汇支出的限制。

外汇管制的手段也是多种多样的，但不外乎价格管制和数量管制两类。

(1) 价格管制。

在价格管制方面，具体包括实行本币定值过高(Currency Overvaluation)和采用复汇率制(Multiple Exchange Rate System)。本币定值过高是一个较为复杂的问题，在外汇管制条件下，它的出现有以下几种情形。

第一，实行外汇管制的主要目的是维持国际收支平衡。当一国国际收支出现赤字，尤其是在结构性因素造成赤字时，由于其他调整政策不易奏效(指贬值)或者代价太大(指通货紧缩)，该国往往愿意采用外汇管制来强制取缔外汇市场的供求缺口。在这种情况下，本币的定值过高是一种必然的结果。

第二，由于外汇市场不完善，一些国家的汇率是由官方制定的，由此形成的汇率是武断的，因此也难免出现对本币的定值过高。

第三，有些国家为了鼓励先进机器设备进口，促进经济发展，或者为了维持本国的物价稳定，控制通货膨胀，或者为了减轻政府的外债负担等原因，也有意识地实行本币定值过高。

在这三种情形下，只有最后一种情形下的本币定值过高才是作为外汇管制的价格措施出现的，而且重要的是这种情形在发展中国家中并不少见。但不论哪一种情形，本币定值过高，总是与外汇短缺联系在一起的。

在本币定值过高条件下，由于外汇需求被人为压制，其中无法从官方供应渠道获得的部分，就会求助于外汇黑市，因此也形成较官方价格为高的黑市外汇价格。黑市价格与官方汇率的并存，就有了客观上的复汇率制。但作为外汇管制价格措施的复汇率制还是指当局对外汇汇率人为规定两个或两个以上的汇率，不同的汇率适用于不同类别的交易项目这样一种制度。复汇率制根据需要对不同的交易实行歧视性待遇，原则是对需要鼓励的交易规定优惠的汇率(如对出口适用较高的外汇价格，对先进技术设备的进口适用较低的外汇价格)，对需要限制的交易则规定不利的汇率(如对奢侈品进口和资本输出用汇规定适用较高的价格)。在有些国家，只存在两种或三种歧视性汇率，有些国家甚至有几十种歧视性汇率。

(2) 数量管制。

外汇数量管制是指对外汇数量统筹统配，其方式不外是外汇配给控制和外汇结汇控制两种。由于本币定位过高，出口商等外汇收入者不愿将所获外汇按官价结汇，故当局为集中外汇数量，就需要强制外汇收入者按官价向指定银行全部或部分出售。其控制办法如下。

第一，颁发出口许可证。

第二，由出口商向指定银行事先报告出口交易，请其发给出口证书，借以办理出口装船业务，并由银行负责收购其所得外汇。

第三，强制居民申报国外资产，必要时收购。

3) 实施外汇管制的国家

一般把外汇管制的国家分为三类。

第一类为实行严格外汇管制的国家和地区。即对国际收支的所有项目，包括经济项目、资本项目和平衡项目都进行较严格的管制。这类国家和地区通常经济不发达，外汇资金短缺，为了有计划地组织稀缺的外汇资源并合理运用，调节外汇供求，通过外汇管理达到稳定金融的目的，外汇管制措施都比较严格。凡实行计划经济的国家以及多数发展中国家，如印度、缅甸、巴西、哥伦比亚、伊拉克、阿富汗、摩洛哥、乍得、塞拉利昂、葡萄牙等国家都属此类。据统计，这类国家大约有 90 个。

第二类为名义上取消外汇管制的国家和地区。即对非居民往来的经常项目和资本项目的收付原则上不进行直接管制，尽管事实上还存在一些间接管制。属于这一类型的主要是发达的工业化国家，如美国、德国、日本、瑞士、卢森堡等，还有收支持续顺差的国家，如科威特、沙特阿拉伯、阿拉伯联合酋长国等石油输出国家。这类的国家和地区约有 20 个。

第三类为实行部分外汇管制的国家和地区。这类国家包括一些比较发达的资本主义工业国家，其对外贸易规模较大，有较雄厚的黄金外汇储备，国民生产总值也较高，如法国、澳大利亚、丹麦、挪威等国。还有一些经济金融状况较好的发展中国家，如圭亚那、牙买加、南非等国。目前，这类国家有 20~30 个。

4) 外汇管制的利弊

外汇管制的利主要表现在以下几方面。

(1) 可以防止资本逃避，有助于资本项目的外汇收支平衡。

(2) 由于外汇管制可以控制外汇流到国外，所以在一国外汇短缺的情况下，可以集中外汇资金，节约外汇支出，有利于国际收支的平衡。而国际收支平衡可以增加本国币值，稳定本国货币的汇率。

(3) 在一国实行外汇管制时，通常在实行官方汇率的同时还实行奖出限入的贸易壁垒，并明确规定：公布针对不同交易所适用的不同汇率。这种双重汇率制有利于维持一定的国际储备，便于外贸部门的成本核算，通过对不同价格弹性的进出口商品区别对待，来促进本国出口部门的经济增长。

(4) 通过采取审批进口用汇及保护关税等政策，限制或禁止威胁本国新兴工业部门的外国商品进入国内市场，以保护本国新兴工业部门的商品在国内市场的流通，从而达到保护本国新兴工业发展的目的。

(5) 对于一些必要进口的原料或消费物资或先进的技术设备，当其进口价格上涨过于剧烈时，外汇管制可以对所需外汇予以充分保证，或按优惠条件供应外汇。这样一方面可以保障资源，另一方面可以缓和进口商品的国内价格不平。

外汇管制的弊端主要表现在以下三方面。

- 实行外汇管制，汇率由官方规定，外汇严禁自由买卖，使外汇供求受到严格限制。
- 在外汇管制情况下，市场机制的作用不能充分发挥，使整个经济难以在外汇供求平衡、汇率与利率自由浮动的条件下达到均衡状态。
- 由于世界经济发展的不平衡性，资金余缺状况有很大不同，客观上有调剂余缺的必要，外汇管制则限制了资金余缺的调剂，阻碍了资本的国际化趋势。

2. 货币的自由兑换

货币的自由兑换(Currency Convertibility)是相对于外汇管制而言的，是指国内外居民能够自由地将其所持有的本国货币兑换为任何其他货币。实行本国货币的自由兑换，意味着外汇管制的放松和取消。

一般而言，货币的自由兑换主要有两种形式：经常账户自由兑换与完全自由兑换。经常账户自由兑换是指对于人们进行经常账户交易所需的外汇，能够予以满足；但对于资本账户交易所需的外汇，仍然实行不同程度的限制。显然，一国取消对经常账户的支付限制，并不意味着该国货币实现了完全自由兑换。完全自由兑换意味着一国取消对一切对外交易的支付管制。居民不仅可以通过经常账户交易，也可以自由地通过资本账户交易获得外汇；所获外汇既可以在外汇市场上出售给银行，也可以自行在国内持有和在国外持有；经常账户和资本账户项下交易所需的外汇可自由地在外汇市场上购得；国内外居民也可以自由地将本币换成外币在国内外持有来满足其资产需求。

在实践中，除了经常账户自由兑换和完全自由兑换外，还有一种货币自由兑换的形式，即货币的对内自由兑换。它往往是经常账户自由兑换向完全自由兑换的过渡阶段。在资本账户自由化之际，货币管理当局担心放开资本账户交易会引起大量的资本外流或本币汇率大幅下跌，由此先对国内居民开放国内外汇市场，允许其自由购入外汇，但只能作为一种资产在国内持有，而不能将所持外汇自由地输出国外，进行海外直接投资和证券投资。通过这种自由兑换，货币管理当局可以了解国内居民对外币资产的潜在需求量，而不致引起放开资本账户交易所可能出现的国际收支和汇率的急剧变化。值得注意的是，这种形式的货币自由兑换不能持续过长时间，因为允许国内居民在国内自由购买并持有外汇，往往难以彻底杜绝资金的外流或者需要耗费相当高的监管成本。

对于货币的自由兑换，最重要的一个问题是实现自由兑换的条件。如果条件不具备而贸然实施，势必造成程度不一的经济成本和社会成本。

一般来说，实行经常账户自由兑换的基本前提有以下几方面。

第一，进出口弹性满足马歇尔-勒纳条件。实行自由兑换后，本币汇率初期的贬值是难以避免的。如果条件不具备，贬值反而会带来国际收支的恶化，由此可能陷入恶性循环。同样，在正常时期，一旦汇率偏离均衡水平，这一条件不具备，汇率的偏离度将有可能越来越大，由此造成汇率的大幅波动。研究表明，马歇尔-勒纳条件是外汇市场稳定的条件，是一国开放外汇市场、放开汇率的前提。

第二,充分的外汇储备。在短期内外冲击带来汇率剧烈波动时,中央银行进入外汇市场进行干预,需要拥有足够的外汇储备。特别是在实行自由兑换之初,更需要动用外汇储备来缓和本币的贬值势头,避免给国内物价和进口要素密集型行业带来难以承受的冲击。在非自由兑换时期,这部分储备需求往往为外汇管制的加强所替代。

第三,健全的货币管理机制。一国的货币政策是影响或稳定本币汇率的重要手段。健全的货币管理机制至少有两层含义:一是中央银行具有制定货币政策的权威性或独立性,这要求理顺中央银行与政府之间的关系,尤其是财政赤字融资不应成为有效货币控制的钳制;二是中央银行必须拥有有效的货币政策工具来控制货币供应量。中央银行没有能力控制货币和物价,就不可能有有效的汇率管理。

第四,完善的金融市场。尤其是发达的货币市场为货币和汇率管理所必需。这不仅是中央银行进行公开市场操作,通过改变货币供应量操纵汇率,或在外汇市场干预后进行"冲销操作",抵消储备变动对货币基数影响的前提,也是直接、灵活调节外汇供求和汇率的场所。当外汇市场出现超额需求时,中央银行可通过提高短期利率,把资金从外汇市场吸引到货币市场上来;反之亦然。

小 结

本章主要介绍了外汇与汇率的基本知识、汇率的种类与标价方法,汇率制度及现行人民币汇率制度的基本内容,汇率变动的主要原因和对经济的影响等方面的知识,其中重点部分是:影响汇率变动的因素和汇率变动对经济的影响。重点需要掌握的部分是:外汇与汇率的基本概念,汇率的标价方法,汇率的种类,远期汇率的计算,影响汇率变动的因素和汇率变动对经济的影响。其中的难点部分是:汇率的标价方法,远期汇率的计算。

复习思考题

1. 名词解释

(1) 外汇汇率
(2) 直接标价法
(3) 间接标价法
(4) 基本汇率
(5) 套算汇率
(6) 电汇汇率
(7) 信汇汇率
(8) 票汇汇率
(9) 即期汇率
(10) 远期汇率
(11) 复汇率
(12) 升水

(13) 贴水
(14) 官方汇率
(15) 市场汇率
(16) 固定汇率
(17) 浮动汇率

2. 问答题

(1) 简述汇率的种类。
(2) 汇率是如何进行标价的？根据不同的标价方法应如何理解一国货币汇率的上升或下降？试举例说明。
(3) 试述汇率变动对经济的影响。
(4) 影响汇率变动的因素有哪些？
(5) 简述固定汇率制的作用。
(6) 简述外汇管制的手段。

3. 计算题

(1) 某日人民币对美元汇率为 1 美元=8.3000/10 元，1 英镑=1.6654/74 美元，计算当日人民币对英镑的汇率。

(2) 英国银行给出的汇率报价是：

即期汇率：1 英镑=1.6325/35 美元

1 月远期差价：升贴水 75/73

2 月远期差价：升贴水 135/132

3 月远期差价：升贴水 203/200

计算：

① 银行买入即期美元的价格是多少？
② 客户卖出 1 月期美元的价格是多少？
③ 银行卖出 2 月期美元的价格是多少？
④ 客户卖出 3 月期英镑的价格是多少？

案例及热点问题分析

人民币国际化

自 2008 年以来，人民银行与市场机构一道，按照尊重市场需求、服务实体经济、确保风险可控的原则，有序推动人民币国际使用。十年来，跨境人民币业务政策框架基本建立，基础设施逐步完善，人民币国际使用稳步发展。特别是党的十八大以来，人民币加入 SDR，国际货币地位初步奠定，资本项目可兑换有序推进，金融市场开放成效显著。中国人民银行发布的《人民币国际化报告(2019)》(该报告全文见书后附录 A(8))显示，2018 年，人民币跨境收付金额合计 15.85 万亿元，同比增长 46.3%。其中收款 8 万亿元，同比增长 51.6%，付款 7.85 万亿元，同比增长 41.3%，收付比为 1∶0.98，净流入 1 544 亿元，2017 年为净流出 2 765

亿元。人民币跨境收付占同期本外币跨境收付总金额的比重为 32.6%，创历史新高，较上一年提高约 7 个百分点。人民币已连续八年成为中国第二大国际支付货币。根据 SWIFT 数据，截至 2018 年年末，人民币为全球第五大支付货币，占全球所有货币支付金额比重为 2.07%，较 2017 年同期的 1.61% 有所上升，排名仅次于美元、欧元、英镑及日元。离岸市场 79% 的收付发生在中国香港地区。

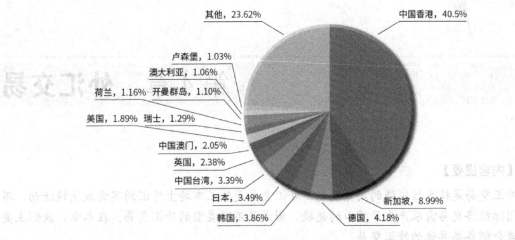

——摘自《人民币国际化报告(2019)》

问题：请自行收集俄罗斯卢布国际化的历程，分析我国人民币在国际化道路上应该注意的问题。

课后阅读材料

课后阅读　香港的联系汇率制

(扫一扫，了解香港的联系汇率制的背景、主要内容、运作机制及利弊。)

第 4 章 外汇交易

【内容提要】

外汇交易是技术性较强的实务问题。外汇交易是外汇市场上外汇的买卖或兑换活动，不同的国际经济交易需求产生了货币的兑换，形成了不同类型的外汇交易。在本章，我们主要向读者介绍各类具体的外汇交易。

具体内容包括以下几点。

(1) 外汇市场的概念、构成和功能。
(2) 即期外汇交易。
(3) 套汇与套利交易。
(4) 远期外汇交易。
(5) 外汇期货交易。
(6) 外汇期权交易。

4.1 外汇市场概述

4.1.1 外汇市场的概念

外汇市场是外汇供求关系的总和，是经营外汇买卖的交易场所、组织系统和交易网络系统。它包括有形的外汇买卖场所和无形的外汇交易网络或系统。它是国际金融市场的重要组成部分，是由各种经营外汇业务机构和个人参与的、进行外汇买卖活动的集合。

在价值量对比的基础之上，两种货币之间的汇率受外汇市场上供求状况的影响而不断变动，外汇市场是汇率最终决定的场所。进出口商之间债权债务的结算，银行之间外汇头寸的轧抵，都要通过外汇市场上一定形式的外汇买卖来实现。同时西方国家的商业银行在经营外汇业务中，不可避免地要出现买进与卖出外汇之间的不平衡情况。如果卖出多于买进，则为"空头"，如果买进多于卖出，则为"多头"。商业银行为避免因汇率波动造成损失，故在经营外汇业务时，常遵循"买卖平衡"的原则，就是对每种外汇，如果出现"多头"，则将多余部分的外汇卖出；如果出现"空头"，则将短缺部分的外汇买进。当然，这并不意味着商业银行在买卖外汇以后，立即进行平衡。它们根据各国的金融情况、本身的资力以及对汇率变动趋势的预测，或者决定立即平衡，或者加以推迟。推迟平衡即进行外汇投机。

银行在经营外汇业务中出现多头或空头，需要卖出或买进外汇进行平衡时，就须利用外汇市场进行外汇买卖，调剂外汇供求的交易场所。

4.1.2 外汇市场的构成

外汇市场，一般由外汇供求者即外汇银行、中央银行、外汇经纪商等组成。

1. 外汇银行

外汇银行是经中央银行批准可以从事外汇经营活动的商业银行和其他金融机构，其主要业务包括：外汇买卖、汇兑、押汇、外汇存贷、外汇担保、咨询及信托等。全球互联网的迅猛发展也为外汇银行的进一步发展提供了基础。它担当外汇买卖以及资金的融通、筹措、运用与调拨，是外汇市场的主体，90%以上的外汇买卖业务是在银行间的外汇市场进行的。

这类银行通常包括：专营或兼营外汇业务的本国商业银行；在本国的外国银行分行或代办处；其他金融机构。外汇银行不仅是外汇供求的主要中介人，而且自行对客户买卖外汇。

我国银行间外汇市场交易商依据业务的不同而不同。(见附录 A(7) 银行间外汇市场交易做市商名单)

2. 中央银行

中央银行是外汇市场的特殊参与者，是外汇市场的调控者。它进行外汇买卖的目的不是为了谋取利润，而是为了监督和管理外汇市场，引导汇率变动方向，使之有利于本国宏观经济政策目标的实现。中央银行一般设立外汇平准基金，专门用于买卖外汇，以实现干预外汇市场的目的。当外汇市场外汇供大于求时，外汇汇率下跌，中央银行就买进外汇，抛出本币；反之，当外汇供小于求时，外汇汇率上升，中央银行则买进本币，抛出外汇。中央银行还利用利率工具，调整银行利率水平，直接干预远期汇率的决定。中央银行干预外汇市场时，买卖外汇金额非常庞大，而且行动迅速，对外汇市场的供求有很大影响。

英国在 1932 年筹集资金设立"外汇平衡账户"，归财政部控制，由英格兰银行代表财政部经营管理。美国也于 1934 年设立"外汇稳定账户"，执行类似的职能。因此，中央银行不仅是外汇市场的参与者，而且可以是外汇市场的实际操纵者。

自由浮动汇率制的国家央行不对其本币汇率进行干预。

3. 外汇经纪商

外汇经纪人是为外汇买卖双方接洽外汇交易、促使买卖双方成交并收取佣金的中间人。外汇经纪人分为两类：其一，一般经纪人，他们用自有资金参与买卖中介活动，并承担损益；其二，跑街经纪人，俗称掮客，他们不参与外汇买卖活动，仅提供信息收取佣金，代客户买卖外汇。外汇经纪人主要负责提供最新、最可靠、对客户最有利的信息，因此他们拥有庞大的信息网和先进的通信网，善于捕捉并利用信息，开发获利渠道以获取佣金。外汇经纪人在外汇市场上是一支非常活跃的队伍，大型经纪人通常属于全球性机构，为银行提供 24 小时服务。外汇交易员是外汇银行中专门从事外汇交易的人员，交易员向客户报价，代外汇银行进行外汇买卖。

4.1.3 外汇市场的概况

外汇市场通常没有固定的、具体的场所,除了个别国家具有有形市场外,如法兰克福、巴黎等外汇市场,一般指的外汇市场都是无形市场,通过外汇银行或外汇经纪人利用电话、计算机网络等进行交易,如伦敦、纽约、苏黎世、中国香港等地的外汇市场。

目前,世界上大约有 30 个主要的外汇市场,它们遍布于世界各大洲的不同国家和地区。根据传统的地域划分,可分为亚洲、欧洲、北美洲三大部分,其中,最重要的有伦敦、纽约、东京、新加坡、法兰克福、苏黎世、中国香港、巴黎、洛杉矶和悉尼等,另外一些新兴的区域性外汇市场如巴拿马、开罗和巴林等也大量涌现并逐渐走向成熟。

全球各外汇交易市场被距离和时间所隔,它们各自独立又相互影响。这些外汇市场以其所在的城市为中心,辐射周边的其他国家和地区。由于所处的时区不同,各外汇市场在营业时间上此开彼关,但一个市场结束后,往往成为下一个市场开盘的基础。这些市场通过先进的通信设备和计算机网络连成一体,市场的参与者可以在世界各地进行交易,由此形成了全球一体化运作、全天候运行的国际外汇市场。市场的参与者可以在世界各地进行交易,外汇资金流动顺畅,市场间的汇率差异极小。

交易规模居前列的外汇市场主要有伦敦、纽约、东京等。2019 年,全球外汇交易中占比最大的是欧元对美元的交易,为 43.93%。(资料来源:Wind)

1. 伦敦外汇市场

伦敦是历史悠久的国际金融中心,1979 年 10 月 24 日,英国完全取消外汇管制,伦敦外汇市场基本上成为完全自由的市场,外汇交易量不断增长,并持续保持全球第一的市场地位。作为一个不存在外汇管制的国家,英国外汇市场的国际市场和国内市场界限并不明显,国内金融机构能够参与国际外汇市场交易,国外金融机构进入国内市场的限制也相对较少,因此,跨境交易在英国外汇市场中占比较高。约有 300 家领有英格兰银行执照的外汇指定银行,其中包括各大清算银行、商业银行、外国银行设在伦敦的分支机构及英国银行的海外分行,英国的中央银行——英格兰银行也是外汇市场的重要参加者。

伦敦外汇市场是一个无形市场。在路透社终端等先进的外汇交易工具启用后,其交易方式日趋简便,成交量成倍增长。目前伦敦外汇市场的日交易量平均在 3000 亿美元左右,约占全球日交易的 1/3。

伦敦外汇市场上的交易货币几乎包括所有可兑换货币,规模最大的是英镑兑美元的交易。根据 2015 年 4 月英格兰银行发布的统计报告,在伦敦外汇市场交易的货币中,美元、欧元、英镑、日元、瑞士法郎和澳元的交易占比分别是 89%、39%、15%、16%、6%和 4%。从货币对上看,主要集中在 USD/EUR、USD/JPY 和 USD/GBP。

伦敦地处世界时区的中心,伦敦外汇市场在其营业时间内,和世界其他一些重要的外汇市场相衔接。由于伦敦外汇市场的营业时间目前采用欧洲大陆标准时间,它与欧洲各大市场共同形成了一个同步的大市场。在东京、中国香港、新加坡下午闭市时,伦敦市场开盘,午后,纽约市场开盘,与伦敦市场同时交易半天。因此,从时区上考虑,伦敦市场成为外汇交易者安排外汇交易的最佳选择。

2. 纽约外汇市场

纽约外汇市场由三部分组成：第一是银行与客户之间的外汇交易市场，第二是纽约银行间的外汇交易市场，第三是纽约各银行与国外银行间的外汇交易市场。其中纽约银行间的外汇交易市场是交易量最大的市场，占整个外汇市场交易量的 90%。因此，商业银行在外汇交易中起着极为重要的作用，外汇交易主要通过商业银行办理。

纽约外汇市场是仅次于伦敦外汇市场的世界第二大外汇市场。其地位的取得，是建立在美国的综合国力以及美元地位之上的。

美国没有外汇管制，所以并不存在指定经营外汇业务的专业银行，几乎所有的美国银行和金融机构都可以经营外汇业务，如商业银行、储蓄银行、投资银行、人寿保险公司和外汇经纪人等，其中又以商业银行为主。目前，纽约外汇市场主要包括 180 多家美国商业银行，200 多家外国银行在纽约的分支机构、代理行以及代表处。大部分中小型银行出于成本的考虑，均委托纽约几大有业务往来的银行集中办理外汇业务。

虽然美国银行的外汇活动不受管制，但要受美联储及州银行管理部门的监督。外汇市场的官方干预由纽约联储银行负责实施，一般情况下，美联储通过商业银行代理人间接进入经纪人市场，也可以直接同商业银行交易以实现干预。此外，美联储操作往往同外国中央银行在其国内的操作同时进行，以实现联合干预。

纽约外汇市场属于无形市场。该市场上交易货币主要有欧元、英镑、加拿大元、瑞士法郎、日元等。由于在国际贸易和国际投资中，美国企业通常以美元报价，并用美元支付款项，所以在纽约外汇市场上美元交易量并不大，远不及伦敦、法兰克福、苏黎世等欧洲外汇市场的美元交易量。上述欧洲外汇市场，每日不仅有贸易往来的美元买卖，而且有大量的国际游资流动引起的美元交易，美元对其他货币的汇率也主要由欧洲和东京外汇市场等决定。

尽管纽约外汇市场的美元交易量并不大，但世界各地的美元买卖最终必须在美国，主要是在纽约的商业银行账户上收付、划拨和清算，纽约成为全世界美元交易的清算中心，由美国银行和外国银行分支机构组成的"纽约同业电子结算系统"(CHIPS)，每天处理数万笔金额达 2000 亿美元同业间的美元收付，占国际复兴开发银行同业间美元收付金额的 90%左右。

3. 东京外汇市场

1964 年，日本加入国际货币基金组织，日元成为可兑换货币，东京外汇市场开始逐步形成。1980 年 12 月，日本《新外汇法》公布，从根本上取消了外汇管制，东京外汇市场才得以迅速发展。1985 年 5 月，美日双方达成《日本金融自由化与国际化协议》后，日本金融自由化与国际化步伐大大加快，对外汇限制进一步减少，日元的使用范围不断扩大。目前东京外汇市场是亚洲最大的外汇市场，世界排名第三。

东京外汇市场的主要参加者有商业银行、外汇专业银行、短期金融公司、外国银行在日本的分行、非银行客户。非银行客户主要包括贸易商社、工业企业和其他外汇供求者。日本最大的六家贸易商社控制了日本 50%的进出口业务，是外汇市场上重要的交易者。

东京外汇市场也属于无形市场。在外汇价格形成上，东京市场类似于德、法等大陆式市场，采用"订价"方式，即由主要外汇银行经过讨价还价确定当日外汇价格，日本银行对外汇价格的形成也有重要影响。

东京外汇市场的交易品种比较单一，主要是美元/日元、欧元/日元。从交易货币和种类看,因为日本的进出口贸易多以美元结算,所以东京外汇市场90%以上是美元对日元的买卖,日元对其他货币的交易较少;交易品种有即期、远期和掉期等。即期外汇买卖又分为银行对客户当日结算和银行同业间的次日结算交易。东京外汇市场上即期、远期交易的比重都不高,掉期业务量很大。而其中又以日元/美元的掉期买卖为最大。

目前外汇市场上的外汇交易业务主要有即期外汇交易、远期外汇交易、外汇期货交易、外汇期权交易、掉期外汇交易等方式。

4.2 即期外汇交易

4.2.1 即期外汇交易的概念

即期外汇交易(Spot Exchange Transaction)又称现汇交易,是指买卖双方以当时外汇市场的价格成交,成交后在两个营业日内进行交割(Delivery)的外汇买卖,数据参考如表4.1所示。交割是指货币两讫,即期外汇交易表面上看似乎是同时收付,没有风险,但由于各国清算制度和技术上的差异,只能在1天后才能知道该笔交易是否已受托,因此要承担信用风险。此外,由于亚、欧、美三大洲之间各有6~8小时的时差,有时遇到营业时间结束的问题,延长了交割时间,产生了信用风险和汇率变动的风险。

表4.1 人民币外汇即期交易规模(2019-08)

币 种	成交金额/亿元	加权价	成交笔数
USD.CNY	51326.77	7.0701	153216
EUR.CNY	1595.98	7.8534	4254
100JPY.CNY	357.30	6.6504	3716
HKD.CNY	127.61	0.89925	898
GBP.CNY	97.41	8.5440	312
AUD.CNY	33.16	4.7763	363
NZD.CNY	8.58	4.5323	76
SGD.CNY	110.30	5.1037	169
CHF.CNY	3.71	7.2493	29
CAD.CNY	20.17	5.3290	294
CNY.MYR	4.91	0.58921	33
CNY.RUB	6.37	9.3376	39
CNY.ZAR	—		
CNY.KRW	6.58	170.9373	153
CNY.AED	0.15	0.5219	3
CNY.SAR	4.75	0.5243	1
CNY.HUF	—		
CNY.PLN	—		
CNY.DKK	0.02	0.9512	2
CNY.SEK	0.54	1.3580	22

续表

币 种	成交金额/亿元	加权价	成交笔数
CNY.NOK	0.24	1.2707	7
CNY.TRY	—	—	—
CNY.MXN	—	—	—
CNY.THB	20.77	4.3578	189

数据来源：www.Chinamoney.com.cn

4.2.2　即期外汇交易的种类

即期外汇交易按交割日的不同，分三种形式：①即日交割。即成交当日进行交割。在中国香港外汇市场用美元兑换港元的交易，采取即日交割形式。②翌日交割。即成交后第一个营业日进行交割。③第二个工作日交割。即成交后两个营业日交割，是一种标准的即期外汇买卖。这其中所谓的营业日是指节假日除外的工作日。

4.2.3　即期外汇交易的方式

即期外汇交易的方式通常有三种：电汇、信汇和票汇。在本章我们对此仅作简要介绍，更为详细的解释我们将放在第二篇国际结算中。

1. 电汇

电汇方式(Telegraphic Transfer)简称 T/T 方式，是付款人向当地外汇银行交付本国货币，由该行用电报或电传通知国外分行或代理行立即付出外币。

在浮动汇率制度下，由于汇率不稳，经常大幅度波动，而电汇收付外汇的时间较短，在一定程度上可减少汇率波动的风险，因此，出口商在贸易合同中常要求进口商以电汇方式汇款。

电汇方式下，银行在国内收进本国货币，在国外付出外汇的时间相隔不过一二日。由于银行不能利用顾客的汇款，而国际电汇费用较贵，所以电汇汇率最高。在即期外汇交易中，采用最多的是这种交易方式。

2. 信汇

信汇方式(Mail Transfer)简称 M/T 方式，是指汇款人向当地银行交付本国货币，由银行开具付款委托书，用航邮寄交国外代理行，办理付出外汇业务。

信汇凭证是信汇付款委托书(实例)，其内容与电汇委托书内容相同，只是汇出行在信汇委托书上不加注密押，而以负责人签字代替。

3. 票汇

票汇方式(Demand Draft)简称 D/D 方式，是指汇出行应汇款人的申请，开立以汇入行为付款人的汇票，列明收款人的姓名、汇款金额等，交由汇款人自行寄送给收款人或亲自携带出国，凭票取款的一种汇款方式，票汇的凭证即银行汇票。

票汇的特点之一是汇入行无须通知收款人取款，而由收款人上门自取；特点之二是收款人通过背书可以转让汇票，到银行领取汇款的，很可能不是汇票上列明的收款人本人，而是其他人。因此，票汇牵涉到的当事人可能较多。国际贸易实务中，进出口商的佣金、回扣、寄售货款、小型样品与样机、展品出售和索赔等款项的支付，常采取票汇方式汇付。

采用信汇和票汇业务时，银行收到顾客交来的款项以后，经过两国间邮程所需要的时间，才在国外付出外汇，在此期间，银行利用了顾客的汇款，就有利息收益。因此，信汇和票汇的利率低于电汇汇率，差额大致相当于邮程期间的利息。当前，国际邮件多用航邮和快件，邮程时间大大缩短，因而信汇、票汇汇率和电汇汇率的差额也已缩小。

4.2.4　实务中即期外汇交易的市场报价

在即期外汇市场上，一般把提供交易价格(汇价)的机构称为报价者，通常由外汇银行充当这一角色；与此相对，外汇市场把向报价者索价并在报价者所提供的即期汇价上与报价者成交的其他外汇银行、外汇经纪人、个人和中央银行等称为询价者。

1. 双向报价法

在外汇市场上，报价银行在报出外汇交易价格时均采用双向报价法，即同时报出银行买入价与卖出价，在直接标价法和间接标价法下，报价是不相同的。

直接标价法下，银行报出的外汇交易价格是买价在前，卖价在后。如，2019 年 9 月 12 日，中国银行报出欧元兑人民币价格为：

EUR/CNY：7.8108/ 7.8111

其中前面的数 7.8108 表示报价银行买入欧元(外汇)付出人民币的价格，后面的数 7.8111 表示报价银行卖出欧元收回人民币的价格。

间接标价法下，银行报出的即期外汇交易价格则是卖价在前、买价在后。如：2019 年 8 月，纽约外汇市场美元对新加坡元的价格：

USD/SGD：1.3785/ 1.3793

前面一个数 1.3785 是美国银行卖出新加坡元的价格(即客户用 1 美元只能买到 1.3785 新加坡元)，后面一个数 1.3793 是美国银行买入新加坡元的价格(即客户要用 1.3793 新加坡元才能买到 1 美元)。

汇率按市场惯例，即期外汇交易中，通常采用五位数(不含小数点)报价，报价的最小单位为基本点，即五位数最右边一位，外汇交易中基本点是构成汇率变动的最小单位。

如：1 欧元=1.1010 美元；1 美元=120.50 日元

欧元对美元从 1.1010 变为 1.1015，称欧元对美元上升了 5 点。

美元对日元从 120.50 变为 120.00，称美元对日元下跌了 50 点。

考虑到外汇市场交易每时每刻都在发生，从这一时刻到下一时刻，其变动数值比较小，因而实务中，在银行之间远期汇率尚有一种标价方法，即以点数(Point)来表示。在一般情况下，汇率在一个交易日内也就是在小数点后的 3 位数变动，即变动几十个点，不到 100 个点。根据惯例，汇率的最后两位数称为"小数"，前面三位数称为"大数"。由于在外汇市场每日的交易中，汇率的小数变化非常活跃，而大数相对稳定，一般交易员对市场汇率的大数都比较清楚，因而在报价时无须过多重复，只需报出汇率的小数(后两位数)即可。

如：2019 年 9 月×日，中国银行报价

瑞士法郎/人民币：7.1046/546

这样，就需要交易对手自行将前缺位数值补足。即：/后的 546 应该是：7.1546

2. 银行报价惯例

(1) 除特殊标明外，所有货币的汇价都是针对美元的，即采用以美元为中心的报价方法。在外汇市场上，外汇交易银行所报出的买卖价格，如没有特殊标明外，均是指所报货币与美元的比价。

(2) 除英镑、爱尔兰镑、澳大利亚元、新西兰元汇价是采用间接标价法之外(以一单位货币等值多少美元标价)，其他可兑换货币的汇价均采用直接标价法表示(以 1 单位美元等于多少该币标价)。此外，任何标价法下，报价银行报出的买价是指其愿意以此报价买入标的货币的价格；反之亦然。买价与卖价之间的价格差别称为价差。

(3) 对所有可兑换货币的报价，报价银行都必须同时报出买、卖两个价。当报价银行的外汇交易员对询价方报出某种货币买卖价的同时，这一银行也就承担了以这一价格买进或卖出一定数额货币的义务，但条件是询价方同意在报价方报价的基础上立即成交。至于报刊公布的外汇交易中间价，只是供读者参考，不能作为外汇交易的依据。

(4) 在通过电信(如电话、电传等)报价时，报价银行只报汇价的最后两位数。如，美元对欧元的汇价如果是 1 美元=0.8615/25 欧元，报价银行的交易员一般只报 15/20。

在了解了银行报价的一般惯例后，有些人可能会问，银行报价有无依据可循呢？其实，银行在报价时也是有其原则和技巧的，了解银行报价的依据对交易者来说是十分必要的。

4.2.5 即期外汇交易实务中的报价技巧

1. 外汇交易员报价时考虑的因素

通常外汇交易员在报出价格时，应考虑下列五个因素。

1) 交易员本身已持有的外货汇部位

每位外汇交易员都有被授权的外汇部位额度，在额度之内，交易员尽其最大可能来赚取利润。为了控制风险，交易员是不允许其持有的部位超过其被授权的部位额度。交易员报价时必须考虑目前所持有的部位在目前市场的波动幅度之下，其所报之价格是否对其现有部位有利。

2) 各种货币的极短期走势

交易员必须对欲进行报价的货币之极短期走势有准确的预测，所谓极短期，可能是一小时、五分钟或五秒钟之久。一般而言，在银行从事报价的交易员大多是属于 Intra-day Trader，即交易员所持有的外汇部位不会超过一日以上。交易员会随着市场波动状况，随时改变自己的持有部位，以伺机获利。因此对各种货币的极短期走势应有准确的预测，才能报出理想的价格。

3) 市场的预期心理

若市场有明显的预期心理，货币的走势就较易往预期的价位波动。交易员必须了解目前市场的预期心理，而调整本身的持有部位，使本身的部位处于有利的状况。如此报出来的价格才不会违反市场走势，而遭到重大的损失。

4) 各种货币的风险特性

每种货币如同人一样，各有其个性。交易员必须了解每种货币的特性，才能在报价时报出适当的价格。

5) 收益率与市场竞争力

报价者在报出价格之后，就是希望询价者愿意以其所报出的价格来交易，然而为增加市场竞争力，就需要缩小买卖价差(Spread)，即利润相对减少。因此交易员在报价时，必须顾及市场竞争力与利润。

2. 外汇交易员的基本报价技巧

综合上述五个考虑因素之后，交易员的基本报价技巧大致可分为四种。

1) 市场预期被报价货币上涨

当市场预期被报价的货币会上涨时，此时市场的参与者倾向买入被报价货币，以期获取利润。则报价银行应将被报价货币的价格报高，以降低风险或取得有利的部位，因为报价银行卖出被报价货币的价格愈高，则报价者以较低的价格来平仓的概率愈大，赚钱的机会愈多。

2) 预期被报价货币下跌

当市场预期被报价货币会下跌时，市场的参与者会倾向卖出被报价货币以期获取利润。此时报价者所报出的价格会比市场价格略低，以降低风险或取得有利的部位。由于报价者买入的价格较市场价格低，因此报价者有比较大的概率以较高的银行间价格平仓，而赚取利润。

3) 报价者不欲持有部位时

有时当报价者的部位已平仓，或市场波动的幅度过大，报价者不愿意买入或卖出被报价货币。因此报价者的价差会比市场价格宽，即询价者若欲与报价者成交时，不论买入价格还是卖出价格一定比市场价格差，因此询价者愿意成交的意愿就降低了。

4) 报价者有强烈的意愿成交时

报价者以市场竞争力为主要考虑因素时，其报价与市场价格相较为窄，即报价者报价的价差会比市场的小。不论买入价格还是卖出价格均比市场价格好，因此询价者会有比较高的意愿进行交易。

4.2.6 即期汇率的表示

通常，我们看到银行给定的汇率报价的表现形式为：假设：英镑对美元的汇率1.2810/20。这其中，哪个是买价？哪个是卖价呢？这里，我们有三个简单的判断方式。

(1) 外汇的买价和卖价都是对银行有利。客户以美元买英镑，银行应以较高的价格出售英镑。英镑两个价格中，1英镑=1.2820美元对银行有利。

(2) 按直接标价法和间接标价法考虑。从美国来看汇价GBP/USD是直接标价法，美元是本币，英镑是外币。客户以美元兑英镑，是以本币购买外币，对银行是卖出外汇(英镑)，因而应采用卖出价1.2820；即：报价数字为左买右卖；反之，从英国来看，GBP/USD是间接标价法，因而报价数字为左卖右买。

(3) 从买入价和卖出价的定义去分析。每个汇率的左边数字是买入单位货币的价格，右边数字是卖出单位货币的价格。银行将卖出单位货币(英镑)，因此应取英镑的卖出价，即右边的数值1.2820。

例4.1 情况1：英镑对美元的汇率是1.5210/20，某客户要求将100万美元兑成英镑，按即期汇率能够得到多少英镑？

分析：对于一笔即期外汇买卖应该采取哪一个价格？

思路1，外汇的买价和卖价都是从对银行有利的角度制定的。

客户以美元买英镑，银行应以较高的价格出售英镑。在英镑的两个价格(以美元计价)中，显然右边的较高，即采用1英镑=1.5220美元的汇价对银行有利。

思路2，从买入价和卖出价的定义分析。

在GBP/USD这个比价中，英镑是单位货币，美元是计价货币。现在客户要求以美元兑英镑，银行将卖出单位货币(英镑)，因此应取英镑的卖出价，即右边的数值1.5220。

思路3，从直接标价法和间接标价法的角度考虑。

从美国来看，汇价GBP/USD是直接标价法(即直接以本币表示外币的价格)，美元是本币，英镑是外币。客户以美元兑英镑，也就是以本币购买外币，对银行来说是卖出外汇(英镑)，因而应采用卖出价，即1.5220。

从英国的角度来看，GBP/USD是间接标价法，英镑是本币，美元是外币。客户以美元兑换英镑，对银行来说是买入外汇(付出本币)，因而应采用买入价(买入外汇的价格)。而在间接标价法下，买入价在右边，因而应取1.5220。

解答：

客户以美元兑换英镑，即：银行卖出英镑 (美元的买入价或英镑卖出价)1.5220。

因此，100万美元可以兑取：

1 000 000/1.5220=657030英镑

有了如上经验，我们再来看下面几种情况。

情况2：英镑对美元的汇率是1.5210/20，某客户要求将100万英镑兑成美元，按即期汇率能够得到多少英镑？

如情况1的思路，外汇的买价和卖价从对银行有利的角度出发。

客户卖英镑买美元，客户将以银行较低的英镑报价出售英镑(或理解为：银行应以较高的价格出售美元)。在英镑的两个价格(以美元计价)中，显然左边的价格较低，即采用1英镑=1.5210美元的汇价对银行有利。

因此，100万英镑可以兑取：

1 000 000×1.5210=152.10万美元。

情况3：USD/AUD=1.3370/90，某客户要求将100万澳大利亚元兑成美元，按即期汇率能够得到多少美元？

如上述思路，从买入价和卖出价的定义分析，在USD/AUD这个比价中，美元是单位货币(基准货币)，澳大利亚元是计价货币(报价货币)。现在客户要求以澳大利亚元兑美元，银行将卖出单位货币(美元)，因此应取美元的卖出价，即右边的数值1.3390。

因此，100万澳大利亚元可以兑取：

1 000 000/1.3390=74.6826万美元。

情况4：USD/AUD=1.3370/90，某客户要求将100万美元兑成澳大利亚元，按即期汇率能够得到多少美元？

如上述思路，从直接标价法和间接标价法的角度，USD/AUD是间接标价法，美元是本币，澳大利亚元是外币。客户以美元兑换澳大利亚元，对银行来说是买入本币(付出外币)，因而应采用外汇卖出价(或买入本币的价格)。而在间接标价法下，外汇卖出价在右边，即，左边的数值1.3370。

因此，100 万澳大利亚元可以兑取：

1 000 000×1.3370=133.70 万美元

总结如上情况，我们可以简化分析过程，直接看到结论：

当客户卖出汇率等式中左边货币(即：基准货币或单位货币)时，选择汇率为数字中左边的数字。

当客户卖出汇率等式中右边货币(即：报价货币或计价货币)时，选择汇率为数字中右边的数字。

4.2.7 套汇与套利交易

1. 套汇交易

1) 套汇的概念和作用

套汇交易(Exchange rate arbitrage)又称地点套汇，是指利用同一时间、不同地点两种货币间汇率的不一致、以低价买入同时以高价卖出某种货币，以谋取利润的一种外汇交易。

套汇交易的主要作用是调节外汇市场上的供求关系，消除不同地点上的汇率差，使它们在世界范围内的汇率趋向一致。但随着现代通信技术和发达计算机网络的应用，世界各地外汇市场上的汇率差异正在缩小，而且存在的时间正在缩短，套汇实际操作的可能性缩小了。在我国的外汇交易中，套汇是明令规定不允许的。

2) 套汇的方式

套汇的方式有两种：直接套汇和间接套汇。

(1) 直接套汇。所谓直接套汇，是指利用同一时间两个外汇市场之间存在的汇率差进行套汇。它也称为双边套汇或两地套汇。套汇的核心就是做到贱买贵卖，赚取汇率差价。

例如，某日在纽约外汇市场上的汇率为 1 美元=0.8335 欧元，同时在法兰克福外汇市场上 1 美元=0.8235 欧元。

这时发现两地外汇市场上美元与欧元的汇率不一致，存在套汇的机会，于是，就可以在纽约外汇市场卖出美元、买入欧元，同时在法兰克福外汇市场卖出欧元、买入美元，做到了贱买贵卖，只要付出 1 美元就可获得 0.0100 欧元的套汇收入。

例 4.2 在法兰克福外汇市场上，瑞士法郎的报价为 EUR/CHF 1.5350，而在苏黎世外汇市场上欧元的报价是 CHF/EUR 0.6534，问：是否存在套汇机会？如何套汇？

分析：欧元在苏黎世外汇市场上贵，在法兰克福外汇市场上便宜；或者说，瑞士法郎在法兰克福外汇市场上贵，在苏黎世外汇市场上便宜。

解答：

存在套汇机会。

套汇者在苏黎世外汇市场上用欧元购买瑞士法郎，同时在法兰克福外汇市场上将瑞士法郎卖出，购回欧元，单位欧元的套汇毛利是 0.0030 瑞士法郎。

直接套汇是一种简单的套汇形式，它清楚地表明该种货币在哪一市场贵，同时在哪一市场便宜，很容易判断是否存在套汇机会并进一步确定交易方向。

(2) 间接套汇。间接套汇也称多地套汇，是指利用同一时间至少三个外汇市场上的汇率差，进行贱买贵卖，从中赚取汇率差的行为。

间接套汇中最简单的是三地套汇，三地套汇也称三角套汇。判断三个外汇市场或三个以上外汇市场之间有无套汇机会相对直接套汇而言比较复杂。通常我们可以选用两种方法予以解决。

方法 1：连乘积法

首先，仅以中间汇率说明。

将三个或更多个外汇市场上的汇率按同一种标价法即直接标价法或间接标价法列出，把它们依次连乘，如果乘积为 1，说明没有套汇机会；如果乘积不为 1，则有套汇机会。

假设 1：纽约市场 1 美元=1.1335 欧元，巴黎市场 1 英镑=1.5174 欧元，伦敦市场 1 英镑=1.7200 美元。判断上述情况下有无套汇机会？若有，应如何进行套汇？

首先把伦敦市场也变为直接标价法，即：1 美元=0.5814 英镑，然后三地市场的汇率依次相乘得：1.1335 × 1.5174 × 0.5814=1，由此可知，无套汇机会。

假设 2：纽约市场 1 美元=1.3335 欧元，巴黎市场 1 英镑=1.8596 欧元，伦敦市场 1 英镑=1.6543 美元。

判断上述情况下有无套汇机会？若有，应如何进行套汇？

首先把伦敦市场也变为直接标价法，即：1 美元=0.6045 英镑，然后三地市场的汇率依次相乘得：1.1335 × 1.8596 × 0.6045=1.2742，因为它们的乘积大于 1，所以有套汇机会。

套汇交易的过程如下。

第一步：根据纽约市场和巴黎市场套算美元对英镑的汇率，1 英镑=1.3945 美元，与伦敦市场英镑对美元的汇率相比，显然伦敦市场英镑贵、美元便宜。

第二步：在伦敦市场卖出英镑、买进美元，然后在纽约市场卖出美元、买进欧元，再到巴黎市场卖出欧元、买进英镑，这样就赚取了套汇的利润。

其次，用买入、卖出汇率说明。

将三个外汇市场上三种外汇的汇率均采用相同的标价法，然后用三个卖出价或买入价相乘，若乘积等于 1 或者几乎等于 1 时，说明各市场之间的货币汇率关系处于均衡状态，没有汇率差，或即使有微小的差率，但不足以抵补资金调度成本，套汇将无利可图；如果乘积不等于 1，则说明存在汇率差异，套汇交易有利可图，但具体的套汇过程如何，仍需要进一步的套算和分析。

例 4.3 假定美元、欧元、英镑之间的汇率在下列三个外汇市场的情况为：

纽约外汇市场：1 USD= EUR 0.8355/0.8376

法兰克福外汇市场：1 GBP= EUR 1.5285/1.5380

伦敦外汇市场：1 GBP= USD 1.7763/1.7803

我们假定套汇者手持的是一定量的美元资金。

分析解答：

第一步，投机者先判断是否存在套汇机会。因为三个外汇市场中纽约外汇市场和伦敦外汇市场采用间接标价法，较简便地把法兰克福外汇市场的直接标价法改为间接标价法，则：

EUR 1= GBP 0.6502/0.6542

然后把三个汇率相乘，即：

0.8355×0.6502×1.7763=0.9649 或 0.8376×0.6542×1.7803=0.9755

结果不等于 1，有间接套汇的条件，可以进行投机。

第二步，将修改后三个市场汇率以所持货币首尾相接，并确定套汇途径。

纽约外汇市场：1 USD= EUR 0.8355/0.8376

法兰克福外汇市场：EUR 1= GBP 0.6502/0.6542

伦敦外汇市场：1 GBP= USD 1.7763/1.7803

若第一步计算结果小于 0，则从右下角开始套汇，若第一步计算结果大于 0，则从左下角开始套汇。

例 4.3 中，第一步计算结果小于 0，则从右下角开始套汇。

即：伦敦 → 法兰克福 → 纽约

USD 1→1/GBP 1.7803→EUR 1.5285/1.7803→USD 1.5285/(1.7803×0.8376) = USD 1.0250

即投入 1 美元，套汇后可得 1.0250 美元，套汇的毛利为 0.025 美元。其套汇利润率(毛利率)为 2.5%。

(特别注意套汇过程中，买入、卖出汇率的选择，不能理解可以参考例 4.1。)

方法 2：套算汇率法

套算汇率法利用套算汇率的计算，将三地套汇转为直接套汇后计算。考虑到套算汇率和直接套汇的计算均已在前文中说明，现直接举例计算。

例 4.4 若某一时间，纽约、伦敦、法兰克福外汇市场上美元、英镑、加元三种货币的汇率分别为：

纽约市场　　USD1=CAD1.8610/1.8620

伦敦市场　　GBP1=USD1.6980/1.6990

多伦多市场　GBP1=CAD3.0625/3.0635

问：持有 10 万美元，如何套汇获利？

解答：

(1) 根据伦敦、多伦多市场美元、加元分别对英镑的汇率，套算出美元对加元的汇率(套算汇率的计算请参考第三章相关内容)：

USD1=CAD1.8025/1.8042

(2) 将此套算汇率与纽约市场美元对加元的实际汇率比较，发现存在汇率差：纽约市场美元贵，加元便宜；伦敦、多伦多二者的套算市场美元便宜，加元贵。

(3) 按照直接套汇的方法(参考本节前文)，确定以 10 万美元作初始投放，以美元贵的纽约市场为起点，卖出美元，循着纽约→多伦多→伦敦→纽约的方向，由美元→加元→英镑→美元循环套汇。

(4) 套汇获利=USD10×1.8610×1/3.0635×1.6980-10=USD0.3149(万)

关于套汇交易的几点说明：

第一，套汇交易涉及一些成本，包括获得信息的费用以及电报费、电传费、付给外汇经纪人的佣金、某种货币买入和卖出的价差等交易费用，因此套汇的净利润取决于汇率差价和套汇成本两个因素。

第二，套汇活动是市场不均衡的产物，它使得套汇者能赚到毫无风险的利润，但同时套汇者的交易又使市场重新回到均衡，使同一种货币汇率在全世界范围内趋向一致。

第三，套汇交易获利的机会不会一直存在。当外汇市场上的汇率差等于套汇成本时，套汇交易就会停止。

第四，不同的国际金融中心处于不同的时区，只有比较营业时间重叠的外汇市场的报价才有意义。

2. 套利交易

套利交易(Interest rate arbitrage)又称利息套汇。它是利用两国市场的利率差异，把短期资金从利率低的市场调到利率高的市场投放，以赚取利率差额收入的外汇交易方式。这种交易方式在汇率相对稳定或朝向有利于己的方向变动的情况下采用。若一旦汇率的变动和预期相反，套利者就会蒙受损失，可见套利实则是一种典型的投机活动。

套利活动根据其是否对外汇风险进行防范，而分为"不抛补的套利"(uncovered interest rate arbitrage)和"抛补的套利"(covered interest rate arbitrage)。

1) 不抛补的套利

所谓不抛补的套利，主要是利用两国市场的利息率差异，把短期资金从利率较低的市场调到利率较高的市场进行投资，以谋取利息差额收入。

例 4.5 美国短期市场上的年利率为 6%，英国的年利率为 8%，银行在美国用 100 000 美元贷放 3 个月，到期能得到利息 1 500 美元。但如果将这笔资金投入到英国，假定 3 个月后汇率不变，仍是 1 美元=0.5 英镑，那么，把 100 000 美元兑换为 50 000 英镑存入英国，3 个月后本息为 51 000 英镑，然后再汇回美国可得 102 000 美元，这就是说，3 个月所得的利息，要比在美国贷放多得 500 美元(102 000−100 000−1 500=500)。

但是，在进行这项交易时要冒汇率变动的风险。如例 4.1 中，假如 3 个月后的汇率不是 1 英镑=2 美元，而是 1 英镑=1.95 美元，本息 51 000 英镑只合 99 450 美元，不但没有多得利息，反而把本金也赔了。

为防范这种风险，我们引出另一种套利方式，即抛补的套利。

2) 抛补的套利

抛补的套利是指套利者在把资金从甲地调入乙地以获取较高利息的同时，还通过在外汇市场上卖出远期的乙国货币以防范风险。接上例 4.1，该银行在美国买进 50 000 英镑现汇进行套利的同时，卖出 3 个月的 50 000 英镑远期(即做下述的掉期交易)，以避免英镑汇率变动的风险。

让我们结合上面两种类型的套利，再来看一组例题。

例 4.6 设美国三月期国库券利率为 8%，同期英国市场利率为 10%。

若美国三个月的国库券利率为 8%，本利共为 108 万美元。但此时若投资者进行套利，则获利便可增加。如即期市场汇率为 £1=$2.00，则他在即期市场卖出 100 万美元，获利 50 万英镑。他将 50 万英镑调往伦敦并投资于三月期英国国库券，三个月后可获利 55 万英镑 [50×(1+10%)]。这时，若美元对英镑汇率没有发生变化，那么，他将在伦敦投资的收益 55 万英镑换成美元则为 110 万美元，比他不进行套利交易多赚 2 万美元。

若三个月中汇率发生了变化。套利者不将 100 万美元投资于美国国库券以谋取 8%的利息收入而是在即期市场上将这笔美元卖出以换得英镑，随后将钱调往伦敦投资于利率 10%的英国三个月短期国库券，因此他在三个月后可获得 55 万英镑。

与此同时，套利者马上在远期外汇市场上订立契约，卖出三个月的 55 万英镑以买进美元。为简便计算，仍设汇率为 GBP1=USD2.00，这样三个月后他可稳获 110 万美元收入。投资者之所以要在将英镑调入伦敦的同时，在外汇远期市场上售出英镑，购买美元，其原因是防止美元升值。如上例所述,如果套利者不进行"抛补"(即在即期卖出的同时,远期买进,或相反),则当他投资于英国三个月国库券后获得 55 万英镑时,若美元与英镑汇率变为 GBP1=USD1.90,则 55 万英镑时只能合为 104.50 万美元,结果由于美元升值他亏损了 3.5 万美元。

抛补套利不断进行的结果是高利率货币的现汇汇率上升(如美元),期汇汇率下跌,贴水额加大。由于套利者大量买进美元现汇,卖出美元期汇,美元贴水就会不断扩大,套利成本因此相应地提高,收益减少。这种趋势继续到利差与贴水接近平衡时,套利活动机会停止。

一般来说,在浮动汇率体系下,汇率在套利期内不发生变化几乎是不可能的,因此,套利者在进行套利的同时,又进行抛补,才是既防范汇率风险,又可获得利息收入的安全之策。

套利和套汇一样,是外汇市场上重要的交易活动。由于目前各国外汇市场联系十分紧密,一有套利机会,大银行或大公司便会迅速投入大量资金,最终促使各国货币利差与货币远期贴水率差异,只要利率差异存在,套利就会存在。套利活动将各国货币利率和汇率形成了一种有机联系,两者互相影响、互相制约,从而推动国际金融市场一体化。

4.3 远期外汇交易

4.3.1 远期外汇交易的概念

1. 远期外汇交易的概念

远期外汇交易(Forward Exchange Transaction)是指买卖双方在成交时就货币交易的种类、汇率、数量以及交割期限等达成协议,并以合约的形式将其固定下来,然后在规定的交割日,由双方履行合约,结清有关货币金额的收付。

根据成交日与交割日之间的间隔,远期外汇交易一般有一周、一月期、二月期、三月期、六月期、一年期等各种品种。使用最多的是三月期的远期外汇交易。我国外汇交易中心所开展的远期外汇交易,最短为 1 天,最长为 1 年,分八个档次(远期外汇业务规模参考数据见表 4.2)。

表 4.2 中国外汇交易中心人民币外汇远期交易规模(2019-08)

期限品种	合计折人民币元		USD.CNY	
	成交金额/百万元	成交笔数	成交金额/百万元	成交笔数
1D	5052.28	73	4931.78	71
1W	1903.37	15	1903.37	15
1M	8152.64	55	7086.95	48
3M	9234.38	74	9234.38	74
6M	1201.92	23	1195.12	22
9M	670.39	7	670.39	7
1Y	5768.43	50	5757.45	48
其他	40011.44	655	36037.37	574
合计	71994.84	952	66816.81	859

数据来源:中国货币网

2. 远期汇率报价

1) 即期汇率加减升贴水率

在直接标价法下，由于单位外币折合本币的数量越大，表示外汇越贵；单位外币折合本币的数量越少，表示外汇越便宜，所以当远期差价为升水时，即期汇率加升水就是远期汇率；当远期差价为贴水时，即期汇率减贴水就是远期汇率，用公式表示为

远期汇率=即期汇率+升水

远期汇率=即期汇率-贴水

在间接标价法下，由于单位本币兑换外币的数额越大表示外汇汇率越便宜，单位本币兑换数额越小表示外汇越贵，所以，当远期差价为升水时，就要用即期汇率减去升水得出远期外汇汇率；当远期差价为贴水时，就要在即期汇率的基础上加上贴水得出远期外汇汇率。用公式表示为

远期汇率=即期汇率-升水

远期汇率=即期汇率+贴水

例 4.7 在中国外汇市场上，美元即期汇率为 USD1=CNR8.3000，三月期美元升水 500 点，六月期美元贴水 450 点。则在直接标价法下，三月期美元汇率为：USD1=CNR(8.3000+0.0500)=CNR8.3500，六月期美元汇率为：USD1=CNR(8.3000-0.0450)=CNR8.2550。

例 4.8 在伦敦外汇市场上，美元即期汇率为：GBP1=USD1.5500，一月期美元升水 300 点，二月期美元贴水 400 点。则在间接标价法下，一月期美元汇率为：GBP1=USD(1.5500-0.0300)=USD1.520，二月期美元汇率为：GBP1=USD(1.5500+0.0400)=USD1.5900。

2) 升(贴)水排列标识

在实际计算远期汇率时，也可以不必考虑汇率的标价方式及升水还是贴水，仅根据升(贴)水的排列即可进行计算。

若远期差价以小/大顺序排列，则远期汇率等于即期汇率加上远期差价；若远期差价以大/小逆序排列，则远期汇率等于即期汇率减去远期差价。

例 4.9 在伦敦外汇市场，以英镑与美元的即期汇率与 3 个月的远期汇率为例：即期汇率为 1 英镑=1.8870/1.8890 美元，3 个月远期差价为升水 103/98，则远期汇率为 1 英镑=1.8767/1.8792 美元(即期汇率减去外汇升水)；3 个月远期差价如果为贴水 98/103，则远期汇率为 1 英镑=1.8968/1.8993 美元(即期汇率加外汇贴水)。

例 4.10 在东京外汇市场，以日元对美元的即期汇率与远期汇率为例，即期汇率为 1 美元=127.531/128.531 日元，3 个月的差价为升水 118/128，则远期汇率为 1 美元= 127.649/128.659 日元(即期汇率加外汇升水)；3 个月的远期差价为贴水 128/118，则远期汇率为 1 美元=127.403/128.413 美元(即期汇率减贴水)。

3. 远期外汇交易的作用

1) 利用远期外汇交易进行套期保值

套期保值是指买进或卖出一笔价值相当于在国外的远期负债或资产的外汇，使这笔负债或资产免受汇率变动的影响，从而达到保值的目的。

例如，对于进口商而言，在签订进口合同时，就买进相当于货款价值、交割期为付款日的外汇，这样在付款日不管汇率如何变动，都不会影响到进口商的进口成本；对于出口商而

言，在签订出口合同时，就卖出相当于价款数量、交割期为收款日的外汇，这样在收款日不管汇率如何变动，都不会影响到出口商的出口利润。对于实行强制结售汇的国家，进出口商经常参与以套期保值为目的的远期外汇买卖。

2) 远期外汇交易可以用来调整银行的外汇头寸

进出口商进行远期外汇交易避免风险或转嫁风险的同时，就是银行承担风险的开始。外汇银行之所以有风险，是因为它在与客户进行了多种交易后，会产生外汇"综合持有额"或总头寸。银行总是处于现汇或期汇的超买或超卖的地位，因为银行有外汇敞口额，它们就处于汇率变动的风险之中。为避免外汇风险，对不同期限、不同货币头寸的余缺要进行抛补(买卖)，以求外汇头寸的平衡。

假设，中国银行某日在即期外汇市场上处于美元外汇头寸超买(多头)100万美元的地位，这样一旦美元汇率走低，中国银行将蒙受损失。为避免这一损失，就要轧平头寸。轧平头寸的方法有两种，当银行多头寸时，就在远期外汇市场上卖出(抛出)；当银行少头寸时，就在远期外汇市场上补进，这样以轧平外汇余额来避免汇率变动的风险。

3) 利用远期外汇市场进行外汇投机

利用远期外汇市场进行外汇投机是指外汇市场的参与者不是从实际需要出发，而是单纯为了赚取外汇买卖的差价而进行的交易。能够利用远期外汇市场进行投机的前提是要有远期汇率的波动。现举例如下。

假设在香港外汇市场上，某年3月1日三月期美元的远期汇率为1美元=7.7825元港币。一投机者预测美元在以后的3个月内会贬值，于是他在远期外汇市场上抛出三月期美元100万，交割日为6月1日。在3月1日成交时只需签订合约，不需付款。假如在交割之前，美元汇率果然下跌，在5月1日时，一月期美元的汇率为1美元=7.6825元港币，该投机者再次进入远期外汇市场，买入同等数量(100万美元)、交割日为6月1日的美元。在6月1日他这一买一卖可获得10 000港币的收益(1 000 000×7.7825-1 000 000×7.6825)。在此例中，投机者以抛售为基础，且在抛售外汇时手中并无相应外汇，他只签订了一张远期合约，保证到交割日按约定的汇率卖出约定数量的外汇，这与现汇市场上的投机是不同的。这种以在远期外汇市场抛售远期外汇为前提，而抛售时手中并无此项外汇的投机称为卖空，即做空头。与卖空相对的是买空，也叫作多头。它是指投机者预期外汇汇率上升时，以购买远期外汇为基础，在购买时实际上并没有立即付款，同时也没有立即取得所购买的外汇，只是签订一个远期合约，保证到期以约定的汇率购买约定数量的外汇。买空和卖空是远期外汇交易中常见的两种投机行为。

4. 利率平价

远期汇率与有关货币的利率有十分密切的关系，因为远期外汇交易在成交和实际交割之间有一个时间差，而货币的时间价值通常是以利息表示的，因此远期汇率必须考虑这段时间的利息。决定外币对本币升水或贴水的关键是利率。由于远期外汇交易的交割日不同于即期交易的交割日，因此远期汇率必须视两种货币的利率差及期间的长短而做适当的调整。

在完全流通的外汇市场与货币市场里，远期外汇汇率与即期外汇汇率的差异必可以通过利率平价来反映。也就是远期外汇汇率是即期汇率加上与两种货币的利率差所共同计算出来的。当：本国利率>外国利率时，则外币在远期市场上将以升水出售。反之，当本国利率<外国利率时，则外币在远期市场上将以贴水出售。这是因为高利率的货币能带来较高的利息收

益，所以市场上对其现汇需求量大，根据一价定律的原理，高利率有利率下降的趋势，这就使套利者为避免未来汇率下跌带来的损失抵消利息收益，在买入高利率货币现汇的同时，卖出相同期限、相同金额的该种货币的期汇，使该种货币的远期货币供给增多，这样就导致高利率的货币贴水；反之，低利率的货币带来的利息收益低，所以市场对其现汇需求量小，即期汇率低，而有利率上升的潜在可能性，必然刺激期汇需求量的增加，所以该货币远期汇率升水。

利率平价指出，远期外汇价格决定因素包括以下三个方面。

(1) 即期汇率价格。

(2) 买入与卖出货币间的利率差。

(3) 期间长短。

例 4.11 出口商在 6 个月(180 天)后会得到货款 EUR100 000，则出口商通过即期市场及资金借贷以规避此远期汇率风险的成本如下：

市场现状：(为方便说明，市场价格为单向报价)

(1) 即期汇率 EUR/USD 为 0.8500。

(2) 6 个月美元利率为 6.5%。

(3) 6 个月欧元利率为 4.5%。

出口商为规避此汇率风险，所采取的步骤如下。

(1) 出口商先行借入欧元，并在即期市场预先卖出 100 000 欧元以规避 6 个月后出口收到的欧元外汇风险，借入欧元的期间为 6 个月，利率为 4.5%，同时可使用因卖出欧元所获得的美元资金 6 个月，利率为 6.5%。

(2) 借入 100 000 欧元的利息成本为：

EUR 100 000×4.5%×180/360=EUR 2250

EUR 2250×0.85EUR/USD=USD 1912.5

(3) 卖出即期欧元所享用美元 6 个月的利息收益为：

USD 85 000×6.5%×180/360=USD2 762.5

(4) 客户通过上述方式规避外汇风险的损益如下：

USD 85 000(卖出即期欧元所得的美元金额)

(加)+USD 2762.5 (使用美元 6 个月的利息收益)

(减)-USD 1912.5 (借入欧元 6 个月的利息成本)

=USD 85850

USD85 850/EUR100 000=0.8585(此即远期外汇的价格)

由上述计算，可求出以即期交易方式规避远期外汇风险的价格计算，据此便可求得远期外汇价格。

运用上述利率平价的计算理念，可以得出远期外汇的计算公式：

远期外汇价格=即期外汇价格+即期外汇价格×(报价货币利率-被报价货币利率)×天数/360

换汇汇率=即期外汇价格×(报价货币利率-被报价货币利率)×天数/360

将上例导入公式得：

卖出 6 个月远期外汇的价格=0.85+0.85×(6.5%-4.5%)×180/360=0.8585

在上述公式中，若：

(1) 报价币利率大于被报价币利率，其利率差为正数，此时远期汇率减其即期汇率大于零，称之为升水。

(2) 报价币利率小于被报价币利率，其利率差为负数，此时远期汇率减其即期汇率小于零，称之为贴水。

上述公式是简易的换汇汇率计算方法，并未将交易期间被报价币所得利息部位的风险计算在内。

5. 远期外汇交易的参与者

在外汇市场上，购买远期外汇的主要是：有远期外汇支出的进口商、负有即将到期的外币债务的债务人、输入短期资本的牟利者，以及对于远期汇率看涨的投机商等。

卖出远期外汇的主要是：有远期外汇收入的出口商、持有即将到期的外币债权的债权人、输出短期资本的牟利者，以及对于远期汇率看跌的投机者等。其目的主要是避免汇率变动的风险和获取投机利润。此外，外汇银行为平衡其远期业务头寸也开展远期外汇业务买卖。

4.3.2 择期外汇交易

1. 择期外汇交易的概念

择期外汇交易(Forward Option Transaction)是远期交易中的一种较为特殊的形式，是指远期外汇的购买者(或出卖者)在合约有效期内的任何一天，有权要求银行实行交割的一种外汇业务。

择期与期权不同，期权是在合约有效期内或合约到期日，要求银行交割或放弃执行合约；而择期则不能放弃合约的履行，但可在合约有效期内的任何一天要求银行交割。

择期与远期外汇合约也不同。远期外汇的合约在合约到期时才能交割，而择期则在合约有效期内的任何一天均可要求交割。

例如，一笔3个月的远期外汇交易，应于3月20日到期交割，如果做的是择期交易，即可由买卖双方规定一个交割期限，如在3月10日至20日内交割，在此期限内，可由客户自行选择交割日期。

择期外汇交易实际是一种不固定交割日的远期外汇交易，交割日的灵活性是其突出的特点，这就使择期交易特别适用于进出口贸易引起的远期外汇买卖。在国际贸易中，往往不能事先十分确切地知道发货日期或货物的抵达日期，也不能肯定知道付款或收款的确切日期，而只是知道大约在哪段时间之内，在这种情况下选择择期外汇交易是十分方便的。如一出口商知道他将在3个月内收到一笔货款，但具体哪一天却不确定，他就可以与银行签订一份远期择期合约，卖出3个月期的外汇，择期可定在第三个月；如果他有可能在第二个月收到外汇，他可以卖出3个月期的远期外汇，择期可定在第二个月；如果他在这3个月内任何一个月都有可能收到外汇，那么他可以卖出3个月期远期外汇，择期3个月。由此可见，择期交易为进出口商提供了很大方便，无论何时收到货款，都可根据择期合约中确定的汇率买卖外汇，从而避免了外汇风险。

2. 择期外汇交易的报价原则

由于择期是在合同有效期内的任何一天均可要求银行交割，择期交易为进出口商或客户带来了极大的方便，使他们避免了汇率变动的风险，但给外汇银行带来了不便，使银行在客户择期内总处于被动地位，必须持有这笔交易所需资金，这样会给银行带来较大的汇率风险。

银行确定择期远期外汇汇率时一般需掌握以下原则。

(1) 银行卖出择期远期外汇，且远期外汇升水时，银行按最接近择期期限结束时的远期汇率计算；若远期外汇贴水时，则银行按最接近择期开始时的汇率计算。

(2) 银行买入择期远期外汇，且远期外汇升水时，银行按最接近择期期限开始时的汇率计算；若远期外汇贴水，则银行按最接近择期期限结束时的汇率计算。

此外，也有的银行买入升水择期远期外汇时，不计升水，而卖出升水择期远期外汇则向客户收取最大的升水；在买入贴水的择期远期外汇时扣除最大的贴水，卖出贴水的择期远期外汇则不计贴水。

一个英国出口商与美国进口商于 9 月 28 日签订进出口合同，英国出口商确定美国进口商在 10 月 28 日至 12 月 28 日之间的某一天支付货款，为避免这种结算日不确定情况下的外汇风险，英国出口商在签订贸易合同的同时与银行签订一个向银行出售远期美元的择期合同。对交割日的择期定在第二个月和第三个月。如 9 月 28 日伦敦外汇市场上英镑对美元的行市如表 4.3 所示。

表 4.3　9 月 28 日伦敦外汇市场上英镑对美元的行市

单位：美元

期　限	卖出价	买入价
即期汇率	1.6683	1.6693
一月期	1.6681	1.6691
二月期	1.6678	1.6689
三月期	1.6676	1.6687

按照报价原则，银行会选择以 1 英镑=1.6689 美元与客户成交，因为这是择定期限内银行买入美元的最低价。

4.3.3　互换交易

16 世纪，一位意大利的银行家想要西班牙货币，而西班牙国王，急需黄金。在安特卫普城(当时的金融中心之一)他们一拍即合。其成交价格远低于市场价，双方既互利互惠，又了却心愿。在金融史中，这也许是最原始的互换业务，而作为一种衍生工具，真正被金融业称为一大创新，却是在半个多世纪之后。

李嘉图的比较优势学说指出，只要两个国家生产有相对优势的商品，通过贸易，便能实现"双赢"，该理论主要为国际贸易奠基。其实，金融互换业务也能从这里找到依据。

互换交易(Swap)是国际上于 20 世纪 70 年代末出现的一种新型的管理工具。互换交易从负债的互换(利率的互换)发展到资产的互换(债券投资及互换)，从利率的互换发展到货币的互换。由于这种业务可以在不改变资产负债结构的条件下减少利率风险，甚至产生一定的盈利，因而备受市场的关注。

1. 货币互换

1) 货币互换交易的概念

货币互换(Cross-currency swaps)是最早出现的金融互换，它是指外汇交易者在外汇市场上买进(或卖出)某种外汇时，同时卖出(或买进)相等金额，但期限不同的同一种外币的外汇交易活动，又称为互换交易。例如，以 A 货币兑换 B 货币，并约定未来某日再以 B 货币换回 A 货币。

货币互换交易的特点是：同时做买进和卖出，而且买进和卖出的货币相同、数量相等；一买一卖交易方向相反且交割日期不同。货币互换交易最初是在银行同业之间进行的外汇交易过程中发展起来的，目的是使某种货币的净头寸在某一特定日期为零，以避免汇率波动风险，后来发展成具有独立运作价值的外汇交易活动。

货币互换中的经典案例，当属 IBM 公司和世界银行间的交易。1981 年 8 月，由所罗门兄弟公司安排了世界银行和 IBM 公司之间的债务互偿协议。世界银行的目的是为了筹得成本较低的资金，而 IBM 公司则是为了锁定其在德国马克和瑞士法郎债务上的汇兑利得。两者间的互换协议是，由 IBM 公司清偿世界银行的美元债务，而由世界银行清偿 IBM 公司的德国马克和瑞士法郎债务。

2) 货币互换交易的操作

我们先来看图 4.1：

A、B 是分别可以发行美元和瑞士法郎面值七年期债券的公司。它们各自的利息成本是不一致的，如图 4.1 所示。其中：A 公司在两个市场上都可以以比 B 公司更低的利息成本发行债券。在美元市场上，A 相对 B 有 1.5%的利息优势，在瑞士法郎市场上，A 相对 B 只有 1%的利息优势。因此二者存在互换的机会。

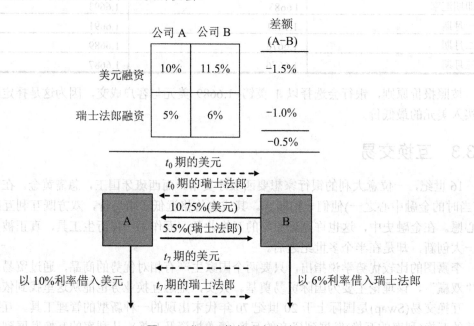

图 4.1 货币互换的现金流动

具体操作如下：

(1) t_0 期：A 公司发行一笔 1 百万美元利率 10%的七年期债券，B 公司发行一笔 1.5 百万瑞士法郎利率 6%的七年期债券。此时汇率为 1 美元=1.5 瑞士法郎。

(2) t_0 期：A 公司将其 1 百万美元借给 B 公司，收取年利率 10.75%(固定)利息。同时 B 公司将其 1.5 百万瑞士法郎借给 A 公司，收取年利率 5.5%(固定)利息。

(3) 在 t_0 期~t_7 期中：A、B 公司每年向对方支付事先定在互换合同中的利息，并同时支付各自发行债券的利息。

(4) t_7 期：互换合同到期。A、B 公司付清年息后交换原本各自持有的本金，并用于各自所发债券本金的偿付。

该互换策略的结果：

A 公司通过：①付给 B 公司 1.5 百万瑞士法郎年利率为 5.5%的(固定)利息；②贷给 B 公司 1 百万美元，从 B 公司处获得的年利率为 10.75%的(固定)利息；③支付 1 百万美元债券 10%的年利息。最终，每年获得 0.75%的净利息率的收益。即：A 公司每年为其 1.5 百万瑞士法郎债券支付 4.75%的利率。这比 A 公司自己直接借入瑞士法郎节省了约 0.25%的年利率。

B 公司通过：①付给 A 公司 1 百万美元年利率为 10.75%的(固定)利息；②贷给 A 公司 1.5 百万瑞士法郎，从 A 公司处获得的年利率为 5.5%的(固定)利息。③支付 1.5 百万瑞士法郎债券 6%的年利息。最终，每年支付共 11.25%的利息率，这比自行借入美元节省了约 0.25%的年利率。

通过上面的讲述，我们再来看一个例子：公司有一笔日元贷款，金额为 10 亿日元，期限为 7 年，利率为固定利率 3.25%，付息日为每年 6 月 20 日和 12 月 20 日。2016 年 12 月 20 日提款，2023 年 12 月 20 日到期归还。

公司提款后，将日元买成美元，用于采购生产设备。产品出口得到的收入是美元收入，而没有日元收入。

从以上情况可以看出，公司的日元贷款存在着汇率风险。具体来看，公司借的是日元，用的是美元，2023 年 12 月 20 日时，公司需要将美元收入换成日元还款。那么到时如果日元升值，美元贬值(相对于期初汇率)，则公司要用更多的美元来买日元还款。这样，由于公司的日元贷款在借、用、还上存在着货币不统一，就存在着汇率风险。

公司为控制汇率风险，决定与 A 银行做一笔货币互换交易。双方规定，交易于 2016 年 12 月 20 日生效，2023 年 12 月 20 日到期，使用汇率为 USD1=JPY113。这一货币互换，表示为：

(1) 在提款日(2016 年 12 月 20 日)公司与 A 银行互换本金：公司从贷款行提取贷款本金，同时支付给 A 银行，该银行按约定的汇率水平向公司支付相应的美元。

(2) 在付息日(每年 6 月 20 日和 12 月 20 日)公司与 A 银行互换利息：A 银行按日元利率水平向公司支付日元利息，公司将日元利息支付给贷款行，同时按约定的美元利率水平向 A 银行支付美元利息。

(3) 在到期日(2023 年 12 月 20 日)公司与 A 银行再次互换本金：A 银行向公司支付日元本金，公司将日元本金归还给贷款行，同时按约定的汇率水平向 A 银行支付相应的美元。

从以上可以看出，由于在期初与期末，公司与 A 银行均按预先规定的同一汇率(USD1=JPY113)互换本金，且在贷款期间公司只支付美元利息，而收入的日元利息正好用于归还原日元贷款利息，从而使公司完全避免了未来汇率变动的风险。

2. 利率互换

1) 利率互换的概念

利率互换(Interest rate swaps)又称"利率掉期"，是交易双方将同种货币不同利率形式的资产或者债务相互交换。债务人根据国际资本市场利率走势，通过运用利率互换，将其自身的浮动利率债务转换为固定利率债务，或将固定利率债务转换为浮动利率债务的操作。

利率互换的特点是不涉及债务本金的交换，即客户不需要在期初和期末与银行互换本金，而通过利率互换。

利率互换产生的前提：互换的双方存在比较优势的情况下。

2) 利率互换的操作

参照图 4.2，说明如下。

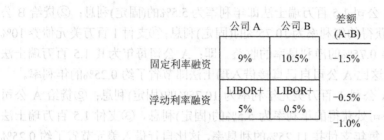

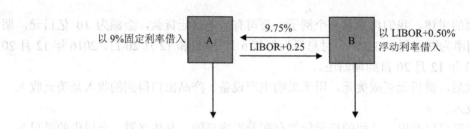

图 4.2 利率互换的基本现金流动

在许多利率互换协议中都需用到的 LIBOR，即为伦敦同业银行间放款利率，LIBOR 经常作为国际金融市场贷款的参考利率，在它上下浮动几个百分点。

A、B 两个公司都可以发行以美元为面值的固定利率或浮动利率债券。两个公司利率如图 4.2 所示。假设利息每半年支付一次，浮动利率每半年设置一次。

很显然，A 公司无论在固定利率债券或浮动利率债券上都具有绝对优势。但是，A 公司在固定利率市场上有 1.5%优势，在浮动利率市场上有 0.5%优势，故：A 公司在固定利率市场上有相对优势，B 公司在浮动利率市场上有相对优势。可见，双方可以借助自己具有相对优势的资金通过互换交易达到降低融资成本的目的。

具体操作如下。

(1) t_0 期：A 公司发行一笔 1 百万美元固定利率 9%的七年期债券，B 公司获得一笔 1 百万美元浮动利率 LIBOR+0.50%的七年期贷款。

(2) t_0 期：A 公司同意向 B 公司支付六月期 1 百万美元按利率 LIBOR+0.25%计算的(浮动)利息。同时 B 公司向 A 公司支付 1 百万美元按利率 9.75%计算的(固定)利息。

(3) 在 t_1 期~t_7 期中：A、B 公司每年向对方支付事先定在互换合同中的利息，并同时支付各自债务发生的利息。

(4) t_7 期：互换合同到期。A、B 公司向对方付清利息后，各自完成各自还本付息工作。

该互换策略的结果如下。

A 公司通过：①付给 B 公司 LIBOR+0.25%(浮动)利息；②支付 9%的债券(固定)利息；③从 B 公司处收取 9.75%的固定利率。最终，获得 LIBOR-0.5%的净利息率的收益。这比 A 公司自己直接借入浮动利率资金节省了约 0.5%的利率。

B 公司通过：①付 LIBOR+0.5%(浮动)利息；②付给 A 公司利率 9.75%(固定)利息；③从

A 公司处收取 LIBOR+0.25%(浮动)利息。最终，每年获得 10%的净利息率。这比 B 公司自行从固定利率市场借入资金节省了约 0.5%的利率。

让我们再看一个例子：假设 A 和 B 两家公司，A 公司的信用级别高于 B 公司，因此 B 公司在固定利率和浮动利率市场上借款所需支付的利率要比 A 公司高。现在 A、B 两公司都希望借入期限为 5 年的 1000 万美元，并提供了如表 4.4 所示的利率。

表 4.4 A、B 两公司的固定利率与浮动利率

利率方式	固定利率	浮动利率
公司 A	10.00%	6 个月期 LIBOR+0.30%
公司 B	11.20%	6 个月期 LIBOR+1.00%

从表 4.4 中可知，在固定利率市场 B 公司比 A 公司多付 1.20%，但在浮动利率市场只比 A 公司多付 0.7%，说明 B 公司在浮动利率市场有比较优势，而 A 公司在固定利率市场有比较优势。现在假如 B 公司想按固定利率借款，而 A 公司想借入与 6 个月期 LIBOR 相关的浮动利率资金。由于比较优势的存在将产生可获利润的互换。A 公司可以 10%的利率借入固定利率资金，B 公司可以 LIBOR+1%的利率借入浮动利率资金，然后它们签订了一项互换协议，以保证最后 A 公司得到浮动利率资金，B 公司得到固定利率资金。

作为理解互换进行的第一步，我们假想 A 与 B 直接接触，他们可能商定的互换类型如图 4.3 所示。A 公司同意向 B 公司支付本金为 1 千万美元的以 6 个月期 LIBOR 计算的利息作为回报，B 公司同意向 A 公司支付本金为 1 千万美元的以 9.95%固定利率计算的利息。

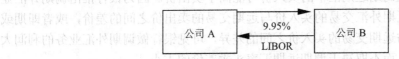

图 4.3 A、B 公司商定的互换类型

考察 A 公司的现金流：
(1) 支付给外部贷款人年利率为 10%的利息。
(2) 从 B 公司得到年利率为 9.95%的利息。
(3) 向 B 公司支付 LIBOR 的利息。

三项现金流的总结果是 A 公司只需支付 LIBOR+0.05%的利息，比它直接到浮动利率市场借款少支付 0.25%的利息。

同样 B 公司也有三项现金流：
(1) 支付给外部借款人年利率为 LIBOR+1%的利息。
(2) 从 A 公司得到 LIBOR 的利息。
(3) 向 A 公司支付年利率为 9.95%的利息。

三项现金流的总结果是 B 公司只需支付 10.95%的利息，比它直接到固定利率市场借款少支付 0.25%的利率。

这项互换协议中 A 和 B 两公司每年都少支付 0.25%，因此总收益为每年 0.5%。

4.3.4 调期外汇交易

调期外汇业务(Swap Transaction)是指：情况 1，在买进或卖出即期外汇的同时，卖出或

买进远期外汇;情况2,买入或卖出近期外汇(指期限较短的远期外汇)的同时,卖出或买入比近期外汇要远的远期外汇,借以牟取利润或避免风险的业务。

在调期外汇业务中,两笔外汇买卖货币数额相同,买卖方向相反,交割日不同,所采用的汇率也有差异。在调期外汇业务中,交易的结果导致交易者所持有的货币的期限发生变化。

1. 调期远期汇率的计算

调期远期汇率就是指调期外汇业务远期外汇交易中买入、卖出价,其计算方法与单纯远期外汇业务中的远期汇率的计算方法不同,调期率反映远期汇率与即期汇率的差异。

调期率的第一价格相当于即期或近期卖出单位货币与远期买入单位货币的两个汇率差额;调期率的第二个价格相当于即期或近期买入单位货币与远期卖出单位货币的两个汇率的差额。下面举例予以说明:

例如:若美元对欧元的即期汇率为:1 USD= 0.8420~0.8430 EUR,3个月调期率为40/60,则调期远期汇率的买入价等于 0.8470(0.8430+0.0040=0.8470),卖出价为 0.8480(0.8420+0.0060=0.8480)。

再如:若英镑对美元的即期汇率为 1 GBP=1.7500~1.7530 USD,3个月调期率为40/20,则调期远期汇率的买入价等于 1.7490(1.7530−0.0040=1.7490),调期远期汇率的卖出价等于 1.7530(1.7500−0.0020=1.7480)

调期远期汇率的买入价与卖出价之间的关系与单纯远期外汇业务中远期汇率的买卖价不同,表现在调期远期汇率的买入价与卖出价之间的差价不一定大于即期外汇交易或近期外汇交易的买卖差价,甚至调期远期汇率的买入价可能高于卖出价。因为银行推出调期外汇业务,其利润源于即期或近期外汇交易的买入价与远期交易的卖出价之间的差价,或者即期或近期外汇交易的卖出价与远期交易的买入价之间的差异,可见银行做调期外汇业务的利润大小取决于调期率的大小,而不取决于调期远期汇率买卖差价的大小。

2. 调期外汇业务的应用

调期外汇业务的用途主要有以下三个方面。

(1) 调整外汇银行外汇资金的构成和外汇头寸的不平衡。

假定美国银行某天应客户要求卖出300万欧元,按即期汇率1 USD=0.8500 EUR,收进353万美元,为了防止将来欧元升值或美元贬值,该银行同时在外汇市场上买入三个月的远期欧元300万,远期汇率为1 USD=0.8400 EUR,这样,该银行的欧元、美元头寸结构并无变化。

(2) 回避外贸结算业务所伴随的汇率风险。

假定某家公司收入一笔1万英镑的一月期期汇,但需在三个月后才会使用这笔英镑资金。为了避免英镑在一个月到三个月之间汇率贬值的风险,它就卖出一月期期汇的这笔英镑,同时买进等额英镑三个月期汇,这样一种掉期交易使这家企业安全地把一个月时收到的英镑过渡到三个月后使用。

(3) 降低企业筹集资金的成本。

假设有一家企业想借一笔欧元,可以直接从市场借欧元,年利率为 4%;也可以先借用其他货币,例如借美元,然后用掉期的方法换成欧元,这种方法在某些情况下可降低企业筹资成本。比如,美元对欧元即期汇率为 1 USD=0.8300 EUR,三个月美元贴水250点,美元借款利率为 10%,则通过掉期"制造"出的欧元的借款利率公式可利用公式 $i_2=i_1+(R_f-R_o)(1+i_l)/R_o$ 转化而来:

$$i_2=i_1+(R_f-R_o)(1+i_l)\times(12/3)/R_o$$
$$=10\%+[(-0.025)(1+10\%\times0.25)]\times4/0.8300=2.35\%$$

即通过掉期"制造"出的欧元的借款年利率为 2.35%,比直接在市场上借欧元的成本低。因此,该企业可通过掉期来降低筹集欧元资金的成本。

4.4 外汇期货交易

商品期货交易已有 100 多年的发展历史,而金融期货交易直到 20 世纪 70 年代才开始出现。当时,随着美元的贬值,布雷顿森林体系的基础发生了动摇,国际货币制度出现危机,各国开始放弃固定汇率制度,转而实行浮动汇率制度。面对国际市场汇率的频繁波动,为了使从事国际业务的企业和金融机构通过套期保值等方法规避外汇风险,1972 年,美国芝加哥商品交易所(CME)成立了国际货币市场(IMM),并开始从事外汇期货交易,将商品期货的成功经验引入货币金融领域。

4.4.1 外汇期货交易的概念

外汇期货交易(Foreign Exchange Futures)是金融期货(Financial Futures)的一种,有时也称为货币期货(Currency Futures),是指在有组织的交易市场上以公开叫价(Open Cry)方式进行的、买卖在未来某一标准清算日期、根据协议价格交割标准金额数量的合同的交易。

货币期货是金融期货中最初的品种。货币期货市场主要在美国,其中又基本上集中在芝加哥商品交易所的国际货币市场、中美洲商品交易所和费城期货交易所。此外,货币期货的主要交易所还有伦敦国际金融期货交易所、新加坡国际货币交易所、东京国际金融期货交易所、法国国际期货交易所等,每个交易所基本都有本国货币与其他主要货币交易的期货合约。

4.4.2 外汇期货交易的特点

外汇期货交易与远期外汇交易极其相似,都是按合约的约定到期进行交割的。但外汇期货交易与外汇远期交易相比,有以下不同的特点。

1. 外汇期货交易是一种标准化的期货合约

其表现在交易币种、交易数量、交割时间都是标准化的。标准化表现在:一是交易币种的标准化。例如,在芝加哥的国际货币市场期货交易所开业时只有美元、英镑、加拿大元、德国马克、日元、瑞士法郎、荷兰盾、墨西哥比索八种货币。二是合同金额的标准化。不同外汇期货合约的交易金额有特殊规定,比如,一份期货合同英镑为 25 000、日元为 12 500 000、瑞士法郎为 125 000、加拿大元为 100 000。三是交割期限和交割日期固定化。交割期一般与日历月份相同,多为每年的 3 月份、6 月份、9 月份和 12 月份。一年中其他月份可以购买但不交割。具体交割日多是到期月份的第三个星期的星期三。

而远期外汇市场上交易的是远期外汇合约,合同金额的规格大小不固定,交易数量及合同细则可由交易双方自行协商确定，具有一定的灵活性。且在远期外汇买卖中，大部分合同须在到期日进行实际交割。交割日期无固定规定，可由客户根据需要自由选择。

2. 价格波动不同

外汇期货交易中，交易所规定每一种期货合同的最低价格变动额。交易所虽然实行"按市定价"原则，即外汇合同的价格随市场汇率的变化不断调整，外汇价格可以自由浮动，但汇价变动必须限制在规定的每天最大变动额之内。外汇买卖成交后，在未交割或结清前，期货市场根据每天的价格变动对客户的账户按结算价格计算盈亏。结算价格是每天收市前最后半分钟或一分钟的价格平均数。根据结算价格计算的盈利与亏损分别记入保证金账户中。外汇期货市场上的结算是每天进行的，只要结算价格变化，每天会产生损益收付，直到结清和交割为止，因此期货交易实际上实行的是每日清算制度。

而远期外汇交易在合约没有到期之前，无论外汇市场价格如何变化，损益都是潜在的，不可能随时结清，只有当合约到期交易者进行实际交割时，实际的损益才会产生。

3. 外汇期货交易实行保证金制度

在期货市场上，买卖双方在开立账户进行交易时，都必须缴纳一定数量的保证金。缴纳保证金的目的是为了确保买卖双方能履行义务。清算所为保证其会员有能力应付交易需要，要求会员开立保证金账户，储存一定数量的货币。另外，会员再向他的客户收取一定数量的保证金。保证金分为初始保证金和维持保证金。初始保证金是订立合同时必须缴存的，一般为合同价值的3%~10%，根据交易币种汇率的易变程度来确定。维持保证金是指开立合同后，如果发生亏损，致使保证金的数额下降，直到客户必须补进保证金时的最低保证金限额。一旦保证金账户余额降到维持水平线以下，客户必须再缴纳保证金，并将保证金恢复到初始水平。在芝加哥商品交易所的国际货币市场上，英镑的初始保证金为4050美元，维持保证金为3000美元，日元的初始保证金为1890美元，维持保证金为1400美元，墨西哥比索的初始保证金为4000美元，维持保证金为3000美元。

而远期外汇交易不需要交付保证金和佣金，银行根据客户的资信状况确定价格。

4. 外汇期货交易实行每日清算制度

当每个营业日结束时，清算所要对每笔交易进行清算，即清算所根据清算价对每笔交易结清，盈利的一方可提取利润，亏损的一方则需补足头寸。由于实行每日清算，客户的账面余额每天都会发生变化，每个交易者都十分清楚自己在市场中所处的地位。如果想退出市场，则可做相反方向的交易来对冲。

4.4.3 外汇期货交易标准化合约的内容

货币期货交易实际上是买卖标准化的货币期货合约，而货币期货合约的内容是由交易所统一制定的、标准化的。一般而言，货币期货合约的内容主要涉及货币期货的币种、合约单位、最小变动价位、合约交割月份、最后交易日和交割日等方面。

1. 货币种类

以美国芝加哥国际货币市场为例，它的外币期货合约共六种，依次分别为加拿大元、日元、瑞士法郎、欧元、英镑、澳大利亚元。所有这些合约均用间接标价法，即以美元计价。

2. 合约金额

合约金额也称合约单位，是指每一份货币期货合约所含的货币数量。各外汇交易所都对货币期货合约的单位作了特别规定。不同的币种，合约单位有所不同；同一币种在不同的交易所，合约单位也会不同。如芝加哥商品交易所的国际货币市场规定英镑期货合约单位是62500英镑，而在伦敦国际金融期货交易所的英镑期货合约单位是25000英镑。合约单位是确定货币期货交易量的依据，货币期货的交易量必须是合约单位的整数倍。

3. 最小价格波动和最高限额

在货币期货交易中，每种货币期货合约规定的最小价格波动，也称最小变动价位，是指在货币期货合约买卖时，合约价格每次变化的最低限额。如芝加哥商品交易所的国际货币市场规定，英镑合约的最小变动价位为1个基点数，即0.0001美元，这就意味着每张英镑合约的每次报价必须高于或低于上次报价的6.25美元(62500×0.0001)。

最高限额是指每日交易变化的最大幅度限制，超过这一限额，该种货币的期货交易就将停止。美国芝加哥商品交易所的国际货币市场(IMM)，曾经规定了外汇期货每日价格波动的最高限制，自1985年2月起取消了这个限额，仅保留对外汇期货每日价格波动的最低限额。到1989年7月开始，IMM也取消了外汇期货价格波动的最低限额，仅保留了交易所随时可设定最高、最小涨跌限制的权力。

4. 交割月份

交割月份是期货合约规定的外币合约的到期月，芝加哥国际货币市场的外币期货合约的交割月份分别为3月份、6月份、9月份、12月份。若合约到期前未进行对冲(即进行相反的买卖行为)，则必须进行现汇交割。

5. 交割日期

交割日是指进行货币期货合约实际交割的日期，即具体为交割月份的某一天。如芝加哥商品交易所的国际货币市场规定交割日为交割月的第三个星期三；伦敦国际金融期货交易所规定为交割月的第二个星期三。

最后交易日是指货币期货合约交易的最后有效期限，过了最后交易日，该合约就不能再交易。所以对于那些不准备做货币期货实际交割的交易者来说，必须在最后交易日之前进行合约对冲，否则就必须在交割日进行现货交割。货币期货的最后交易日一般规定为交割日之前的第二个营业日。如芝加哥商品交易所的国际货币市场规定最后交易日为交割月的第三个星期一。

4.4.4 外汇期货交易的功能

外汇期货交易的功能主要表现在三个方面。

1. 套期保值

期货交易的套期保值是通过在期货市场上买进(卖出)与现货市场数量相同但交易方向相反的期货合约，以期在未来某一时间通过卖出(买进)期货合约而补偿因现货市场价格波动所带来的实际价格风险的交易方式。

套期保值者完成保值功能的基本因素是：在国际金融市场上，现货市场价格与期货市场价格的变动方向保持一致，涨跌幅度不完全相同，结果是现货市场交易发生亏损，期货市场交易就会盈利；相反，现货交易市场获得盈利，则期货交易市场出现亏损，两者冲抵可使现货市场的交易风险降至最低限度。套期保值是一种防御性的经济行为，只是为了规避风险，而不是为了获利，这使得交易者盈时有度，亏时有限，达到基本保值的目的。

外汇期货的套期保值分为卖出套期保值(Selling Hedge)和买入套期保值(Buying Hedge)两种。卖出套期保值(空头套期保值)是指利用卖出外汇期货合约的方式降低套期保值者在现汇市场上因汇率下跌而带来的风险。出口商和从事国际业务的银行预计未来某一时间会得到一笔外汇，为了避免外汇汇率下浮造成的损失，一般采用卖出套期保值。

例4.12　美国的某一跨国公司设在英国的分支机构急需250万英镑现汇支付当期费用，此时美国的跨国公司正好有一笔闲置资金，于是在3月12日向其分支机构汇去了250万英镑，其分支机构3个月后偿还，当日的即期汇率为1英镑=1.5790/1.5806美元，远期3个月的汇率为1英镑=1.5800/1.5793美元。为了避免汇率变动带来风险，美国这家跨国公司便在外汇期货市场上做英镑空头套期保值业务。其交易过程如下。

现汇市场：

3月12日，按当日汇率1英镑=1.5806美元买进250万英镑，折合3 951 500美元。

6月12日，按当日汇率1英镑=1.5746美元卖出250万英镑，折合3 936 500美元。

盈亏：-15 000美元(3 936 500-3 951 500)

期货市场：

3月12日，卖出100份于6月份到期英镑期货合约，每份25 000英镑，汇率为1英镑=1.5800美元，价值3 950 000美元。

6月12日，按汇率1英镑=1.573 3美元买进100份于6月份到期的英镑期货合约，价值3 933 250美元。

盈亏：16 750美元(3 950 000-3 933 250)

可见其净盈亏为1750美元(16 750-15 000)

在上例中看出，美国跨国公司在现汇市场上买进的250万英镑，3个月后兑换美元时，由于英镑汇率下浮，该公司在现汇市场上亏损15 000美元。但由于该公司在外汇期货市场上对现汇250英镑做了空头套期保值，卖出100份英镑期货合约，3个月后收回分支机构的还款时，又补进100份英镑期货合约对冲，在期货市场上获利16 750美元。盈亏相抵，获利1750美元(未考虑相应的交易费用)。由此我们知道，该公司通过在外汇期货市场做空头套期保值交易，降低了现汇市场的风险，实现了对现汇保值的目的。若该公司不进行空头套期保值，将损失15 000美元。

买进套期保值(多头套期保值)是指交易者利用买进外汇期货合约的方式降低套期保值者在现货市场上因汇率上升而产生的风险。进口商或需要付汇的人因担心付汇时本国货币对外汇贬值，往往采用买入套期保值。

例4.13　一美国商人3月1日签订合约，从英国进口一批货物，约定3个月后支付100万英镑。3月1日的即期汇率为1英镑=1.5806美元，远期6个月汇率为1英镑=1.5800美元，6月1日的即期汇率为1英镑=1.5746美元，远期6个月汇率为1英镑=1.5733美元。美国商人进行套期保值的过程如下。

现货市场：

3月1日即期汇率为1英镑=1.5806美元，如果买入100万英镑折合1 580 600美元。

6月1日即期汇率为1英镑=1.5746美元，买入100万英镑折合1 574 600美元。

理论上盈亏：6000美元(1 580 600-1 574 600)

期货市场：

3月1日买入100万远期6月英镑期货合约，汇率为1英镑=1.5800美元，折合1 580 000美元。

6月1日卖出100万远期6月英镑期货合约，汇率为1英镑=1.5733美元，折合1 573 300美元。

亏损：6 700美元(1 580 000-1 573 300)

在本例中，由于到了付款期英镑贬值、美元升值，所以美国商人参与买入套期保值，盈亏相抵净亏损700美元(6700-6000)，但是他避免了由于英镑汇率升值、美元汇率贬值带来的更大损失。由此也可以看出，参与套期保值是对未来汇率的变动方向不能确定，为避免汇率不利变动带来的损失而采取的措施。如果能十分肯定汇率向有利于自己的方向变动，不参加套期保值就可获取汇率变动带来的利益。

2. 外汇投机

外汇投机是与外汇套期保值目的完全不同的一种交易方式。外汇投机者以期货市场为对象，利用外汇期货市场的价格波动，通过"买空"或"卖空"期货合约，掌握价格波动的最佳差价对冲手中的期货合约，从中谋取盈利。"买空"或"卖空"是外汇投机交易采用的基本手段。"买空"是投机者预测某种外汇期货合约行情看涨时买进期货合约，待价格上涨后卖出合约。"卖空"是投机者预测期货合约价格下跌时卖出外汇期货，待价格下跌后买进期货合约以冲抵。外汇期货的投机者往往无具体的外汇需求，而是借汇率涨落波动之机，进行冒险性的期货交易从中获利。由于外汇期货交易实行的是保证金交易，投机者能用较小的资本做较大的外汇交易，体现了以小博大的投机特点。国际金融市场正是由于投机者的参与，保值者的愿望才便于实现，才使外汇期货市场有了更大的流动性。

期货市场的投机活动分为多头投机和空头投机两种。

(1) 多头投机。多头投机是指投机者预测某外汇汇率上升，先买后卖，将先前设立的多头地位了结，从中谋取盈利的行为，也称买空。进行多头投机的前提是预测某种货币的汇率上升，先进行买入，如果汇率果然按其预测方向变动，交割之前进行卖出，他就会盈利；反之，不管是做对冲结束还是进行实际交割，他都会亏损。

例4.14 9月初某投机者预测1个月后欧元对美元的汇率将上升，于是买进10份12月份欧元期货(每份合约单位125 000)，支付保证金81 000美元，期货成交价格为1.0602。假设1个月后欧元对美元的汇率果然上升，该投机者以1.0682的价格抛出10份12月份欧元期货，可获多少投机毛利润？投机毛利润率多少？

解答：9月初投机者买进10份12月份欧元期货，总价值为：

125 000×10×1.0602=USD1 325 250

1个月后投机者抛出10份12月份欧元期货，总价值为：

125 000×10×1.0682=USD1 335 250

投机者获得毛利润：USD1 335 250-USD1 325 250=USD10 000

投机者毛利润率=(10 000÷81 000)×(360/30)×100%=148.15%

(2) 空头投机。它与多头投机相反，空头投机是预测某外汇汇率下跌，先卖后买，了结先前的空头地位，从中谋取盈利，也称卖空。进行空头投机的前提是汇率下跌。在预测汇率会下跌的前提下，投机者先进行卖出，汇率果然按其所预料的那样出现下跌，在交割日到来之前进行买入，他就会盈利；否则不管是做对冲结束还是进行实际交割，他都会亏损。

例 4.15 8月初某投机者预测1个月后日元对美元的汇率将出现大幅度下跌，于是卖出10份9月份日元期货(每份合约单位12 500 000)，支付保证金54000美元，期货成交价格为1.0245。1个月后日元兑美元汇率出现下跌，该投机者以0.9928的价格对冲了10份9月份日元期货。可获多少投机毛利润？投机毛利润率多少？

解答：8月初投机者卖出10份9月份日元期货，

期货价值=12 500 000×10×(1.0245÷100)=USD1 280 625

1个月后投机者对冲10份9月份日元期货

期货价值=12 500 000×10×(0.0928÷100)=USD1 241 000

投机者获得毛利润= USD1 280 625－USD1241000=USD39 625

投机获得毛利润率=39 625÷54 000×(360/30)×100%=880.56%

3. 价格发现功能

所谓价格发现，是指形成竞争性价格和世界性价格的过程。外汇期货市场由于它的透明度高和流动性强，因而成为更有效的价格发现制度。在外汇期货市场上，通过参与者各方有序的公开竞争和讨价还价，形成的汇率能比较真实地反映外汇市场的供求状况。

4.5 外汇期权交易

当代的外汇期权交易产生于1982年12月费城股票交易所，首次交易币种是英镑期权和马克期权，并经过了美国证券交易委员会的批准。1984年芝加哥期货交易所推出了外汇期货合同的期权交易。到20世纪80年代后半期，各大银行开始向顾客出售外币现汇期权，使外汇期权业务成为外汇银行的一项主要业务。

外汇期权交易与期货交易一样，具有严格的合同要求，它所买卖的货币，一般是可自由兑换的硬通货，汇率采用浮动制。期权的到期日与外汇期货市场的交货期完全相同。其特殊性仅仅表现在外汇期权的最后交易日是到期月份的第三个星期三之前的星期五。

4.5.1 外汇期权的概念

外汇期权(Exchange Options)是指外汇期权合同购买者具有按规定的条件买卖一定数量的某种外币的权利。期权合同的双方当事人中出售期权合同的一方称为合同签署人，一般为银行；购买期权合同的一方称为合同的持有人，一般为企业。当然银行与银行之间也可能订立期权合同。外汇期权的交易实际上是买卖的一种权利，即外汇期权的买方支付一定的期权费后，在规定的时间就有权选择按合约规定的币种、数量和汇率买进或不买该种外汇的权利或者卖出或不卖的该种外汇的权利，同时期权的卖方就失去了选择权，只能服从期权买方的选择。

实际上,交易双方交易的是"选择权",即在缴纳一定比例的期权费后,买方有权决定是否按规定买卖外汇。如果行情利于自己时,期权购买者可选择履约,在不利于自己时可选择放弃履约。

为了便于理解外汇期权的概念,我们可以通过图 4.4 来对外汇期权做一个归纳。

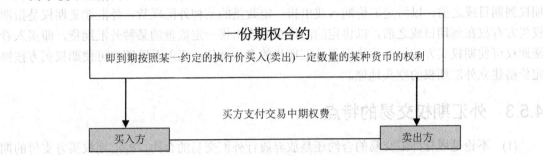

图 4.4　期权合约交易

4.5.2　外汇期权的种类

外汇期权按不同的标准,有不同的分类。

按照行使期权的时间,分为美式期权和欧式期权两种。美式期权是指期权的买方可在期权到期日之前的任何一天,向对方宣布决定执行或不执行购买(或出卖)的期权合约。欧式期权是指期权的买方只能在期权到期日当天向对方宣布,决定执行或放弃购买(或出卖)的期权合约。美式期权比欧式期权灵活,期权费用也比较高。

以中国银行为例,它只提供欧式期权交易,即客户只有在期权到期日才能执行合约,在期权到期日前,客户不得要求提前行使期权。

按照购买者的买卖方向,分为买入期权(Call Option)和卖出期权(Put Option)。买入期权又称看涨期权,简称买权,是指合约的购买者有权在合约期满或期满之前以约定汇率购进约定数量的外汇,也有权不买,以避免该种货币汇率大幅度上涨带来的损失。卖出期权又称看跌期权,简称卖权,是指合约的购买者有权在合约期满或期满之前以约定汇率卖出约定数量的外汇,也有权不卖,以避免该种货币汇率大幅度下跌带来的损失。

在买入期权和卖出期权中,我们可以看到共有四类交易的参与者,如图 4.5 所示。

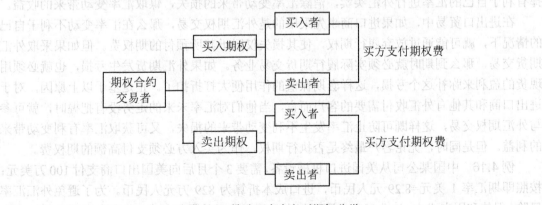

图 4.5　按购买者方向对期权分类

一般来说，银行会参与在外汇期权交易中，形成外汇期权卖出方，进行外汇期权交易的客户会是买入方，即"买入期权"的买入者或是"卖出期权"的买入者，并由买入者的客户交付期权费用。

按基础资产对标准期权分为现汇期权、外汇期货期权等。现汇期权是指期权买方有权在期权到期日或之前，以协定汇价购入或出售一定数量的某种外汇现货。外汇期货期权是指权买方有权在到期日或之前，以协定的汇价买进或出售一定数量的某种外汇期货，即买入看涨期权可使期权买方按协定价格取得外汇期货的多头地位；买入看跌期权可使期权买方按协定价格建立外汇期权的空头地位。

4.5.3 外汇期权交易的特点

（1）不论是履行外汇交易的合约还是放弃履行外汇交易的合约，外汇期权买方支付的期权交易费都不能收回。

（2）参与外汇期权交易后，使外汇交易的灵活性增强。因为在期权合约有效期内或在规定的合约到期日，外汇期权买方可根据对自己是否有利来选择是履行外汇交易的合约还是放弃履行外汇交易的合约，期权的买方只损失预先支付的期权费用。

（3）外汇期权的费率不固定。期权费用反映即期汇率的高低、汇率升水和贴水的幅度，一般期权费用的高低主要取决于以下几个因素：第一，市场即期汇率的水平。一般期权交易货币的即期汇率越高，期权费也越高；反之则低。第二，期权的协定汇价。协定汇价是指在期权交易中，履行期权合约时进行外汇交易使用的汇率。如果协定汇价高，则买入期权的期权费低，而卖出期权的期权费高；相反，如果协定汇价低则买入期权的期权费高，而卖出期权的期权费低。第三，期权的有效期。期权合同的时间越长，期权费越高；反之越低。第四，预期汇率的波动幅度。一般而言，较稳定的汇率比汇率波动大的外汇期权费低。因为期权交易的目的在于消除汇率变动带来的风险，汇率变动的幅度越大，风险越高，参加期权交易越有必要，期权交易的需求量越大，自然期权费也越高；反之则越低。

4.5.4 外汇期权交易的作用

外汇期权对于买方而言，其主要作用是通过购买期权，增强交易的灵活性，可以有权选择有利于自己的汇率进行外汇买卖，消除汇率变动带来的损失，谋取汇率变动带来的收益。

在进出口贸易中，如果进口商事先采用的是外汇期权交易，那么在汇率变动不利于自己的情况下，就可能通过放弃履行期权，使其损失仅限于其所预付的期权费。但如果采取外汇期货交易，那么到期时就必须实际履行期货交易业务。如果外汇期货发生亏损，也就必须用现货的盈利来弥补这个亏损，这样套期保值的作用便大打折扣了。正是基于以上原因，对于进出口商和其他有外汇收付需要的客户而言，当他们对汇率未来的走势没有把握时，就可参与外汇期权交易，这样既可防止汇率发生不利变动带来的损失，又可获取汇率有利变动带来的利益。但是同时，无论客户最终是否执行期权，作为买入方必须支付高额的期权费。

例4.16 中国某公司从美国进口机械设备，需要3个月后向美国出口商支付100万美元；按照即期汇率1美元=8.29元人民币，进口成本折算为829万元人民币。为了避免外汇汇率风险、保值和固定成本，该公司向中国银行支付1万美元的期权保费。费率为合同金额的1%。

购买 3 个月后的买权，即该公司有权在 3 个月后按照 1 美元=8.29 元人民币的汇率，向银行买进所要支付给进口商的 100 万美元。实际使用人民币为 829 万元+8.29 万元=837.29 万元人民币。3 个月后可能出现以下三种情况。

(1) 美元与人民币的汇率上升为 1 美元=8.45 元人民币，若该公司没有采取保值措施，购买期权，需要 845 万元人民币，才能换得 100 万美元。在这种情况下该公司行使买权，用 829 万元人民币换得 100 万美元，加上期权保费，还节约 8 万元人民币。使进口成本降低。

(2) 3 个月后，美元兑换人民币的汇率由现在的 8.29 变化为 1 美元=8.00 元人民币，人民币升值强劲，美元疲软。这时他就可以让期权过期作废，即行使不买的权利，按照当时的即期汇率从现汇市场上购入美元，在外汇市场上用 800 万元人民币换得 100 万美元完成支付，从中取得美元汇率下跌的好处。

(3) 3 个月后，汇率没有发生变化，保持在 1 美元=8.29 元人民币的水平上，该公司只是支付了 1 万美元的期权保费，却把所有的风险都化解了，固定了进口成本，还是很值得的。

例 4.17 有一美国出口商，3 个月后要收到一笔英镑货款，他能肯定英镑汇率会大幅度变动，但不能肯定英镑汇率的变动趋势，若不在远期外汇市场卖出，他担心到交割时因英镑汇率，下跌而蒙受损失，使其出口利润降低甚至变为亏损。若在远期外汇市场卖出，他担心到交割时英镑汇率上升了，而丧失掉英镑升值带来的利润。所以最好的选择是参与外汇期权交易，即买入外汇卖出的期权。这样既能保障汇率下跌时不受损失，又能获得汇率上升时带来的利润，当然要付出支付期权费的代价。

对于投机者而言，他们参与外汇期权交易的目的就是给他们的外汇投机进行保险，控制投机失败带来的损失。如果他们预测某种汇率会上升，但又不能十分肯定，他们就可以购入买进外汇期权，即做"多头"投机交易。如果到交割日汇率果然上升了，他们就行使买的权利；如果汇率下跌，他们就行使不买的权利，仅损失期权费。因此他们为预测不准所付出的代价仅仅是数额很小的期权费用。如果他们预测某种汇率会下降，但没有足够的把握，他们就可购入卖出外汇期权，即做"空头"投机交易，同样能避免预测不准确带来的巨大损失。

一般认为，外汇期权交易控制和降低了外汇交易的风险。但在实践中由于期权交易控制风险的作用，使投机者进行投机的胆量越来越大，规模也越来越大，因此使外汇交易的风险加大，甚至使整个金融风险正在加大。

小　结

外汇交易是国际金融活动中的重要问题，实务性、技术性很强。20 世纪 80 年代以来金融产品创新层出不穷，使人眼花缭乱。目前国际金融市场上已知的金融衍生产品多达 1200 多种，这些金融产品最主要的有金融远期、金融期货、金融期权、金融互换和票据发行便利五大类。本章主要介绍了基础性的外汇交易：即期外汇交易和远期外汇交易。此外还对外汇择期交易、外汇互换交易、外汇期货交易、外汇期权交易业务等方面金融衍生交易的内容做了阐述与介绍。要求学生掌握传统的和创新的外汇交易业务的内容与做法，掌握不同外币、不同交割期限之间的折(套)算原则和技巧。其中难点部分是：远期外汇交易、外汇期货交易、外汇期权交易业务有关计算。重点需要掌握的部分是：即期外汇交易和远期外汇交易，互换交易、外汇期货交易、外汇期权交易业务。

复习思考题

1. 名词解释

   (1) 外汇市场
   (2) 即期外汇交易
   (3) 远期外汇交易
   (4) 择期外汇交易
   (5) 掉期交易
   (6) 套汇交易
   (7) 套利交易
   (8) 外汇期货交易
   (9) 外汇期权交易
   (10) 看涨期权
   (11) 看跌期权

2. 问答题

   (1) 简述外汇市场构成与功能。
   (2) 远期外汇交易有哪些作用?
   (3) 外汇期货交易有哪些特点?外汇期货交易与远期外汇交易的区别体现在哪些方面?
   (4) 外汇买卖的交割日期如何确定?
   (5) 试述外汇期权交易的特点与作用。

3. 计算题

   (1) 假设在某月某日某一时刻,某外汇市场的外汇行情如下:

   中国香港: 1 美元=7.8123/7.8514 港元

   纽约: 1 英镑=1.3320/1.3387 美元

   伦敦: 1 英镑=10.6146/10.7211 港元

   试问:能否进行地点套汇?若能,应该如何进行操作?若有 100 万港元,套汇者最多能获得多少利润?

   (2) 某日在香港外汇市场上,即期汇率为 1 美元=7.3650/7.3702 港元,3 个月远期升水为 70/80 点,试计算 3 个月期美元的远期汇率。

案例及热点问题分析

IBM 公司和世界银行间的货币互换

1981 年,世界银行计划以瑞士法郎和德国马克等货币筹集一笔资金,但是由于世界银行长期在该市场上筹集资金,给投资者造成筹资过度的感觉,因此新增筹资的成本未必有利。而美国市场的情况要好得多,世界银行可以以比较有利的成本筹集美元资金。与此同时,IBM

正准备为其已经发行的瑞士法郎和德国马克债券的汇率风险进行套期保值。

在所罗门兄弟投资公司的安排下，世界银行在美国发行了一笔美元债券，并在货币市场上兑换为瑞士法郎和德国马克，然后将其债务与 IBM 交换，具体交易过程如图 4.6 所示。请从上例分析货币互换如何回避汇率风险。

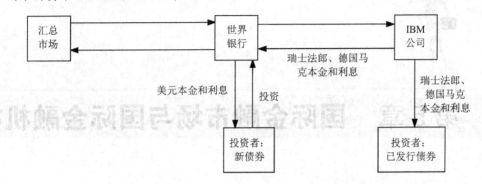

图 4.6　IBM 公司和世界银行间的货币互换的交易过程

问题：试采用货币互换原理对如上案例的直接获益情况展开分析。

课后阅读材料

课后阅读 4-1　中国外汇交易中心

(扫一扫，了解中国外汇交易中心的基本职能、组织结构及业务。)

课后阅读 4-2　银行间外汇市场做市商制度

(扫一扫，了解银行间外汇市场做市商制度(附做市商名单)。)

第 5 章　国际金融市场与国际金融机构

【内容提要】

在本章，读者可以学习到有关国际金融市场的特点及其发展趋势，掌握欧洲货币市场及一般货币市场、资本市场业务活动的特点，国际金融机构的组织机构、资金来源和业务活动等方面的内容。

具体内容包括以下几方面。
(1) 国际金融市场的含义、类型、特点、形成条件和作用。
(2) 国际货币市场、国际资本市场、外汇市场、黄金市场的特点和业务。
(3) 欧洲货币市场的概念、产生的原因、特点及构成。
(4) 国际金融机构的性质与作用、我国与主要国际金融机构的关系。
(5) 国际货币基金组织、国际复兴开发银行、国际金融公司和国际开发协会的宗旨、组织机构、资金来源、主要业务活动。
(6) 国际清算银行和亚洲开发银行的组织机构、资金来源和主要业务活动。

5.1　国际金融市场概述

第一次世界大战前，英国资本主义经济发展迅速，对外贸易和航运事业突飞猛进，货币、银行体系比较完善，从海外殖民地榨取到巨额利润，资金来源充足，使伦敦成为当时最繁忙的国际金融市场。第一次世界大战后，英国经济力量大大削弱，海外殖民地相继宣告独立，伦敦金融市场地位下降，而纽约金融市场地位相对上升。特别是第二次世界大战后，美国凭借其经济优势和美元等同黄金的有利条件，建立了以美元为中心的资本主义货币体系，纽约逐渐成为国际上最重要的资本和外汇市场。

进入 20 世纪 60 年代，美国国际收支急剧恶化，黄金大量流失，美元泛滥，出现了美国境外的欧洲美元市场。由于伦敦拥有先进的技术设施，金融机构林立，大量的欧洲美元存放业务是在伦敦市场进行的，使伦敦又重新恢复为一个重要的国际金融市场。

除纽约、伦敦的国际金融中心以外，瑞士的苏黎世金融市场、法国的巴黎金融市场、联邦德国的法兰克福金融市场、日本的东京金融市场以及地处东南亚的新加坡金融市场、中国香港金融市场等，也都是重要的国际金融中心。

5.1.1 国际金融市场的概念和类型

1. 国际金融市场的概念

国际金融市场是在居民与非居民之间，或者非居民与非居民之间进行国际性金融业务活动的场所，其标志是交易双方中至少有一方为非居民。

国际金融市场有广义和狭义之分。

广义的国际金融市场是指从事各种国际金融业务活动的场所。定义所指的国际金融业务包括长、短期资金信贷，证券、外汇与黄金的买卖以及各种金融衍生工具的交易，这些业务分别形成了货币市场、资本市场、外汇市场和黄金市场等。从世界各地的国际金融市场来看，绝大部分都是上述业务均有进行，因而在实务中，我们很难将这些市场进行物质上的区分。

狭义的国际金融市场则仅指在国家间经营借贷资本的市场，主要指货币市场和资本市场。本章将从广义的概念出发来研究国际金融市场。

2. 国际金融市场的类型

国际金融市场按照不同的标准可以分成不同的种类，具体如图 5.1 所示。

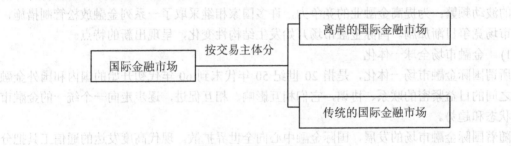

图 5.1　国际金融市场的分类

1) 传统的国际金融市场

传统的国际金融市场即从事市场所在国货币的国际借贷，并受所在国政府政策和法令管辖的金融市场。如纽约、伦敦、东京等都属于传统国际金融市场。这种类型的国际金融市场，经历了由地方性金融市场到全国性金融市场，最后发展为世界金融市场的历史发展过程。

2) 新型的国际金融市场

新型的国际金融市场又名离岸金融市场(off-shore Financial Market)。其主要由来是第二次世界大战后形成的欧洲货币市场。它是在传统国际金融市场的基础上形成的，但它与传统国际金融市场相比有着明显的区别。离岸金融市场是指市场经营的对象不限于市场所在国，市场的参与者不限于市场所在国国内的资金供应者和需求者，借贷活动不受任何国家政府政策与法令的管辖的国际金融市场。

这个市场的形成不需要所在国有强大的经济实力，只需要市场所在国或地区政治稳定、通信发达、条件优越，并实行较为特殊的优惠政策，例如免税政策。

5.1.2　当代国际金融市场的特点

1. 国际金融市场的历史发展

从历史发展来看，"一战"以前，由于英国经济规模居于世界首位，银行、金融业发展也比较迅速，具有巨大的资金实力，成为提供信贷资金的重要来源，英镑也成为当时最重要的国际货币，进而使伦敦发展成为世界上最大的国际金融市场。

"二战"之后，英国在工业生产与国际贸易上的头等强国地位被美国取代，英镑的国际货币的地位迅速下降，削弱了伦敦作为国际金融中心的作用。

20世纪60年代以后，美国国际收支出现持续的巨额逆差，大量的美元流向海外，美国政府采取了一系列限制资本外流的措施，导致美国及其他主要西方国家的资本持有者为逃避金融管制，纷纷把美元资金转移到安全地区，从而促成以伦敦为中心的境外美元市场的建立，即欧洲美元市场。布雷顿森林体系崩溃前后，更多的发达国家货币离开本国，在瑞士、伦敦等国际金融中心进行交易，逐渐形成多种境外货币组成的"欧洲货币市场"。

如今，"欧洲"一词在国际金融市场中等同于"境外"。

2. 国际金融市场的特点

随着20世纪70年代，布雷顿森林体系的崩溃，主要国家纷纷实行浮动汇率制度，外汇汇率的波动频繁；为提高金融业的竞争力，许多国家相继采取了一系列金融放松管制措施，金融市场竞争日渐加剧。国际金融市场开始发生结构性变化，呈现出新的特点。

1) 金融市场全球一体化

所谓国际金融市场一体化，是指20世纪50年代末到60年代初开始的国内和国外金融市场之间的日益紧密的联系、协调，它们相互影响、相互促进，逐步走向一个统一的金融市场的状态和趋势。

随着国际金融市场的发展，国际金融中心向全世界扩散。现代高度发达的通信工具把分散在世界各地的金融机构有机地联结在一起，保证了国际金融交易及时、准确、高效地进行，使全球的金融市场成为全时区、全方位的一体化国际金融市场。

金融市场全球一体化表现为四方面，具体包括：资本流动全球化，金融市场全球化，金融机构全球化，金融监管全球化。

以资本流动全球化为例：自2008年以来，基础外国直接投资趋势呈现增长乏力。扣除税收改革、巨额交易和不稳定的资金流动等一次性因素，10年来外国直接投资的年均增长率仅为1%，而2000—2007年为8%，2000年以前则超过20%(具体可参考图5.2)。原因包括外国直接投资回报率下降、投资形式日益转向轻资产型和不太有利的投资政策环境。

2) 国际融资证券化

长期以来，国际银行贷款一直是国际融资的主渠道，并于1980年达到高峰，占国际信贷总额的比重高达85.1%。但从1981年开始，国际银行贷款的地位逐步下降，到20世纪80年代中期，国际证券已取代了国际银行贷款的国际融资主渠道地位。1985年，国际银行贷款占国际信贷总额的41.1%，国际债券发行额则占到58.9%，进入20世纪90年代以后这种趋势愈加明显。

目前，发达国家由于市场机制高度完善，证券市场历史较长，发展充分，证券化率整体上要高于发展中国家。根据世界银行提供的数据计算，1995年年末发达国家的平均证券化率为70.44%。其中美国为96.59%，英国为128.59%，日本为73.88%。发展中国家的平均证券化率为37.29%，其中印度为39.79%，巴西为25.46%。

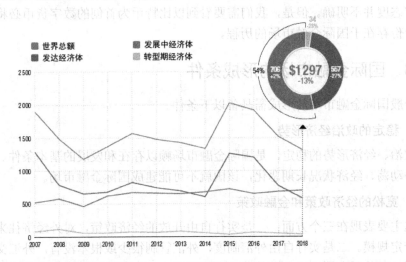

图 5.2　2007—2018年外国直接投资流入量，全球和按经济集团分列(10亿美元和百分比)

　　3) 交易环境宽松化

由于通货膨胀加剧，市场利率上升，而银行受金融法令的约束，对存款人支付的利息率不能超过最高限，以至造成银行存款额急剧下降，发生"脱媒"危机。另外银行之间的竞争日益激烈，纷纷要求放松金融管制。为促使国际间资金顺利流动，使银行吸收到更多的存款资金，推动国际金融业务的进一步发展，各国政府对国际金融的管制日渐放宽。

　　4) 金融工具创新化

1973年2月美元第二次贬值以后，主要发达国家纷纷放弃了固定汇率制，实行浮动汇率制，加之通货膨胀加剧、市场利率上升，为减少或转移因汇率和利率的波动给投资带来的风险，于是，在金融市场上出现了很多新的金融工具，如浮动利率债券、金融期货交易、金融期权交易以及股票价格指数交易等。1990—1994年，交易所衍生工具从2.2万亿美元上升到8.8万亿美元，年均增长率为71.7%。到1997年年底，交易所衍生工具名义价值余额又上升了3.3万亿美元，增长率近38%。在全球交易量最大的10种期货与期权合约中，前九位均为衍生金融品种。到2001年年底，世界上已经有60多个交易所。金融工具的不断创新，使国际金融市场更具活力，但这些用来防范风险的工具利用不当却有可能带来新的更大的风险。

在经过2008年美国金融危机之后，国际金融市场的金融工具创新有所减弱。

　　5) 数字货币的出现

随着电子网络技术的不断发展，全球经济秩序也发生了一定的变化，向着电子化、虚拟化方向发展，而作为新互联网科技下衍生出的数字货币，正在逐步为世界各国所重视，并出现在很多国际金融市场上公开交易。

以最有名的比特币为例，它是由政府或中央银行提供支持，它不受政府金融的不稳定和宏观政策调控的影响。因此，比特币在许多宏观经济不稳定的国家越来越受到欢迎，得到大范围的使用。比特币从2009年诞生到现在已经超过十年，2012年10月专为比特币提供支付解决方案的公司 bitpay 发布报告说,已经有超过 1000 家商户通过他们的支付系统来接收比特币的付款。虽然比特币作为金融投资产品甚至是货币的身份是没有法律依据的,到目前为止,世界各国对比特币的态度还没达成共识,除德国和新加坡已经明确比特币合法化外,其他国家态度并不明确。但是,我们需要看到以比特币为首创的数字货币必将完成其以金融工具的身份存在于国际金融市场的历程。

5.1.3 国际金融市场的形成条件

一般国际金融市场的形成需具备以下条件。

1. 稳定的政治经济形势

政治、经济形势的稳定,是国际金融市场赖以存在和发展的基本条件。如果一个国家政治局势动荡、经济状况长期恶化,该国就不可能建成国际金融市场。

2. 宽松的经济政策和金融政策

这主要表现在三个方面:一是实行自由开放的经济政策,对外经济往来活跃,进出口贸易有一定规模。二是实行自由外汇制度,外汇管制很少或根本没有,外汇交易自由,资金调拨灵活。三是所在国政府在存款准备金、税率、利率等方面采取一些优惠措施。

3. 完善的市场结构

完善的市场结构意味着既拥有相当数量的金融机构和高素质的专业人才,又具有健康和高效的运行机制。任何一个国家和地区,只有具备完善的市场结构,才能快速高效地处理国际性金融业务活动。

4. 完备的基础设施

国际金融市场以无形市场为主,现代化的通信设备、高效的结算网络就成为必不可少的基础设施,有了现代化的国际通信条件,才能方便地进行货币买卖、融资、票据及有价证券的发行、承购、转让等业务活动。同时适中的地理位置、便利的交通条件和其他相配套的服务设施对国际金融市场的发展也非常重要。

5.1.4 国际金融市场的作用

1. 有利于调节国际收支

一国发生国际收支逆差时,可以通过国际金融市场筹措资金加以弥补。这样既可以缓解该国的逆差压力,又有利于世界经济的发展。另外,国际金融市场上外汇供求变化会导致汇率变动,而汇率变动又可以影响和改善一国国际收支状况。

2. 有利于促进银行业务国际化

国际金融市场的各种银行业务活动使各国的金融机构有机地结合在一起,世界各地的银行业务发展成为国家间的银行业务,一些大型商业银行迅速向跨国化方向发展。

3. 有利于促进国际贸易发展

国际金融市场的形成与发展,极大地便利了国际贸易的进行。贸易双方通过国际金融市场进行国际借贷、国际结算与外汇买卖，一方面可以规避各自可能遇到的汇率风险，另一方面可以融通资金为国际贸易的顺利开展提供良好的条件。第二次世界大战后，世界贸易额年平均增长率高于世界国民生产总值的年平均增长率，这与国际金融市场的日益发达是密不可分的。

4. 有利于促进经济国际化

第二次世界大战以后，以跨国公司的产生为标志，世界经济的发展出现了国际化的趋势。跨国公司的国际经营，要求有相应的国际金融市场为其服务。而国际金融市场的发展，尤其是欧洲货币市场的出现为跨国公司在国家间的资金调拨及资金借贷提供了便利，促进了跨国公司的国际化经营，推动了经济国际化的发展。

国际金融市场对世界经济的作用是积极的，但同时也存在着消极作用。如在国际收支失衡的调节过程中，若逆差国举债过度，容易引发债务危机；国际金融市场为国际资本流动提供了便利，但会影响到有关国家国内货币政策的执行效果，并给国家间的货币投机和国际游资以可乘之机，容易造成外汇市场的动荡、增加国际投资的风险等。

5.2 传统国际金融市场

传统国际金融市场，是指经营国际金融业务、但必须受所在国政府政策法令管辖的国际金融市场。传统国际金融市场是主要发达国家国内金融市场国际化的结果，是各国国内金融市场的对外部分，是使用本国货币进行国际金融交易的市场。传统国际金融市场主要分为货币市场、资本市场、外汇市场和黄金市场。

5.2.1 国际货币市场

传统的国际货币市场同样也是在主要发达国家国内货币市场的基础上演变发展而来的，这些市场在满足国外短期融资和投资需求的基础上，逐步发展成为国际货币市场，是一国货币市场的对外部分。

1. 国际货币市场的含义

货币市场也称短期资金市场，是指以短期金融工具为媒介进行的期限在1年以内资金活动的市场。由于在该市场上交易的金融工具具有偿还期短、流动性强和风险小的特点，与货币非常相似，因此该市场被叫作货币市场。

货币市场主要由商业银行、票据承兑公司、贴现公司、证券交易商和证券经纪商等组成。货币市场根据不同的借贷方式，一般分为银行短期借贷市场、短期证券市场和贴现市场。由于西方各国的传统和习惯不同，货币市场中短期信贷的金融中介机构及其地位也不同：在美国，货币市场以银行信贷和短期债券业务为主，商业银行占重要地位；而在英国货币市场则以贴现业务为主，贴现行占据主要地位，贴现市场自然也占据特殊重要的地位。

货币市场的金融工具主要包括国库券、银行承兑汇票、商业票据、大额可转让存单、银行同业拆借和回购协议等。这些工具的交易买卖均构成各个单一的市场，都是货币市场的重要组成部分。

2. 常见的国际货币市场

1) 银行短期信贷市场

(1) 定义。

银行短期信贷市场是国际银行同业间的拆放市场和银行对外国工商企业的信贷市场。这一市场的交易目的在于解决外国工商企业临时性或季节性短期流动资金的需要，进行银行间的头寸调剂，目前，短期信贷市场以银行同业拆借市场为主。

银行同业拆借市场是指商业银行为弥补交易头寸的不足或准备金的不足而在相互之间进行的借贷活动(注，同业拆借也称为同业拆放)。银行同业拆借的特点是：无须提供担保品，仅凭信用；主要以在中央银行的存款这种即时可用资金为交易对象，期限按日计算，通常为隔夜拆借，即期限只有1天；利率由市场资金供求状况决定，经双方协商，一般低于优惠贷款利率。银行同业拆放是短期借贷市场资金借贷的核心，由于大商业银行对这个市场的控制，中小商业银行一般不宜直接获得条件优惠的短期贷款，常常是由大商业银行获得贷款后，再贷给中小商业银行。

(2) 银行短期信贷市场的特点。

① 期限较短。银行短期信贷的期限大部分是按日计算，最长不超过一年，最短的为隔夜借贷，多为1周、1个月、3个月和6个月借贷。

② 借贷起点较高。每笔短期借贷金额的起点为25万美元和50万美元，但一般为100万美元，甚至更高。由于起点较高，参加该市场的多为大商业银行和大跨国公司。

③ 条件灵活，选择性强，无须签订协议。借贷双方对借款期限、币种、金额和交割地点进行协商确定，借贷双方均有较大的选择余地。另外，短期借贷多发生于业务关系密切的银行与企业之间、银行与银行之间，由于彼此了解对方的资信，而且双方均熟知各种条件的内涵和法律责任，所以一般无须签订书面借贷协议，也无须担保品。通常凭借款人的信用，通过电信联系进行拆放。

④ 利率通常以 LIBOR 利率为基准。利率报价通常以伦敦同业市场的拆放利率(LIBOR)为基准，LIBOR 是伦敦市场30多家有报价资格的主要银行相互间的拆放利率。

2) 短期证券市场

短期证券市场是国家间进行各种短期证券发行与交易的市场。它是规模最大、最活跃、地位最重要的货币市场。交易对象品种多、交易量大，主要包括国库券、商业票据、银行承兑票据、大额可转让定期存单等市场。

(1) 国库券市场。国库券是指国家政府财政部发行的为弥补季节性财政赤字的短期债券。它具有期限短、流动性强、风险低、免缴个人所得税等优点，在短期投资市场上受到普遍欢迎，是公众的重要投资对象，并成为各国中央银行开展公开市场业务的重要操作工具。在美国，3个月和6个月的国库券每周发行，9个月和12个月的国库券则每月发行。国库券的发行由联邦储备银行通过投标以拍卖的方式进行，国库券利率以贴现方式计算，到期按面额偿还。在货币市场上，较为著名的有美国政府国库券、英国政府发行的"金边"债券和德国政府发行的"堤岸"债券等。

(2) 商业票据市场。商业票据是指具有高信用等级的公司所发行的无抵押担保的融资性短期债券。商业票据的期限很短，平均期限只有20~45天，最长不超过270天。在美国，商业票据的发行者主要是资信好的金融公司或银行控股公司，发行的目的主要是为了满足短期的资金需要，如支付税金、工资等。商业票据的利率低于商业银行的优惠贷款利率，但高于国库券、银行承兑票据及大额可转让定期存单利率。

(3) 银行承兑汇票市场。在国际贸易中，为了解决进口商和出口商互不信任的问题，除商业信用外，还需要银行信用，经过银行承兑的商业票据就变为银行承兑汇票。一旦银行在汇票上盖上承兑的戳记，该汇票就有了银行的付款保证，投资者就愿意购买，银行承兑汇票便成了货币市场上的融资工具。银行承兑汇票作为一种货币市场工具，具有较低的信用风险，其次级市场也非常好。大多数承兑汇票在3个月内到期，其利率与同期的国库券利率相似。

(4) 大额可转让定期存单市场。大额可转让定期存单简称CDs，实际上是银行的一种负债业务，由银行出售存单取得资金，客户付出货币购买存单。因其具有面额固定、不记名、期限短、流动性强等优点而受到投资者的欢迎。1966年花旗银行伦敦分行首次推出欧洲美元大额可转让定期存单，成为跨国公司与金融机构短期投资的重要对象。在美国，大额可转让定期存单市场是仅次于国库券市场的第二大短期证券市场。

3) 贴现市场

票据贴现是指票据持有人将未到期的票据出售给银行以取得现金，银行扣除自贴现日至该票据到期日利息的业务活动。贴现市场是银行及其他金融机构买进未到期票据，对持有人提供短期资金融通的市场。参与贴现活动的主要贴现银行有：商业银行和中央银行。贴现的票据主要是商业票据、银行承兑汇票、国库券和其他短期债券。最典型的贴现市场是英国的初级市场(贴现市场)，该市场的参与者主要是英格兰银行、贴现行、清算银行、承兑行及外国银行，贴现对象包括政府短期债券、商业承兑汇票、银行承兑汇票等。在英国，贴现市场是目前唯一由英格兰银行担保的货币市场。

5.2.2 国际资本市场

1. 国际资本市场的含义

与国际货币市场相对应，国际资本市场是指中长期资金(期限在1年以上)的融通市场，又称中长期资本市场，它是为政府和跨国公司、金融机构筹集所需的中长期资金的市场，资本市场经营业务的主要方式是银行中长期贷款和证券交易。

2. 国际资本市场的分类

1) 银行中长期国际信贷市场

银行中长期国际信贷市场的主要业务是银行及其他金融机构为长期资金需求者提供期限1年以上的中长期贷款。期限一般为1~5年或5~10年，甚至更长。借款方多是世界各国国营和国有企业、社会团体、政府机构和国际组织，贷款方主要是商业银行。银行中长期国际信贷主要分为单一银行贷款和辛迪加银团贷款。

辛迪加银团贷款是由多家银行组成的辛迪加银团提供的贷款。辛迪加银团由牵头银行、管理银行、参与银行和代理行几部分组成。牵头银行的主要责任包括与借款人协商贷款期限和贷款条件，安排其他银行提供一部分贷款以及分析市场状况。在辛迪加银团中，其他参与辛迪加银团并提供部分贷款的银行称为参与银行。在参与银行中有一种充当特殊角色的银行被称为管理银行，它们与一般参与银行的区别是：它们在贷款中所占的份额较大，并协助牵头银行工作或为牵头银行提供建议；此外还有一种代理银行，它负责管理这笔贷款的具体事宜，如把贷款份额分发给各家银行并向贷款人收取本息等。

中长期信贷市场上的资金利率由多方面因素决定，一般包括资金供求量、货币政策、通货膨胀率和经济形势等。由于中长期信贷资金的周转期长，风险大，所以债权人在考虑贷款时除了审核申请贷款的用途外，还要着重分析其偿还债务的能力、未来现金流的稳定性等。

2) 中长期国际证券市场

国际证券市场是指中长期证券发行与交易的市场，它由国际债券市场和国际股票市场构成。

(1) 国际债券市场。国际债券是指一国政府或金融机构、企业等为筹借外币资金，在国外发行的以外币计值的债券。其发行者为借款人，购买者为投资人，中介者为承销国际债券的金融机构。国际债券市场是国际债券发行和买卖的市场。目前国际债券市场已成为国际资本市场的主导力量。国际债券主要分为外国债券和欧洲债券两大类，本节只介绍外国债券。欧洲债券见 5.3 节。

外国债券是指筹资者在国外债券市场发行的以东道国货币币种为面值的债券。外国债券市场是一个传统的债券市场，其特点是发行、买卖外国债券时，发行者在其本国以外的一个国家发行债券，其面值货币是发行地点所在国的货币。如中国银行和中国国际信托投资公司在日本发行的日元债券，日本在美国发行的以美元为面值的债券等。目前，美国纽约、德国法兰克福、日本东京、瑞士苏黎世都是世界著名的外国债券市场，它们的业务量占全部外国债券市场业务总量的 95%以上。有些国家还对外国债券赋予某种特定的名称，如在美国市场上发行的外国债券称作"扬基债券"、在日本市场上发行的外国债券称为"武士债券"、在英国市场上发行的外国债券称为"猛犬债券"等。

(2) 国际股票市场。国际股票市场是指在国际范围内发行并交易股票的场所或网络。参与国际股票市场交易的筹资者与投资者均不受国籍的限制，其买卖的对象既有市场所在国发行的股票，也有外国发行的股票。

世界上主要的股票市场有：纽约股票市场、伦敦股票市场、东京股票市场和中国香港股票市场，其中纽约股票市场规模最大。

20 世纪 90 年代末期以来，股票市场的国际化趋势日益明显，国际上一些主要的股票交易所开始走向联合甚至合并。2000 年 3 月，巴黎、阿姆斯特丹、布鲁塞尔三大交易所宣布合并，成立了仅次于伦敦的欧洲第二大股票交易所——"欧洲第二"。同年纽约证券交易所发起了"全球股票市场"计划，由 Euro next、香港证券交易所、东京证券交易所、多伦多证券交易所、墨西哥交易所、澳大利亚交易所以及巴西圣保罗交易所等十大交易所加盟，连接欧美亚三大洲，上市企业市值超过 20 万亿美元，占全球股市市值的 60%，这使股票全球化、全天候交易的梦想成为现实。

5.2.3 国际黄金市场

1. 国际黄金市场的概述

国际黄金市场是专门进行黄金买卖的国际交易市场，是国际金融市场的一个重要组成部分。目前，全世界可以自由买卖黄金的市场有 40 多个，世界上比较著名和有影响的黄金市场主要集中在伦敦、苏黎世、纽约和中国香港等地。伦敦黄金市场是世界上最大的黄金市场。

纽约商品交易所和芝加哥商品交易所是世界最大的黄金期货交易中心。两大交易所对黄金现货市场的金价影响很大。苏黎世黄金市场是世界上最大的私人黄金存储中心。

2018年，上海黄金交易量位居全球交易所市场第二位，仅次于芝加哥商品交易所集团，其国际板块的贵金属交易成交增长超过130%，记录再创新高。2018年上海黄金交易所的贵金属总成交21.32万亿元，同比增长9.2%，其中黄金成交量6.75万吨，同比增长24.35%，成交额18.3万亿元，同比增长22.23%。

按其影响和规模，世界黄金市场可分为主导性市场和区域性市场。主导性市场是指国家间交易黄金集中，其价格水平和交易量都对其他市场有很大影响的市场，如伦敦、苏黎世、纽约、芝加哥和中国香港的黄金市场交易规模大，其价格的形成及交易量的变化对其他黄金市场有很大影响，是起主导作用的国际性黄金市场。区域性黄金市场是指交易规模有限，多集中于本地区，对其他市场影响不大的黄金市场，如欧洲的法兰克福、巴黎、布鲁塞尔；亚洲的东京、新加坡；非洲的开罗；北美的多伦多、底特律；拉美的布宜诺斯艾利斯等。以交易类型区分，黄金交易分为现货交易和期货交易两种。国际上主要的黄金现货市场在伦敦、苏黎世、纽约、法兰克福和中国香港，黄金期货市场主要在纽约、芝加哥、中国香港、新加坡和悉尼。

2. 国际黄金市场的供给

国际黄金市场的供给方较为集中，市场交易的垄断成分相对显著。黄金供给的来源主要有两大渠道：一是各国新开采的黄金；二是往年黄金存量的再销售。

前一渠道主要取决于世界主要采金国(南非、美国、澳大利亚、加拿大)的黄金开采量。2018年，在供应方面，矿产金和再生金的供应量均小幅上升，全球黄金总供应量增长1.6%，达到4671吨。其中全球矿产金产量同比增长1.8%，升至3503吨，较2017年增产61吨，再创历史新高。在主要产金国中，印尼、澳大利亚、加拿大、俄罗斯和哈萨克斯坦的产量均显著增长，中国、南非和美国的产量下降，但中国目前仍是最大产金国。

后一渠道则主要取决于各国官方、国际货币基金组织、商业银行及民间的黄金出售。

3. 国际黄金市场的需求

(1) 工业用途的黄金需求。作为贵金属使用价值的体现，主要为电子、航天、医疗、军事工业、首饰加工、金币金牌铸造等行业所吸收，其中以首饰加工业的需求量最大。

(2) 投资目的的黄金需求。各国的金融机构、投资者为分散风险、防止通胀损失的保值需求，民间的资产保值和收藏需求等。

(3) 官方储备的黄金需求。黄金非货币化以后，黄金在各国官方储备中所占比重不断下降，但至今仍然保持一定比重，以用于保值、外债担保、换取外汇和其他战略需要。

(4) 投机动机的黄金需求。黄金市场自由化以后，价格波动频繁，吸引了大量投机性游资进入。投机性需求目前已经成为左右国际黄金市场价格变化的重要力量。

2018年，全球的黄金需求同比增长4%。全球黄金需求总量达到4345.1吨，同比增长4%。2018年，全球央行官方黄金储备增长651.5吨，同比增长74%，是有记录以来的第二高，净买入量更是达到了1971年美元与黄金的固定兑换体系脱钩后的新高。

4. 国际黄金市场的价格决定

1) 影响金价变化的因素分析

(1) 基本因素。即前面所提到的供求关系。

(2) 外围因素。外围因素通过对基本因素的影响而间接影响金价的变化。

各种外围因素对金价的影响很复杂，如表 5.1 所示。

表 5.1　外围因素与金价变化

影响金价上涨因素	影响金价下跌因素
美元汇率走弱	美元汇率走强
世界经济衰退	世界经济景气
证券市场萧条	证券市场繁荣
石油等大宗商品价格下跌	石油等大宗商品价格上涨
通货膨胀率高	通货膨胀率低
国际政治军事局势动荡	国际政治军事局势稳定
替代性(金融)商品价格上升	替代性(金融)商品价格下跌

由表 5.1 可知，除了替代性(金融)商品价格以外，金价往往与外围因素呈现反向变化的关系，这是由黄金作为安全保值的工具所决定。但在现实经济生活中，各种因素相互交织、互为影响，外围因素对金价的影响究竟如何，需要具体情况具体分析。

2) 国际黄金市场的交易方式

(1) 现货黄金交易，分布于伦敦、苏黎世、纽约、香港、新加坡等。伦敦市场又可分为定价交易和报价交易两种形式，定价交易是在五大金行之间进行的为形成市场基准价格的小范围交易行为。报价交易则是在定价基础上由交易双方自行议价的交易行为，其交易量大于定价交易。根据伦敦黄金市场公会(the London Bullion Market Association，LBMA)的规定，合格的金条纯度为 99.5%，重量为 400 盎司，交货与支付须在两个交易日内完成。

苏黎世市场的现货交易的品种及规定大致与伦敦市场相同。香港市场的现货交易品种主要有 99 金、本地伦敦金、金币及金首饰等。

(2) 期货黄金交易，主要分布于纽约、芝加哥、中国香港、新加坡、悉尼等，主要用于保值和投机目的。纽约和芝加哥黄金市场的交易客体在形式上多种多样，主要有各种成色和重量的金条、金币、金丝和金叶等，其中最重要的是金条。大金条量重价高，是专业金商和中央银行买卖的对象；小金条量轻价低，是私人和企业收藏的对象。金价按纯金的重量来计算，即以金条的重量乘以金条的成色。

3) 场外黄金市场和场内黄金市场

(1) 场外黄金市场。以英国和瑞士为例，其在黄金现货市场具有巨大的影响力和很强的议价能力，因此场外现货交易和场外非标准化衍生产品使用广泛，交易规模很大，其交易通过会员的业务网络进行，如图 5.3 所示。

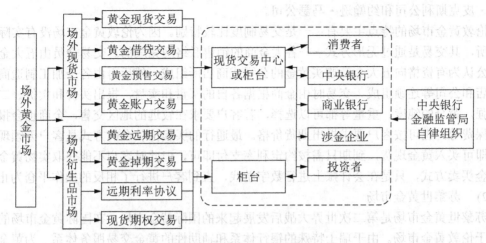

图 5.3　场外黄金市场结构

(2) 场内黄金市场(见图 5.4)。以美国和日本为例，20 世纪 70 年代，美国国内的黄金需求量不断扩大，纽约黄金期货市场应运而生，黄金期货成为世界黄金场内黄金市场的重要组成部分。而日本在"二战"后为满足市场对黄金避险、保值、投资以及投机等方面的需求，选择了美国模式发展黄金市场。

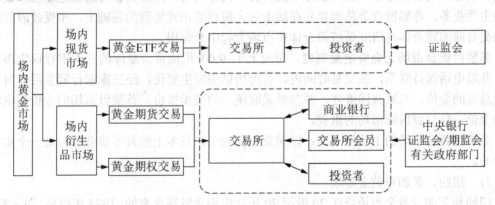

图 5.4　场内黄金市场结构

5. 世界主要黄金市场

1) 伦敦黄金市场

伦敦黄金市场历史最悠久。1804 年，伦敦取代荷兰阿姆斯特丹成为世界黄金交易的中心，1919 年伦敦金市正式成立。该市场组织比较健全、设施比较齐备、从业人员的技术和经营素质也比较高，世界上最大的产金国南非是其主要的黄金供应者。

伦敦黄金市场以现货交易为主，1982 年 4 月开始黄金期货交易。伦敦市场的交易量大，主要是批发业务，它是世界上唯一可以成吨买卖黄金的市场。目前，伦敦黄金市场仍是世界最大的黄金市场。

伦敦黄金市场实行每日两次定价制度。伦敦时间每天上午 10:30 和下午 3:00 召开定价会议，由五大金商根据各家的供需情况商定当天的金价。世界各黄金市场均依此调整各自的金价。这五大金商是：罗思柴尔德父子公司、塞缪尔·蒙塔古公司、莫卡特·戈德司米德公司、夏普·皮克斯利公司和约翰逊·马瑟公司。

伦敦黄金市场的特点主要有：一是交易制度比较特别。因为伦敦黄金市场没有实际的交易场所，其交易是通过无形方式——各大金商的销售联络网完成的。交易会员由五大金商及一些公认为有资格向五大金商购买黄金的公司或商店所组成，然后再由各个加工制造商、中小商店和公司等连锁组成。交易时由金商根据各自的买盘和卖盘，报出买价和卖价。二是灵活性强。黄金的纯度、重量等都可以选择，若客户要求在较远的地区交售，金商也会报出运费及保费等，也可按客户要求报出期货价格。最通行的买卖伦敦金的方式是客户无须现金交收，即可买入黄金现货，到期只需按约定利率支付即可，但此时客户不能获取实物黄金。这种黄金买卖方式，只是在会计账上进行数字游戏，直到客户进行了相反的操作平仓为止。

2) 苏黎世黄金市场

苏黎世黄金市场是第二次世界大战后发展起来的国际黄金市场，在国际黄金市场的地位仅次于伦敦黄金市场。由于瑞士特殊的银行体系和辅助性的黄金交易服务体系，为黄金买卖提供了一个既自由又保密的环境，加上瑞士与南非有优惠协议，获得了 80%的南非金，苏联的黄金也聚集于此，使得瑞士不仅是世界上新增黄金的最大中转站，也是世界上最大的私人黄金存储中心。

苏黎世黄金市场没有正式组织机构，由瑞士三大银行，即瑞士银行、瑞士信贷银行和瑞士联合银行负责清算结账。三大银行不仅为客户代行交易，而且黄金交易也是这三家银行本身的主要业务。苏黎世黄金总库建立在瑞士三大银行非正式协商的基础上，不受政府管辖，作为交易商的联合体与清算系统混合体在市场上起中介作用。

苏黎世黄金市场无金价定盘制度。每天上午 9:00 组成黄金总库的三大银行议定市场价格，并以电话保持联系，在交易时间内，若市场供需发生变化，经三家银行同意后即可调整黄金总库的金价，三家共同遵守，并对外采取统一的买卖报价，苏黎世市场的金价和伦敦市场的金价一样受到国际市场的重视。

苏黎世黄金市场的主要特点是：以现货交易为主，基本上经营零售业务，是一个实物交易中心。

3) 纽约、芝加哥黄金市场

纽约和芝加哥黄金市场是在 20 世纪 70 年代中期才发展起来的，1977 年以后，美元贬值，美国人(主要是以法人团体为主)为了套期保值和投资增值获利，使得黄金期货发展起来。纽约和芝加哥黄金市场虽然历史较短，但是发展速度非常快，主要特点是以期货、期权交易为主。纽约商品交易所和芝加哥国际货币市场都是重要的世界黄金期货、期权市场，它们对黄金现货市场的价格产生了很大影响。

以纽约商品交易所为例，该交易所本身不参加期货的买卖，仅提供场所和设施，并制定一些规则保证交易双方在公平和合理的前提下交易。该交易所对进行现货和期货交易的黄金的重量、成色、形状、价格波动的上下限、交易日期、交易时间等都有极为详细和复杂的描述。

5.3 欧洲货币市场

在对传统的国际金融市场有了一定了解之后，有另外一类与其对应的金融市场称为离岸金融市场，又名离岸金融中心。自从 20 世纪 50 年代以来，离岸金融中心异军突起，在国际资本流动中的作用日益显著,对许多国家资本管理体制乃至全世界资本流动模式的发展演变都产生了重大影响。

准确地说,离岸金融市场和欧洲货币市场是有区别的。欧洲货币市场是一个监管制度下的存款银行,它设计出新的证券和机构。所以欧洲货币市场所反映的是交易什么,即交易客体。由于目前欧洲货币市场已经延伸到了欧洲以外的金融中心,所以离岸则往往更多地用来表示其坐落地和该市场究竟是谁在交易(即交易主体)上,强调了交易主体的非居民性。

5.3.1 离岸金融市场

1. 离岸金融与离岸金融中心

一般来说,各国的金融机构只从事本币存贷款业务,但第二次世界大战之后,各国金融机构从事本币之外的其他外币的存贷款业务逐渐兴起,有些国家的金融机构因此成为世界各国外币存贷款中心。这种专门从事外币存贷款业务的金融活动统称为离岸金融(Offshore Finance)。

也就是说,任何国家、地区及城市,凡主要以外币为交易(或存贷)标的,以非本国居民为交易对象,其本地银行与外国银行所形成的银行体系,都可称为离岸金融中心。欧洲美元市场就是一种典型的离岸金融中心。

2. 离岸金融中心的类型

根据业务经营和管理,离岸金融中心可以划分为三种类别:内外混合型、内外分离型和避税港型离岸金融中心。

(1) 内外混合型离岸金融中心,离岸金融业务与国内金融业务不分离,资本流动高度自由化,其典型为伦敦、香港。

(2) 内外分离型离岸金融中心,离岸金融业务与国内金融业务分离,监管当局对非居民交易给予税收优惠,但非居民交易必须与国内账户严格分离,其典型为新加坡、纽约、巴林、东京、曼谷等。

(3) 避税港型离岸金融中心拥有大批注册金融机构和公司,这些公司通常称作离岸公司或国际商业公司,但这些机构通常并不在这里设立实体,实际业务都在母国进行,只是通过注册的机构在账簿上进行境内和境外交易,以求享受该地区的税收优惠,其典型为加勒比海的英属维尔京群岛、巴哈马、开曼、百慕大,南太平洋及地中海上的塞浦路斯岛。

英属维尔京群岛有利的地理位置和政治与经济因素则为离岸金融市场的建立提供了必要条件。由于20世纪70年代美国与英荷等国签订了避免双重征税协议,因而许多跨国公司迁移到距离美国较近的加勒比海地区。英属维尔京群岛自1984年颁布《国际商业公司法》以来,一直为来此注册的海外离岸公司提供各种优惠政策。欧洲货币市场与前面讲到的离岸金融中心同为经营境外货币市场,前者是境外货币市场的总称或概括,后者则被认为是具体经营境外货币业务的地理区域,主要是吸收并接受境外货币的储存,然后再向资金的需求者贷放。

5.3.2 欧洲货币

欧洲货币市场是20世纪50年代末期国际金融领域中的一个新生事物,它的出现标志着国际金融市场的发展进入了一个新的历史阶段。

1. 欧洲货币

欧洲货币市场是现今国际金融市场、离岸金融市场的主体和核心。欧洲货币是指在货币发行国境外存放的货币的总称。欧洲货币又称境外货币。要正确掌握这一概念需注意以下三个方面。

(1) 欧洲货币是一种境外货币。欧洲货币的"欧洲"两个字不是地理概念，只是说明该种货币最早产生于欧洲。通常，在美国境外存放的美元资金称为欧洲美元，在英国境外银行(包括美国银行在国外的分行)所存放的英镑资金称为欧洲英镑，在日本境外银行存放的日元资金称为欧洲日元，以此类推，这些货币都是欧洲货币。目前，欧洲货币已扩展到亚洲、北美和拉美地区。但是从欧洲货币的数量上来看，其中仍旧以欧洲美元为主。

(2) 欧洲货币是一种多货币体系。欧洲货币发端于欧洲美元，然后又陆续出现了欧洲英镑、欧洲瑞士法郎等。随着欧洲货币的进一步发展，在亚洲、北美和拉丁美洲等地也出现了境外货币。如在中国香港存放的美元，在纽约存放的日元等，它们经常被称为亚洲美元、美洲日元，但习惯上仍统称为欧洲货币，属于欧洲货币的组成部分。

(3) 欧洲货币的最后清算仍需回到货币发行国。欧洲货币的交易虽然是在境外进行的，但仍然是货币发行国对外债权债务的组成部分。

2. 欧洲货币市场的概念

欧洲货币市场是指在一国境外进行该国货币借贷的国际市场。

欧洲货币市场是"二战"后兴起的国际金融市场。它发端于欧洲美元市场，而欧洲美元最早出现在20世纪50年代。随着跨国企业的发展和以后某些国家货币金融政策的推行，美元和其他欧洲货币在境外的存储与贷放数额急剧增长，使欧洲货币市场的作用超越了传统的国际金融市场。

3. 欧洲货币市场的特点

欧洲货币市场是一种完全国际化了的市场，由于其自身的性质，在市场形成和发展过程中，形成了与各国国内金融市场和传统的国际金融市场不同的特点。

1) 资金规模大、币种多

欧洲货币市场的资金来自世界各地，数额极其庞大，各种可自由兑换货币应有尽有。欧洲货币市场上交易的币种除美元、日元等传统币种外，还包括瑞士法郎、英镑、加拿大元等币种，以发展中国家货币为交易币种的也很多。在这种完全国际性的市场上，人们可以任意选择投资和借款的地点、币种和规模，以满足不同用途和期限的需要。

2) 管制较少

传统的国际金融市场必须受所在国家政策、法令的约束，但欧洲货币市场是一个超国家或无国籍的资金市场，不受任何国家金融法规和税制的限制，是最具自由性的市场。欧洲货币市场从事对非居民的欧洲货币借贷。一方面，由于在该货币发行国境外进行该货币的借贷，使货币发行国金融当局鞭长莫及，从而有效地逃避其管制；另一方面，由于非居民的非本币借贷对市场所在国的国内金融市场几乎没有什么影响，即使存在影响也可以通过采取一定的措施加以隔离，而且欧洲货币市场还可以给当地市场带来税收、就业和知名度等方面的好处，因此，市场所在国一般对其也不多加以限制，甚至有的国家为了吸引资金、扩大业务还尽力创造宽松的市场环境以鼓励其发展。所以，欧洲货币市场通常建立在为非居民之间借贷交易提供更为方便条件的国家和地区。比如，在信贷交易方面，欧洲银行不承担上缴存款准备金的义务，利率也没有上下限的限制；在债券交易方面，欧洲债券的发行基本上不受任何一个国家法律的约束，利息收入也不纳税等。

3) 利率体系独特、存贷款利差小

欧洲货币市场利率体系的基础是伦敦银行同业拆借利率(注：拆借利率也称拆放利率)，后者同各国利率有一定的联系，但同时还受欧洲货币市场上供求关系的影响。由于欧洲货币市场竞争激烈，导致其存款利率略高于货币发行国国内的存款利率，而贷款利率则略低于其国内贷款利率，存贷款利差愈来愈小，一般为0.25%～0.5%，有时甚至为0.125%。存款利率略高，是因为国外付款的风险比国内大。贷款利率略低，是因为欧洲银行享有所在国的免税和免缴存款准备金等优惠条件，贷款成本相对较低，具有很强的竞争能力。尽管存贷利差很小，但因经营规模较大，所以信贷利润仍相当可观。

4) 资金调度灵活方便

欧洲货币市场资金不受任何限制，调度十分灵活方便，另外，手续也很简单，所以资金周转非常快，与传统的国内、国际金融市场相比，具有很强的竞争能力。

5) 批发性市场

欧洲货币市场的借款人和存款人都是一些大客户，不仅包括国际性银行、跨国公司，而且各国政府、中央银行和国际金融机构也经常出入其中。因此，单笔交易数额都很大，少则几万、几十万美元，多则几亿、十几亿美元。所以，通俗地说，欧洲货币市场属于批发交易市场。

6) 银行同业拆借市场地位突出

欧洲货币市场上的交易以银行同业交易为主，银行同业间的资金拆借占市场总额很大的比重，也就是说，银行的绝大部分欧洲货币业务都是通过与其他银行的业务往来进行的。欧洲货币市场存在发达的银行同业拆借市场的主要原因有：一是各国商业银行常常在欧洲货币市场上借款，以满足本国对准备金的要求，这被称为"橱窗布置"。二是资金由拥有过剩存款的欧洲银行流向最终客户，需要经过一系列的银行中介。三是欧洲银行在可兑换货币国家之间进行短期资本套利。事实上套利资本的运动都是通过欧洲货币市场，而且欧洲货币市场上大多数存款资金也是短期的。

4. 欧洲货币市场的构成

欧洲货币市场由欧洲货币短期借贷市场、欧洲货币中长期借贷市场及欧洲债券市场构成。

1) 欧洲货币短期借贷市场

欧洲货币短期借贷市场是指期限在一年以内(含一年)的短期欧洲货币借贷的市场。它是欧洲货币市场的基础部分。其余两个市场都是在此基础上发展起来的。欧洲货币短期借贷市场具有以下特点。

(1) 期限短。欧洲短期借贷市场存款期限最长不超过1年，一般以1天、7天、30天、90天为期的最普遍。交易期限短有利于短期资金余缺的调剂，大银行和大公司一般都利用该市场来调整他们的短期资金头寸。

(2) 起点高。欧洲短期借贷市场属于批发交易市场，存贷款金额的起点较高，每笔欧洲美元存款的最低额为 5 万美元。而欧洲美元的贷款通常以 100 万美元为单位。由于借贷起点高，市场的参加者多为大银行和大企业，个人或与银行关系生疏的客户很难进入市场。

(3) 条件灵活，选择性强。凡借款期限、币种、金额和交割地点均可由借贷双方协商确定，不拘一格，灵活方便；加以资金充足，借贷双方均有较大的选择余地。

(4) 存贷利差小。欧洲货币短期借贷市场存款利率略高于国内金融市场利率，而贷款利率一般低于国内市场利率，存贷款的利差较小，两者之间一般相差 0.25%～0.5%。

(5) 无须签订合同。欧洲短期借贷市场业务主要由银行向熟悉的较大客户提供，一般全凭信用，无须交纳担保品，也不需要签订书面贷款协议，只通过电话或电传进行，事后以书面确认即可。

2) 欧洲货币中长期借贷市场

欧洲货币中长期借贷市场是在欧洲短期借贷市场的基础上逐步发展起来的，20 世纪 60 年代以前发展缓慢，1973 年以后才迅速发展成为欧洲货币市场的重要组成部分。传统惯例，1 年期至 5 年期的贷款为中期贷款，5 年期以上的贷款为长期贷款。第二次世界大战以后，欧洲货币市场及其他国际金融市场一般不再将二者期限严格划分，而将期限在 1 年以上至 10 年左右的贷款，统称为中长期贷款。在欧洲短期借贷市场发展的同时，欧洲货币中长期借贷市场也迅速发展起来。

欧洲货币中长期借贷市场的特点如下。

(1) 贷款期限长、金额大。欧洲货币中长期借贷市场的借贷期限从 1 年以上到 5 年、7 年、10 年乃至更长，其中以 3～7 年最为普遍，贷款额度多为 1 亿美元以上，多者可达 10 亿美元甚至更多。

(2) 联合贷放。即银团贷款，有十几家，甚至数十家银行联合起来，提供贷款。这样既满足了巨额信贷的需求，同时也分散了银行的经营风险。

(3) 一般采用浮动利率。如采用"LIBOR+Spread"。LIBOR 为伦敦银行同业拆放利率，Spread 为风险加息幅度，其高低要视贷款金额、期限和借款人的资信状况而定，一般在 0.375%～3%之间。贷款期限内，根据 LIBOR 的实际变动，每 3 个月或 6 个月调整一次利率。

(4) 签订书面贷款协议。与欧洲货币短期借贷业务不同，欧洲货币中长期借贷的双方必须签订贷款协定，而且有的协定还需经借款国的官方机构予以担保。欧洲中长期贷款协定的内容，一般包括利率与主要费用负担、贷款期限、贷款偿还办法、资金交割地点、利息期、费用增加补偿条款、欧洲货币供应条款、货币选择条款、提前偿还条款、违约条款、交叉违约条款、消极保证条款、适用法律条款、分期提取资金时间表等。

3) 欧洲债券市场

(1) 欧洲债券与欧洲债券市场。在给出欧洲债券定义前，我们需要先了解国际债券。国际债券是一国政府、金融机构、工商企业或国际组织为筹措和融通资金，在国外金融市场上发行的，以外国货币为面值的债券。国际债券的重要特征，是发行者和投资者属于不同的国家、筹集的资金来源于国外金融市场。

一般来说，国际债券分两类，一是外国债券，二是欧洲债券。欧洲债券是一种境外债券，不在面值货币国家发行。例如：A 国的机构在 B 国或 C 国的债券市场上，以 D 国的货币为面值发行债券，即为欧洲债券。所以欧洲债券是指在欧洲货币市场上发行的，以市场所在国境外货币为面值的国际债券。该市场即为欧洲债券市场。

欧洲债券市场是 20 世纪 60 年代初在欧洲货币短期借贷市场的基础上发展起来的。第一笔欧洲债券是于 1961 年 2 月由葡萄牙的一家石油公司在卢森堡发行的 500 万欧洲记账单位债券。最初，欧洲债券多以欧洲美元为面值，其后陆续出现了各种以境外货币为面值的欧洲债券，如欧洲德国马克债券、欧洲荷兰盾债券以及欧洲加拿大元债券等，但欧洲美元债券始终占主导地位。欧洲债券发展迅猛，20 世纪 80 年代初期便超过了外国债券发行额，成为国际债券市场的主体。1991 年欧洲债券的发行金额为 2485 亿美元，占国际债券发行总额的 83.5%。

(2) 欧洲债券的种类。欧洲债券市场融资工具种类很多，按发行条件划分可分为以下几种。

① 固定利率债券，也称普通债券，即利率固定不变的欧洲债券。这种债券通常以年为计息期，以平价(面值)或略低于平价折扣发行。这种债券期限多为 3~7 年，个别长达 10 年。固定利率债券在市场利率相对稳定的情况下较为流行，若市场利率波动较大，其发行易受影响。

② 浮动利率债券，即在偿还期内利率随市场利率变化做定期调整的国际债券。它是当前欧洲债券市场的主流品种。这种债券一般以 3 个月或 6 个月期的伦敦银行同业拆借利率或美国优惠贷款利率为参考，再加上一个附加利率来确定。其发行期限多为 3~15 年，有的甚至达 40 年。可以借新还旧的方式赎回已发行债券。20 世纪 80 年代以来，浮动利率债券又衍生出众多新型的票据种类，如"利率下降锁定债券"，当市场利率下降到某一特定水平时，根据事先约定的有关条款，浮动利率自动变成固定利率，从而降低了债券持有者的风险。

③ 可转换债券，即债券有固定的利率和期限，但债券持有人可在指定的日期，以事先约定的价格将所持有的债券转换成发行公司的普通股票，或其他可流通转让的金融工具，如浮动利率债券等。此类债券在欧洲债券市场上广泛使用，其利率一般低于固定利率债券，转换权利就是对低息的补偿。

④ 零息债券，即债券无票面利率，也不附息票，到期也无利息支付，但债券采用折价发行方式，到期按面值还本。债券面值与发行价格的差额即为投资者的收益。零息债券的收益来自资本的增值而非利息，有利于投资者避税，有些国家不将资本增值作为收入课税。

⑤ 双币债券，即债券以一种货币购买与支付息票，但以另一种货币支付本金。例如，以瑞士法郎为债券面值，利息按固定利率以瑞士法郎支付，本金则按约定的瑞士法郎对美元的汇率以美元偿还。这种债券利率较高，对投资者较具吸引力。对于需筹措瑞士法郎资金而又具有美元偿还能力的借款者，则可降低利率风险。

⑥ 认购权证债券，即债券由债券本身及金融资产认购权两部分组成。对投资者而言投资该债券不仅可获得利息收益，而且还拥有继续投资的权利；对债券发行者而言这种债券利率较低，发行人可借以降低筹资成本。金融资产认购权可以和债券分离在市场上出售，其价格依市场利率水平而定。若市场利率上升，超过认购权中的既定利率水平时，持认购权按既定利率水平投资会不合算，则认购权因无人问津而一文不值；若市场利率下降到既定利率水平之下，下降得越多，则认购权价格就越高。

(3) 欧洲债券市场的特点。

① 管制较松。欧洲债券市场金融管制较松，审查不严，发行手续简便，成本低。如发行债券无须官方批准，也不受任何国家金融法规的约束，自由灵活。同时，欧洲债券的发行

不缴注册费、发行费,所以发行成本较低,一般为债券面值的 25%。

② 市场容量大。由于欧洲债券实质上是向世界范围内的投资者发行,所以其市场容量远远大于任何一个外国债券市场。据统计,欧洲债券市场仅 1989 年上半年发行额就为 1023 亿美元,全年发行额超过 2 000 亿美元。这个数量级是任何一个外国债券市场无法比拟的。

③ 债券发行不记名。多数欧洲债券是不记名的,投资者的投资情况及收入可以保密,有利于避税,对许多投资者有较大的吸引力。

④ 信用风险小,安全性高。欧洲债券的发行者主要是国际金融组织、各国政府、跨国公司和大企业集团,这些机构一般资产庞大,实力雄厚,信誉良好,还款有保证,信用风险小,安全性高。

5.4 国际金融机构概述

5.4.1 国际金融机构简介

国际金融机构是为了协调各国经济运行的矛盾,贯彻国际货币制度,实现国际货币、金融合作、调节各国国际收支和稳定汇率,而建立的从事国际金融管理和经营活动的超国家性质的金融组织。其基本职能是从事国际金融事务的协调和管理以及为稳定和发展世界经济而开展国际金融业务。

1930 年 5 月,为了处理德国的战争赔款和协约国之间债务的清算及清偿事务,由英国、法国、德国、意大利、比利时等国的中央银行和美国的三家大银行组成的银行团在瑞士的巴塞尔成立了国际清算银行(Bank for International Settlements,BIS),这是成立国际金融机构的一个重要开端。

世界上的主要国际金融机构都是在第二次世界大战后陆续建立并发展起来的,这些机构建立的原因既有西方国家企图以其缓解货币信用制度与国际收支危机的目的,同时也有利用其冲破其他国家的防御壁垒,以建立本国金融霸权的企图。但是,从第二次世界大战后到今天,世界经济力量的对比发生了巨大变化,因而这些国际金融机构的性质也被赋予了新的内容。

目前,国际上众多的国际金融机构按其范围可分为三种类型:一是全球性国际金融机构,包括国际货币基金组织和以国际复兴开发银行为核心的世界银行集团;二是半区域性的国际金融机构,如国际清算银行、亚洲开发银行、泛美开发银行和非洲开发银行等,它们的成员国家主要在区域内,但也有区域外的国家参加;三是区域性的国际金融机构,包括欧洲投资银行、阿拉伯货币基金组织等,它们完全由地区的国家组成,是真正意义上的区域性国际金融机构。

5.4.2 国际金融机构的性质与作用

1. 国际金融机构的性质

第二次世界大战以后成立的众多的国际金融机构类型不同,但在性质上却有许多共同点。

(1) 政府间国际金融组织。第二次世界大战前,建立的国际清算银行是国有资本和私人垄断资本联合建立的国际金融机构,因而其业务活动范围和所起的作用都非常有限。第二次世界大战后建立的国际金融机构则不同,它们都是由各国政府出资建立、委派代表组成国际金融组织的领导机构。

(2) 股份公司式的企业组织。与联合国的其他国际组织不同,各国际金融机构都是经营国际资金借贷的企业。它们的组织原则也不同于联合国所属各国际组织的一国一票原则,而是与股份公司的投票原则非常相似。成员国须按各自的经济实力缴纳股金,作为国际金融机构的资本;每个成员国均有投票权,但表决权的多少同出资的多少成正比例关系;出资最多的国家委派代表组成处理该国际金融机构日常业务的执行董事会。

(3) 国际金融机构在处理一些具体事务中呈现明显的不平等。具体体现在:几个全球性金融机构都在大国控制之下,贷款条件严格,利息率不断提高,加重了发展中国家的债务负担,加剧了它们的支付困难;国际金融机构往往干预发展中国家的经济政策和发展规划,这在一定程度上也妨碍了它们民族经济的自由发展。

2. 国际金融机构的作用

众多的国际金融机构自从建立以来,在加强国际合作、发展世界经济方面起了一定的积极作用,主要表现在:提供短期资金,解决国际收支逆差,这在一定程度上缓和了国际支付危机;提供长期建设资金,促进发展中国家的经济发展;调节国际清偿能力,应付世界经济发展的需要;稳定汇率,促进国际贸易的增长。

5.5 国际货币基金组织

5.5.1 国际货币基金组织的成立及其宗旨

1. 国际货币基金组织(International Monetary Fund,IMF)的成立

1930年,世界范围发生经济大衰退,各国相继实施严格的外汇管制措施以防资本逃避,并采取本国货币贬值的办法增强出口竞争力,这使得国际贸易和投资受到极大的阻力。1940—1941年期间,为防止未来各国国际收支出现重大失衡,避免各国竞相贬值货币或采取以邻为壑的贸易政策,英、美等国家为整顿、重建世界经济,国际社会开始酝酿建立国际货币基金组织。

在布雷顿森林会议之前,有关重建国际货币制度的问题,以英国的凯恩斯(Keynes Plan)和美国的怀特方案(White Plan)最受重视。

在两个计划的蓝本之下,1944年7月1日至22日,在美国新罕布什尔州的布雷顿森林镇,在美、英等国的策划下,有美、英、法、中、苏等44个国家的代表召开了具有历史意义的联合国货币与金融会议,在这次会议上,通过了《国际货币基金组织协定》和《国际复兴开发银行协定》(又被简称《世界银行协定》)。

1945年12月27日,29个国家的代表在华盛顿举行仪式,正式签署了上述两个协议。1946年3月,国际货币基金组织正式成立,总部设在华盛顿,1947年3月开始办理放款业务。当时,由于份额可列第三位的苏联政府决定不出席会议,中国当时在基金组织的份额(相当于股本金)排位居于美、英之后,名列第三。

从此,国际货币基金组织和世界银行成为联合国 11 个专门机构中独立经营国际金融业务的机构。目前,这两个全球性的国际金融机构是所有国际金融组织中规模最大、成员最多、影响最广泛的机构,它们对加强国际经济和货币合作,稳定国际金融秩序,发挥着极其重要的作用。

2. 国际货币基金组织的宗旨

根据国际货币基金组织协定的规定,国际货币基金组织的主要宗旨是确保国际货币体系,即各国(及其公民)相互交易所依赖的汇率体系及国际支付体系的稳定,具体如下。

(1) 建立一个永久性的国际货币机构,为会员国在国际货币问题上进行磋商与协作,以促进国际货币合作。

(2) 为国际贸易的扩大和平衡发展提供便利,借以提高和维持各会员国的就业和实际收入高水平的,并增强会员国的生产能力。

(3) 促进外汇汇率稳定,维持会员国间有秩序的外汇安排,并避免货币贬值竞争。

(4) 协助会员国间建立经常交易的多边支付和汇兑制度,并消除妨碍世界贸易发展的外汇管制。

(5) 贷款给会员国用以调节各国的国际收支的不平衡。

(6) 缩短会员国国际收支不平衡的时间,并减轻其程度。

由此可见,国际货币基金组织建立的根本目的是当会员国发生暂时性的国际收支不平衡时,国际货币基金组织可提供短期贷款,帮助它们解决不平衡问题,从而维持外汇汇率的稳定。

3. 国际货币基金组织的工作职责

1) 监督

为了保持金融稳定,防止国际货币体系发生危机,国际货币基金组织通过一种称作监督的正式系统,对国别政策以及各国、各地区和全球经济和金融发展进行检查。国际货币基金组织向成员国提供建议,鼓励有利于促进经济稳定、减少对经济和金融危机的脆弱性以及提高生活水平的政策。它通过《世界经济展望》定期提供其对全球经济前景的评估,通过《全球金融稳定报告》定期提供其对金融市场的评估,通过《财政监测报告》提供其对公共财政发展的评估,还出版一系列地区经济展望。

2) 资金援助

国际货币基金组织的融资为成员国纠正国际收支问题提供喘息空间。通过与国际货币基金组织密切合作,成员国当局就国际货币基金组织支持的贷款制定调整规划。是否继续提供贷款支持取决于成员国能否有效地实施这些规划。为了应对全球经济危机,国际货币基金组织加强了贷款能力,并于 2009 年 4 月批准对资金支持机制进行重大调整,2010 年和 2011 年又通过了进一步改革。这些改革的重点是,加强危机防范,缓解系统性危机期间的蔓延效应,以及根据成员国的表现和情况采用适合它们的工具。在第十四次份额总检查下的增资生效后,国际货币基金组织审议并于 2016 年年初提高了非优惠贷款机制下的贷款限额。为扩大对最贫穷国家的资金支持,基金组织在 2009 年大幅提高了通过减贫与增长信托向低收入国家提供的优惠资金,而优惠贷款机制下的平均贷款限额提高了一倍。此外,2015 年将贷款限额提高了 50%。这些贷款在 2018 年年底之前是无息的，而紧急融资 的利率永久设为零。最后，目前正在努力获取约 150 亿美元(110 亿特别提款权)的额外贷款资源，为基金组织的优惠贷款活动提供支持。

3) 能力建设

国际货币基金组织提供能力建设和培训，其目的是帮助成员国增强其设计和有效实施政策的能力，包括在税收政策和征管、支出管理、货币和汇率政策、银行和金融体系监管、立法框架和统计等领域。

5.5.2 国际货币基金组织的组织机构

国际货币基金组织的会员国通常分为两类：一类是参加 1944 年布雷顿森林会议，并于 1945 年 12 月 31 日前在协定上签字正式参加的国家称为创始会员国，共有 39 个；另一类是在此后参加的国家，称为其他会员国。会员国每年都在陆续增加，到 2019 年为止，会员国已增加到 189 个。

国际货币基金组织是以会员国入股方式组成的，每个会员国必须缴纳一定的份额作为入股基金。会员国缴纳的基金份额，其性质相当于股份公司的入股金。份额的大小，决定会员国从基金组织借款或提款的额度、会员国投票权的多少以及分得特别提款权的多少。

它的管理办法、机构设置、表决权力等与股份公司极其相似，尤其是在会员国的投票、表决权和组织机构的建立上表现特别突出。

国际货币基金组织的活动，由会员国投票决定。会员国的投票权，根据基本票数和份额计算出会员国的票数，根据国际货币基金组织的规定，每个会员国有基本投票权 250 票，然后按各会员国向基金所缴纳的基金份额，每 10 万特别提款权即增加 1 票，两者相加便是该会员国的总投票权数。在此基础上，各国投票权数还可能有加减。到投票日，国际货币基金组织每贷出某成员国货币相当于 40 万单位的特别提款权，则给该成员国增加一票；同时借款的成员国每向国际货币基金组织借取款项，每借得 40 万单位的特别提款权，则减少一票。会员国的份额越大，表决权越大，其理事和执行董事权力也越大。

国际货币基金组织对成员国政府负责。其组织结构的最高层次是理事会，由每个成员国的一位理事和一位副理事组成，通常来自中央银行或财政部，理事会每年在国际货币基金组织/世界银行年会之际开会一次。国际货币与金融委员会由 24 位理事组成，通常每年举行两次会议。

国际货币基金组织的日常工作由代表全体成员国的 24 位成员组成的执董会执行；其工作受国际货币与金融委员会指导，并由国际货币基金组织的工作人员提供支持。总裁是国际货币基金组织工作人员的首脑并担任执董会主席，由四位副总裁协助。

国际货币基金组织的一般投票由简单多数表决即可通过，但在重大问题上，如调整份额、分配特别提款权要由国际货币基金组织董事会决定，并需要 85%的多数票；确定额外认购的支付手段要由国际货币基金组织董事会决定，并需要 70%的多数票等。

国际货币基金组织的组织结构如图 5.5 所示。

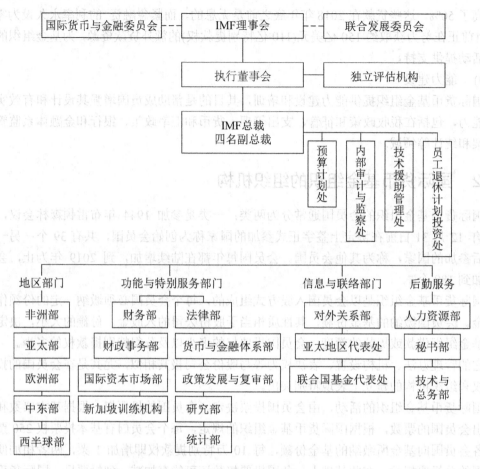

图 5.5　IMF 组织结构

5.5.3　国际货币基金组织的资金来源

国际货币基金组织的资金来源主要有以下几个途径。

1. 基金份额

国际货币基金组织的主要资金来源是成员国的份额,份额大致反映成员国在世界经济中的相对地位。份额在性质上相当于股东加入股份公司的股金,会员国缴纳以后,即成为国际货币基金组织的财产。这些份额起着国际储备的作用,可解决会员国国际收支不平衡和短期资金的需要。会员国应缴纳份额的大小,按会员的国内生产总值、经常账户交易、官方黄金外汇储备、平均进口额、出口变化率和出口额占国民收入的比例等变量所构成的公式计算得出,它作为国际货币基金组织理事会确定会员国最初份额的依据。会员国份额的最后确定,则须由国际货币基金组织与会员国磋商。

份额单位原为美元,1969 年以后改为特别提款权。现在会员国缴纳份额的办法是:份额的 25%用可自由的兑换货币或特别提款权缴纳;在基金组织最初创立时,25%的份额是以可自由兑换的货币和黄金来缴纳的。1978 年 4 月 1 日,国际货币基金组织正式通过修改协定,取消了份额中的 25%以黄金缴纳的规定。份额的 75%以本国货币缴纳,存放于本国中央银行,在国际货币基金组织需要时可以随时动用。此外，如果国际货币基金组织对于成员国应缴本国货币在业务上不需要时，成员国可用其发行的见票即付、不可转让且无息的国家有价证券代替。

国际货币基金组织刚建立时，会员国缴纳份额总计为 76 亿美元，其中美国的份额为 27.5 亿美元，占总额的 36.1%，是缴纳份额最多的国家。国际货币基金组织规定，每 5 年对基金份额进行一次普遍检查，如有必要，可对会员国的份额进行调整。2016 年 1 月 27 日，国际货币基金组织(IMF)宣布 IMF2010 年份额和治理改革方案已正式生效，这意味着中国正式成为 IMF 第三大股东。中国份额占比将从 3.996%上升至 6.394%，排名从第六位跃居第三位，仅次于美国和日本。

最新的第十四次份额总检查最近生效之后，份额资金总额约为 4770 亿特别提款权(约合 6680 亿美元)。此外，国际货币基金组织可以通过借款临时补充份额资金。新借款安排(NAB)能提供高达 1820 亿特别提款权(约合 2540 亿美元)的补充资金，是份额资金的主要后备支持。2012 年中期，成员国还承诺通过双边借款协议增加基金组织的资金；目前生效的约为 2800 亿特别提款权(约合 3930 亿特别提款权)。

会员国向国际货币基金组织缴纳的份额除作为国际货币基金发放短期信用的基金来源外，份额的大小对会员国尚有其他三个作用：①决定会员国从国际货币基金借款或提款的最高限额，一个会员国可以从国际货币基金组织获得的最大融资额度同份额成比例；②决定会员国投票权的多少，一般来说，份额越大，增加的票数越多；③决定会员国分得的特别提款权的多少。

2. 借款

国际货币基金组织的另一资金来源是借款。在国际货币基金组织与会员国协议下，向会员国借入资金，以作为对会员国提供资金融通的来源。例如，1962 年 10 月国际货币基金根据"借款总安排"，从"十国集团"借到 60 亿美元。又如，1974 年、1975 年国际货币基金为解决石油消费会员国的国际收支困难，开办的"石油贷款"业务，其资金来源也是通过借款解决的。

3. 信托基金

国际货币基金组织于 1967 年 1 月决定，按市价出售黄金所得利润，作为信托基金，向最贫穷的会员国提供信贷，以作为对会员国提供资金融通的来源。

5.5.4 国际货币基金组织的主要业务活动

国际货币基金组织的主要业务活动除了对会员国的汇率政策进行监督，与会员国就经济、金融形势进行磋商和协调外，最主要的业务便是向会员国融通资金及提供各种培训、咨询服务。

1. 融通资金

国际货币基金组织所经营的主要业务就是发放贷款。根据 IMF 的规则，在一般情况下，各会员国从国际货币基金组织借得的融通资金数量受其份额多少的制约。当然，当会员国发生金融危机急需大规模资金援救时，份额的限制可以被突破。它所发放的贷款不同于一般金融市场或商业银行提供的贷款,其贷款特点如下。

(1) 贷款对象仅限于会员国政府。国际货币基金组织只与会员国的财政部、中央银行、外汇平准基金组织或其他类似的财政金融机构往来。

(2) 贷款用途仅限于弥补会员国因经常项目收支而发生的国际收支的暂时不平衡,用于贸易和非贸易的经常项目支付,而不是用于开发项目。

(3) 贷款期限则限于短期贷款。

(4) 贷款规模与会员国在国际货币基金组织缴纳份额相联系,受会员国缴纳份额的限制,与其份额大小成正比例。

(5) 贷款形式。国际货币基金组织对会员国的贷款是通过两个部门(账户)进行的。一个是一般资金部门(账户)。这个部门的借贷方式是采取货币互换的形式,即当某会员国需向国际货币基金组织贷款时,用本国货币资产交换所需国的货币资产,称为"购买或提存",即会员国有权按所缴纳的份额,向国际货币基金组织提用一定的资金。会员国还款时,则需购回本国货币资产,称为"购回"。另一个是特别提款权部门,其贷款方式则是用本国所分配到的特别提款权去交换所需的其他会员国的货币。

(6) 贷款利率。视资金的来源确定,除资金来源于借款外,国际货币基金组织对所有贷款收年率为6.25%的固定使用费,即利息。资金来源于借款的,根据用于该项贷款借入资金时的利率再加上一个差额,差额从0.2%到0.325%不等,按照贷款额度与偿还时间的长短而定。除利息外,每笔贷款要收取一定费用,一般为0.5%。多年来,国际货币基金组织针对各成员国的具体情况制定了各种贷款工具。低收入成员国可以通过减贫与增长信托、中期信贷、备用信贷和快速信贷获得优惠贷款。2014年年底之前,优惠贷款的利率都为零。

(7) 计价货币。国际货币基金组织贷款无论以什么货币提供,都以特别提款权计值,利息也用其缴付。

2. 提供培训、咨询等服务

除资金融通业务外,国际货币基金组织还为会员国提供包括培训、咨询等在内的服务。为了提高会员国有关专业人员的素质,国际货币基金组织帮助会员国组织人员培训、编辑、出版各种世界经济及国际金融专题的刊物和书籍;同时,国际货币基金组织派往各地的人员,搜集世界各国的经济、金融信息,并以委派代表团的形式,对会员国提供有关国际收支、财政、银行、外汇、货币、外贸和统计等方面的咨询及技术援助。

3. 监督

IMF的监督功能是通过日常的对话或向会员国提出政策建议来实施的。在通常情况下,IMF每年一次对各会员国的汇率机制、国际收支状况及经济发展前景作出评估,并与会员国政府或货币当局讨论保持货币稳定、促进经济增长与繁荣的最佳政策措施。IMF还结合从私人咨询机构、研究单位所获得的信息,以形成其对全球经济以及地区发展与前景的看法或评价。

5.6 世界银行集团

在前面一节中我们已经提到,世界银行、国际货币基金组织和关贸总协定(即后来的世界贸易组织)被认为是支撑"二战"后世界经贸和金融格局的三大支柱。实际上,这三大支柱都来自于 1944 年召开的布雷顿森林会议。

这里我们所提及的国际复兴开发银行就是今天的世界银行集团(The World Bank Group)的核心机构，经常被简称为世界银行。世界银行集团共包括五个机构：国际复兴开发银行(International Bank for Reconstruction and Development，IBRD)、国际开发协会(International Development Association，IDA)及国际金融公司(International Finance Corporation，IFC)和多边投资担保机构(Multilateral Investment Guarantee Agency，MIGA)。解决投资争端国际中心 ICSID(International Center for Settlement of Investment Disputes)中国是世界银行创始会员之一。本节我们将对世界银行集团的内容加以介绍。

5.6.1 国际复兴开发银行

1. 国际复兴开发银行的概况

国际复兴开发银行，简称世界银行(the World Bank，WB)。它是联合国下属的一个专门机构，负责长期贷款的国际金融机构。1944 年 7 月，在美国布雷顿森林举行的联合国货币金融会议上通过了《国际复兴开发银行协定》，1945 年 12 月 27 日，28 个国家政府的代表签署了这一协定，并宣布国际复兴开发银行正式成立。1946 年 6 月 25 日开始营业，1947 年 11 月 5 日起成为联合国专门机构之一，是世界上最大的政府间金融机构之一。总部设在美国华盛顿，并在巴黎、纽约、伦敦、东京、日内瓦等地设有办事处，此外还在 20 多个发展中成员国设立了办事处。

国际复兴开发银行有三个限制条件。

(1) 只有参加国际货币基金组织的国家，才允许申请成为国际复兴开发银行的成员，但国际货币基金组织的会员国不一定都必须参加国际复兴开发银行。贷款是长期的，一般为 15～20 年不等，宽限期为 5 年左右，利率为 6.3%左右。

(2) 只有成员国才能申请贷款，私人生产性企业申请贷款要由政府担保。

(3) 成员国申请贷款一定要有工程项目计划，贷款要专款专用，国际复兴开发银行每隔两年要对其贷款项目进行一次大检查。

作为世界最大的开发银行——国际复兴开发银行(IBRD)，是 189 个国家共有的全球开发合作机构。作为世界最大的开发银行，IBRD 通过向中等收入国家和资信良好的低收入国家提供贷款、担保、风险管理产品和咨询服务，并通过协调各国应对地区性和全球性挑战，支持世界银行集团的使命。这些借款国通常也可从国际资本市场上或从其他商业渠道筹借到一些资金，IBRD 主要是促进以比市场更稳定的方式和更优惠的条件向这些国家提供期限更长、数量更多的资金。IBRD 提供的贷款的期限为 15～20 年，还贷期要长于商业银行的贷款，而且偿还本金之前还有 3～5 年的宽限期。

国际复兴开发银行与国际货币基金组织共同被定义为永久性的国际性金融机构，也是属于联合国的一个专门机构。

国际复兴开发银行并非是一个普通意义上的银行，它实质上是提供国家间合作的特殊组织。同时国际复兴开发银行也是世界上最大的多边开发机构。

2. 国际复兴开发银行的宗旨

作为一个全球性的金融机构，世界银行成立初期是致力于战后欧洲复兴。法国是第一个从国际复兴开发银行得到贷款的国家。1948 年以后世界银行转向世界性的经济援助。

目前，国际复兴开发银行的宗旨如下。

(1) 对用于生产目的的投资提供便利，以协助会员国的复兴与开发；鼓励较不发达国家生产与资源的开发。

(2) 利用担保或参加私人贷款及其他私人投资的方式，促进会员国的外国私人投资。当外国私人投资不能获得时，在条件合适时，运用本身资本或筹集的资金及其他资金，为会员国生产提供资金，以补充外国私人投资的不足，促进会员国外国私人投资的增加。

(3) 用鼓励国际投资以开发会员国生产资源的方法，促进国际贸易的长期平衡发展，并维持国际收支的平衡。

(4) 在贷款、担保或组织其他渠道的资金中，保证重要项目或在时间上紧迫的项目，不管大小都能得到优先安排。

(5) 在业务中适当照顾各会员国国内工商业，使其免受国际投资的影响。

根据国际复兴开发银行的宗旨，国际复兴开发银行的主要任务就是对发展中成员国提供长期贷款，对成员国政府或经政府担保的私人企业提供贷款和技术援助，资助他们兴建某些建设周期长，利润率偏低，但又为该国经济和社会发展所必需的建设项目。

国际复兴开发银行通过向会员国提供中长期资金，解决了会员国战后恢复和发展经济建设的部分资金需求，促进了会员国的经济复兴与发展。国际复兴开发银行只向信誉良好的借款者提供贷款，只有那些可望给该国带来较高经济实际收益率的项目才能得到帮助。

3. 国际复兴开发银行的服务

通过与中等收入国家和资信良好的较贫困国家的合作伙伴关系，IBRD 向国家和地方政府提供创新型金融解决方案，包括金融产品(贷款、担保和风险管理产品)和知识及咨询服务(包括付费服务)。

IBRD 为各行业的投资提供资金，并在项目各阶段提供技术支持和专业知识。IBRD 的资源不仅给借款国提供了所需资金，也为全球知识转让和技术援助开辟了一个渠道。

在公共债务和资产管理领域的咨询服务，帮助政府、国有机构和开发机构加强保护和扩大财政资源的制度能力。

IBRD 支持政府为加强公共财政管理、改善投资环境、解决服务提供的瓶颈问题、加强政策和体系所做的努力。

4. 国际复兴开发银行的股份

国际复兴开发银行按股份公司的原则建立。成立初期，国际复兴开发银行法定资本 100 亿美元，全部资本为 10 万股，每股 10 万美元。凡是会员国均要认购银行的股份，认购额由申请国与世界银行协商并经世界银行董事会批准。一般来说，一国认购股份的多少根据该国的经济实力，同时参照该国在国际货币基金组织缴纳的份额大小而定。会员国认购股份的缴纳有两种方法。

(1) 会员国认购的股份，先缴 20%。其中 2%要用黄金或美元缴纳，18%用会员国本国的货币缴纳。

(2) 其余 80%的股份，当世界银行催交时，用黄金、美元或国际复兴开发银行需要的货币缴付。

需要说明，前面所述会员国缴付股金办法，是国际复兴开发银行协定规定的，也是最初采用的办法，但在 1995 年增资时，会员国将其认缴股增加一倍，但会员国实际缴付的股金并未相应增加，故此会员国实际缴纳的股金由原来的 20%下降为 10%，用黄金、美元缴纳的部分由 2%降为 1%，会员国用本国货币缴付的部分由原占认缴额的 18%降为 9%，而其余的 90%是待缴股金。

国际复兴开发银行的重要事项都需会员国投票决定，投票权的大小与会员国认购的股本成正比，与国际货币基金组织的有关投票权的规定相同。国际复兴开发银行每一会员国拥有 250 票基本投票权，每认购 10 万美元的股本即增加一票。

在美国华盛顿举行的第 97 届发展委员会部长级会议通过的股权改革方案显示，中国在国际复兴开发银行的股权将由目前的 4.68%提高至 6.01%，在国际金融公司的股权也将由目前的 2.41%提高至 2.95%。

在世界银行的投票权中，美国投票权占比最大，为 16.4%。中国的投票权为 4.42%，排名第三。在对重大事项决议时，需要通过的投票比率是 85%，即美国所占的投票权可以独立否决任何决议。

5. 国际复兴开发银行的资金来源

国际复兴开发银行的贷款约占世界银行集团年贷款额的四分之三，其资金几乎全部筹自金融市场。这使其能自 1946 年以来提供贷款 5000 多亿美元用于在世界各地扶贫。

国际复兴开发银行资金的另一个来源是在国际债券市场上发售三 A 级债券和其他债券，发售对象为养老基金、保险机构、公司、其他银行及个人。目前国际复兴开发银行是世界各主要资本市场上的最大非居民借款人。除了在国际资本市场上发行债券以外，国际复兴开发银行也直接向会员国的政府、中央银行等机构发行中、短期债券筹集资金。

国际复兴开发银行的主要资金来源还有将贷出款项的债权转售私人投资者，主要是国际商业银行等金融机构，这样可以迅速收回一部分资金，以扩大国际复兴开发银行贷款资金的周转能力。这种方式的资金来源，在 20 世纪 80 年代国际复兴开发银行业务中很普遍。另外，国际复兴开发银行的利润收入也是其资金来源之一。

此外，自 1984 年以来，国际复兴开发银行年年都有净收益。它除将一部分净收益以赠款形式拨给国际开发协会外，其余均充作本身的储备金，成为发放贷款的一个资金来源。

6. 国际复兴开发银行的业务活动

国际复兴开发银行通过提供贷款、政策咨询和技术援助，支持各种以减贫和提高发展中国家人民生活水平为目标的项目和计划。制定有效的减贫战略和提供以减贫为主的贷款是实现这些目标的关键。国际复兴开发银行的业务计划高度重视推进可持续的社会和人类发展，高度重视加强经济管理，并越来越强调参与、治理和机构建设。

发放低息贷款，在发展中国家从事经济与社会发展项目是国际复兴开发银行各项业务中最主要的业务。在第二次世界大战后的初期，国际复兴开发银行发放的贷款主要集中在欧洲国家，帮助西欧国家在战后恢复经济。1948 年以后，欧洲各国的战后复兴主要依赖于美国的"马歇尔计划"的援助。于是，国际复兴开发银行的贷款转向亚洲、非洲、拉丁美洲等发展中国家，帮助他们解决开发资金的需要。自 20 世纪 70 年代以来，国际复兴开发银行自身的贷款规模虽然一再扩大，但仍然满足不了会员国，主要是发展中国家会员国不断增长的资金需要。为了适应这一趋势，国际复兴开发银行在原有贷款方式的基础上，又发展了一种新贷款——联合贷款，也可称为共同融资。

5.6.2 国际开发协会

1. 国际开发协会的建立及其宗旨

国际开发协会(IDA)的产生是由于发展中国家长期遭受帝国主义的剥削，外债高筑，每年还本付息的负担沉重，而国际货币基金组织和国际复兴开发银行的贷款条件较严，数量有限，不能帮助贫穷的发展中国家摆脱困境，这些国家的不满情绪日益高涨。鉴于这种情况，在美国的倡议下，经国际复兴开发银行理事会批准，成立了国际开发协会，专门对较穷的发展中国家提供优惠的货款。

国际开发协会于 1960 年 9 月 24 日正式成立。同年 11 月开始营业，总部设在华盛顿。它有自己独立的会计和盈亏核算，从法律地位和资金构成来看，它是一个独立的金融机构。国际开发协会在世界银行履行其减贫使命方面起着重要作用。

国际开发协会的成员必须是国家，且必须是世界银行成员国。在建立国际开发协会的协定后列名的同意在 1960 年 12 月 31 日以前加入协会的国家，被认为是其创始会员国(有的国家虽然列名但最后并未加入，如乌拉圭)。创始会员国的份额是预先设定的。其他国家要加入必须进行申请，它们的份额由国际开发协会决定。目前 189 个世界银行成员国中的 160 个已加入国际开发协会。

国际开发协会的宗旨是：促进欠发达国家成员的经济发展，对这些国家的公共工程和发展项目提供条件较宽的长期贷款，以协助世界银行的贷款工作。国际开发协会共提供给 81 个国家贷款。

2. 国际开发协会的资金来源

国际开发协会的资金来源主要有以下四个方面。

1) 会员国认缴的资本

IDA 的资金由 50 个左右具有伙伴关系的富裕国家以捐款方式提供，这些捐款方每三四年集会一次，讨论并决定 IDA 未来贷款项目所需新资金的数量，以及新的贷款政策和重点。

国际开发协会原定法定资本为 10 亿美元，其中，第一组国家(工业发达国家，如美国、英国、德国、法国、日本等)为 76 亿美元，以黄金或自由外汇缴纳；第二组国家(发展中国家，如亚、非、拉等地区的国家)为 24 亿美元，10%用黄金或自由外汇缴纳，其余 90%可以用本国货币缴纳。后来又多次增资，自国际开发协会成立以来，会员国认缴资本累计已达 960 亿美元。

2) 国际复兴开发银行拨款

从 1964 年开始，国际复兴开发银行都要从净收入中以赠与形式拨款资助协会，作为其贷款资金的一项来源。

3) 补充资金和特别基金捐款

由于国际开发协会规定不得依靠在国际金融市场发行债券来筹措资金，所以，国际开发协会只能要求各会员国政府(主要是第一组会员国)定期提供补充资金，一般是每 3 年一次。

4) 利润收入

国际开发协会业务经营的净收入也是协会资金的来源之一，由于协会贷款条件极为优惠,所以这部分收入很少。

3. 国际开发协会的主要业务活动

国际开发协会的业务主要是提供项目贷款。截至 2019 年 6 月 30 日财政年度,IDA 承诺总额为 220 亿美元(包括 IDA 担保),其中 36%按赠款条款提供。 2019 财年新递交 254 项新业务。自 1960 年以来,IDA 已向 113 个国家提供了 3750 亿美元。年度递交业务在过去 3 年中稳步增长,平均约为 220 亿美元/年。

国际开发协会资助的业务涉及初等教育、基本保健服务、清洁水和卫生设施、环境保障、商业环境改善、基础设施和机构改革,这些项目为经济增长、创造就业机会、提高收入和改善生活条件铺平了道路。

国际开发协会被称为世界银行的"软贷款窗口",它的贷款是一种长期低利息的贷款,其优惠条件主要表现在:贷款期限长,可长达 35~40 年;不收利息,对已支付贷款额每年只收 0.7%的管理费,对未支付贷款每年收 0.75%的承诺费;有 10 年宽限期,从第一个 10 年起,每年还本 1%,其余 30 年,每年还本 3%;偿还贷款时,可以全部或一部分用本国货币,因此称为"软贷款"(soft loan)。业务中,国际开发协会的贷款被称为"信贷"(credit),以区别于世界银行的贷款活动。这种贷款有以下特点。

(1) 贷款对象。国际开发协会主要向较贫穷的发展中国家提供贷款,根据新标准,只有人均国民生产总值在 865 美元以下的会员国才能获得这种贷款,而且,一般只贷给会员国的政府。目前符合标准的国家有 81 个,从地域上看,这些国家主要集中在南亚和非洲。

(2) 根据国际开发协会章程,信贷活动一般是针对特定项目,在特殊情况下,也可提供规划性贷款或非项目贷款。国际开发协会成立初期,资金主要投向交通、电力、港口等基础设施和基础产业,20 世纪 70 年代以后,由于意识到低收入国家往往非常倚重农业,因此国际开发协会的信贷比较集中于农村开发项目。国际开发协会还对其他长期才能产生效益或者很难用收入来表示的项目,如教育和其他人力资源等进行贷款。

(3) 国际开发协会的信贷是非营利性的,不收利息,只收 2.75%的手续费。

(4) 国际开发协会的信贷是长期贷款,期限长近 50 年,头 10 年不必还本,第二个 10 年起,每年还本 1%,其余 30 年,每年还本 3%,贷款可以全部或部分用本国货币偿还。

国际开发协会的贷款程序与国际复兴开发银行的贷款程序相同。

5.6.3 国际金融公司

1. 国际金融公司的建立和宗旨

1) 国际金融公司的建立

国际金融公司在参与的私营部门对于消除极端贫困和促进共同繁荣不可或缺。国际金融公司(IFC)成立于 1956 年 7 月,是世界银行集团的成员,总部设在华盛顿。作为一个国际组织,它的宗旨是通过资助成员国的非国有企业来促进发展中国家经济的发展。国际金融公司与世界银行集团的其他机构密切合作并互为补充,但它在法律和财务上是独立的。它有自己的章程、股东、财务制度、管理体系及工作人员。

国际金融公司综合了多边开发银行和私人商业银行的特点。其股本金来源于 176 个成员国,包括发达及不发达国家。根据国际金融公司协定规定,成员国必须是国际复兴开发银行的会员国,但国际复兴开发银行的会员国不必一定要加入国际金融公司。据此条件,1955年6月30日时满足这一条件的56个国家,如果在1956年12月31日以前交付份额,都被认为是公司的创始成员。

国际金融公司(IFC)与国际开发协会是国际复兴开发银行的两个附属机构,同时它们又是独立的国际金融机构。国际金融公司的建立,是由于国际复兴开发银行的贷款,是以会员国政府为对象,而对私人企业贷款必须由政府机构担保,因此,在一定程度上限制了国际复兴开发银行业务的扩展。为了扩大对私人企业的国际贷款,美国国际开发咨询局建议在国际复兴开发银行下设立国际金融公司。

2) 国际金融公司的宗旨

世界银行向私有企业贷款时要求相关政府提供还款保障,这在很大程度上限制了其业务范围。国际金融公司是为了弥补这一不足而建立的,它是帮助欠发达国家计划的一部分。国际金融公司的宗旨是:鼓励成员国、特别是欠发达国家中有生产能力的私人企业的增长,为其新建、改建和扩建等项目提供资金,促进它们的经济发展,从而补充世界银行的活动。

2. 国际金融公司的资金来源

国际金融公司的资金主要来源于会员国认缴的股金、借款和净收益三个方面。

(1) 股金。国际金融公司最主要的资金来源是会员国认缴的股金。国际金融公司成立时,法定资本为1亿美元,分为10万股,每股1 000美元。各会员国认缴股金的大小,与其在国际复兴开发银行所认缴的股份成正比,所以股份必须以黄金或美元缴纳。此后,国际金融公司几次增资,到1997年6月,会员国认缴资本总额已近22.3亿美元,其中,美国认缴约5.33亿美元,占总资本的23.93%,我国认缴了0.245亿美元,占总资本的1.1%。

(2) 借款。借款是国际金融公司凭借其资信在国际金融市场通过发行债券等方式筹资,目前已成为国际金融公司最大的资金来源。此外,国际金融公司还通过国际信贷和发行国际债券筹措资金。

(3) 业务净收益。国际金融公司历年来的业务净收益主要用于支付公司的行政管理费用、促进资助私人企业项目投资以及技术援助所需费用等。20纪90年代以来,公司的利润增长较快。

3. 国际金融公司的主要业务活动

1) 融资

自1956年以来,国际金融公司已利用26亿美元资金为发展中国家的企业提供超过2850亿美元的融资。其提供的贷款包括74种货币币种。

国际金融公司的业务活动主要是对私人企业贷款,其贷款特点是:①对象限于成员国领土内的生产性私人企业,而且这些企业不能以合理条件从其他渠道获得资本。"生产性"是指国际金融公司资助的企业应能对成员国的经济发展有所贡献。②期限一般是7~15年。③申请借款应该具有健全的资本结构,一定的管理能力和能够获利的项目,不需政府担保。④贷款利率略高于世界银行的贷款利率,年息一般达到7%。⑤贷款可以用各种货币支付,退还时必须用借入的币种偿还。国际金融公司贷款分为A种和B种,A种是由国际金融公司自身提供的贷款,B种是由国际金融公司出面组织国际商业银行提供的银团贷款。两种贷款均不需要政府担保。

国际金融公司的贷款对象主要是亚、非、拉的发展中国家的制造业、加工业及开采业,如建筑材料、纺织、造纸、肥料、机械、化工、采矿以及公用事业、旅游业等。另外,该公司还贷款给当地的开发金融机构,通过联合投资活动,组织工业发达国家的资本输出。贷款额一般为 10 万~2 000 万美元,贷款期限为 7~15 年。利率则要看借款者的资信好坏而定,最高为 10%,最低为 6%,一般则在 7%以上。利润和红利每年都有变化,高低不等。

国际金融公司提供创新的衍生品,结构性融资,本地货币产品和解决方案,使客户能够对冲外汇、利率和商品价格。

2) 投资

国际金融公司除了专门投资于发展中国家的盈利性项目外,还可以对企业进行投资,直接入股,也通过私募股权基金投资、通过利润参与贷款,可转换贷款和优先股进行投资。

在其参股的企业中,国际金融公司的投资公司股权的 5%~20%。但投资收益率一般要在 10%以上,因此对投资项目的选择较严格。国际金融公司一般不进行投票或参与日常管理,但可能有其他方面的特殊要求。

由于参股时国际金融公司是私人企业的股东,它对这些企业在管理等各方面帮助很大。IFC 的金融产品使公司能够管理风险并扩大其进入国内外资本市场的机会。

2018 财年,IFC 在 366 个项目中进行了 116 亿美元的长期投资,此外,还动员了近 117 亿美元来支持发展中国家的私营部门。

3) 担保

部分信用担保(PCG)表示完全和及时偿还债务的承诺达到预定金额。一般而言,国际金融公司的目标是提供促进交易成功所需的最低数量的担保。

风险分担机制则允许客户出售与资产池相关的部分风险。资产通常保留在客户的资产负债表上,风险转移来自国际金融公司提供的部分担保。通常,客户与国际金融公司建立风险分担机制的目的是帮助客户提高其在国际金融公司有兴趣增加其自身风险的资产类别中发起新资产的能力。

4) 咨询服务

国际金融公司的另一项业务是咨询服务,向发展中国家的政府和企业提供包括私有化和企业改组、资本市场发展、技术援助等方面的咨询服务。

5.6.4 多边投资担保机构和解决投资争端国际中心

1. 多边投资担保机构

多边投资担保机构(MIGA)是世界银行集团的成员。为促进国际资本流向发展中国家,加快发展中国家的经济发展,1968 年国际复兴开发银行草拟了《多边投资担保机构协议》,但没有得到通过。经过多次修改后,《多边投资担保机构公约》于 1985 年 10 月 11 日在国际复兴开发银行年会上得到通过。该公约共 11 章 67 条,自 1988 年 4 月 12 日起正式生效,多边投资担保机构也同时成立,目前有成员国有 164 个。

《多边投资担保机构公约》的主要内容如下。

(1) 宗旨。通过向投资者和贷方提供担保(政治风险保险和信用增级)来促进发展中国家的跨境投资。MIGA 的担保可以保护投资免受非商业风险的影响,并可以帮助投资者获得融资来源,以改善财务条款和条件。MIGA从世界银行集团及其作为国际组织的结构中获得其独特的优势,其股东包括世界上大多数国家。

(2) 机构地位。享有国际法主体资格,同时具备私法意义上的法人资格。

(3) 业务只限于非商业性政治风险,具体分为货币汇兑险、征收险、违约险、战争和内乱险。

(4) 规定合格的投资、合格的投资者和东道国条件。

(5) 东道国主权控制的范围。

(6) 争端的解决。

中国于1988年4月28日签署公约,于4月30日向国际复兴开发银行递交对公约的核准书,成为多边投资担保机构的创始会员国之一。

2. 解决投资争端国际中心

解决投资争端国际中心是1965年3月18日于华盛顿由国际复兴开发银行(下称世行)主持制定的《解决国家与他国国民间投资争端公约》,1966年10月14日生效,由50多个国家参加,是世界银行所属专门处理跨国投资争议的国际机构,总部设在美国华盛顿。截至2014年8月,签署该公约的国家已达159个,其中150个国家的立法机构已经批准了该公约。

我国于1990年2月9日签署该公约,1993年1月7日全国人民代表大会批准了该公约,1993年2月6日正式加入该公约。国际投资纠纷解决中心通过对投资纠纷提供国际调解和仲裁,鼓励外国投资,以此增进各国与外国投资者之间的相互信任。许多国际投资协议都援引该中心的仲裁条款。该中心还在仲裁法和国际投资法领域进行研究和出版活动。

建立"解决投资争端国际中心",作为调解和仲裁的常设机构。中心的行政理事会由缔约国各派出代表一人组成,具有决定该中心主要问题的权利。世界银行的行长为行政理事会的当然主席。根据争端双方当事人间的书面协议受理案件。

当事人要求调解的,应向秘书长提出书面申请。经同意登记后由双方当事人从调解人小组中或从调解人小组外任命独任调解人,或由非偶数调解人组成调解委员会,对争端进行调解。

当事人要求仲裁的,也应向秘书长提出书面申请,经同意登记后由双方当事人从仲裁人小组中或从仲裁人小组外任命独任仲裁员一名,或由非偶数仲裁人组成仲裁庭进行仲裁。生效后的裁决对双方皆有约束力,并应在各缔约国领土上得到承认和执行。

5.7 国际清算银行

国际清算银行(BIS)是根据1930年1月20日签订的海牙国际协定,于同年5月由英国、法国、意大利、德国、比利时、日本六国的中央银行,以及代表美国银行界利益的三大商业银行(摩根银行、芝加哥花旗银行和纽约花旗银行)组成的银行集团联合组成的,行址设在瑞士的巴塞尔。后来欧洲各国、加拿大、澳大利亚和南非的中央银行也纷纷加入。

5.7.1 国际清算银行的宗旨

成立这家金融机构的目的是办理第一次世界大战后德国赔款的支付和战后所造成的国际债务的支付和转移等,随着战后债务问题的解决,国际清算银行并没有解散,它先后成为

"欧洲经济合作组织""欧洲支付同盟""欧洲煤钢联营""黄金总库""欧洲货币合作基金"等的金融代理人，承担着繁重的结算工作，执行着"中央银行的银行"的职能。

国际清算银行的宗旨是：促进各国中央银行之间的协作，为国际金融活动提供方便，在国际金融清算中充当受托人或代理人。

其具体表现如下。
(1) 促进讨论并促进中央银行之间的合作。
(2) 支持与负责促进金融稳定的其他当局的对话。
(3) 对与货币和金融稳定相关的问题进行研究和政策分析。
(4) 作为中央银行金融交易的主要交易对手。
(5) 作为与国际金融业务有关的代理人或受托人。

5.7.2 国际清算银行的组织机构

国际清算银行的最高权力机构是股东大会，股东大会每年举行一次，由认购该行股票的各国中央银行派代表参加。股东大会审查通过年度决算、资产负债表、损益计算表和红利分配办法。股东大会的投票权数根据认股数按比例分配。国际清算银行的法律地位比较独特，一方面，它是以股份有限公司的形式依照瑞士法律登记注册的，是一个股份有限公司；另一方面，它又具有许多国际组织的特征。

1. 国际清算银行最高权力机构和成员

国际清算银行的实际权力由董事会掌握。董事会由董事长、副董事长各一人及董事 11 人组成。董事会下设经理部、货币经济部、秘书处和法律处，目前有职工 300 名。经理部有总经理和副总经理各一人及经理、副经理十余人，下设四个机构：银行部，主管具体银行业务。货币经济部，负责调查研究工作。此外还有金融稳定学院和秘书处。

国际清算银行原核定资本为 5 亿金法郎，分为 20 万股，每股 2500 金法郎，由英国、法国、德国、意大利、日本和比利时六国的中央银行以及美国的摩根财团平均认购，共同投资。注册资本后来增至 15 亿金法郎，分为 60 万股，每股 2500 金法郎。现在，国际清算银行 4/5 的股份掌握在各成员国中央银行手中，1/5 的股份已经由各成员国的中央银行转让给了私人，由私人持有，私人股东不参与投票表决。

1996 年 9 月，国际清算银行决定接受中国、印度、韩国、新加坡、巴西、墨西哥、俄罗斯、沙特阿拉伯和中国香港等九个国家和地区的中央银行或与行使中央银行职能的机构为新成员。这是国际清算银行 25 年来首次接纳新成员。截至 2018 年年底，国际清算银行有 60 个成员(包括中国香港特别行政区和欧洲中央银行)。

2. 国际清算银行的职能和业务

国际清算银行的职能是办理多种国际清算业务，因此它主要是和各国中央银行往来，此外，也和一些国家的商业银行有往来关系。目前全世界约有 80 家中央银行在国际清算银行保有存款账户，各国约 10%的外汇储备和 3000 多吨的黄金存在该行。该行还办理各国政府国库券和其他债券贴现和买卖业务，买卖黄金、外汇，或代理各国中央银行买卖。

国际清算银行还是各国中央银行进行合作的理想场所。很多国家的中央银行行长每年定期在巴塞尔年会上就一些世界经济与金融形势问题进行讨论，探讨如何协调宏观政策和维持国际金融市场的稳定。尤其是该行的董事会每月在巴塞尔开会，以及主要发达国家的中央银行频繁接触，对协调它们之间的货币政策起到了很重要的作用。另外，国际清算银行还尽力使其全部金融活动与国际货币基金组织的活动协调一致，并与其联手解决国际金融领域的一些棘手问题。

5.8 区域性国际金融机构

20世纪60年代以来，亚洲、非洲、美洲和欧洲的一些国家，通过互相合作的方式，建立本地区的多边性金融机构，以适应本地区经济的发展和国际投资及技术援助的需要。这些区域性国际金融机构对促进本地区的国际贸易与投资，以及成员国经济的发展，起着极其重要的作用。本节介绍一些比较重要的区域性国际金融机构。

5.8.1 亚洲开发银行

1. 亚洲开发银行的成立和宗旨

亚洲开发银行(Asian Development Bank，ADB)是西方国家和亚洲及太平洋地区发展中国家联合创办的政府间国际金融组织。第二次世界大战爆发后，使得亚洲及太平洋地区的许多发展中国家原本就不发达的经济遭受到严重的破坏。战后，获得民族独立的殖民地国家面临着迅速发展本国经济的艰巨任务，但由于缺乏资金、技术等条件，这些国家和地区的经济发展十分缓慢。面对这一现状，亚洲国家和地区的政府意识到必须在本地区建立一个开放性的金融组织，通过该组织进行本地区之间以及本地区与国际之间的金融合作，为本地区的经济发展提供资金。

1963年3月，日本首先提出了设立"亚洲开发银行"的建议。同年12月，联合国亚洲及远东经济委员会，在马尼拉召开第一次亚洲经济合作部长级会议讨论日本的建议，各国代表原则上同意建立亚洲开发银行。1965年11~12月，在马尼拉召开的第二次亚洲经济合作部长级会议上，通过了亚洲开发银行章程。1966年11月24日，亚洲开发银行正式成立，同年12月开始营业，总部设在马尼拉。

亚洲开发银行的宗旨是：通过向会员国发放贷款、进行投资和技术援助，并同联合国及其专门机构进行合作，以协调会员国在经济、贸易和发展方面的政策，进而促进亚太地区的经济繁荣。为实现这一宗旨，亚洲开发银行的主要任务有：利用亚洲开发银行的资金为本地区发展中国家的开发项目和计划提供贷款；为这些贷款项目的确认、准备、实施和运转提供必要的技术援助；通过亚洲开发银行的活动促进成员国公营和私营部门的开发性投资；为成员国协调本国的开发计划和政策提供必要的资金和技术援助。

亚洲开发银行是以成员国入股的方式组成的企业性金融机构，设有理事会、董事会以及办事机构。理事会是亚洲开发银行的最高权力机构。

2. 亚洲开发银行的资金来源

亚洲开发银行的资金主要来源于普通资金和特别基金两个方向。除此之外，亚洲开发银行还从其他资金渠道为项目安排联合融资。

1) 普通资金

普通资金是亚洲开发银行开展贷款业务最主要的资金来源，普通资金由以下部分构成：股本、借款、普通储备金、特别储备金、净收益、预交股本。亚洲开发银行初建时，法定股本为10亿美元，分为10万股，每股1万美元。1978年4月1日，每股改按1万特别提款权计算。亚洲开发银行首批认缴股本中，成员国的实缴股本和待缴股本各占50%。实缴股本分五次缴纳，每次缴20%，每次缴纳金额的50%以黄金或可自由兑换货币支付，其余的50%以本国货币支付。待缴股本由成员国保存，在亚洲开发银行催缴时以黄金、可自由兑换货币或亚洲开发银行需要的货币支付。

亚洲开发银行理事会每5年对法定股本进行一次审查，根据业务经营的需要，决定是否增资和认缴股本的分配情况。亚洲开发银行在第三次普遍增资时决定：实缴股本占认缴股本的5%，其余的95%为待缴股本。实缴股本中的40%以可自由兑换货币支付，60%以本国货币支付。

借款也是亚洲开发银行的重要资金来源，亚洲开发银行的借款部分来自于在主要国际资本市场发行长期债券筹集资金，也向会员国政府、中央银行以及其他国际金融机构借入款项，有时还向国际商业银行直接借款。

2) 特别基金

亚洲开发基金建立于1974年6月，专向亚太地区贫困成员国发放优惠贷款。亚洲开发基金主要来源于亚洲开发银行发达成员国的捐赠。在这些国家中，日本是最大的认捐国，其次是美国。除此之外，亚洲开发基金还有两个来源：一是亚洲开发银行理事会按照银行章程规定，从各成员国缴纳的未核销实缴股本中拨出10%的款项留给该基金；二是亚洲开发银行从其他渠道取得的一部分捐款。

技术援助特别基金建立于1967年，主要用于提高发展中国家人力资源的素质和加强执行机构的建设，具体来说是资助发展中国家聘请咨询专家、培训人员、购置设备进行项目准备和项目执行、制定发展战略、加强机构建设和技术力量、从事部门研究等。技术援助基金主要来源于各成员国的捐赠。另外，亚洲开发银行理事会于1986年10月1日决定，从为亚洲开发基金增资的36亿美元中，拨出2%的款项给技术援助特别基金。

日本特别基金建立于1988年3月10日，用于支持发展中国家所进行的与实现工业化、开发自然资源、人力资源以及引进技术有关的活动，以便加速发展中国家的经济增长。该项基金全部由日本政府捐赠。

3) 联合融资资金

联合融资资金是通过多、双边渠道，从出口信贷代理商、市场金融机构、商业银行、寿险公司及养老金等金融机构，为一篮子合同项目筹集的资金或从供货商筹集的资金，或者是以提供部分信贷保金、偿还部分债务及保险金等为目的筹集的资金。

3. 亚洲开发银行的主要业务活动

亚洲开发银行的主要业务是向本地区发展中国家提供贷款。亚洲开发银行的贷款分为硬贷款、软贷款和赠款。硬贷款是由亚洲开发银行普通资金提供的贷款，贷款的期限为10～30年，含2～7年的宽限期，贷款的利率为浮动利率，每半年调整一次。软贷款又称优惠利率贷款，是由亚洲开发基金提供的贷款，贷款的期限为40年，含10年的宽限期，不收利息，仅收1%的手续费。赠款资金由技术援助特别基金提供。

亚洲开发银行自成立以来，其贷款业务发展十分迅速，涉及农业和农产品加工业、能源、工业、交通运输、通信、开发银行、环境卫生、供水排水、教育、城市发展以及人口控制等众多部门，其中农业和农产品加工业、能源及交通运输业是亚洲开发银行发放贷款的重点部门。

亚洲开发银行的贷款对象为成员国政府及所属机构、其境内的公私企业和与开发本地区有关的国际性或地区性组织。

亚洲开发银行的贷款方式与国际复兴开发银行相似，主要有项目贷款和规划性贷款。项目贷款是为会员国的具体建设项目提供的贷款，是亚洲开发银行的主要贷款方式。贷款程序也要经过项目确定、可行性研究、实地考察评估、签署借贷协议、贷款生效、项目的执行与监督、项目完成后的评价等一系列环节。规划性贷款是对会员国某个需要优先发展的部门提供的贷款。另外，亚洲开发银行的贷款有些是通过会员国的金融机构进行转贷。

亚洲开发银行除贷款外，还提供技术援助，其类型分为项目准备技术援助、项目执行技术援助、咨询性技术援助和区域活动技术援助。项目准备技术援助是帮助成员国确定项目或进行项目的审核，使亚洲开发银行或其他金融机构能顺利地对项目进行投资。项目执行技术援助是帮助项目执行机构(包括开发性金融机构)提高管理能力，以便更好地执行亚洲开发银行贷款的项目。咨询性技术援助是用于帮助有关机构加强建设，进行人员培训，研究部门政策和策略，制定国家发展规划等。区域性技术援助用于重要问题的研究，开办培训班，举办涉及整个区域发展的专题研讨会等。亚洲开发银行开发银行在亚太地区社会经济发展中起着重要的作用。

5.8.2 泛美开发银行

泛美开发银行(Inter-American Development Bank，IDB)以南美洲、北美洲及加勒比海国家为主，联合一些西方国家合办的区域性政府间国际金融组织。它建立于1960年1月1日，于同年10月1日正式营业，总部设在美国首都华盛顿。

1. 泛美开发银行的宗旨

为动员外国资金向拉美成员国提供经济和社会发展项目贷款，以促进该地区经济的发展和"泛美体制"的实现，IDB致力于改善拉丁美洲和加勒比地区的生活。通过为致力于减少贫困和不平等的国家提供财政和技术支持，IDB帮助改善健康和教育，并推进基础设施建设。目标是以可持续，气候友好的方式实现发展。

IDB贷款对象为拉美成员国的政府和公私团体。贷款分普通贷款和特种贷款两种。前者利率较高，期限为10～20年，并需以所借货币偿还；后者利率较低，贷款期限为25～40年，可全部或部分以借款国货币偿还。其历史可以追溯到1959年，今天IDB是拉丁美洲和加勒比地区发展融资的主要来源。

2. 重点领域

重点领域包括三个方面：社会包容和不平等、生产力和创新以及经济一体化。

小　结

本章介绍了两部分的内容：其一是国际金融市场，其二国际金融机构。其中重点内容包括：国际金融市场的定义，各种传统国际金融市场，欧洲货币市场，国际货币基金组织，世界银行集团。其中难点部分是：欧洲货币市场的概念与产生的原因、特点和构成等；重点需要掌握的部分是：国际金融市场的特点、形成条件，国际货币市场、资本市场、外汇市场和黄金市场的特点及其业务等。

复习思考题

1. 名词解释

(1) 国际金融市场
(2) 离岸金融市场
(3) 欧洲货币市场

2. 问答题

(1) 什么是国际金融市场？主要有哪些类型？
(2) 当代国际金融市场的特点是什么？
(3) 国际金融市场的形成需要哪些条件？
(4) 传统的国际货币市场主要包括哪些市场？
(5) 世界著名的外汇和黄金市场主要有哪些？
(6) 如何理解欧洲货币与欧洲货币市场的含义？
(7) 欧洲货币市场形成与发展的原因是什么？
(8) 简述欧洲货币市场的特点及构成。
(9) 欧洲债券市场的特点是什么？
(10) 简述国际金融机构的性质与作用。
(11) 国际金融机构发挥着哪些作用？
(12) 简述国际货币基金组织的宗旨、资金来源和主要业务活动。
(13) 简述国际复兴开发银行的宗旨、资金来源和主要业务活动。
(14) 国际复兴开发银行的贷款条件和方向是什么？
(15) 试比较国际货币基金组织和国际复兴开发银行提供的贷款的不同点。
(16) 简述国际开发协会和亚洲开发银行的宗旨和资金来源。

案例及热点问题分析

案例及热点问题分析 5-1

(扫一扫,阅读案例并进行讨论。)

案例及热点问题分析 5-2

(扫一扫,阅读案例并谈谈自己的看法。)

课后阅读材料

课后阅读 5-1　伦敦同业拆借利率(LIBOR)

(扫一扫,了解一下伦敦同业拆借利率(LIBOR)。)

课后阅读 5-2　加勒比离岸金融业的基本情况和特点

(扫一扫,一起来了解加勒比离岸金融业的基本情况和特点。)

课后阅读 5-3　国际清算银行的几段历史

(扫一扫,了解一下国际清算银行的几段历史。)

第6章 国际资本流动与国际金融危机

【内容提要】

在本章中,读者可以学习到有关国际资本流动的定义、原因及其对经济的影响;了解国际资本流动的特点;学习到有关国际资本流动下的国际金融危机;了解国际金融危机和债务危机等。

具体内容包括以下两个方面。

1. 国际资本流动概述。
(1) 国际资本流动的含义。
(2) 国际资本流动的特点。
(3) 国际资本流动的类型。
2. 国际资本流动下的国际金融危机。
(1) 金融危机。
(2) 国际资本流动与国际金融危机。

6.1 国际资本流动

随着全球金融一体化程度的不断加深、金融衍生品规模的不断加大,进入 21 世纪以后的国际资本流动出现了大幅度增长,且其对各国经济的影响不断增强。2007 年次贷危机之前,全球国际资本流动的规模达到历史高点,全年资本流动总规模高达 12.4 万亿美元。

需要看到的是在这种影响之中,国际资本大规模、频繁流动尤其是其中短期资本流动更是引发了一定的系统性风险。2008 年 9 月 15 日,美国第四大投资银行雷曼兄弟公司宣布破产倒闭,将美国次贷危机推向顶点,并引发全球金融海啸,导致全球国际资本流动出现剧烈波动。自 2008 年由美国次贷危机导致全球金融危机之后,紧随其后的欧洲债务危机来势汹汹。如何最小化国际资本流动所带来的负面冲击越来越受到各经济体和金融市场的关注。

6.1.1 国际资本流动的含义

1. 国际资本流动的定义

国际资本流动是指资本从一个国家(或地区)转移到另一个国家(或地区)。

国际资本流动影响一国的国际收支，并通过国际收支的第二个自主性交易账户资本和金融账户反映。国际资本流动是一个经济体非常常见的一种国际经济活动，与经常账户中商品交易不同之处在于，商品交易表现为所有权让渡，而国际资本流动则表现为资本使用权的转让。

国际资本流动可以分为资本流出和资本流入。

资本流出是指资金从本经济体的国内流到国外，在国际收支平衡表中表现为本国在外国的资产增加、外国对本国的负债增加、本国对外国的负债减少、外国对本国的资产减少。常见的资本流出，如本国居民购买外国发行的债券、本国企业在国外投资建厂等。

资本流入是指资本从国外流入本经济体国内，在国际收支平衡表中表现为本国对外国的负债增加、外国在本国的资产增加、本国在外国的资产减少、外国对本国的负债减少。常见的资本流入，如本国居民在外国发行债券、外国企业在本国投资建厂等。

2. 定义说明

定义中，我们需要将国际资本流动与资金流动区分开。本章中，我们所指的国际资本流动仅为资本使用权的转移，与因商品、劳务贸易等导致的资金流动的最大差异在于，国际资本流动是可逆的、多次性的，如：投资或借贷资本的输出伴随着利润、利息的回流以及投资资本或借贷款项本金的返回，其有关内容通常反映在国际收支平衡表的资本账户中。而资金流动则不具有可逆性，它是一次性的资金款项转移，其有关内容则主要反映在国际收支平衡表的经常账户中。例如，进出口贸易货款的到期支付，是一次性的资金转移，属于经常账户的支付；但是进出口贸易项下的资金融通，例如延期付款，则属于资本流动的范畴。上述投资利润和贷款利息的支付，并非投资资本或贷款本金的自身回流，而属于资金移动或经常账户下的支付。

定义中，我们所看到的国际资本流动，通常考虑以获取利润、回报为目的，而在国际收支平衡表中，还涵盖了一部分不需要在本章考虑的国际资本流动，这部分国际资本流动无须以获取利润和回报为目的。例如：一国用黄金、外汇储备来弥补国际收支；一国因国际收支盈余而积累了黄金、外汇储备等。

6.1.2 国际资本流动的类型

国际资本流动按照不同的标准可以区分为不同的类型。例如：按资本投资期限的长短分为长期资本流动和短期资本流动；按资本所有者的性质，可分为官方资本流动和私人资本流动；按资本流动的方式，可分为国际直接投资、国际金融投资(主要是股票和债券)、其他国际投资(如贸易信贷、贷款、存款负债等)。在各种区分方式中还存在交叉。

通常，国家间最常见的划分方式是按照资本流动时间的长短进行划分。

1. 长期资本流动

长期资本流动是指使用期限在一年以上，或未规定使用期限的资本流动，它包括外国直接投资、国际证券投资和国际贷款三种方式。

1) 外国直接投资(Foreign Direct Investment，FDI)

外国直接投资也称为国际直接投资，是指投资者把资金投入另一国的工商企业，或在那里新建生产经营实体的行为。

外国直接投资主要有三种类型。

(1) 创建新企业。国际上通常称创建新企业为绿地投资(Greenfield Investment)，它是指由外国投资者在东道国境内依照东道国的法律设立全部、部分资产所有权归外国投资者所有的企业。在绿地投资中，新独资于东道国的企业出资额由境外投资人完全或部分投资，形式多表现为独资企业、合资企业，且大多采用有限责任形式。

(2) 收购(兼并)当地企业。这是指外国投资者通过一定的程序和渠道，并依照东道国法律取得东道国境内依照东道国法律设立的现有企业的全部或部分资产所有权、股权的行为。其参与手段表现为通过"资本参与"与"股权参与"，来取得对方或东道国企业的全部或大部分管理权和控制权。在部分收购(兼并)中，世界各国对收购拥有管理权的股权最低比例均有不同规定。凡是在此标准之上的方能被视为外国直接投资。国际货币基金组织的标准是25%。

(3) 利润再投资。这是指境外投资人在东道国获得的利润不汇回母国，而是作为新增资本对该东道国企业进行再投资。这部分投资与前两种最大的差异在于不引起该东道国的资本流入和流出。

(外国直接投资净额国别数据可参考书后附录A(5)。)

外国直接投资的特点如下。

(1) 境外投资人以提供资金，辅助以提供技术与管理经验，对东道国进行投资。

(2) 境外投资人控制企业，参加管理的最终目的一般为获取利润或其他回报，如某种稀缺资源等。

(3) 外国直接投资不构成东道国对外负债，按有关企业章程规定，只负定期支付或汇出利润的义务。

2) 国际证券投资

国际证券投资(International Portfolio Investment 或 Foreign Portfolio Investment)也称为国际间接投资(Foreign Indirect Investment，FII)是指投资者通过在国际证券市场上购买中长期债券、外国企业发行的股票而实现的投资。

国际间接投资的流量及流向受多种因素的影响，除政治因素外，还取决于利率、汇率、风险性及东道国的偿债能力等。国际间接投资需要依托国际金融市场予以实现。

国际间接投资的参与者可以是各国政府、金融机构、企业甚至个人。它们通过购买国际债券或股票进行投资。同样这些机构也可以发行国际债券或股票来筹集资金。对于去境外国际金融市场购买有价证券的国家来说是资本流出，对于发行证券的国家来说，则是资本流入。

国际间接投资的特点如下。

(1) 证券投资者仅通过其选择的投资对象获取收益，一般对投资对象的企业并无实际控制和管理权，即使是购买股票的投资，如没有达到足够的控股比重，也只能收到股票的利息或红利，而直接投资者则持有足够的股权来管理经营所投资的企业，并承担企业的经营风险和享受企业的经营利润。

(2) 投资于国际证券能随时转让买卖，流动性强，价格波动较大，投资风险也较大。

3) 国际贷款

国际贷款是指一年以上的政府贷款、国际金融机构贷款、国际银行贷款和出口信贷。其体现出国家间的借贷关系,从债务人角度看是资本的流入,从债权人角度看是资本的流出。

国际贷款的特点如下。

(1) 单纯的货币资本借贷,不涉及企业创建、收购股权与国际证券的发行买卖。

(2) 收益的形式是利息和有关费用。

常见的国际贷款种类包括以下四个方面。

(1) 政府贷款。政府贷款是一个国家政府利用其财政资金向另一个国家政府提供援助性质的,用于经济建设或指定用途的贷款。这类贷款需由贷款国对贷款项目或专门用途进行严格审查,并由借款国政府或中央银行担保,以保证投资的安全,防止资金盲目流动。

政府贷款属于债务、债权国两国之间的双边性贷款。如:日本提供的海外协力基金,美国的国际开发署、法国的财政部国库司、英国的贸工部等均会向其他国家提供符合其政府贷款条件的贷款。

政府贷款利率低、期限长、具有利率优惠性质。政府贷款作为重要的对外援助方式,一方面能够弥补发展中国家资金投入的不足,帮助受援国完成基础设施项目建设、生产型项目建设等,进而改善投资环境,实现经济增长;另一方面,政府贷款通过政府贷款能够改善与债务国之间的关系,寻求更多的投资机会,进而促进本国外国直接投资的增长。

(2) 国际金融机构贷款。如第 5 章所述,国际金融机构根据其业务范围和参加国数量,可分为全球性的国际金融组织和区域性的国际金融组织两种。全球性国际金融组织,有国际货币基金组织(IMF)、世界银行(IBRD)、国际清算银行(BIS)等;区域性的国际金融组织,有亚洲开发银行(ADB)、泛美开发银行(IDB)、非洲开发银行(ADB)等。

国际金融机构贷款包括世界性和区域性国际金融机构两种贷款。前者如国际货币基金组织、世界银行及附属机构对会员国所提供的各种贷款,后者如亚洲开发银行、非洲开发银行等区域性银行对本地区会员国的贷款。国际金融机构的贷款不以直接盈利为目的,具有援助性质。贷款利率视其资金来源以及贷款接受国的国民收入水平而定,其贷款利率低、期限长。国际金融机构贷款也是专项贷款,即与特定的建设项目相联系的贷款,其手续非常严格。

(3) 国际商业银行贷款。国际商业银行贷款是某国银行或国际贷款银团在国际金融市场上向另一国借款人或国际机构提供的贷款。贷款期限有短期、中期、长期三种;利率为市场上固定或浮动利率,较多地使用浮动利率。

国际银行贷款是国际商业银行提供的中长期贷款。其贷款数额大,期限可长可短,但与其他类型的国际贷款相比,利率商业化程度高,不带有任何援助性质,以盈利为目的。这种贷款可由一家银行单独提供,也可由若干家银行组成辛迪加银团共同提供。

(4) 出口信贷。出口信贷是政府为支持和扩大本国大型设备的出口,增强国际竞争能力,以对本国的出口信贷给予利息补贴并提供信贷担保的方法,鼓励本国银行对本国出口商或外国进口商(或其银行)提供利率较低的贷款。

各国较为普遍采用的出口信贷主要有以下三个方面。

(1) 卖方信贷。卖方信贷是出口商所在地银行贷款给出口商,其具体操作流程如下。

① 出口商以延期付款或赊销方式向进口商出售设备。

② 进口商与出口商达成协议,签订贸易合同。

③ 出口商向当地银行申请贷款，签订卖方信贷协议，并将其投保的保单转让给贷款银行。

④ 出口商签订的法律性文件有三个：与进口商签订的贸易合同、与保险机构签订的保险合同和与银行签订的卖方信贷协议。

⑤ 在贸易合同中，一般要求进口商出具不同付款期限的本票，或由出口商开具的不同付款期限的汇票，并由进口商有关银行加保或承兑。贷款银行要求以此作为抵押担保。

⑥ 进口商随同利息分期向出口商支付货款后，出口商再用以偿还从银行取得的贷款。

(2) 买方信贷。买方信贷则是由出口商所在地银行贷款给进口商或进口商银行。

(3) 福弗廷。"福费廷"业务的主要内容如下。

① 出口商与进口商在洽谈设备、资本货物等贸易时，如欲使用"福费廷"，应事先和其所在地的银行或金融公司约定，以便做好各项信贷安排。

② 出口商与进口商签订贸易合同，言明使用"福费廷"。

③ 进口商延期支付设备货款的偿付票据，可从下列两种形式中任选一种：由出口商向进口商签发的远期汇票、由进口商开具的本票(Promissory Notes)。

④ 选择担保银行要经出口商所在地银行的同意，如该银行认为担保行资信不高，进口商要另行更换担保行。担保行确定后，进出口商才能签贸易合同。

⑤ 出口商发运设备后，将全套货运单据通过银行的正常途径，寄送给进口商，以换取经进口商承兑的附有银行担保的承兑汇票(或本票)。单据的寄送办法按合同规定办理，可以凭信用证条款寄单，也可以跟单托收，但不论有证无证，一般以通过银行寄单为妥。

⑥ 出口商取得经进口商承兑并经有关银行担保的远期汇票(或本票)后，按照与买进这项票据的银行(大金融公司)的原约定，依照放弃追索权的原则，办理该项票据的贴现手续，取得现款。

出口信贷的特点包括：出口信贷不仅是信贷融资，还包括保险与担保两项业务内容。

出口信用保险不但为出口商提供了出口收汇安全的保障，而且为出口商从银行(或金融机构)取得贷款奠定了基础。

担保则以更直接有效的方式支持商业银行(或金融机构)向出口商或国外进口商提供贷款。

由此可见，保险或担保是出口信贷的基础，融资是出口信贷的核心。

2. 短期资本流动

短期资本是指一年或一年以下期限的各种金融资产，包括现金以及大多数货币市场的短期金融、信用工具。其中，信用工具主要指政府短期债券、可转让银行定期存单、银行票据、商业票据以及银行活期存款凭证等。短期资本流动短期资本流动是指一年或一年以下的货币资本流动。

短期资本流动可以迅速和直接地影响一国的货币供应量，且具有很强的流动性，这一点与长期资本流动有所不同。

根据导致国际短期资本流动的原因不同，国际短期资本流动一般可分为以下三类。

1) 贸易资金融

贸易资金融同国际贸易与融资密不可分，贸易性资金融通是最传统的短期国际资本流动形式，具体包括以下两个方面。

(1) 贸易资金流动。在国际贸易中出口商通常并不要求进口商立即支付全部货款，而是允许进口商一段时期的延期支付，当出口商或其开户银行向进口商提供延期支付的信贷时，进口商的对外债务增加或债权减少，这就形成贸易融通性的短期资本流动。它具有单项不可逆转性。

(2) 银行资金流动。银行资金流动是指由各国经营外汇的银行和其他金融机构之间的资金调拨而引起的国家间资本转移。它主要指各国经营外汇业务的银行，由于外汇业务和牟取利润的需要，经常不断地进行套汇、套利和掉期，外汇头寸的抛补和调拨，短期外汇资金的拆进、拆出，国家间银行同业往来的收付和结算等。

2) 保值性资本流动

金融资产的持有者为了资金的安全保值或增值所进行资金调拨转移而形成的短期资本流动。政治和经济因素都会引起资本流动。

3) 投机性流动

投机性流动是指根据对国际金融市场利率、汇率、证券和金融商品价格变动差异的预期，在不采取抛补交易的情况下，进行各种投机活动而引起的国家间资本转移。投机性资本流动取决于两个因素：①各国间货币力量的对比，也就是汇价的对比。②各国相对的利率水平，在两国短期利率出现差异的情形下，将资金由利率较低的国家转移到利率较高的国家，以赚取差额利润。投机性资本流动的目的在于获取差价收益。

6.1.3 国际资本流动的起因

1. 追逐收益、利润的因素

国际资本流动最重要的原因就是获得比在国内投资更高的利润。当投资者预期一国的资本收益率高于他国，资本就会从他国流向这一国；反之，资本就会从这一国流向他国。

2. 资本的供求因素

从国际资本的供给来看，国际资本近年来迅速增长，主要由于下述原因造成的。

(1) 一些主要发达国家经济增长速度放慢，国内投资场所日益萎缩，投资收益下降，出现大量过剩资本。

(2) 有些发达国家财政赤字难以消除，增加货币发行量，加剧了国际资本膨胀。

(3) 浮动汇率制为投机活动提供方便条件，从而使国际游资数量增加。从国际资本的需求来看，对于发展中国家来说，资金是一种非常稀缺的资源，一个国家经济要发展，应具备各种必需的要素，资金的来源主要靠本国储蓄来实现。但如果储蓄率无法维持本国的经济发展，这个缺口只能由外资来弥补。

一般来说，长期资本的形成主要依靠国内储蓄，短期资本的需求来自于国际资本。发展中国家由于国内收入少储蓄不多，只有利用外资来加速经济增长和技术进步，以促进国内长期资本的形成。

3. 利率因素和汇率因素

国际资本总是从实际收益率较低而风险较大的地方流向实际收益率较高而风险较小的地方。而决定实际收益率的因素有很多，最主要的是利率和汇率。利率和汇率是市场经济运行的两大经济杠杆，对国际资本流动的方向和规模有十分重要的影响。利率的高低在很大程度上决定了金融资产的收益水平，进而作用于国家间的资本流动。汇率的高低与变化通过改变资本的相对价值，对国际资本流动产生影响。在正常情况下，短期资本流动是为了获取较高的利息收入，所以利率与汇率的关系是：一国提高利率，其货币汇率就上升；反之，一国汇率则下调，两者呈正比关系。同时，短期资本大量内流，促使国内银根松动，从而产生利率下降的压力；短期资本外流，则会抽紧国内银根，从而推动利率上升。另外，短期资金的大量流动，还会通过国际收支影响到汇率。一国实际利率的提高会减少国内总需求，使经常项目出现顺差而引起汇率上升；反之，一国实际利率的下降会增加国内总需求，导致经常项目逆差而引起汇率下降。

4. 经济政策性因素

一国政府为了吸引或控制国际资金的流入或流出所制定的经济政策对国际资本流动的影响也很大。另外，一国的政府经济发展计划，本国实行的货币、财政和金融政策等也会对国际资本流动产生影响。

5. 国家风险因素

国家风险是指跨越国境，从事信贷、投资和金融交易可能蒙受损失的风险，包括政治风险、社会风险、经济风险和自然风险。在现实经济生活中，由于各方面因素的存在，造成投资者经济损失的风险随时可能出现。为了规避风险，大量资本从高风险国家和地区转向低风险国家和地区。从投资策略上看，降低风险可能造成的损失，不仅要求投资分散于国内不同的行业，而且要求投资分散于不同的国家。

6.1.4 国际资本流动的特点

1. 国际资本流动总体规模大，但近期下滑明显

国际资本流动规模巨大，结构发生改变进入 20 世纪 90 年代以来，国际资本市场最显著的特征是国际资本流动规模巨大，直接投资规模空前，间接投资发展超过同期国际直接投资的增长，非银行金融机构的快速发展以及银行跨界经营等使得国际资本流动更加迅速而多变。从总量上来看，20 世纪 90 年代以来全球直接投资规模从 1995 年的 300 多亿美元增长至 2000 年的 1.58 万亿美元，在次贷危机的冲击之下，全球国际资本流动规模从高位大幅回落。2014 财年全球外国直接投资降至 1.26 万亿美元，比 2000 年下降了 20.26%。目前，全球国际资本流动的活跃度仍未恢复到次贷危机之前的水平。

2018 财年，全球外国直接投资流量继续下滑，减少了 13%，降至 1.3 万亿美元。这是外国直接投资流量连续第三年出现下降。其主要原因是，2017 年年底美国实行税制改革后，美国跨国企业在 2018 年前两个季度将累积的国外收益大规模汇回本国。其中：流入发达经济体的外国直接投资达到 2004 年以来的最低点，减少了 27%。流入欧洲的资金减少了一半，不到 2000 亿美元，一些美国跨国企业的重要东道国出现投资负流入。流入发展中经济体的外国直接投资保持稳定，增长了 2%，达到 7060 亿美元。由于这种增幅以及对发达国家的外国直接投资的异常下降，发展中经济体在全球外国直接投资流入量中所占份额上升到 54%，创下历史新高。

2. 外国投资限制和监管都在增加

2018 年，约 55 个国家和经济体出台了至少 112 项影响外国投资的政策措施。其中 2/3 的措施寻求投资自由化、促进和便利新投资。34%的措施引入了对外国直接投资的最新限制或条例，这是自 2003 年以来的最高比例。

针对外国投资者的新投资限制或法规主要基于国家对关键基础设施，核心技术，国防部门的要素，敏感的商业资产或住宅财产的所有权的国家安全关注。由于政府干预，2018 年许多跨境并购交易(超过 5 000 万美元)宣告失败。至少有 22 笔交易因监管或政治原因受到阻碍或被取消，达到 2017 年的两倍。

3. 外国直接投资呈交叉流动

1973 年到 20 世纪 90 年代初，这个时期是国际资本流动快速发展的时期，由于石油美元的增加，银行积累了大量的可贷资金，通过国际银行贷款形式，国际资本流向了新兴市场国家。

20 世纪 80 年代初到 90 年代中期，由于拉美债务危机、墨西哥经济危机的影响，原来资本自发达国家向发展中国家的流动，逐步转变为 20 世纪 80 年代中期以后的从欠发达国家向发达国家的资本流动，进而转化为资本由新兴市场流向发达国家。这与新古典增长模型相背离的"资本回流"现象，被称为"卢卡斯之谜"①。

1995 年以后，新兴市场向发达国家的资本回流逐步演化为包括发达国家在内的经常账户盈余国对美国的资本净输出。

现在，参与国际投资的来自发展中经济体的总量在增多，形成资本在发达国家之间、发展中与发达国家之间、发展中国家之间的交叉水平流动。(详细信息可以参考本章课后阅读材料 6-3)

4. 国际直接投资的部门结构向第三产业倾斜

由于服务业能在生产、就业、贸易和消费等方面发生良性效应，发达国家逐步形成以服务业为主的产业结构。

在服务业对外投资中有相当大的部分来自跨国公司的金融子公司，跨国银行在服务业跨国经营中发展最快；另外，保险业、贸易和广告业也占较大比重。

5. 国际资本流动失衡的存在

国际资本流动失衡的核心问题在于，金融资本大量流向美国，这使美国处在国际资本流动结构的顶端。

1) 美国

从国际资本流动的规模看，美国是全球资本流动规模较大的国家。从资本流动的方向看，美国资本流入规模和资本流出规模均较大，且资本流入大于资本流出。从美国资本净流入的结构来看，占比较高的基本均为金融产品，包括：股票、债券投资工具，资产组合投资，包括证券投资基金与债券基金。然而，其在 2008 年金融危机爆发前，却积累了巨额经常账户

---

① "卢卡斯之谜"(Lucas's Paradox)：芝加哥大学卢卡斯教授在 1990 年发表的一篇题为"资本为什么不从富国流向穷国"的经典论文中指出："我们当然可以看到一些富国向穷国投资的现象，但这种资本流动远远没有达到新古典理论预测的水平。"

逆差。

也就是说，美国基于在经常账户逆差的背景下，吸引了全球资本净流入美国，这为美国弥补逆差、压低利率、实行膨胀性的经济政策提供了条件。资本账户的顺差使美国经常账户的逆差得以维持，货币通过贸易顺差由美国贸易逆差国流向各贸易顺差国，再通过外汇储备的国际投资形式从各贸易顺差国回到美国。在这个循环中，美国通过贸易顺差获得了廉价的国外商品。

2) 主要贸易顺差国

外汇储备资产前三大国家(中国、日本和沙特)的外汇储备合计占全球外汇储备总额的近50%。在美国巨额的净负债中，有一半以上是以各国储备资产投资的形式形成的。也就是说，流向美国的国际储备资产中至少有一半是来源于中国、日本和石油出口国等国际贸易顺差大国。

各大顺差国家将外汇储备资产投资美国，虽然保证了资产的安全性和流动性，但收益水平较低，为避免资本大规模流出美国而导致美元贬值，最终导致本国巨额储备资产缩水，尽管收益水平不高，各顺差国也无法改变投资方向。

6. 国际资本流动中的结构变化

1) 证券投资增加

1985 年国际资本流动三种形式中的银行贷款占 54%、直接投资占 24%、国际债券占 20.79%，但由于发展中国家债务危机的影响、国际证券市场的发展等，使国际银行信贷在国际资本流动中的占比大幅下降，目前已不到三成。

与此同时，国际资本大量通过证券市场实现流动。至 2008 年美国金融危机之前，2007 年，美国、欧元区、英国、加拿大、日本和新兴市场国家的外国证券投资流入量为 30913 亿美元，流出量为 17369 亿美元，净值为 13544 亿美元。

2) 私人资本增加

从 20 世纪 90 年代开始，官方资本在资本流动中的比重逐步减少，官方的发展援助计划绝对额也在减少。90 年代以来国际资本中的私人资本开始占据主导地位，这不仅表现在资本的流量受私人部门控制，而且资本的接受者大部分也表现为私人资本。

3) 长、短期资本流动的界限模糊

传统意义上，我们可以按照时间期限将国际资本流动分为长期资本流动和短期资本流动。随着近些年金融创新的层出不穷，尤其是金融产品创新和资产证券化，使得国际资本流动中长短期资本相互转化变得简单和频繁，如 MBS、大额定期存单、货币与利率互换、票据贴现与展期以及各种基金运作等，从而导致国际资本流动的期限分类逐渐模糊。

6.1.5 国际资本流动的效应

1. 国际资本流动的正向效应

1) 有利于促进国际贸易的发展

国际投资进入东道国，有利于促进东道国的经济发展，提高生产效能和产出，改善基础设施建设，使其发展对外贸易的基础与物质资源扩大。

吸引更多的资金流入，有利于促进投资国的政治、经济与贸易环境的改善，包括提供更加市场化的政策、管理更规范。

国际直接投资投向制造业、商业、金融、保险业，尤其是新兴工业部门，便于改善贸易商品结构，如：改变服务业在国民经济中所占比重；降低贸易成本；优化出口商品结构等。

2) 有利于促进国际金融市场的发展

最初，国际资本流动的主体是跨国公司和进出口商，如今，在国际资本流动中，非贸易类的金融资本总量远高于贸易结算总量。2007年美国金融危机之前，各国的境外总资产规模为92万亿美元，是当时各国GDP的1.7倍，国际资本存量规模超过了实体经济规模。在国际资本流动的交易主体中，占大多数的包括各国中央银行、从事各种金融交易的投资者；国际资本流动的规模与频度要求国际金融市场提供相应的金融产品、投资工具予以配合。为了满足金融市场对外国投资者投资的需求，各类金融机构开始设计更多具有投资吸引力的金融衍生产品，因此，自20世纪80年代以后，国际金融市场的交易规模逐步扩大。虽然这种趋势至2008年美国金融危机后有所萎缩，但仍远非"二战"前所能相比。

3) 有利于促进发展中国家的资本形成

随着经济全球化、金融一体化程度的加深，国际资本流动对于任何国家的影响都在增强，这一点在发展中国家显得尤为明显。大量发展中国家依托其经济的增长进入到高速发展阶段，在此过程中，发展中国家需要与实际生产经营活动相关的外国直接、大量投资，并在使用外国直接投资的同时，实现了自己资本的积累，并参与到国际资本流动中。

4) 有利于改善资本输入国的经济状况

国际直接投资流入东道国，对资本输入国来讲，能够缓和其资金短缺，加大资金投入，改变原有的投资结构，促进产业结构升级，提高本国产品的国际竞争力；能够增加资本输入国的就业机会，缓解就业压力。

5) 有利于产生财富效应

国际资本在国家间的流动会使单个国家的资本市场财富效应扩散，重要的金融市场所在国的经济增长通常会通过财富效应推动整个世界经济的繁荣。

2. 国际资本流动的风险效应

1) 国际资本流动失衡风险的衡量

国际投资净头寸(NIIP)和国际投资净头寸与GDP之比(NIIP/GDP)用于衡量全球资本项目失衡。

NIIP是绝对值，用于衡量某一时点上一国资产负债情况，是存量指标。NIIP/GDP是相对值，反映相对于一国国内经济发展情况而言国际资产负债情况，用于衡量一国失衡的积累程度，以及累积的失衡对该国经济的影响程度。NIIP/GDP的数值越高，表明某一时点该国对外债务风险积累程度越高。

2) 国际资本流动的风险效应

其一，国际收支失衡效应。当一国国际收支出现逆差时，可能会引发投机者作出"该国货币汇率贬值"的判断，进而会在其汇率将贬未贬的情况下，将该国货币转为其他国家货币，导致国际资本外流，使得该国国际收支逆差加剧。

其二，资本外逃效应。对于货币可自由兑换国，国际短期资金的流动会因敏感因素(如利率水平、汇率水平、政局、经济预期)的变化闻风而动。1998年亚洲金融危机前的一些新兴国家忽视"不可能三角"[①]，他们以钉住汇率制、高利率水平和允许资本自由流动，吸引了大量外国投资，但这些资本流动很快发生了逆转，大量外逃，进而引发了1998年的亚洲金融危机。

当一国经济基本面预期下滑或出现问题时，国际短期游资会迅速外流，并引发恐慌，进而导致该国资金大量外逃，进而导致货币危机、金融危机甚至经济危机。

其三，资产价格波动效应。当一国经济高速增长、资本大量涌入时，会带来过度投资行为，导致该国资本市场金融产品(如：股票、债券)价格飞涨，房地产价格飞涨，出现资产泡沫。在资产泡沫积累到一定程度的时候，其破裂便是在所难免的了。当资产泡沫破裂、居民部门的财富缩水会影响其偿债能力时，导致金融部门的不良债权增加。同时，居民部门的财富缩水也会导致企业清偿债务的能力下降，导致金融部门的不良债权增加。

其四，衍生品交易效应。衍生品交易大都采用杠杆交易和保证金交易的投资方式，这就使得长期以来，实际交易额经过杠杆、保证金方式数倍放大于官方统计值，金融市场的流动性过剩必将造成市场的非理性繁荣，引发经济过热现象。一旦经济状况有所变化，就有可能造成极大的恐慌和波动，出现经济运行的巨大隐患。

其五，货币替代风险。货币替代是指在本国境内因追求资本安全和利益最大化而采取的由外币替代本币职能的现象。

发展中国家由于经济规模不够大，经济不够发达，使得国内经济主体持有本国货币信心不足，因此发生货币替代。外国货币在本国境内作为保值手段、计价手段和支付手段，使本国的信贷政策、货币政策无法实施。

其六，汇率波动风险。钉住浮动或管理浮动汇率制度国为维系原有的汇率制度，央行需要对外汇市场进行干预，投放或吸纳外汇以求得市场的平衡。当一国单向外汇资本流出规模过大时，央行的干预难度上升甚至只得调整原有的汇率制度，实行自由浮动汇率，这种变化又给国际投机资本带来投机空间，因而导致汇率剧烈波动。

6.2 国际金融危机

二十世纪八九十年代拉丁美洲地区的债务危机、1997年亚洲金融危机、2008年世界金融危机、2012年的欧债危机……货币、金融环境愈加复杂化。随着经济急剧膨胀，使得金融危机的爆发愈加频繁，且因局部的、小规模的、短期的金融危机转变成一场区域甚至全球的金融危机的现象也越来越多。

6.2.1 金融危机概述

1. 概念

金融危机(Financial Crisis)是指国际金融领域所发生的剧烈动荡和混乱通过支付和金融操作，或通过金融恐慌心理迅速传导到相关的国家或地区，从而使有关国家或地区的金融领域出现剧烈动荡和混乱。

---

① 三元悖论(Impossible Trinity)：不可能同时实现货币政策独立、汇率稳定和资本要素自由流动三个目标

2. 类别

金融危机包含了信用危机、货币危机、银行危机、政权危机、债务危机和金融衍生产品市场危机等。

1) 货币危机

广义的货币危机是指一国或地区货币的汇率变动在短期内超过一定的幅度。

按照 IMF 定义，如果一年内一个经济体的货币贬值 25%或更多，同时贬值幅度比前一年增加了至少 10%，那么该国就发生了货币危机。

狭义的货币危机是指市场参与者通过外汇市场的操作投机于某经济体的货币，而导致该经济体的货币贬值或迫使货币当局通过急剧提高利率或耗费大量储备以保卫本国货币汇率的现象。一般所说的货币危机即狭义的货币危机。

例如，在 1997 年亚洲金融危机伊始，索罗斯发现东南亚国家发展过热，特别是泰国外债和房地产泡沫过大，因此狙击泰铢并一路横扫东南亚各国，并引发了金融危机。

2) 银行危机

银行危机是指由于现实或潜在的银行挤兑或银行经营失败而引发银行停止偿还负债或者迫使政府通过提供大量援助或进行干预的现象。

例如，著名的美国 1907 年银行危机。1903—1907 年，随着美国经济的发展，市场对资金的需求不断增加，美国机构与个人投资者过度举债，因而诞生了信托投资公司。1906 年，纽约一半左右的银行贷款都被信托公司作为抵押投在高风险的股市和债券上。1907 年 10 月中旬，美国第三大信托公司尼克伯克信托投资公司收购联合铜业公司失败，导致其破产传言甚嚣尘上，第二天这家信托公司遭到"挤兑"，成为倒下的多米诺第一张牌。

3) 债务危机

在国际金融活动中，债务危机也称外债危机，是指一个经济体在国际借贷领域中过度负债，超过了借款者自身的清偿能力，造成无力还债或必须延期还债的现象。

后文会对债务危机的内容详细展开，此处不再赘述。

4) 系统性金融危机

系统性金融危机是指对金融市场的严重破坏损害了市场有效发挥功能的能力，对实际经济造成巨大的负面影响。系统性金融危机中必然也包含着货币危机、银行危机等，但货币危机、银行危机并不一定必然会引发系统性金融危机。

金融危机不仅表现为汇率变动，还包括股票市场、银行体系等国内金融市场上的价格波动，以及金融机构的经营困难与大面积破产等。前文所提的货币危机可以诱发金融危机，而由国内因素引起的金融危机也会导致货币危机的发生。

现代经济环境中，存在着由于商品生产过剩、需求不足导致的危机，一般我们称为生产过剩型经济危机。商品生产过剩型经济危机爆发的主要原因是产能过剩，工业社会早期的经济危机大部分是商品生产过剩型危机，20 世纪 30 年代的经济大萧条也是商品生产过剩导致的。

此外，还存在着金融信贷行为失控、新金融工具使用过度和资本市场投机过度而引发的金融危机。

就现有情况来看，因金融信贷行为、资本市场和金融工具过度增长而出现的金融危机更多且破坏更大。

随着经济和金融全球化，任何一个主要经济体发生金融危机，都会对其他经济体产生"溢出效应"，造成的破坏和影响势必是全球性的。例如：2007年8月次贷危机席卷美国、欧盟和日本等世界主要金融市场。这场危机导致过度投资次贷金融衍生品的公司和机构纷纷倒闭，并在全球范围引发了严重的信贷紧缩。美国次贷危机最终引发了波及全球的金融危机。

6.2.2 债务危机

1982年8月，墨西哥政府宣布无力按期履行偿还债务义务，随后一系列国家相继宣布其无力清偿外债。这场拉丁美洲的债务危机持续了近乎整个20世纪80年代。1982年，拉美九个主要债务国——阿根廷、巴西、智利、哥伦比亚、墨西哥、巴拿马、秘鲁、乌拉圭、委内瑞拉的外债总额约3000亿美元，当时债务总额占商品和劳务出口的比率为2645%，还本付息额占商品劳务出口比率的偿债率高达41%。在这九个国家中，又主要集中在巴西、墨西哥和阿根廷三国，它们的外债占拉美国家外债总额的70%，占发展中国家外债总额的40%。

严重的债务危机无论是对于债务国，还是对于债权银行甚至于债权国，乃至整个国际社会，都产生巨大的压力。

1. 外债的含义

外债是指在某一给定时间内，一国居民对非居民承担的已拨付但尚未偿还的契约性债务，即在法律上承担偿还责任的负债。

对外债的理解，要注意以下几个方面。

(1) 外债是一定时点上已拨付但尚未偿还的外债存量。偿还性是外债的基本特征，除了偿还本金，还要支付相当的利息。

(2) 所谓的契约性债务，是指在法律上承担偿还责任的负债。由口头性或意向性协议所形成的债务不是外债。

(3) 已拨付但尚未偿还，是指外债只包括已经提用而尚未清偿的那一部分实际债务。

(4) 外债必须是居民与非居民之间的债务。

(5) 全部债务既包括货币形式的债务，也包括实物形式的债务，如补偿贸易下用产品偿还的部分。货币形式的债务既可以是外币表示的债务，也可以是本币表示的债务。

2. 债务危机的成因

1) 内因

(1) 盲目借取外债，不切实际地追求高速经济增长，致使外债规模膨胀超过国民经济的承受力。例如：20世纪70年代两次石油危机，使得石油输出国组织积累了大量石油美元，国际金融市场因此而资金充裕，利率低。于是很多国际收支逆差国大量借取资金，当石油价格大跌、世界经济严重衰退时，其贷款便难以偿还。

(2) 国内经济政策失误，持续实行扩张性的财政、货币政策。

(3) 债务管理不善，所借外债没有得到妥善管理和高效利用。

(4) 外债结构不合理，对外债缺乏宏观上统一的管理和控制。陷入债务危机的国家基本都是借入了超出自身能力的大量外债，且无合理的期限结构、利率结构、来源结构等。

2) 外因

(1) 世界经济的衰退。例如：20世纪80年代初以发达国家为主导的世界经济衰退是导致 80 年代债务危机的原因之一。

(2) 主要储备货币发行国国内的宏观经济政策引起。例如：国际金融市场上美元利率和汇率的上浮。

3．衡量一国债务的数量指标

(1) 负债率(Liability Ratio)指一国或地区年末外债余额与当年国民生产总值(GNP)之比。中国国家统计局采用的是当年国内生产总值来替代当年国民生产总值。

$$负债率 = \frac{年末外债余额}{当年国内生产总值} \times 100\% \qquad (6-1)$$

负债率表明一国对外负债与整个国民经济发展状况的关系，其比值的高低反映了一国 GNP 对外债负担能力，国际上通常认为安全线为 20%。

(2) 债务率(Foreign Debt Ratio)指一国或地区年末外债余额与当年贸易和非贸易外汇收入(国际收支口径)之比。

$$债务率 = \frac{年末外债余额}{当年贸易与非贸易外汇收入} \times 100\% \qquad (6-2)$$

债务率反映了对外举债能力的大小，是衡量一国偿还能力和风险的指标，一般控制在 100%以内。

(3) 偿债率(Debt Service Ratio)指一国或地区当年外债还本付息额与当年贸易和非贸易外汇收入(国际收支口径)之比。

$$偿债率 = \frac{当年外债偿还本金与利息}{当年贸易与非贸易外汇收入} \times 100\% \qquad (6-3)$$

(4) 逾期债务率：年末逾期债务余额占年末债务余额的比重，是反映到期不能偿还债务所占比重的指标。

(5) 年末债务余额与当年 GDP 的比率，是衡量经济总规模对政府债务的承载能力或经济增长对政府举债依赖程度的指标。国际上通常以《马斯特里赫特条约》规定的负债率 60%作为政府债务风险控制标准参考值。

(6) 短期债务比率是指一国或地区年末外债余额中短期外债占整个外债的比率。

$$短期债务比率 = \frac{年末外债余额中短期债务余额}{当年年末外债余额} \times 100\% \qquad (6-4)$$

短期债务比率一般不超过 20%～50%。国际上通常认为一个国家的短期外债占全部外债的比率不超过 25%。短期外债比重不可过高，否则偿债期过于集中，会增大偿付压力。短期债务比率的警戒线为 25%。

还有其他一些指标，如：一国当年外债还本付息额占当年 GNP 的比率，警戒线为 5%；外债余额占本国黄金外汇储备额的比率，警戒线为三倍以内。

4．衡量一国债务的结构指标

外债结构合理主要体现在外债的币种结构、期限结构、利率结构和种类结构要合理搭配。

1) 种类结构

商业银行贷款利息高、风险大，一般不得超过其债务总额的 70%，应多向国际货币基金组织、世界银行(WB)和政府援助融资。

2) 利率结构

浮动利率贷款在债务总额中的比重不可过大，应控制商业贷款和短期贷款的数额，在国际利率商品趋降的情况下，可借浮动利率的贷款，在国际金融市场利率动荡不定的情况下，可借固定利率的贷款。但利率风险是金融市场风险，属于系统风险，较难规避。

3) 期限结构

少借利率高的短期债务(小于等于25%)，切忌将短期债务用于中长期项目，避免期限错配导致的偿债风险，而与项目联系的中长期信贷和发行国际债券则为明智之举。

4) 币种结构

债务币种应分散化，避免因币种错配而导致的币种风险。

5. 债务调整计划

1) 债务重新安排(1982—1984)

这是拉丁美洲债务危机中最初的援助措施。在 IMF 的协调下，一方面，各国政府、银行和国际机构向债务国提供贷款以缓解资金困难；另一方面，重新安排债务，IMF 要求债务国国内紧缩，债权银行延长债务本金的偿还期限，但是并不减免债务总额。这一解决方案的核心是将债务危机视为发展中国家暂时出现的流动性困难。

2) 贝克计划(1985—1988)

贝克计划由美国提出。这一方案的重点是通过安排对债务的新增贷款，将原有债务的期限延长等措施来促进债务国的经济增长，但同时要求债务国调整其国内政策，进行"综合、全面的宏观经济与结构改革"。贝克计划的基本内容包括以下三个方面。

(1) 主要债务国实行"综合、全面的宏观经济与结构改革"，以便降低通货膨胀并实现国际收支平衡，从而恢复经济增长，提高偿债能力。

(2) 在以 IMF 为核心的作用下，由多边发展银行和地区发展银行在今后 3 年内向 15 个主要债务国增加贷款，比当时的贷款水平增加 50%。此外，由 IMF 从它的"信托基金"中拨出 27 亿美元，专门提供给低收入的债务国，以支持它们的经济调整和偿债的需要。

(3) 私人银行在今后 3 年内向这 15 个债务国增加 200 亿美元的贷款。这样，在 3 年内，世界银行等多边银行和商业银行向 15 个主要债务国提供新贷款总额共为 290 亿美元。

"贝克计划"承认"以发展促还债"的原则，在贝克计划的执行中，产生了一系列创新手段，如债务资本化、债权交换、债务回购等。其对债务危机有所缓解，但是未从根本上解决问题。

3) 债券换债券计划

1987 年年底，美国提出了以债券交换债券为主要内容，旨在解决墨西哥等国债务危机的新计划。墨西哥政府将用 20 亿美元现金购买美国财政部发行的为期 20 年的特别无息票债券，20 年以后再全本息一次性付清。随后，墨西哥政府以此债券为担保，发行 100 亿美元为期 20 年的债券，在卢森堡证券交易所向国际债权银行出售，国际债权银行特别是美国商业银行以 50%的折扣换取墨西哥新债券。

该计划也未能完全实施。

4) 布雷迪计划(1989 年以后)

布雷迪计划首次同意对拉美债务国所欠债务本金给予减免，在自愿的、市场导向的基础上，对原有债务采取各种形式的减免，但要求债务国进行新自由主义发展模式的改革。拉美一些重债国分别与美国就布雷迪计划实施达成协议后,加大了结构性改革的力度。

其核心内容:鼓励商业银行取消债务国部分债务;要求国际金融机构继续向债务国提供新贷款,以促进债务国的经济发展;提高还债能力。布雷迪计划把解决外债的重点放在债务本息的减免上,而不是放在以新债还旧债的方式上。

尽管这一方法可能导致民间银行削减贷款,但比过去向前走了一步,为缓解债务危机提供了一个突破口。1990年以后,随着美国利率显著下降,对发展中国家尤其是债务危机国的资金流入开始恢复了,加上债务国进行的贸易自由化、私有化、降低通胀等措施初见成效,到1992年,债务危机基本结束。

6.2.3 金融危机的传导

1. 金融危机传导的含义

金融危机的传导有狭义和广义之分。广义的金融危机传导是指一国金融危机的跨国传播和扩散,导致许多国家均陷入金融危机。狭义的金融危机传导是一国金融危机发生后,由于实体经济或金融方面与其他经济体相互衔接,而引发局部或全球性的冲击和传播。这种衔接可能是源于贸易金融关系密切的国家间所产生的接触性传导,也包括以资本流动为载体的非接触传导。

1) 季风效应(Monsoonal Effect)

季风效应是指由于共同的冲击引起的危机传导。季风效应源于国内和国际金融市场的高度相关性,市场心理因素往往起主导作用,属于非接触传导。

2) 溢出效应(Spillovers Effect)

溢出效应源于国际金融市场体系中各个子市场之间的高度相关性,实质经济因素起主要作用,属于接触性传导,通常包括贸易溢出和金融溢出。

3) 净传染效应(Pure Contagion)

净传染效应是指金融危机是由宏观基本面数据不能解释的原因所引起的。主要涉及自我实现的多重均衡理论。一国陷入危机后会引致另一国经济走向"不良均衡",其特征是货币贬值、资产价格下降、资本外流和坏账增加。因此在经济危机发生时,均衡导致坏的结果,存款人由于恐慌心理而发生银行挤兑,最后冲击金融业。

4) 羊群效应(Herd Behavior)

羊群效应是指经济个体的从众心理。由于缺乏足够的信息,投资者一般认为一个国家发生金融危机,其他国家也会发生类似的危机,因此投资者更愿意根据其他投资者的决策来作出自己的判断,导致所谓的羊群效应。

2. 金融危机传导的表现

金融危机的传导过程可分为两个层面:一个是危机在不同市场或不同领域之间的传导与扩散过程;另一个是危机在不同地理空间上的传导与扩散过程。载体主要有两个:一是资本的流动;二是投资者信心的相互影响。

1) 以货币危机为先导的金融危机传导与扩散

货币危机通常是由泡沫经济破灭、银行呆坏账增多、国际收支严重失衡,外债过于庞大、财政危机、政治动荡、对政府的不信任引发。货币危机源于汇率失真,由于国内出现严重的货币供求失衡、资金信贷失衡、资本市场失衡或国际收支失衡,导致国内出现严重货币汇率高估,从而引发投机性攻击、投资者信息崩溃,导致资本外逃,这又加剧了本国货币汇率的下跌和国际收支的失衡,最终引发货币危机。货币危机通过传导和扩散,特别是信心危机的传导,造成货币供求、资金借贷和资本市场失衡的加剧,引发股市危机和银行危机,从而形成全面的经济危机。

2) 以银行危机为先导的金融危机的传导和扩散

银行危机是指银行过度涉足高风险行业,导致资产负债严重失衡,呆账负担过重,从而导致银行破产的危机。银行危机源于金融机构的内在脆弱性以及由此发生的各种风险——特别是由于过度信贷导致的大量不良资产,当经济衰退或资金借贷严重失衡时,就会出现信心危机和挤兑。银行危机爆发后,通过传导和扩散机制,即无力支付存款人的存款,导致个人和企业破产,最终引发资本市场危机和货币危机。

3) 以资本市场危机为先导的金融危机的传导和扩散

当人们对于金融资产价格、整体经济的信心急剧丧失时,会在短期内采取一致的行动,抛售各种资产特别是有价证券,导致资本市场危机的爆发。资本市场危机的爆发,使企业和个人遭受损失,资金借贷和货币需求出现严重失衡,资本市场危机又通过传导和扩散机制,引发银行业危机和货币危机。

4) 以债务危机为先导的金融危机的传导和扩散

过度地利用外债,而且债务规模巨大,债务高度集中,容易导致支付能力的不足和国际收支的严重失衡。支付能力不足削弱了投资人的信心,造成资金外逃,引发债务危机。债务危机通过传导和扩散机制,引发货币危机、资本市场危机和银行业危机,从而形成全面的金融危机。

3. 金融危机传导的路径

1) 实体经济途径

(1) 竞争对手型传染。如果危机发生国和非危机发生国的出口市场相同,互为竞争对手,则会发生竞争对手传染。另外,因为竞争可能采取竞相贬值的行动,诱发投机者发起对区域的攻击。一国与发生危机国的贸易联系越紧密,危机被传染的概率越大。

(2) 贸易伙伴型传染。一个国家的金融危机恶化了另一个与其贸易关系密切国家的国际收支以及经济基础运行状况,从而令其陷入金融危机,这就称为贸易伙伴型传染。贸易伙伴型传染有两个传导途径:一是直接进出口贸易传导;二是间接价格冲击传染。

2) 金融途径

(1) 金融机构渠道。当某金融机构在危机国利益受损后,为了达到资本充足率和保证金要求,或出调整资产负债的需要,金融中介机构往往大幅收回给其他国家的贷款,并且没有能力提供新的贷款。如果该国缺乏足够的国际储备,金融管理水平不高,就很难应付国际资本大规模流动造成的冲击,陷入危机。

(2) 资本市场渠道。当今资本市场是全球一体化市场,当机构投资者在一个市场上出现大量的资本损失时,会在其他市场上出售证券获取现金以便补充流动性;即使不遭受损失,也会基于风险和预期心理重新进行证券投资组合,以获得尽可能大的收益。

6.2.4　投机性冲击与国际金融危机

1. 国际投机资本与投机性冲击

1) 国际投机资本

国际投机资本即通俗所说的热钱、国际游资。国际投资资本属于国际短期资本，其通常没有固定的投资领域，单纯以寻求高额短期利润而在各种金融市场之间流动的短期资本。

对这一定义的解释如下。

(1) 从期限上来看，国际投机资本属于国际短期资本，但不是所有的国际短期资本都是国际投机资本，例如跨国公司结算应收账款、利用闲置资金购买短期证券产品等。

(2) 从动机上来看，国际投机资本追求的是短期高额利润，而不同于国际长期资本追求长期利润，不同于其他短期资本是为了正常经营活动。

(3) 从范围上来看，国际投机资本考虑的是"短期、高额"，因而其无固定投资领域，通常在各种金融市场上，投机者根据对汇率、利率、证券价格、金价或特定商品价格变动等的预期，在较短时间内突然大规模地进行买空卖空等交易，大幅度改变资产组合，其转移相当频繁。

2) 投机性冲击

由于国际投机资本大规模地频繁地在多地的各种金融市场上交易，以创造获取短期高额利润的机会，因而会导致各类金融市场的供求不平衡，进而引发该市场金融产品价格面临不稳定，这种突发性的扰乱市场行为和价格的冲击即投机性冲击。

从以往的案例来看，国际投机资本对攻击一个国家的固定汇率制度或钉住汇率制度、管理汇率制度是非常常见的。例如：在固定汇率或钉住汇率制度条件下，一旦国内出现通货膨胀或经济萧条和持续的经常账户逆差，政府需要维持汇率固定的承诺就必须大量动用其外汇、黄金储备。如果此时货币贬值的压力很强，政府若勉强维持目标汇率，将使国际储备不断大幅减少，甚至枯竭。于是固定汇率制度崩溃，汇率大幅度贬值造成投机性冲击。

2. 投机性冲击的立体投机方式

1) 利用即期外汇交易在现货市场的投机性冲击

当投机者预期某种货币即将贬值时，就会着力打压，迫使其迅速贬值。投机者能否成功打压的关键之一是能否掌握足够数量的该种货币，然后在现货市场强力抛售并引起恐慌性的跟风抛售。

通常投机者获得该货币的渠道有以下几种。

(1) 从当地银行获得贷款。

(2) 出售持有的以该货币计价的资产。

(3) 从离岸市场融资。

(4) 从当地股票托管机构借入股票并将其在股票市场上卖空。在掌握足够的该种货币之后，投机者即在外汇现货市场上集中猛烈抛售。若能引起该货币强烈的贬值预期，并引起跟风性抛售，则该货币迅速贬值。待其贬值后，投机者在即期外汇市场以较贬值前少的外汇买进原借款数额的该种货币并偿还各类贷款或股票。其间的差价即投机利润，如图 6.1 所示。

2) 利用远期外汇交易在远期外汇市场的投机性冲击

如果投机者预期某种货币的远期汇率偏离未来的即期汇率水平，即趋于贬值，就会向当地银行购买大量远期合约，约定未来的某一时间以一定数量的软货币交割硬货币。远期合约会产生不平衡的货币头寸，为了规避风险，与投机者签订远期合约的银行将通过对冲远期合约来弥补头寸，即在现货市场上售出本币、购买外币，这样现货市场上本币供给增加，造成本币的贬值压力。投机者可以在本币贬值之前就签订与空头远期合约到期日相同、金额相同的多头远期合约作对冲，或在贬值时通过现货市场以硬通货兑换软通货，再以软通货交割空头远期合约，如图6.2所示。

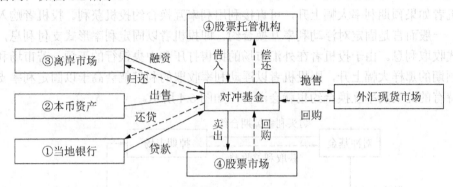

图 6.1　利用即期外汇交易的投机方式

图 6.2　利用远期外汇交易的投机方式

3) 利用外汇期货、期权交易在期货期权市场的投机性冲击

如果某种货币走势趋于贬值，投机者还可以利用外汇期货、期权交易进行投机。即投机者可以先购入空头弱币的期货或看跌期权，若预期的弱币在现货即期打压、远期打压下被迫贬值，则期货价格下跌、期权溢价，投机者可以在期货、期权市场上进行对冲交易，以赚取汇率差价，如图6.3所示。

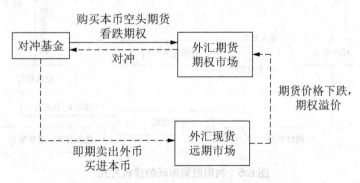

图 6.3　利用远期外汇期货、期权交易的投机方式

4) 利用货币当局干预措施的投机

这种投机策略主要是针对实行固定或钉住汇率制的国家,其政府或中央银行有使本国货币汇率不变的承诺。中央银行维护本币汇率平价最常见的两种外汇市场干预措施是:①动用外汇储备,买入本币,以缓解本币贬值压力;②提高本币利率,以提高投机性冲击的借款成本。若投机者预料到中央银行直接入市干预行动将受其外汇储备规模所限而提高本币利率,还可以利用利率上升进行投机,从中获利。

投机者如果预期利率大幅上升,可直接利用利率互换合约投机获利。投机者购入利率互换合约,一般而言是固定对浮动利率互换合约,即投机者以固定利率形式支付利息,以浮动利率形式收取利息。由于投机者在外汇市场的抛售打压和中央银行的干预,若市场利率如投机者所预期的那样大幅上升,则投机者以浮动利率收取的利息就会高于以固定利率支付的利息,所持有的此类利率互换合约也就会溢价,如图6.4所示。

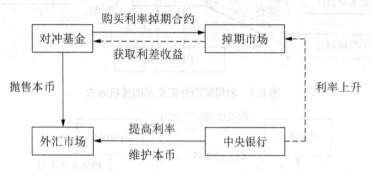

图6.4 利用货币当局干预措施的投机方式

此外,由于利率上升会引起股市下跌,投机者还可以在该国股票市场投机盈利。其具体操作:投机者先从股票托管机构借入股票,然后在股票市场抛售。外汇市场上本币贬值压力使中央银行提高利率后,市场恐慌会使股票价格下跌。投机者低价位补回股票,价差即为其收益。同理,投机者还可以通过事先购入空头股票指数期货或看跌期权,并通过对冲交易赚取投机利润,如图6.5所示。

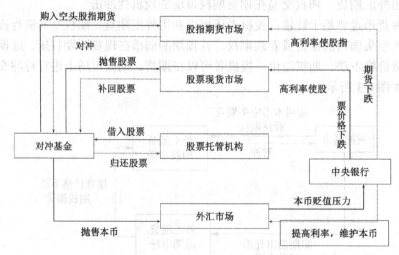

图6.5 利用股票市场的投机方式

在实践中，上述分解的各种投机方式几乎是同时发生的。在投机冲击成功后，往往伴随着货币危机的是全面的金融危机，于是被冲击的货币的汇率和国内资产价格可能调整过度，投机者还可以顺势获利。这样的投机策略可谓精善，也是 20 世纪 90 年代以来投机性冲击频频得手的重要原因。

3. 投机性冲击的特点

1) 投机性冲击的规模愈加庞大

(1) 国际投机资本的规模日益庞大。据国际货币基金组织统计，目前在各市场中频繁出入的国际投机资本大约有 7.2 万亿美元，相当于全球每年经济总产值的 20%。另据历史资料分析，国际和地区间的商品和资金流通量增长速度比生产增长速度快一倍以上。每天约有 2 万亿美元的资金在全球各类市场中寻求出路，相当于实物交易的数百倍。

(2) 国际投机资本日益形成"集体化"倾向。随着信息技术日新月异和互联网的延伸，全球外汇市场每天 24 小时营运系统已经形成，外汇市场资金可以瞬间从一个市场转移到另一个市场，国际投机者已不是散兵游勇，而是发展为实力强大的投机集团而有别于各国货币当局和国际金融组织的第三种力量，已经对国际汇率制度的稳定以及国际货币制度的正常运行构成了极大的威胁。

(3) 金融衍生品的发展为投机者提供了杠杆化的交易方式。投机者只要用较少的资金就可以买卖几十倍甚至上百倍于投资金额的金融产品，从而牵动整个国际金融市场。

2) 投机性冲击策略日益立体化

传统的投机者只是简单地利用即期和远期交易赚取汇差或利差，而当今的投机性冲击策略要复杂得多，可以利用各种金融资产价格在各个市场之间的内在联动性作全方位的投机。

3) 投机冲击面日益区域化

传统的投机性冲击是孤立的，并且地域分散而现在逐渐区域集中。

4) 投机性冲击活动日益公开化

传统的投机活动是隐蔽的或半公开的套汇和套利活动。而自 20 世纪 90 年代以来，随着国际金融市场的放松管制和金融自由化，以及信息网络技术的广泛应用，投机活动逐渐发展到公开或有意表示向某种货币发动攻击，这种公开性可以加剧投机目标货币的贬值预期。

5) 投机者越来越注重利用贬值的预期和市场

传统的投机主要是利用市场的支付渠道来传导市场的信心危机。而在当今的投机性冲击过程中，由于电子技术的应用，交易信息传播的速度极快，普通投资者的心理预期和由此引发的信心危机已经成为重要的传导机制。投机者也非常注重对这一环节的利用，以引导跟风者，从而加速目标货币的贬值。

6.2.5 国际金融危机的防范

1. 金融危机的事前防范

(1) 适度地限制国际资金流动：①要防止虚假的外商直接投资进入，并对外商进入的行业进行选择，避免外商以直接投资的方式过多地占有一些产品的国内市场；②可以对所有的短期资金流入征税；③禁止非本国居民以本币进行投机或有可能转化为投机活动的融资活动。

(2) 加强金融监管：①完善资本市场体系；②加强对银行体系的监管。
(3) 建立完善有效的金融指标体系。

2. 金融危机的事中控制

一方面可以通过金融机构的内部控制，及时采取科学的风险管理方法进行具体化解；另一方面，政府可以通过及时筹集资金向发生支付危机的金融机构注入资金的方式，使其安全地度过支付危机。

3. 金融危机的事后处理

(1) 及时进行财政资金援助。
(2) 重组和整顿金融部门。
(3) 加强国际援助。

小　　结

本章主要介绍了国际资本流动的含义、类型，国际资本流动的起因、特点，国际资本流动的效应；解释了金融危机，国际货币基金组织对金融危机的分类；债务危机和金融危机的传导等。其中难点部分是：国际资本流动的效应和投机性冲击。重点需要掌握的部分是：国际资本流动的类型、效应和投机性冲击与国际金融危机。

复习思考题

1. 名词解释

(1) 国际资本流动
(2) 国际直接投资
(3) 债务危机
(4) 国际游资
(5) 福费廷

2. 问答题

(1) 国际资本流动一定会产生正向效应吗？请说明理由。
(2) 简述外国直接投资的类型。
(3) 金融危机包含哪些类别？一一说明。
(4) 国际资本流动的起因是什么？
(5) 确定外债情况的数量指标有哪些？
(6) 说明各类投机性冲击的立体投机方式。

案例及热点问题分析

扫一扫，阅读案例并回答问题。

课后阅读材料

课后阅读 6-1　几个 DAC[①] 成员国的贷款援助

(扫一扫，了解几个 DAC 成员国的贷款援助。)

课后阅读 6-2　2018 财年外国直接投资概况

(扫一扫，一起来了解一下 2018 财年外国直接投资概况吧!)

课后阅读 6-3　欧洲债务危机

(扫一扫，详细了解欧洲债务危机的爆发及原因。)

课后阅读 6-4　亚洲金融危机大事记

(扫一扫，阅读亚洲金融危机大事记。)

---

① 发展援助委员会(Development Assistance Committee, DAC)，是经济合作与发展组织属下的委员会之一。该委员会负责协调向发展中国家提供的官方发展援助，是国际社会援助发展中国家的核心机构。发展援助委员会现有 29 个成员(28 个经合组织成员国和欧盟)，另外世界银行、国际货币基金组织和联合国开发计划署作为常驻观察员参与。

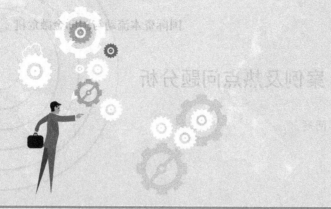

第 7 章 国际货币制度

【内容提要】

随着国际金融市场一体化和国际贸易的发展,国际货币关系日益成为世界经济中一个非常重要和复杂的问题。它突出反映了各国间的种种矛盾,涉及各国的利害关系和经济发展。本章主要让读者掌握有关国际货币制度的概念、内容及其演变,现行国际货币制度的特征、缺陷以及国际货币制度的改革等方面的内容。

本章具体内容包括以下几方面。
(1) 国际货币制度的概念、内容及其演变。
(2) 国际金本位制度的特点、作用和影响,以及国际金本位制度的崩溃。
(3) 布雷顿森林体系的建立、主要内容、作用及其崩溃。
(4) 牙买加体系的形成、主要内容和特点。

7.1 国际货币制度概述

7.1.1 国际货币制度的概念及其内容

1. 国际货币制度的概念

国际货币制度(International Currency System)也称国际货币体系,是指为适应国际贸易与国际支付的需要,各国政府对货币在国际范围内发挥世界货币职能所确定的原则、采取的措施和建立的组织形式。它是支配各国货币关系的规则和机构所形成的一个完整的系统,是国际货币关系的集中反映。

国际货币制度构成国际金融活动总的框架,各国之间的金融交往,在各个方面都要受到国际货币制度的约束。国际货币制度是随着国际经济交往的不断发展而产生和形成的。由于商品经济在全世界范围内的发展,各国之间的贸易关系和其他各个领域的经济关系也日益扩大。各国之间的贸易往来、债务清算、资本移动等日趋频繁,它们最终都要通过货币进行清算和支付。但是,由于各国货币都是在本国社会经济的历史发展过程中形成的,它们在国家间不具有普遍接受的性质。各国关于本币以及它与外国货币的兑换都要有不同的规定，这样就产生了国际范围内协调各国货币安排的必要，国际货币制度正是在这一基础上形成的。

2. 国际货币制度的内容

国际货币制度的内容主要包括如下三个方面。

(1) 各国货币汇率的确定。汇率和汇率制度是国际货币关系的一个中心问题。汇率作为各国货币价值的一种特殊表现形式，把一国的物价同世界市场价格联系起来。汇率的特殊性在于，虽然它本身只表示货币的价格，但它却可以影响其他一系列重要的价格，特别是可以影响一系列的相对价格。而这些相对价格变动，又直接牵涉到各国之间经济利益的再分配。所以，关于汇率和汇率制度的安排，也就构成了国际货币制度的基本内容之一。根据国际交往与国际支付需要，以及使货币在国际范围内发挥世界货币职能，各国政府要规定货币汇率确定的依据、汇率波动界限、货币汇率的调整、维持汇率采取的措施等。

(2) 对国际收支失衡的调节。国际收支是各国对外经济活动的系统记录。从世界经济的全局来看，国际收支及其调节是国际货币制度的重要问题。国际收支调节机制的失灵或不健全，会使整个国际货币制度失去运行的基础。所以，确立国际收支调节机制，可以有效地帮助和促进国际收支失衡的国家进行调节，是国际货币制度的主要内容之一。

(3) 国际储备资产的确定。为了应付国际紧急支付和稳定汇率的需要，一国必须保持一定数量的为世界普遍接受的国际储备资产。各个不同国家用什么作为储备的标准，不但取决于各国本身的经济状况，而且也取决于国际的协调或国际的普遍接受性。国际储备资产作为国际清偿力，在各个历史时期有着不同的内容，这也构成了国际货币制度的重要组成部分。

7.1.2 国际货币制度的作用

1. 为世界贸易支付清算和国际金融活动提供统一的运行规则

历史上的三个国际货币制度，均对用作国际清算和支付的工具国际货币运作规则作出具体规定。比如：当确定黄金或特别提款权为国际货币用作国际清算和支付时，国际货币制度还进一步规定了黄金和特别提款权兑换其他各国货币的比价及方式。

2. 确定国际收支调节机制

合理的国际收支的调节机制能够确保世界经济秩序的稳定和各经济体的经济均衡发展。具体的国际收支的调节机制表现在以下三个方面。

(1) 汇率机制：在历史上的三个国际货币制度中，有关汇率机制的规定是不同的。例如：在固定汇率制度之下，一个出现逆差的国家必须经常性地采用财政政策、货币政策和管制政策来维持国际收支的平衡。在浮动汇率制度下，汇率的波动本身会自然具有国际收支的调节功能。显然，汇率的波动可以反映国际收支的状况，同时调节国际收支。作为国际货币制度的任务之一就是根据世界经济形势和各国经济状况，来确定汇率机制。

(2) 对逆差国资金融通机制：这主要是指确定当某国发生国际收支逆差时，能在什么样的条件下从什么地方去获取资金和资金的数量及币种用于弥补国际收支逆差。资金融通从某种程度上可以取代国际收支调节或减轻国际收支调节力度。资金融通的数量越大、条件越松，则国际收支政策调节的必要性就因此下降。国际货币制度的任务要求能够确定合适的资金融通机制，使融资的数量适宜，避免出现不必要的国际收支调节政策。

(3) 对国际货币(储备货币)发行国的国际收支纪律约束机制：对于一些本国货币就可以充当国际储备货币(如美元)的国家来说，它们只要输出本国货币就可以弥补或减轻国际收支的逆差程度。这种情况下，如果不对这些国家采取适当的约束机制，其结果是它们会基于某种本国目的而持续地保持没有压力的国际收支逆差，进而向全世界输出通货膨胀，破坏全球经济的稳定。因此国际货币制度也把对国际货币发行国的国际收支纪律约束作为其关键的任务之一。

3. 协调各国货币金融事务和经济政策

早期的国际货币制度(如金本位制)之下，所有有关国际货币金融事务的协调磋商和解决往往是通过多边协商实现的。随着"二战"后世界各国间的联系越来越紧密，形式越来越多样化，范围越来越广，多边的协调已经不能解决问题，所以有必要建立一种基于在一般国家之上的带有权威性的国际金融机构，用以制定各国必须遵守的行为准则，监督各国的金融行为，并提供必要的援助。

7.1.3 国际货币制度的类型

按照不同的标准对国际货币制度可以进行不同的分类。国际货币制度的类型可以根据三个重要标准进行。

1. 按照货币本位划分

货币本位是国际货币制度中的一个重要构成部分，它直接关系到储备资产的性质。国际货币储备包括两类：商品储备和信用储备。根据储备的性质可以将国际货币制度分为三大类。

(1) 纯粹商品本位，如金本位。
(2) 纯粹信用本位，如不可兑换的纸币本位。
(3) 混合本位，如金汇兑本位。

2. 按照汇率制度划分

汇率制度是构成国际货币制度中的另一个重要构成部分，占据着国际货币制度的核心地位。汇率制度中的两个极端情况是绝对固定和完全弹性。在前面的汇率制度的知识中我们知道，现实中这两种情况都是不存在的。介于两者之间的有：管理浮动汇率制度、可调整的固定汇率制度、长期固定汇率制度等。例如：金本位制度就是长期固定汇率制度。

3. 按照国际货币制度的演变过程划分

从历史上来看，国际货币制度可以分为三个时期。

(1) 国际金本位制度，就是以黄金作为国际本位货币的制度。
(2) 布雷顿森林体系，就是指黄金美元作为本位货币的制度。
(3) 牙买加体系，就是浮动汇率制度。

7.2 国际金本位制

国际金本位制度是世界上首次出现的国际货币制度，英国作为最早的发达资本主义国家，于1816年实行了金本位制，用黄金来规定货币所代表的价值。1865年，法国、比利时、瑞士三国组成拉丁货币同盟，发行了货币史上流通最久的金法郎，规定其含金量为 0.903 225 8 克纯金。这种国际通用的金铸币，一直到 20 世纪 30 年代才停止流通。

到 1879 年，事实上所有的主要工业国家和多数较小的国家都采用了金本位制。1914 年"一战"时，全世界已有 59 个国家实行金本位制。但是，让人吃惊的是没有什么条约可以证明或标志着金本位制的诞生。美国在该年采用了金本位制，将 1 美元定义为 23.22 哩黄金。由于当时每盎司黄金为 480 哩，故一盎司黄金就等于 20.67 美元。

国际金本位制度的产生并非偶然，它不是各国协商的结果，而是许多国家在其经济发展到一定阶段后，必然采取贵金属作为货币，使黄金执行世界货币的职能，使金本位制自然地具有了国际货币制度的性质。

之所以选择黄金这种贵金属作为货币，其一是因为黄金是一种理想的货币材料，它质地均匀，便于分割和携带，体积小，价值高，易收藏，所以早在古代，金就被人们当作货币商品。其二，在 17~18 世纪，大多数国家实行金银复本位制。后来，由于白银产量大幅增加，银价暴跌，金银价值相对不稳定，产生了"劣币驱逐良币"现象，造成金币退出流通，银币充斥市场，从而使货币制度陷入混乱，白银因此逐步退出货币的舞台。

金币本位制度在资本主义世界盛行了百年之久，虽然其已经成为货币史上的历史陈迹，但它给货币制度带来了深远影响。

7.2.1 国际金本位制度的特点

在金本位制度(The Gold Standard)下，黄金具有货币的全部职能。国际金本位制度，就是以一定成色及重量的黄金为本位货币的一种货币制度，即法律确定金铸币为本位货币。1816 年英国制定了《金本位制法案》，开始采用金本位制度。此外，资本主义各国都先后实行了金本位制。在金本位制下，各国将其货币单位规定同一定成色和重量的黄金相联系，即一国之本位货币是用一定成色和重量的黄金表示的，从而确定了货币的含金量。各国货币含金量之比，当时称为铸币平价。各国货币的比价或汇率，就是以这种铸币平价为基础的。各国货币当局随时愿意按所规定的货币单位的含金量，根据一定条件买卖黄金。在国际支付和结算中实行自由的和多边的国际结算制度，各国货币可以自由兑换，黄金被普遍地用作国家间的支付手段和最后清算手段。这样，黄金发展成了一种世界货币，并同各国对货币在国家间的汇兑、支付等也有了一套普遍公认的做法，因而形成了国际金本位制度。

1. 金币本位制的特点

在国际金本位制度时期，根据货币与黄金的联系程度不同，金本位制可分为金币本位制(Gold Coin Standard System)、金块本位制和金汇兑本位制三种。在第一次世界大战之前，各国普遍实行的是金币本位制，这是金本位制度的典型形态。狭义的金本位制度即指金币本位制，它是一种以黄金作为本位货币的货币制度。它的主要特点如下。

(1) 各国货币以黄金为基础保持固定比价关系，即以铸币平价为中心的比价关系，汇率波动幅度以黄金输送点为界限。

(2) 金币可以自由无限制地铸造，本位币的含金量由法律确定后，由政府的造币厂无限制地自由铸造；居民也可以拿来黄金请求造币厂代其铸币。流通中的其他金属辅币和银行券可以按法定比例自由兑换成金币或者等量的黄金；本位币的价值与黄金的价格是一致的；金本位币可以自由熔化作为非货币用途的金块；金币可以自由输出入国界，数量不受限制。

(3) 实行自由多边的国际结算制度，政府不对国际收支进行直接管制。

(4) 国际收支主要依靠市场机制自发调节。

(5) 黄金是主要的国际储备资产。

(6) 黄金的运行无须国际金融组织的监督。

由此可见，金币本位制是一种比较健全和稳定的典型的金本位货币制度，因此被称为"完全的金本位制"。

2. 金块本位制的特点

第一次世界大战爆发后，维持金币本位制的一些必要的条件逐步遭到破坏。为了重建世界货币秩序，1922年在意大利召开了世界货币会议，决定恢复实行金本位制，这时因受战争重创，恢复完全的金本位制已不可能，以英国为代表的一些国家实行了金块本位制(Gold Bullion Standard System)。所谓金块本位制，是一种以金块办理国际结算而国内一般只流通纸币的变相的金本位制。金块本位制与金币本位制的主要区别是：在金块本位制下，金是在有限的范围之内才允许兑换，同时不铸造金币，金币也不流通。人们兑换黄金的条件是要求兑换的金量达到一定的最低数量，方能按照货币的含金量来兑换金块。具体来说，它的主要特点如下：

(1) 停止铸造金币，金币不再流通，而由银行券代替，但货币单位仍有含金量。

(2) 银行券等信用货币必须达到一定的金额以上才能兑换金块，如英国在1925年规定，一次至少兑换400盎司的金块(约合1 700英镑)。这就大大削弱了银行券与黄金的联系程度。

(3) 由国家储存金块，作为储备。

(4) 黄金仍可以自由地输出入国界，但已受到一定的限制。

3. 金汇兑本位制的特点

与此同时，一些经济实力较强的国家及一些殖民地，则实行了一种金汇兑本位制(Gold Exchange Standard)。所谓金汇兑本位制，又称虚金本位制，金汇兑本位制是一种间接兑换黄金的货币制度。在这种货币制度下，虽然一国为货币单位规定了含金量，但其货币并不能兑换黄金甚至金块，这种货币可以自由兑换成可以直接兑换黄金的外币，它是一种将本国货币间接地同黄金相联系的金本位制。其实质是将本国货币同某个金本位国家(一般是宗主国或与之联系密切的强国)货币相联系，对外用金与对内用银的基本做法。采用这种本位制往往带有很强的歧视性。它的主要特点如下：

(1) 国家规定金币为主币，但国内不铸造也不流通金币。

(2) 本国货币同别国货币的汇率按各自的含金量计算。

(3) 本国的黄金和外汇存放在一个经过选择的发达国家，通过无限制地买卖外汇来维持本国货币同该国货币之间的固定比价。

(4) 国内只流通银行券，银行券只能兑换外汇，而这些外汇在国外才能兑换黄金。

由此可见，同金币本位制相比，金块本位制和金汇兑本位制只能算作是残缺不全和不完善的金本位制度，是削弱了的金本位制度，是金本位制度走向信用本位制度的过渡形态，因为这两种类型的金本位制同金币本位制相比，并没有稳定的基础，是一种不稳定的货币制度，因此被称为"不完全的金本位制"。20世纪30年代大危机后，这两种货币制度也都无法继续维持下去，取而代之的是一种不兑换的纸币或称管理纸币本位制度。早期的纸本位制须有黄金作为准备，到了近代，纸币本位制已形成管理纸币，纸币不再与黄金相联系。

7.2.2 国际金本位制度的崩溃

随着资本主义矛盾的发展，国际经济的不平衡加剧，金本位制的稳定性逐渐遭到破坏。到 1913 年年末，英、美、法、德、俄五国占有世界黄金存量的 2/3，这就削弱了其他国家货币制度的基础。一些国家为了备战，政府支出急剧增长，大量发行银行券，在全世界范围内积极收集和争夺黄金，并把国内已有的黄金集中在中央银行手中，从而使黄金的国际分配日益不均，银行券兑换黄金越来越困难。1914 年第一次世界大战爆发后，各国都相继停止了货币兑换黄金，并实行黄金禁运，传统的国际金本位制度暂时停止实行。战争结束以后，世界经济形势发生了很大变化，战争期间各参战国为了融通战争经费，均发行了不能兑现的纸币，这些纸币在战后大大贬值，造成了严重的通货膨胀。同时各国货币之间汇率急剧波动对国际贸易和国际收支产生了严重影响。因此，战后各国先后着手恢复金本位制。

战争结束后，美国、英国等先后实行金本位制。到 1928 年年底，战前实行金本位制的国家基本上恢复了金本位制。但此时的金本位制已与战前大不相同，黄金的地位比以前削弱了。其实，除美国仍实行原来的金本位制度外，英、法等国实行的是金块本位制，其他国家大都实行金汇兑本位制。无论金块本位制，还是金汇兑本位制，它们都是削弱了的金本位制度，因此，这种脆弱的国际货币制度，经过 1929—1933 年世界经济大危机的冲击，终于全部瓦解。

此外，由于黄金在世界范围内探明的储备量是有限的，这种有限的储备量无法跟上战后国际贸易迅速增长的需要等原因，1931 年 9 月英国宣布终止实行金块本位制，同英镑有联系的国家，也相继放弃了金汇兑本位制。接着，美国在 1933 年 3 月也宣布停止兑换黄金，放弃了金本位制。20 世纪 30 年代国际金本位制的崩溃是国际货币制度的第一次危机。

7.3 布雷顿森林体系

7.3.1 布雷顿森林体系的建立

第二次世界大战后，资本主义世界建立了一个以美元为中心的国际货币制度，即美元黄金本位制。这也是一种金汇兑本位制，一般称之为布雷顿森林体系(Bretton Woods System)。这一国际货币制度的建立，既是国际贸易和国际金融发展的需要，又是英、美两国在国际金融领域争夺主动权的产物。

国际金本位制度崩溃以后，国际货币金融关系失去了统一的标准和基础，以金本位制为标志的统一的国际货币制度瓦解，进入了一种无体系的、以几个货币集团进行货币战为特征的时期。货币集团是指一些国家联合组织的排他性货币联盟或货币区域，通常是以某个帝国主义国家的货币为中心，如英镑集团、美元集团和法郎集团等。

1931 年，英国联合英联邦国家及其他国家组成英镑集团。在集团内部，各成员国的货币同英镑保持固定比价，各国之间以英镑进行清算，并把本国外汇储备的大部分存入英格兰银行，调拨存款时，须经英国允许。英镑集团是一个非正式组织，第二次世界大战初期，英国为进一步加强外汇、贸易管制，于1939年用法律的形式把成员国的关系固定下来，改称英镑区。

1934年，美国及其属地、中南美国家等组成了美元集团，1939年在美元集团的基础上建立了美元区，区内各国货币与美元保持固定比价。

法郎集团是在由法国、比利时、瑞士、荷兰、意大利等国所组成的金融集团宣告结束后，同殖民和附属国组成的一个货币集团，第二次世界大战爆发后又发展为法郎区。它是法国在贸易上和金融上控制区内各国的工具，也是保护区内市场、排挤区外国家、维护法郎的国际地位、对抗英镑和美元的武器。

货币集团形成以后，在货币集团内部，以一个国家的货币为中心，并以这个货币作为集团内部的储备货币进行结算。各货币集团内部的货币比价、汇率波动界限以及货币兑换与支付均有统一严格的规定；对集团外的国际支付则采取严格的管制，从而导致各国货币战接连不断，国际货币制度使国际贸易受到了严重损害，进而加深了整个资本主义世界的经济萧条。因此各国纷纷要求建立新的国际货币制度，主张谋求国际金融方面的合作，以促进国际贸易的发展，但第二次世界大战的爆发又中断了这一历史进程。

第二次世界大战使除美国以外的主要资本主义国家的经济遭受严重的破坏。战后各国把注意力逐渐放在复兴建设和发展生产上，各国希望有一个稳定的外部环境，急需建立一种稳定的国际货币制度。

由于第二次世界大战的爆发，各国的经济、政治实力发生了重大变化。一方面，英国在战争期间受到了巨大的创伤，经济遭到严重破坏。但英镑区和帝国特惠制仍然存在，国际贸易的40%左右仍用英镑结算，英镑仍然是一种主要的国际储备货币，伦敦仍然是一个重要的国际金融中心，因此，英国还想竭力保持它的国际地位。另一方面，战后美国经济实力大大增强，成为资本主义世界最大的债权国家，这为建立美元的霸权地位创造了条件。在这个背景下，英美两国为争夺世界金融领域的霸权地位都从本国的利益出发，设计新的国际货币制度，并于1943年4月7日分别发表了各自的方案，即英国的"凯恩斯计划"和美国的"怀特计划"。

两个计划提出后，1943年9月到1944年4月，两国政府代表团在有关国际货币计划的双边谈判中展开了激烈的争论，最后由于美国在政治上和经济上的实力大大超过英国，英国被迫放弃国际清算同盟计划，而接受美国的方案。美国也对英国作了一些让步，双方达成了协议。1944年7月，在美国新罕布什尔州的布雷顿森林镇，召开了有44国参加的国际货币金融会议，通过了以"怀特计划"为基础的《国际货币基金组织协定》和《国际复兴开发银行协定》，总称《布雷顿森林协定》，以此确立了以美元为中心的国际货币制度，即布雷顿森林体系。

7.3.2 布雷顿森林体系的主要内容

布雷顿森林体系的内容主要包括以下五个方面。

1. 建立一个永久性的国际金融机构

建立一个永久性的国际金融机构即国际货币基金组织，旨在促进国际货币合作。根据布雷顿森林协定，国际货币基金组织于 1946 年成立。国际货币基金组织作为布雷顿森林体系运转的中心机构，它负责对国际货币领域的有关事项进行磋商，监督《布雷顿森林协定》的实施，对会员国融通资金。

2. 美元与黄金挂钩，实行黄金-美元本位制

在该制度下，美元与黄金直接挂钩，即各国政府确认美国政府规定的 35 美元=1 盎司黄金的官价，未经美国政府同意，不能对金价进行变动；而美国允许外国中央银行或政府机构按照官价用美元向美国兑换黄金。这样美元取得了等同黄金的地位。

3. 其他国家货币与美元挂钩

"二战"后，除美元和黄金建立了直接的联系外，其他国家的货币则没有这种联系。为了维持本国货币的信用和币值的稳定，各国货币就和美元订立固定比价，从而间接与黄金挂钩。根据 1 盎司等于 35 美元的官价，美元的法定含金量为 0.888 671 克，各国货币对美元的汇率按照各自货币的法定含金量与美元的法定含金量之比来确定。

以上 2、3 两个方面即所谓的"黄金美元双挂钩"，如图 7.1 所示。

图 7.1 黄金美元双挂钩示意

4. 确定固定汇率制

各会员国的外汇及其交易的汇率波动的幅度一般只能在平价上下 1%的幅度内波动，各国中央银行有义务在外汇市场上进行干预，以维持汇率的稳定。只有一国国际收支发生根本性不平衡时，经国际货币基金组织批准，才允许其货币贬值或升值。实际上，若平价变动小于 10%，一般可自行决定，事后通知国际货币基金组织即可；若超过 10%则必须经国际货币基金组织批准。可见，布雷顿森林体系的汇率制度是一种"可调整的钉住汇率制"，属固定汇率制。

5. 规定了以美元作为最主要的国际储备货币

由于美元与黄金挂钩，取得了等同黄金的地位，由于各国货币又与美元挂钩，使美元成为国际货币制度的中心，于是美元与黄金一起成为国际储备货币的主要形式。

在布雷顿森林体系下，美元可以直接兑换为黄金和各国实行可调节的汇率制度，这是构成这一国际货币制度的两大支柱。国际货币基金组织则是维持这一体系正常运行的中心机构。

7.3.3 布雷顿森林体系的崩溃

1. 布雷顿森林体系存在的根本条件

(1) 美国国际收支保持顺差，美元对外价值稳定。若其他国家通货膨胀严重，国际收支逆差，则在国际货币基金组织同意下，该国货币可以贬值，重新与美元建立固定比价关系。这并不影响美元的国际地位。但若美国国际收支持续性逆差，美元对外价值长期不稳，美元则会丧失其中心地位，危及布雷顿森林制度存在的基础。

(2) 美国的黄金储备充足。在布雷顿森林体系下，美元与黄金挂钩，外国政府或中央银行持有的美元可向美国兑换黄金。美国要履行 35 美元兑换一盎司黄金的义务，必须拥有充足的黄金储备。若美国黄金储备流失过多，储备不足，则难以履行兑换义务，则布雷顿森林体系难以维持。

(3) 黄金价格维持在官价水平。"二战"后，美国黄金储备充足，若市场价格发生波动，则美国可以通过抛售或购进黄金加以平抑。若美国黄金储备不足，无力进行市场操作和平抑金价，则美元比价就会下降，国际货币制度的基础也会随之动摇。

2. 布雷顿森林体系的根本缺陷

1) 特里芬难题

特里芬难题是由美国耶鲁大学教授罗伯特·特里芬在《美元与黄金危机》一书中提出的观点，他认为任何一个国家的货币如果充当国际货币，则必然在货币的币制稳定方面处于两难境地。一方面，随着世界经济的发展，各国持有的国际货币增加，这就要求该国通过国际收支逆差来实现，这就必然会带来该货币的贬值；另一方面，作为国际货币又必须要求货币币制比较稳定，而不能持续逆差，这就使充当国际货币的国家处于左右为难的困境。这就是特里芬难题。

进一步说，从当时来看，美国对布雷顿森林体系有两个基本责任：一是要保证美元按固定官价兑换黄金，维持各国对美元的信心；二是要提供足够的国际清偿力，即美元。然而，这两个问题，信心与清偿力是有矛盾的。美元供给太多就会有不能兑换黄金的危险，从而发生信心问题；而美元供给太小就会发生国际清偿能力不足的问题。特里芬认为，要满足世界经济和国际贸易增长的需要，国际储备必须有相应的增长，而这必须由储备货币供给国——美国的国际收支赤字才能完成。但是各国手中持有的美元越多，则对美元与黄金之间的兑换关系越缺乏信心，从而越要将手中的美元兑换成黄金，这个根本缺陷最终注定了布雷顿森林体系崩溃的命运。

2) 汇率体系僵化

布雷顿森林体系是可调整的固定汇率制，但难以按照实际情况经常调整。美元是基准货币，即使美元汇率偏高或偏低，也不便作出调整。而其他国家往往不能利用汇率杠杆来调节国际收支，而只能采取一些有损于国内经济目标实现的经济政策，这就会造成国内经济的不稳定，形成为实现外部平衡而牺牲内部平衡的局面，从而难以实现国际收支的灵活调整。这种僵化的状态违背了"可调整的钉住汇率体系"的初衷。

3) 国际货币基金组织协调解决国际收支不平衡的能力有限

由于汇率制度不合理，各国国际收支问题日益严重，大大超过了国际货币基金组织所能提供的财力支持。而且真正最需要资金的发展中国家在国际货币基金组织的贷款条件中处于极其不利的地位，得到的贷款与其所需要的相差甚远，对纠正国际收支不平衡发挥的作用十分有限。

3. 美元危机

从 20 世纪 50 年代开始，由于美国发动朝鲜战争、越南战争及国内的经济危机，美国的国际收支连年出现逆差，黄金储备大量外流。1960 年，美国的黄金储备下降到 178 亿美元，而当时美国的短期外债为 210 亿美元。1968 年 3 月的半个月中，美国黄金储备流出了 14 亿多美元，仅 3 月 14 日一天，伦敦黄金市场的成交量达到了 350～400 吨的破纪录数字。到 1971

年，美国的黄金储备 102.1 亿美元仅是它对外流动负债 678 亿美元的 15.05%。

1960 年 10 月，国际金融市场上爆发了"二战"后第一次大规模抛售美元、抢购黄金的美元危机，伦敦黄金市场价格暴涨至一盎司 41 美元。在 1960—1961 年，美国战后的第四次经济危机的冲击下，美国国际收支逆差进一步使美元的信用严重动摇。自此，美元危机不断爆发，从 20 世纪 60 年代到 20 世纪 70 年代，美元危机爆发了 10 多次。

4. 挽救美元的一系列措施

为减缓美元危机，维持国际货币制度的正常运转，美国及其他主要西方国家通过国际合作设计出一系列措施来稳定美元地位。

(1) 稳定黄金价格协定。1960 年 10 月，第一次美元危机爆发，导致了金价暴涨，这加大了美元的压力，同时也使欧洲各国的外汇市场受到很大威胁。为维持黄金官价，防止美元危机，美国与欧洲主要国家的中央银行达成一项君子协定，约定彼此不以高于 35.20 美元的价格购买黄金，但并没有约定购入的最低价格。

(2) 巴塞尔协定。1961 年 3 月，联邦德国马克与荷兰盾升值，对美元和其他西方国家的货币造成冲击。为减缓国际投机资本对外汇市场的冲击，维持美元的汇率，英国、联邦德国、法国、荷兰、意大利、比利时、瑞士和瑞典等八个国家的中央银行，在清算银行所在地瑞士巴塞尔达成了一项不成文的君子协定，即巴塞尔协定。该协定规定：各国中央银行应在外汇市场上积极合作，以维持彼此汇率的稳定；若一国的货币发生困难，应与提供协助的国家进行协商，采取必要的支援措施，或由该国取得黄金和外汇贷款，以维持汇率稳定。

(3) 黄金总库。1961 年 10 月，美国为维持黄金价格和美元的地位，联合英国、法国、意大利、荷兰、比利时、瑞士和联邦德国等七国，建立一个"黄金总库"。该总库所需要的黄金约定由美国承担 50%，其余各国所承担的比例为：联邦德国 11%，英国、法国、意大利各为 9.3%，瑞士、荷兰、比利时各为 3.7%。指定英格兰银行为总库的代理机构。当黄金价格上涨时就卖出黄金，所需黄金由各国按上述比例分摊；当黄金价格下降时就买进黄金，所买进的黄金也按上述比例卖给各国的中央银行。黄金总库成立后，对稳定金价起到了较好的作用，但 1967 年和 1968 年 3 月连续两次抢购黄金风潮使黄金总库于 1968 年 8 月 3 日停止了工作。

(4) 货币互换协定。1961 年美国开始直接干预外汇市场，以维持美元汇率的稳定。这种对外汇市场的干预，需要足够的其他国家的货币。于是，1962 年 3 月，美国联邦储备银行分别与 14 个西欧各主要国家银行签订了货币互换协定，约定两国的中央银行应在约定期间内互相交换保有一定金额的对方货币，可以随时动用对方的货币，以维持汇率的稳定等。这项协定是美国分别与各国签订的双边协定。

(5) 借款总安排。1961 年 9 月，美国和英国向国际货币基金组织建议，将国际货币基金组织的贷款额度增加 60 亿美元，用于稳定各国的货币汇率。同年 11 月，英国、美国、法国、加拿大等国家在巴黎举行会议，决定成立"十国集团"，因会议在巴黎召开，又被称为"巴黎俱乐部"。会上签订了一项借款总安排，并于 1962 年 10 月生效。该协定规定，在必要时国际货币基金组织从 10 个国家可以借入 60 亿美元的资金，贷给发生危机的会员国，以稳定该国的货币。

(6) 黄金双价制。20 世纪 60 年代中期，美国的侵越战争，使国内国际收支日益恶化，美元危机爆发更加频繁。1968 年 3 月，美国爆发了空前严重的第二次美元危机。美国流失了价值 14 亿美元的黄金储备。黄金总库的成员国立即协商，约定美国及黄金总库不再按 35 美元一盎司的价格向黄金市场供应黄金，金价听任市场供求关系自发调节。至于各国政府或中央银行，仍可按黄金官价，以其所持有的美元向美国兑换黄金，各国官方金融机构也可按黄金官价进行结算。自此，自由市场的金价和黄金官价完全背离，在国际市场上出现了黄金双价制。

5. 布雷顿森林体系的最后解体

1) 美国的新经济政策

1969—1970 年美国爆发了"二战"后第五次经济危机，国内生产率下降，失业率增加，为刺激经济发展，美国采取了扩张性的货币政策，但由于利率下降，引起资本外流，削弱了美国国际收支的地位。同时扩张性的货币政策造成国内物价上涨，美国产品的国际竞争力更加低落，一向盈余的经常账户和商品贸易在 1971 年首次出现 20 世纪以来的巨额赤字，国际收支进一步恶化，黄金储备继续下降，减少到 102 亿美元，而美国的对外短期负债已超过 520 亿美元，同时又有大量资本外流，实际上已形成美元泛滥的局面。

1971 年 5 月又一次爆发了最严重的抛售美元、抢购黄金和其他贵金属的美元危机。面对巨额的国际收支和各国中央银行兑换黄金的压力，1971 年 8 月 15 日美国总统尼克松宣布实行新经济政策，除对内采取冻结工资、冻结物价并削减政府开支外，对外还采取了两项措施：第一，停止履行外国政府和中央银行用美元向美国兑换黄金的义务；第二，对进口商品征收 10% 的进口附加税。新经济政策的实施，意味着美元与黄金脱钩，维持布雷顿森林体系的一根支柱已经倒塌。

新经济政策的实施引起西方国家的强烈不满，纷纷要求美元公开贬值，取消美元的霸权地位。很多国家的货币不再钉住美元，而实行浮动汇率，固定汇率受到严重威胁。

2) 史密森协议

美国实施新经济政策后，西方各国先后召开一系列的双边或多边会议，谋求解决危机的方案。但是，由于各国对于黄金价格、汇率调整幅度意见分歧很大，因而迟迟不能达成具体协议。

1971 年 12 月，"十国集团"在华盛顿的史密森学会大厦举行财政部部长和中央银行行长会议，达成了"史密森协议"：美元对黄金贬值 7.8%，取消 10% 的进口附加税，黄金官价从每盎司 35 美元提高到每盎司 38 美元。

美元停止兑换黄金和美元贬值并未阻止美元危机的继续发展。1973 年 2 月国际金融市场又一次掀起抛售美元、抢购西德马克、日元和黄金的风潮。美国政府于 1972 年 2 月 12 日又一次宣布美元贬值 10%，黄金官价也相应地由每盎司 38 美元提高到每盎司 42.22 美元。

美元的再度贬值，并不能制止美元危机。1973 年 3 月西欧又出现了抛售美元、抢购黄金、西德马克的金融风潮，伦敦黄金市场的黄金价格一度涨到每盎司 96 美元，西欧和日本的外汇市场被迫关闭达 17 天之久。西方国家经过磋商与斗争，最后达成协议：西方国家的货币实行浮动汇率制度。其中原联邦德国、法国等国家实行联合浮动，即内部固定汇率，对外浮动汇率；英国等实行单独浮动。此外，其他主要国家的货币也都实行了对美元的浮动汇率制。至此，"二战"后支撑国际货币制度的另一支柱，即各国货币钉住美元、与美元建立固定比价的制度也完全垮台，于是布雷顿森林体系，即以美元为中心的国际金汇兑本位制完全崩溃，国际货币制度进入了浮动汇率制的时代，宣告"二战"后的布雷顿森林体系彻底崩溃。

7.4 牙买加体系

7.4.1 牙买加体系的形成

牙买加体系(Jamaica System)是布雷顿森林体系崩溃之后形成的、沿用至今的国际货币制度。布雷顿森林货币体系崩溃后,国际货币市场动荡不安,美元的国际地位不断下降,国际储备呈现多元化,许多国家实行浮动汇率,各国之间矛盾空前激化。世界各国都希望建立一种新的货币体系,以尽快结束这种局面。

1976年,国际货币基金组织临时委员会在牙买加首都金斯敦举行会议,达成了《牙买加协议》。同年4月,国际货币基金组织理事会通过了以《牙买加协定》为主要内容的《国际货币基金协定》第二次修正案,该修正案于1978年4月1日起正式生效。从此,国际货币制度进入了一个新的阶段。《牙买加协定》的签订,是第二次世界大战后国际货币关系中仅次于《布雷顿森林协定》的一个重大事件,它为布雷顿森林体系瓦解后国际货币制度的继续运转铺平了道路。国际上一般把《牙买加协定》生效后的国际货币制度称为"牙买加货币体系"。

7.4.2 牙买加体系的主要内容

牙买加体系是以美元为中心的国际储备多元化和浮动汇率体系,其主要内容如下。

1. 浮动汇率合法化

各会员国可以自由选择汇率制度,固定汇率制与浮动汇率制可以同时并存,实施多年的浮动汇率制度得到法律上的认可,但会员国的汇率政策应受国际货币基金组织的监督,不允许会员国操纵汇率、采取损人利己的贬值政策。当国际经济条件具备,国际货币基金组织经过85%的总投票权同意,可恢复实行稳定的可调整的固定汇率制度,但这种可调整的固定汇率制度不作统一的规定,会员国可以参加,也可以放弃。

2. 黄金非货币化

减少黄金的货币作用,黄金不再作为各国货币定值标准,使黄金与货币完全脱离联系,让黄金成为一种单纯的商品。取消黄金官价,会员国中央银行可按市价自由地进行黄金交易,国际货币基金组织也不在黄金市场上干预金价。取消会员国之间、会员国与基金组织之间必须用黄金清偿债权债务的义务,以及会员国必须用黄金缴付其份额的25%的义务,逐步处理国际货币基金组织所持有的黄金。

3. 提高特别提款权在国际储备中的地位

修订特别提款权的有关条款,以使特别提款权逐步取代黄金和美元而成为国际货币制度的主要储备资产。特别提款权是国际货币基金组织及其成员国为克服美元危机、国际清偿能力不足给国际经济活动带来的困难,于1969年创立的一种新的国际储备资产。该协议规定,特别提款权可以作为各国货币定值的标准;参加特别提款权账户的国家可以用特别提款权来偿还国际货币基金的贷款,使用特别提款权作为偿还债务的担保,各参加国也可以用特别提款权进行借贷。国际货币基金组织要加强对国际清偿能力的监督。

4. 增加会员国的基金份额

各会员国对 IMF 所缴纳的基金份额从原来的 292 亿美元特别提款权增加到 390 亿美元特别提款权。增加会员国的基金份额，提高了国际货币基金组织的清偿能力，使特别提款权成为主要的国际储备资产。

5. 扩大对发展中国家的资金融通

国际货币基金组织以出售黄金所得的收益设立信托基金，以优惠条件向最贫穷的发展中国家提供贷款，以解决其国际收支上的困难。同时，扩大 IMF 信用贷款总额，由占会员国份额的 100% 增加到 145%，并放宽出口波动补偿贷款的额度，由占会员国份额的 50%提高到 75%。另外还放宽贷款条件，延长偿还期限，资助持续产生国际收支逆差的国家。

小　　结

本章重点介绍了国际货币制度方面的基础知识以及整个国际货币制度的演变过程和目前对于国际货币制度改革的探讨。其中难点部分是：现行国际货币制度的特征、缺陷以及国际货币制度的改革。重点需要掌握的部分是：布雷顿森林体系的建立、主要内容、作用及其崩溃，牙买加体系的形成、主要内容及特点等内容。

复习思考题

1. 名词解释
(1) 国际货币制度
(2) 国际金本位制度
(3) 特里芬难题

2. 问答题
(1) 什么是国际货币制度？其主要内容有哪些？
(2) 布雷顿森林体系的主要内容是什么？
(3) 构成布雷顿森林体系的根本缺陷是什么？
(4) 简述牙买加体系的主要内容和特点。
(5) 现行国际货币制度的特征及其主要缺陷是什么？
(6) 谈谈你对当前国际货币制度改革的看法。

案例及热点问题分析

扫一扫，阅读案例并回答问题。

课后阅读材料

课后阅读 7-1 国际货币体系多元化有助于解决两大难题

(扫一扫,看看国际货币体系多元化有助于解决的两大难题是什么。)

课后阅读 7-2 布雷顿森林的黄金遗产

(扫一扫,一起来了解布雷顿森林的黄金遗产。)

第二篇 国际结算

随着国际分工的深化、国际交往的日益增多，国与国之间的货币收付越来越多，目前每天都有数以千亿美元的国际结算业务。早期的国际结算业务因商品买卖而产生，且用现金交易。除了早期采取的易货贸易以外，曾长期通过输送黄金、白银乃至铜铸币等，向有贸易差额的国家进行国际结算。黄金等贵金属在运输过程中，不仅要支付巨额运输费用，运输时间长，占压了资金，而且要承担运输、失窃以及自然灾害等各种风险，这对于发展国际贸易和经济交往都十分不利，所以只能应付交易量小的交易。

随着商业、货币兑换业的发展，出现了使用汇票方式代替输送现金的非现金结算方式。早在公元14~15世纪，意大利的一些重要商业城市，如威尼斯、热那亚、佛罗伦萨等城市，商业发展较快，出现了一些初期的小型银行开始使用汇票方式，通过在不同城市或国家的银行汇兑业务，办理非现金结算。到16~17世纪，欧洲大陆国家基本上以票据结算方式取代现金结算，使国际贸易结算大大前进了一步。

随着科学技术的进步和通信工具的发展，国际贸易中采用的贸易术语也迅速发生变化。定期航线的开辟、班轮运输的普及、邮寄单据业务的开展，以及更为及时迅速的情报资料的提供，使对外的业务联系能够维持在稳定的基础上。此外，有些国家的法律已经赋予运输合同的受让人以他自己的名义根据运输合同起诉的权利，这一切为商人从事海上贸易和以 CIF 条件成交奠定了基础。在这种情况下，海运提单已经演变为可转让的物权凭证，保险单也可通过背书进行转让，银行已经乐于以外汇购买者的身份买进单据，为卖方进行融资，这样，国家间的商品买卖逐渐发展成为单据买卖。在 CIF 条件下，卖方交单等于交货，买方收单应该付款，从而使国际贸易结算从以货物为依据发展到以单据为依据。

20世纪末，国际结算业务进入电子数据交换(即：无纸化)阶段。目前，国际上用得最多的结算系统是：SWIFT 系统和 CHIIPS 系统。此外，电子数据交换系统(EDI Trade)、电子提单(Electronic B/L)、电子数据交换信用证(EDI Credit)、电子数据交换单据(EDI Documents)也成为国际结算的新发展。

国际结算就是指两个不同国家的当事人需要通过银行办理的两国间货币收付业务。按照国际结算内容的不同，可以分为贸易结算和非贸易结算两大类。贸易结算，是指一国对外进出口贸易交往所发生的国际货币收支和国际债权债务的结算。对外贸易在一国国际收支中占据相当大的比重。因此，贸易结算构成国际结算的主要内容。在本书中，我们将着重对这部分加以介绍。非贸易结算，是指贸易以外的各种对外结算。如国际资本移动、国际资金借贷、侨民汇款、利润和利息收支、公私事务旅行、驻外使领馆收支、国际公私馈赠等国际结算。

非贸易结算虽然在规模和金额上远远小于贸易结算，但是，其项目的繁简，反映着一国经济对外开放的广度和深度。无论是贸易结算还是非贸易结算，都要增收节支，确保安全及时收汇，防止国外拖欠账款。在非贸易结算上争取较大的顺差，对于调节一国的国际收支，特别是缩小贸易收支上的逆差，能起到积极作用。

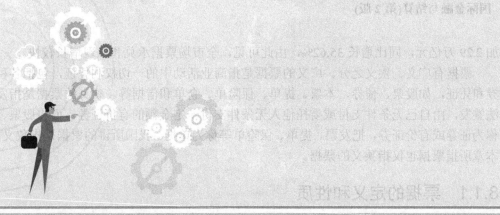

第 8 章 票据

【内容提要】

国际结算的基本方法是非现金结算,它使用的主要是除货币以外的其他信用工具,这些信用工具的角色基本上是由票据来担任的。因此,票据便成为国际结算中普遍使用的信用工具,从这个意义上说,国际结算工具便是票据。票据是出票人委托他人或自己承诺在特定时期向指定人或持票人无条件支付一定款项的一种书面证据。

本章要求掌握的问题包括以下几方面。
(1) 掌握票据的定义。
(2) 掌握票据的性质。
(3) 熟悉票据的分类。
(4) 了解票据的作用。
(5) 熟悉汇票、支票和本票的具体知识。

8.1 票据概述

在中国封建社会,票据便有了其雏形。唐朝,商人们把款项交给一些大的商号,商号签发一种票据叫"飞钱""贴"或"书贴",商人回到另一个地方可以凭"飞钱"或"贴"到商号的分号取款。宋朝的票据叫"交子",清朝的票号有汇票、银票,都可以在不同的分店作为取现和支付的工具。

在西方,13 世纪开始大量出现汇票这种非现金结算。古罗马时代,公元 12 世纪的意大利有兑换商发行一种兑换证书,商人在一个地方交款给对方,在另一个地方可以到兑换商的分号或代理店领取当地的货币。

如今,票据作为国际结算中一种重要的支付凭证,在国际上使用十分广泛。票据除了可以用于客户之间的结算外,还可以办理贴现、用作融资等。2018 年 1~11 月份,根据上海票据交易所公布的数据显示,全市场票据累计承兑 16.12 万亿元,比上年同期增加 3.19 万亿元,同比增长 24.71%;2018 年 1~11 月份,商业银行累计办理贴现 8.72 万亿元,比上年同期增加 2.29 万亿元，同比增长 35.62%，由此可见，全市场票据承兑和贴现增长较快。

票据有广义、狭义之分。广义的票据是指商业活动中的一切权利凭证，包括各种有价证券和凭证，如股票、债券、本票、提单、保险单、仓单和借据等。狭义的票据是指发票人依法签发，由自己无条件支付或委托他人无条件支付一定金额的有价证券。而将股票、债券等称为证券或有价证券，把发票、提单、保险单等称为单据。我国所讲的票据是指狭义的票据，本章所指票据也仅指狭义的票据。

8.1.1 票据的定义和性质

1. 票据的定义

票据一般是指商业上由出票人签发，无条件约定自己或要求他人支付一定金额，可流通转让的有价证券，持有人具有一定权利的凭证。

我国《票据法》规定，票据，是指汇票、本票和支票。

2. 票据的性质

1) 设权性(Right to be Paid)

设权性是指持票人根据票据上所记载的权利和内容来证明和产生其票据权利，票据权利的产生必须做成票据，权利的转移必须交付票据，权利的行使必须提示票据，因此无票据就无票据上的权利，票据的权利和票据是不可分的。卖方发货后开立汇票要求买方或银行付款，创设了货款债权，但必须向银行或买方提示汇票，要求其付款。当汇票转让给第三方时，这一特性对持票人更为重要。

票据的设权性是持票人的票据权利随票据的设立而产生的，离开了票据，就不能证明其票据权利。也可以说，没有票据，就没有票据权利。

票据开立的目的，主要不在于证明已经存在的权利与义务关系，而是设定票据上的权利与义务关系，票据上的权利与义务关系在票据做成之前并不存在，它是在票据做成的同时产生的。作为一种金融、信用或结算工具，票据的开立目的是支付，或者说是代替现金充当支付手段。

2) 流通性(Negotiability)

可以流通转让是票据的基本特性。票据所有权可以通过背书或无背书交付进行转让，不必通知债务人。由于票据的这个特点，使票据的受让人能得到十足的票据文义所载明的权利，使得票据能让人接受，从而得以流通。《票据法》对票据流通的权利予以较充分的保护。根据《民法》的原则，债权人和债务人之间，如果原债权存在瑕疵，债务人可以对债权人的付款请求提出抗辩；但根据《票据法》票据转让后，受票人不得因票据附属的债权债务存在瑕疵而对善意并支付对价的受让人提出抗辩，必须完全按照票据上的记载来履行义务。

各国票据法都规定，票据仅凭交付或经适当背书后交付给受让人即可合法地完成转让手续，不需通知票据上的债务人。

《英国票据法》第八条规定：除非票据上写出"禁止转让"字样，或是表示它是不可转让的意旨以外，一切票据不论采用任何形式支付票款给持票人，该持票人都有权把它流通转让给其他人。

一张票据，尽管经过多次转让，几易其主，但最后的执票人仍有权要求票据上的债务人向其清偿，票据债务人不得以没有接到转让通知为理由拒绝清偿。

3) 无因性(Non-causative Nature)

"因"是指票据上权利和义务关系的原因。票据的无因性是指持票人行使票据权利时，无须证明其取得票据的原因，只要票据合格，就能享有票据权利。即在流通过程中，票据是一种不要过问原因的证券。

票据是否有效不受出票或出售源的影响，只要符合法定要式，在票据到期日之时，付款人必须无条件支付款项。票据权利的产生肯定是有原因的，出票人开具票据给受款人，他们之间通常存在着对价关系。付款人待出票人支付票据款项，是因为他们之间有债务关系。票据的无因性并不否认这种关系，票据的权利与原因相分离成为独立的票据债权债务关系，不再受票据基本关系存在与否的影响。只要票据符合法定的形式，票据受让人就取得了票据权利，到期时付款人必须无条件付款。这一特性使票据得以广泛流通。

票据受让人无须调查出票、转让原因，只要票据记载合格，他就能取得票据文义载明的权利。票据是无须过问原因的证券。只要具备法定形式要件，便产生法律效力，即使其基础关系(又称实质关系)因有缺陷而无效，票据行为的效力仍不受影响。如甲签发汇票给乙，签发票据的原因是甲购买了乙的商品。之后，甲发现乙提供的商品有质量问题，但这并不能免除甲对乙的票据责任，至于甲乙间的商品质量纠纷只能另行解决。

这里需要强调，票据的产生是有原因的，总是有一定的基础关系，所谓票据产生的基础关系指的是：出票人与付款人之间的权利义务关系；出票人与收款人、背书人与被背书人之间的资金对价关系。

但是，票据的成立是没有原因的。各国票据法都认为，票据上的权利义务关系一经成立，即与原因关系相脱离，不论其原因关系是否有效、是否存在，都不影响票据的效力。票据的无因性使票据得以流通。

4) 要式性(Requisite in Form)

所谓要式性，是指票据的做成必须符合法定的形式要求。

要式性指出票据行为是一种严格的书面行为，应当依据《票据法》的规定，在票据上记载法定事项，票据行为人必须在票据上签章，其票据行为才能产生法律效力。票据行为的要式性有利于票据的安全流通。

要求：票据上面记载的必要项目必须齐全、合法。否则就不能产生票据的效力。

各国法律对于票据所必须具备的形式条件都做了具体的规定，当事人不能随意变更。

这样，票据上的权利义务关系全凭票据上的文义记载决定，无须过问票据出票、转让的原因，更有利于票据的流通。

5) 提示性(Presentment)

票据上的债权人请求债务人履行票据义务时，必须向付款人提示票据，使得请求付给票款。

如果持票人不提示票据，付款人就没有履行付款的义务。因此，《票据法》规定了票据的提示期限，超过期限则丧失票据权利。

6) 返还性(Returnability)

票据的持票人领到支付的票款时，应将签收的票据交还给付款人，从而结束票据的流通。

7) 可追索性(Recourse)

票据的可追索性是指票据的付款人或承兑人如果对合格票据拒绝承兑或拒绝付款，善意持票人有权通过法定程序向所有票据债务人追索，要求得到票据权利。

8.1.2 票据的作用

票据由于形式简明，流通自由，各国的法律均给予保护。所以票据在社会经济活动中起着很大的作用。

1. 支付和结算作用

1) 支付作用

支付作用就是在经济交易中以支付票据代替支付现金。

票据最早是作为支付工具出现的。汇票和支票是委托他人付款，本票则是出票人自己付款。这是票据最原始、最简单的作用。它代替现金的使用，既可以达到安全、迅速、准确的目的；又可以加速资金的周转，提高资金的使用效益。

国际结算的基本方法是非现金结算。在非现金结算条件下，要结清账款就必须使用一定的支付工具。票据就是一种能起到货币的支付功能和结算功能的支付工具。尤其在支付较大金额时，如果使用现金支付既不方便也不安全，这时，使用票据来支付是最好的方法。

2) 结算作用

结算作用就是用票据来清偿或抵消当事人之间的债权债务。

结算作用是指在经济交往中，当双方当事人互为债权人与债务人时，可运用票据进行结算，以抵消债务，这样做既手续简便，又迅速安全。

必须使用一定的结算工具，用以结清国家间的债权债务。票据正是这种结算工具。例如，债务人向银行购买一张汇票寄给债权人，由债权人持票向当地银行兑取一定金额的货币，从而结清双方的债权债务。

2. 流通作用

票据经过背书可以转让给他人，再经背书还可转让。票据的背书，使票据像货币一样得以流通，因此，票据也被形象地称为"商人的货币"。背书人对于票据的付款负有担保的义务，背书次数愈多，票据的担保性也愈强。由于背书转让，票据就在市场上广泛地流通，形成一种流通工具，节约了现金的使用，扩大了流通手段。

3. 信用作用

票据不是商品，不包含社会劳动，它是建立在信用基础上的书面支付凭证。出票人在票据上立下书面的支付保证，付款人或承兑人承诺按照票面的规定履行付款义务。

在当事人进行贸易时，可以使用票据进行结算，并约定一定期限付款。在票据到期之前，票据的持有人可以利用出票人和承兑人的信用转让票据。实际上持票人取得了一定时期的信用关系，他既可以向银行办理票据贴现，也可以通过背书将票据转让给他人。对于信用欠佳的当事人，还可以利用信用较好的当事人所签发、承兑或保证付款的票据进行支付，使其经济活动得以开展。例如，某项商品交易，约定交货后一个月付款。买方可向卖方开立一个月期付款的本票，则买方一个月期付款的信用即以本票代替。

4. 融资作用

融资作用是指对远期票据以贴现和再贴现方式来实现融通资金的功能。这是票据的一种新功能。票据贴现是指银行等金融机构对未到期承兑票据的买卖行为，即票据的持有者通过卖出票据而获得现金。许多国家通过票据的融资功能发展了本国的票据贴现市场，通过票据贴现市场来调节市场中的货币流通量。此外，还可以将票据抵押给银行进行抵押贷款融资。

5. 汇兑作用

汇兑作用由于商品经济的高度发达和国际贸易的快速发展，不同国家之间存在着货币兑换和转移资金的需要。直接携带或运送现金，往往由于外汇管制等原因造成不便。因此，通过在甲地将现金转化为票据，再到乙地将票据转化成现金或票款。通过票据的转移、汇兑，实现资金的转移，不仅简单、方便、迅速，而且安全。在现代经济中，票据的汇兑功能仍具有很重要的作用，它克服了资金收付上的地域间隔。

8.1.3 票据关系的当事人

票据关系是基于票据当事人的票据行为而发生的票据上的权利义务关系。由于票据行为有出票、背书、承兑、保证和付款等多种票据行为，票据关系也就有发票关系、背书关系、承兑关系、保证关系、付款关系等多种票据关系，从而在票据当事人之间产生了票据上的权利义务关系。

1. 票据当事人的定义

票据关系的当事人，是指享有票据权利，承担票据义务的法律关系主体。根据我国《票据法》的规定，票据当事人是指在票据上签章并承担责任的人和享有票据权利的人。

基本当事人是随发票行为而出现的当事人。如汇票与支票的基本当事人有出票人、付款人与收款人，本票基本当事人有出票人与收款人。基本当事人是构成票据关系的必要主体，这种主体不存在或不完全，票据上的法律关系就不能成立，票据也就无效。

2. 票据当事人的种类

总的来说，票据关系中有三个基本当事人，即出票人(Drawer)、付款人(Drawee)和收款人(Payee)。

除此以外，还有非基本当事人。非基本当事人是指在票据签发之后通过其他票据行为而参加到票据关系中的当事人，如背书人(Endorser)、承兑人(Acceptor)、参加承兑人(Acceptor For Honour)、持票人(Holder)、善意持票人(Bona Fide Holder)和保证人(Guarantor)等。

(1) 出票人开立票据并交付给他人，票据开立后，出票人有对收款人及正当持票人承担票据在提示时付款或承兑的保证责任。如果票据遭到拒付，出票人被追索时，他应负偿还票款的责任。对即期票据，或在远期付款票据未承兑之前，出票人是票据的主债务人。

(2) 付款人是根据出票人命令支付票款的人或票据开给的当事人。付款人对票据承担付款责任。收款人或持票人不能强迫付款人承担到期付款的责任，以防止出票人无故向付款人滥发票据。但是票据一经承兑，即表示承兑人同意出票人的支付命令，愿意承担到期付款的责任。这时，承兑人即成为票据的主债务人，出票人退居从债务人的地位。所以票据承兑后，其背书人、持票人或出票人均可据以向承兑人要求付款。

(3) 收款人是收取票款的人，是票据的主债权人。收款人有权向付款人要求付款，如遭拒绝，有权向出票人追索票据。收票人经票据背书成为背书人时，同样承担票据付款或承兑的保证责任。当票据遭到拒付，持票人向其追索时，收款人应负责偿还票款，然后再向出票人追索补还。

(4) 背书人是指收款人或持票人在接到票据后，经过背书，将票据转让给他人的人。背书人既然在票据上背书签字，就要对票据负责。受让人是被背书人，被背书人在汇票上再加背书后转让，成为第二背书人，新的受让人成第二被背书人，以此类推，票据可以连续转让。对受让人，即被背书人来说，所有背书人及原出票人都是他的前手；对转让人，即背书人来说，所有受让人，即被背书人都是他的后手。背书人对其后手承担票据的付款或承兑的保证责任，证明前手签字的真实性，并以背书的连续性证明其权利的正当性。

(5) 保证人是由非票据债务人对于出票人、背书人、承兑人或参加承兑人做成保证行为的人。经过保证后，保证人与被保证人负同样的责任。

(6) 持票人指的是票据占有人，即票据的收款人、被背书人或执票来人。只有持票人才能向付款人或其他关系人要求履行票据所规定的义务。

(7) 正当持票人也称善意持票人，是善意地支付了全部金额的人，取得一张表面完整、合格的、不过期的票据的持票人，他未发现这张票据曾被退票，也未发现其前手在权利方面有任何缺陷。

正当持票人的权利优于其前手，即正当持票人持有的票据不因事后发现其前手在权利方面有任何缺陷而受到影响，如果前手以不正当的手段取得票据，正当持票人的权利并不因此受到影响，他可以向票据的所有责任方要求付款。

8.1.4 票据法的法系

19 世纪末，为了从法律上保障票据的使用和流通，欧洲各国对票据相继立法。之后，逐渐形成了目前世界上最有影响的两大票据法系，其后逐渐形成两大法系，即以《英国票据法》(1882 年)为基础的英美法系和以《日内瓦统一汇票、本票法公约》(1930 年)为代表的大陆法系。

英国于 1882 年颁布施行的《票据法》规定了汇票和本票的票据法规，并将支票包括在汇票之内，到 1957 年，另加定支票法八条。加拿大、印度、美国属于英美法系，但美国因各州的票据法规不统一，1897 年开始施行《统一流通证券法》，包括汇票、本票及支票。1952 年美国制定了《统一商法法典》，其中第三章商业证券，即是关于汇票、本票和支票的法规。

法、德等约 30 个国家参加了 1930 年在日内瓦召开的国际票据法统一会议，签订了《日内瓦统一汇票、本票法公约》(以下简称《日内瓦统一法》)。1931 年又签订《日内瓦统一支票法公约》，这是比较完善的票据立法。由于英美未派代表参加，它们的法系仍然存在，所以《日内瓦统一法》未能成为全世界的统一票据法。

联合国国际贸易法律委员会于 1982 年公布了《国际汇票和国际本票公约(草案)》，意在将两大法系统一成为一个"公约"。在联合国国际贸易法律委员会第二十届年会上审议并通过该公约草案，并于 1988 年经第四十三届联合国大会通过。该条公约的目的不在于直接调和前述两大票据法系的差异，而是解决国际贸易中汇票与本票因适用法系不同而带来的不便。其适用范围也仅限于国际汇票与本票。国际贸易中有关汇票等问题一般参照该公约规定处理，但尚未成为正式的国际公约。

1995 年我国八届全国人大常委会第十三次会议通过了中华人民共和国成立以来的第一部票据法。该法律从 1996 年 1 月 1 日起实行，结束了我国有票无法的历史。该法明确规定，在中华人民共和国境内的票据活动，适用本法。

大陆法系和英美法系这两大法系的主要内容基本相同，但在以下几个方面存在分歧。

(1) 票据的分类不同。《日内瓦统一汇票本票法公约》将汇票、本票视作一类，而把支票看作另一类。《英国票据法》则认为汇票是基本票据，因汇票当事人的身份不同而派生出本票和支票。但在实务中，该分歧并不影响票据的使用。

(2) 票据持票人的权利不同。《英国票据法》对票据的基本当事人和流通中派生出的当事人加以区别，把持票人分为对价持票人和正式持票人，并赋予他们不同的权利——正式持票人才对票据拥有完全的权利。《日内瓦统一汇票本票法公约》则不强调是否支付过对价，只要票据上的背书是连续的，持票人就是"合法持票人"，就对票据拥有完全的权利。

(3) 对伪造背书的处理不同。《英国票据法》认为，背书加签名才能将票据转让，假签名 (伪造背书)根本无效，票据权利没有转让，其后的受让人根本未得到票据权利，付款人有义务鉴别背书的真伪，但实务中付款人鉴别背书的真伪是困难的，因而伪造背书的风险最终由从伪造者手中取得票据的人来承担。而《日内瓦统一汇票本票法公约》认为，付款人付款时不需要认定背书真伪，伪造背书的风险应由丢失票据的人承担，票据受让人仍拥有票据权利，付款人付款后即免除责任。

(4) 对票据的要项规定不同。《英国票据法》对票据未规定必要项目 (形式要件)，也不要求写明票据的名称，而是给汇票下了定义，凡票据形式符合定义的就是有效票据。《日内瓦统一汇票本票法公约》则规定了汇票的要项，缺少任何一项，则汇票无效，但对汇票未下定义。此外，两大票据法系在票据行为上规定也有所不同，如提示的时效、做成承兑的时效、不得转让背书的规定、关于"保证"的规定等方面等也存在差异。

8.1.5 票据的权利和义务

1. 票据的支付责任

在票据上负担支付责任的人是债务人。出票人、背书人、承兑人和保证人都是票据上的债务人，其中承兑人是主债务人，是直接负担支付义务的人，出票人、背书人、参加承兑人是从债务人，负有连带支付的义务，保证人的责任与被保人相同。

2. 票据的权利

持有票据并有权对债务人行使票据权利的人是债权人。票据权利基本上有两种，即付款请求权和追索权。不同的债权人，根据票据行为的不同，有不同的票据权利。

对票据权利的行使各国都有不同的规定，行使票据权利时应特别注意以下几点。

(1) 持票人对票据主债务人有付款请求权。

(2) 持票人对参加承兑人有付款请求权。

(3) 参加付款人对汇票承兑人(或本票签票人)、被参加付款人及其前手取得持票人的权利。

(4) 持票人对保证人有付款请求权。

(5) 持票人及背书人对其前手有追索权。

(6) 已履行付款责任的保证人对被保证人及其前手有追索权。

8.2 国际结算中的几种主要票据

8.2.1 汇票

1. 汇票的定义

《英国汇票法》中的定义：汇票是一个人向另一个人签发的，要求见票时或在将来的固定时间或可以确定的时间，对某人或其指定的人或持票人支付一定金额的无条件的支付命令。

我国《票据法》中的定义：汇票(Draft/Bill of Exchange)是出票人签发的，委托付款人在见票时或者在指定日期无条件支付确定的金额给收款人或者持票人的票据。

汇票的使用方式有"顺汇法"和"逆汇法"两种。逆汇法是指出口商开出的汇票，要求付款。顺汇法是指进口商向其本地银行购买银行汇票，寄给出口商，出口商凭此向汇票上指定的银行取款。

图 8.1 所示的是一张汇票的票样。

```
NO T/T 20040921
        (1) Exchange for(3) USD1000      (6) XI'AN，27th May 2019
        (4) At...sight of this First of Exchange (Second of the same tenor and date unpaid)
(2) pay to (5) the order of Bank of China XIAN Branch (6) the sum of
    U.S DOLLARS ONE THOUSAND ONLY ...
Drawn under Nan yang Book Trading CO.Ltd，New York Letter of Credit No.1966 dated
12th May 2019 against shipment of books from Xian to London.
    TO：Nan yang Book Trading CO.Ltd
    (8) London
                                    (7) For China National Books IMP
                                              EXP.CO.XI'AN    Branch
                                          &   (Singed)
```

图 8.1 汇票票样

2. 汇票的必要项目

汇票的必要项目包括：写明其为"汇票"字样；无条件支付命令；确定的金额；付款人名称；付款期限；收款人名称；出票日期和地点；出票人签章。现就以上项目，分别作出说明。

1) 汇票上须有"汇票"字样

该字样通常表示为"Exchange for"。汇票上注明"汇票"字样的目的在于与其他支付工具，如本票、支票等加以区分。《英国票据法》无此要求。

2) 无条件支付命令(Pay to)

因为汇票是出票人指定付款人支付给收款人的无条件支付命令书,所以支付不能受到限制,也不能附带任何条件。下面的文句就是正常的无条件支付命令。

付人民币 20 万元给 B 公司

(Pay CNY 200 000.00 To B Company)

此外,以下各文句,因为不是命令,所以不能使用:

请付……

(Please Pay…)

如果愿意的话,请付……

(I Should Be Pleased If You Pay…)

同样,下列文句,因为不是无条件的支付命令,所以不能使用:

假定国家允许支付,我们愿意……

(If Permitted By The Government, We Will…)

但是汇票加注出票条款,表明汇票起源交易是允许的,例如,为销售某种商品或按某号信用证装运某种货物而加注的出票条件。但该加注不构成支付的前提条件。如:"汇票根据贵行 2019 年 4 月 1 日 2004040111 号信用证开出。"(DRAWN UNDER L/C No. 2019040111 DATED 20190401 ISSUED BY YUOR GOOD BANK.)。支付命令是书写的,包括打字的或印定的,但不能用铅笔书写,以免涂改。

3) 确定的金额

汇票金额必须表明确切的金额数目,例如:USD 5000.00,或者表示为: the sum of five thousand dollars。

这里是金额而不是货物数量,也不能是模棱两可的金额数目。汇票金额要用文字大写和数字小写分别表明。按照我国《票据法》的规定,票据金额以中文大写和数码同时记载,二者必须一致,二者不一致的,票据无效。实际做法多是退票并要求出票人更改相符后,再行提示要求付款。

国外汇票在支付金额以外,允许带有支付利息条款,但是利息条款要完整,有明确的利率、计息起止日期。汇票在文字大写金额后面有时加注"对价文句(VALUE RECEIVED)",意指汇票于起源交易时收取了对价(如已装运货物,已提供劳务等)。分期付款项下的汇票多采用每一期单独开立一张远期汇票的办法,也可开立一张汇票连续若干日期分期付款。汇票上也可载明按照某种汇率付款的条款。

4) 付款人(Drawee)名称

汇票上付款人的名称、地址必须书写清楚,以便持票人向他提示承兑或付款。同时,出票人与付款人必须有真实的委托付款关系,并且具有可靠的资金来源支付汇票金额。付款人付款地点必须明确详细。它是汇票金额支付地,也是请求付款地,或拒绝证书作出地。无记载者以付款人的营业地或居住地为准。

5) 付款期限(Tenor)

付款期限又称付款到期日,是付款人履行付款义务的日期。汇票付款期限分下列四种。

(1) 即期付款的汇票,又称即期汇票。收款人提示汇票的当天,即为到期日。汇票须明确表示"在提出要求时""见票时或提示时"或"立即付款"字样。即期汇票无须承兑。汇票上没有明确表示付款日期，即没有注明到期日者，即可视为见票即付的汇票。

(2) 定期付款的汇票，又称远期汇票。付款期限一般为30天、60天和90天等。定期付款的汇票又分为以下两种。

第一，见票后固定时期付款。这种汇票须由持票人向付款人提示，要求承兑，以便从承兑日起算，确定付款到期日，并明确承兑人的付款责任。付款日期不肯定或根据某种条件付款的汇票，从法律上说，都不能视为汇票。因此注明"在一个不肯定日期""在一个不肯定日期以前"或"报关后"付款的汇票是无效的。

第二，出票后固定时期付款。这种汇票也须提示承兑，以明确承兑人的付款责任。

对于见票后或出票后固定日期付款的汇票，其时间的计算，均不包括见票日或出票日，但须包括付款日，即算尾不算头。

早期的《英国票据法》第十四条规定，凡不是即期付款者，付款日期应加三天优惠日。1971年英国"银行金融经营法"修改该条内容，取消了三天优惠日。

星期六和星期日均被解释为"非营业日"，如汇票到期日为非营业日，则应顺延到下个营业日。汇票规定出票日或见票日期一个月或数月后付款时，其到期日是在应该付款的那个月内的相应日期。如果没有相应的日期，则以该月的最后一天为到期日。

(3) 确定日期付款的汇票。这种汇票须提示承兑，以明确承兑人的付款责任。

(4) 延期付款的汇票。我国《票据法》《英国票据法》和《日内瓦统一汇票、本票法》均未订出"延期付款"期限，而美国《统一商法法典》第3章《商业票据》订有"在说明日期以后固定时期付款"。为了使"延期付款"可以在票面上看出到期日，出票人有时在汇票上加注提单日期或交单日期。把它转变成"在说明日期以后固定时期付款"。有时还按照提单日期填写出票日期，把它转变成为出票后固定时期付款。

6) 收款人(Drawer)名称

汇票上的收款人是主债权人，必须明确记载。收款人又称汇票抬头。我国《票据法》规定必须明确记载。

国际结算中的汇票通常有三种写法。

(1) 限制性抬头(Restrictive Order)。例如：

Pay Mr. John Smith only(仅付约翰·史密斯)

Pay Mr. John Smith not transferable(付约翰·史密斯，不可转让)

出票人开立限制性抬头的汇票，是不愿使票据流入第三者手中，以便把自己在汇票上的债务，仅限于收款人一人。

(2) 指示性抬头(Indicative Order)，又称记名抬头。例如：

Pay to The Order of Westminster Bank Ltd. London

(付给伦敦西敏寺银行的指定人)

Pay to West Minster Bank ltd. or Order

(付给西敏寺银行或其指定人)

指示性抬头的汇票经抬头人背书后交付，可以自由转让。

(3) 执票来人抬头(Payable to the Bearer)。例如：

Pay Bearer

Pay Mr. Li Ming or Bearer.

执票来人抬头汇票无须持票人背书，仅凭交付而转让。这种抬头在我国票据法中是不允许的。

汇票收款人就是出票人本人时，称为"已收汇票"，在国际贸易结算中广泛使用。例如：卖方售货给买方后开出以自己为收款人，以买方为付款人的汇票，经买方承兑后，到期向买方收款。卖方也可在汇票经买方承兑后，背书转让给他人，或者到银行贴现，以方便资金融通。

7) 出票日期和地点(Place and Date of Issue)

汇票上必须列出出票日期，以便凭此确定出票人在签发汇票时有无行为能力，出票的公司当时是否成立，还可凭此确定某些汇票的付款到期日、提示期限、承兑期限和利息起算日等。如遇出票人停止支付时，借以知道出票是否在其停止支付之前。

如出票后固定时期付款的汇票没有写明出票日期，或见票后固定时期付款的汇票在承兑时未写明承兑日期，则任何持票人均可在汇票上加注真实的出票日期或承兑日期，汇票仍应照常付款。

出票地点应写在汇票右上方，常和出票日期连在一起。如果汇票没有单独列明出票地点，则出票人的营业或居住地点即视为出票地点。

汇票上要求注明出票地点，是因为汇票如在一个国家出票，在另一个国家付款时，确定以哪个国家的法律为依据，来判断汇票所具备的必要项目是否齐全，从而确定其是否有效。对此，各国采用出票地或行为地法律的原则，即在出票行为当地法律认为汇票已具备必要项目而生效时，付款地也同样认为有效。

8) 出票人签章(Signature of the Drawer)

出票人在汇票上签章后，即承担汇票的责任。汇票上的签章如果是伪造的，或是由未经授权的人签字，汇票无效。但伪造、变造签章并不影响其他真实签章的效力。

出票人如果是由代理他的委托人签字，该委托人不论是公司、商号还是个人都应在签字前面加上文字说明，是可以撤销的。只有将汇票交付给他人后，出票、承兑、背书的行为才开始生效，并且是不可撤销的。

由于出票行为，出票人对收款人或持票人应照汇票文义担保汇票被付款人承兑和付款。倘若付款人拒绝承兑或拒绝付款时，持票人即可制作成拒绝证书，向出票人行使追索权，请求出票人偿付票款。

3. 实务中信用证项下汇票的填写方法

汇票一般有 12 项内容需要填写。

(1) 第一栏：出票根据(Drawn under)。"出票根据"是表明汇票起源于允许交易，用来说明开证行在一定的期限内对汇票的金额履行保证付款责任的法律根据，它是信用证项下汇票不可缺少的重要内容之一。其主要填写开证行名称和地址。

(2) 第二栏：信用证号码(L/C No.)信用证上的号码。

(3) 第三栏：开证日期(Dated)信用证上的开立时间。

(4) 第四栏：年息(payable with interest * % per annum)。由结汇银行填写。有的汇票中无利息要求。

(5) 第五栏：汇票小写金额(Exchange for)。汇票上有两处相同案底的栏目，较短的一处填写小写金额，需要保留到小数点后两位。较长的一处填写大写金额；汇票金额一般不超过信用证规定的金额。

(6) 第六栏：汇票大写金额。大写金额由两部分构成，一是货币名称，二是货币金额。大写金额首先要求顶格，不留任何空隙，以防有人故意在汇票金额上做手脚。此外，大写金额用大写英文字母文字表示，并在文字金额后面加上 ONLY，以防止涂改。如：SAY UNITED STATES DOLLARS FIVE THOUSAND SIX HUNDRED ONLY。

(7) 第七栏：号码(No.)。填写内容是制作本交易单据中发票的号码，用于表明此汇票为某号码的发票项下。在实务操作中，银行可以接受此栏空白的汇票。

(8) 第八栏：付款期限(Tenor)。汇票期限的填写应按照信用证的规定。即期的汇票，要打上 AT SIGHT。在汇票 AT 与 SIGHT 之间的空白处用虚线连接，表示见票即付。如远期汇票，应在"AT"后打上信用证规定的期限。

信用证中有关汇票期限的条款有以下三种。

① 以交单期限起算日期。如，This L/C is available with us by payment at 60 days after receipt of full set of documents at our counters.

此条款规定付款日期为对方柜台收到单据后的 60 天，因此在填写汇票时只需写"At 60 days after receipt of full set of documents at your counters"。

注意，信用证中的 OUR COUNTER(我们的柜台)，是指开证行柜台，而在实际制单中，应改为 YOUR(你们的)的柜台，指单据到达对方柜台起算的 60 天。

② 有的汇票是以装船日期为起算日期的。如 We hereby issue our irrevocable documentary letter of credit No.194956 available at 30 days after B/L date by drafts。

那么在制单时就要填写 30 days after B/L date。制单时，从提单日期起算 30 天。

③ 也有少数汇票的起算日期是以发票日期起算的。如 Drafts at 60 days from invoice date。因此，在制单时应在此栏目里填写 At 60 days from invoice date。从发票开出日期起算的 60 天。

(9) 第九栏：受款人(pay to the order of)。受款人(Payee)一般是汇票的抬头人，是出票人指定的接受票款的当事人。在国际结算业务中，汇票的受款人一般都是以银行指示为抬头的。常见的信用证对汇票的受款人一般有三种做法。

① 当来证规定由某银行指定或来证对汇票受款人未作明确规定。例如：汇票的受款人打上 PAY TO THE ORDER OF BANK OF CHINA(由中国银行指定)。

② 当来证规定由开证行指定时，在汇票的这一栏目应写上 PAY TO THE ORDER OF ×××BANK(开证行的名称)。

③ 当来证规定由偿付行指定时，在汇票的这一栏目应写上 PAY TO THE ORDER OF ×××BANK(偿付行名称)。

一般来说，信用证方式下以议付行指示性抬头为汇票受款人。

(10) 第十栏：汇票的交单日期。这是指受益人把汇票交给议付行的日期。由银行填写。

(11) 第十一栏：付款人(Drawee)。汇票的付款人即汇票的受票人，也称致票人。在汇票中表示为此致×××。凡是要求开立汇票的信用证，证内一般都指定了付款人。如果信用证没有指定付款人，按照惯例，一般做成开证行为付款人。填制汇票的一般做法如下。

① 当信用证规定须开立汇票而又明确规定有付款人时，应理解为开证行就是付款人，从而打上开证行的名称、地址。

② 当信用证的条款为"DRAFTS DRAWN ON APPLICANT"时，应填写该信用证的开证人名称及地址。

③ 当信用证要求为"DRAWN ON US"时，应理解"US"为开证行名称及地址。

此外，付款人旁边的地点就是付款地点。它既是汇票金额的支付地，也是要求付款地或拒绝证书作出地。

汇票的付款人和合同付款人不完全相同，要严格按照信用证的要求来填写，要把信用证的开证申请人或开证人的名称和地址全部填上。

(12) 第十二栏：出票人(Signature of the Drawer)。习惯上，把出票人的名称填在右下角，与付款人对应。汇票的出票人栏目，一般要打上出口商的全称，并由出口商经理签署或盖章。

这里有必要指出在填制汇票时应注意的三个项目：①汇票金额不得超过信用证金额，如来证金额有"大约"(About)字样，则可允许有10%的增减幅度。②汇票收款人栏一般填写议付行。③汇票付款人必须按信用证的规定详细填制，如无规定，则以开证行作为付款人。

4. 汇票业务中的行为、权利和义务

1) 出票

发出汇票包括两个动作，一个是写成汇票并在汇票上签章，另一个是交付汇票，这样才算完成发出汇票的行为，出票是票据的基本行为。

交付是指汇票的持有从一个人转移到另一个人的行为。因此，汇票的出票、背书、承兑等票据行为在交付前都是不生效的。

2) 背书

背书包括两个动作：一个是在汇票背面背书，另一个是交付给被背书人。只有经过交付，才算完成背书行为。背书是以票据权利转让给他人为目的的行为。经过背书，票据权利即由背书人转移至被背书人，被背书人则取得票据所有权。背书人对票据所负的责任与出票人相同，背书人对其后手，有担保付款人承兑及付款的责任。持票人行使其票据上的权利，以背书之连续作为他取得正当权利的证明。背书行为是票据的附属行为，国际结算中的汇票背书方式有以下几种。

(1) 限定性背书，即背书人在汇票背面签字，写上"仅付……(被背书人名称)"或"付给……(被背书人名称)不得转让"。例如：

汇票正面：PAY MR. LI MING USD 100.00

汇票背面：PAY MR. LI MING USD 100.00 ONLY LI MING(SIGNED)

DATE AND PLACE

(2) 特别背书，又称记名背书，即背书人在汇票背面签字，写明"付给……(被背书人的名称)的指定人"。例如：

汇票正面：PAY TO THE ORDER OF A COMPANY.

汇票背面：PAY TO THE ORDER OF B COMPANY.

FOR AND ON BEHALF OF A COMPANY

(法人代表签章)

汇票背书后，经过交付，由背书人(转让人)转让给被背书人(受让人)。被背书人再作记名背书，转让给他人，就有了第二背书人和第二被背书人。这样背书的汇票可以经过连续背书多次转让。

(3) 空白背书，又称不记名背书，即背书人在汇票背面签名，不写付给某人，即没有被背书人。空白背书的汇票凭交付而转让，与来人汇票相同，交付者可不负背书人的责任。

当汇票已经空白背书，任何持票人可将空白背书转变为记名背书。只要在背书人的签字上面写明"付给……(持票人自己的名字或第三者的名字)"即可。此后被背书人还可空白背书，回复为空白背书的汇票。

(4) 附带条件背书，是指背书上面带有条件。附带条件背书好像不符合汇票是"无条件支付命令"的要求，它是指有条件的交付，一般是在条件完成时交付给被背书人。但汇票一经正当付款，不管条件是否完成，即已履行付款责任而终了。

(5) 托收背书，是指背书文字含有"委托收款"或类似字样借以授权被背书人为背书人代收票款。被背书人可为托收目的而在汇票上背书，因此托收背书不是转让汇票的所有权，而是委托代收票款。

3) 承兑

承兑是远期汇票的付款人明确表示同意按出票人的指示付款的行为。付款人在汇票上写明"承兑"字样，并经签字，确认对汇票的付款责任后，即成为承兑人。承兑人是汇票的主债务人，承担支付票面金额的义务。承兑行为是一种附属票据行为。

付款人承兑汇票后有下列几种做法。

(1) 国内一般发承兑回单。

(2) 国外一般在汇票上注明 ACCEPTED 已承兑字样，并签章。汇票交还持票人。

(3) 国际结算中一般在承兑后，由承兑银行发加押电传至提示行，注明承兑日期即可。电文如下。

YOU ARE ADVISED YOUR DRAFT NO. _____ FOR USD_____ HAS BEEN ACCEPTED ON____DATE
×××BANK

按照英国的习惯，承兑时在汇票正面盖上"承兑"戳记，只写承兑日期，不写到期日，因为从汇票文字上以及出票日等，即可算出到期日。但是为了方便起见，一般多在汇票右上角载明到期日。

承兑同样包括两个动作：一个是如上所述的在汇票上写明"承兑"字样；另一个是把承兑的汇票交给持票人，这样才算完成承兑行为。交付以后，承兑方有效且不可撤销。付款人承兑后，即成为主债务人，即首先负担付款责任的债务人。

付款人是否承兑要有考虑的时间。《英国票据法》规定，提示的下一个营业日营业时间终止之前为考虑时间；《日内瓦统一法》规定考虑时间到第二次提示时为止；我国《票据法》规定在提示后三个工作日内为考虑时间。

4) 提示及付款

持票人将汇票提交付款人要求承兑或付款的行为叫作提示。提示可以分为两种。

(1) 远期汇票向付款人提示要求承兑。定日付款或出票后定日付款的汇票，须在汇票到期日以前提示。见票后定期付款的，应于出票后 10 天内提示，有的国家规定为一个月。逾期未提示的，持票人丧失对前手的追索权。

即期汇票或已经承兑的远期汇票的提示期限，《英国票据法》规定须在合理时间内，《日内瓦统一法》规定为一年。已承兑远期汇票的付款提示期限，《英国票据法》规定要在付款到期日提示，《日内瓦统一法》规定要在付款到期日或次日的两个营业日提示。如未在规定的时间提示，持票人即丧失对其前手的追索权。

(2) 即期汇票或已到期的远期汇票向付款人提示要求付款。我国《票据法》规定必须在到期以后一个月内提示。

提示遭到付款人拒绝承兑或拒绝付款时，若汇票列有参加承兑人，可向参加承兑人做付款提示，无参加承兑人而有预备付款人时，可向预备付款人提示。提示要在正当地点进行。所谓正当地点，是指汇票载明的付款地点，或付款人的地址。付款到期时，持票人提示汇票，经付款人或承兑人正当付款以后，汇票即被解除责任。

所谓正当付款，是指付款人或承兑人在到期日及以后善意地付款给持票人，不知道持票人对汇票的权利有何缺陷。如果不是由付款人或承兑人正当付款，而是由出票人或背书人付款，则付款人或承兑人对汇票的债务责任并没有解除，出票人仍可令其付款。

持票人应以背书的连续证明他是汇票的正当权利人。《日内瓦统一法》规定付款人应负责查核一连串背书连续次序，但不负责辨认背书签名真伪之责。

收款人或持票人在收取票款时应交出汇票，该汇票即成为付款人从出票人那儿取得的收据。付款人除要求持票人交出汇票外，还可要求持票人另外出具收款凭证，或在汇票记载"收讫"字样并签名为证。

5) 退票

持票人提示汇票要求承兑时，遭到拒绝承兑或持票人提示汇票要求付款时，遭到拒绝付款均称为退票，也称拒付。

除了拒绝承兑和拒绝付款外，付款人逃避不见、死亡或宣告破产，以致付款事实上已不可能时，也称为拒付。

汇票在合理时间提示，遭到拒绝承兑时，或汇票在到期日提示，遭到拒绝付款时，对持票人立即产生追索权，他有权向背书人和出票人追索票款。

6) 退票通知及拒绝证书

《英国票据法》很重视退票通知，规定持票人若不制作成退票通知并及时发出，即丧失其追索权。《日内瓦统一法》则认为退票通知仅是后手对于前手的义务，不及时通知退票并不丧失追索权，但如前手因后手未通知而遭受损失，后手就负赔偿之责。退票通知的目的是要汇票债务人及早知道拒付，以便做好准备。汇票遭到退票，在一般情况下，持票人应在退票后一个营业日，将退票事实通知前手背书人，前手背书人于接到通知后一个营业日内，再通知他的前手背书人，一直通知到出票人。接到退票通知的每个背书人都有向其前手追索的权利。如持票人或背书人未在规定时间内将退票通知送达其前手则丧失追索权，但正当持票人的追索权不因遗漏通知而受到损害。持票人也可将退票事实通知全体前手背书人，如此，则每个前手背书人即无须继续向前手背书人通知。

《英国票据法》规定，国外汇票遇到付款人退票，持票人须在退票后一个营业日制作成拒绝证书。制作成拒绝承兑证书后，无须再做付款提示，也无须再制作拒绝付款证书。拒绝证书是由拒付地点的法定公证人或其他依法有权制作证书的机构，例如法院、银行公会甚至邮局等，制作证明拒付事实的文件。持票人请求公证人制作拒绝证书时，应提交汇票，由公证人持票向付款人再作提示，如仍遭拒付，即由公证人按规定格式制作拒绝证书，连同汇票一起交还持票人。持票人凭拒绝证书,向其前手背书人行使追索权。

如拒付时没有法定公证人,拒绝证书可由当地知名人士,在两个见证人面前制作。

持票人要求公证人作拒绝证书所付的公证费用,在追索票款时一并向出票人算收。有时出票人为了免除此项费用,可在汇票上加注"不制作拒绝证书"字样,即在汇票空白处,加注"PROTEST WAIVED"并签名,则持票人不需制作拒绝证书,即可行使追索权。如果有了此项记录,而仍制作拒绝证书,则该拒绝证书仍有效,但应由持票人自行负担公证费用。

我国《票据法》规定:持票人在未得到承兑或付款时,必须取得拒绝证明、退票理由书或其他国家机关的有效证明,否则,丧失对前手的追索权。

7) 追索权

追索权是指汇票遭到拒付时,持票人对其前手(背书人、出票人)有请求其偿还汇票金额及费用的权利。

行使追索权的对象为背书人、出票人、承兑人以及其他债务人,因为他们对持票人负有连带的偿付责任。持票人是票据上的唯一债权人,可向其前手行使追索权。正当持票人还可不依背书次序,越过其前手,而对其他前手行使追索权。正当持票人还可以依背书次序,越过其前手,而对债务人中的任何一人行使追索权。被追索者清偿票款后,即取得持票的权利,得再向其他债务人行使追索权。追索的票款应包括:①汇票金额;②利息;③制作退票通知、拒绝证书和其他必要的费用。

行使追索权的三个条件如下。

(1) 必须在法定期限内对付款人提示汇票。未经提示,持票人不能对其前手追索。

(2) 必须在法定期限内(《英国票据法》规定为退票后一个营业日内,我国《票据法》规定为收到拒绝承兑或付款的证明文件3日内)将退票事实通知前手,后者再通知其前手,直到出票人。《日内瓦统一法》规定,不办理通知手续不丧失追索权。我国《票据法》则规定,不办理通知手续,持票人仍有追索权,但应该负责赔偿由此给出票人及前手造成的损失。

(3) 必须在法定期限内,由持票人请公证人制作拒绝证书。

只有办到第(3)条,才能保留和行使追索权。持票人或背书人必须在法定期限内行使其追索权,否则即行丧失。

8) 参加承兑

参加承兑是汇票遭到拒绝承兑而退票时,非汇票债务人,在得到持票人的同意下,参加承兑已遭拒绝承兑的汇票的一种附属行为。其目的是为防止追索权的行使,维护出票人和背书人的信誉。参加承兑行为的人,称为参加承兑者。参加承兑人应在汇票上面,记载参加承兑的意旨、被参加承兑人姓名和参加承兑日期,并签名。

ACCEPTED FOR HONOUR(参加承兑)

OF...(票据名称)

ON(日期)

SIGNED BY...(参加承兑人签章)

汇票到期时,如付款人不付款,持票人可向参加承兑人提示付款,通知他付款人因拒绝付款而退票并已制作拒绝付款证书的事实,参加承兑人即应照付票款,从而成为参加付款人。

持票人可以拒绝参加承兑,而且并不因此而影响对其前手的追索权。持票人同意第三者参加承兑,就不得于到期日以前行使追索权。见票后若干日付款的汇票被参加承兑时,其到期日是从制作拒绝承兑证书之日起算,而不是从参加承兑日起算。持票人于到期日须先向付款人提示付款。经过此项提示而遭拒绝时,始得向参加承兑人请求付款,参加承兑人则应照付票款。

9) 参加付款

在因拒绝付款而退票,并已制作拒绝付款证书的情况下,非汇票债务人可以参加支付汇票票款。参加付款者出具书面声明,表示愿意参加付款,并由公证人证明后即成为参加付款人。

参加付款与参加承兑的作用,同为防止追索权的行使,维护出票人、背书人的信誉,而且两者都可指定任意债务人作为被参加人。所不同的是,参加付款人不需征得持票人的同意,任何人都可以作为参加付款人,而参加承兑则须经持票人的同意,同时,参加付款是在汇票拒绝付款时为之,而参加承兑则是在汇票拒绝承兑时为之。

参加付款后,参加付款人对于承兑人、被参加付款人及其前手取得持票人的权利,有向其请求偿还权。被参加付款人之后手,因参加付款而免除票据责任。

参加付款人未记载被参加付款人时,则出票人应视为被参加付款人。

参加承兑人在参加付款时,应以被参加承兑人作为被参加付款人。

由第三者作为参加付款人时,应将参加付款的事实通知被参加付款人,如未通知而发生损失时,应负赔偿之责。参加付款的金额应包括票面金额、利息和拒绝证书的费用。

10) 保证

保证是指非票据债务人,对出票、背书、承兑和参加承兑行为所发生的债务予以保证的附属票据行为。汇票的债务如有保证,则履行更为可靠,便于流通。汇票是以第三者作为保证人,出票人、背书人、承兑人、参加承兑人均可作为被保证人。保证人与被保证人所负的责任完全相同。为承兑人保证时,应负付款之责;为出票人、背书人保证,应负担承兑及担保付款之责。

保证应在汇票上记载保证之意旨、被保证人姓名、日期、保证人签名。保证形式如下。

WE GUARANTEE PAYMENT
ON————
SIGNED

保证人在偿付票款后,可以行使持票人的权利,即对承兑人、被保证人及其前手行使追索权。

5. 汇票的当事人

1) 基本当事人

出票时,作为汇票必要项目的三个基本当事人,即出票人、付款人和收款人。

(1) 出票人(Drawer)。出票人是开立、签发和交付汇票的人。出票人在承兑前是主债务人,承兑后是从债务人,他对汇票付款承担的责任是保证汇票凭正式提示,即按其文义被承兑和付款,并保证如果汇票遭到退票,他将偿付票款给持票人或被迫付款的任何背书人。

(2) 付款人。付款人是接受汇票的人,又称为受票人,也是接受支付命令的人(Addressee),我们通常按其职能称其为付款人。付款人对汇票承兑并签名后,就成为承兑人(Acceptor),他以自己的签名表示其同意执行出票人发给他的无条件命令。其责任是:按照他的承兑文义保证到期日自己付款。承兑人是汇票的主债务人,汇票的持票人、被迫付款的背书人或出票人,都可凭票向承兑人要求付款。

(3) 收款人。收款人是收取票款的人，他是第一持票人。出票人开出汇票，立即交给收款人，收款人是第一个持有汇票从而产生对于汇票的权利的人，故他是主债权人。他所持有的汇票是一项债权凭证，他可凭票取款，也可背书转让他人。

2) 其他当事人

汇票存在三方基本当事人，票据行为就可以正常存在。除三方基本当事人外，汇票还有可能出现背书人(Endorser)、被背书人(Endorsee)、参加承兑人(Acceptor for Honour)、保证人(Guarantor)、持票人(Holder)、付过对价持票人(Holder for Value)、正当持票人(Holder in Due Course)等。

6. 汇票的分类

汇票从不同角度可分成不同的种类。

(1) 按出票人不同，汇票可分成银行汇票和商业汇票。银行汇票(Bank's Draft)，是一种汇款凭证，由银行签发，出票人为银行，通常交由汇款人寄给受款人或亲自交给受款人，凭票向付款人(银行)兑取票款。银行汇票的出票人和受票人都是银行。商业汇票(Trader's Draft)是由一国的卖方(出口人)向另一国的进口人或委托银行开出，通常是通过出口地银行或其在进口地的代理行向进口人或其委托银行 (L/C 开证行)收取票款。商业汇票的特点是出票人是商号或个人，付款人 (即受票人)可以是商号、个人，也可以是银行。

(2) 按是否附有包括运输单据在内的商业单据，汇票可分为光票和跟单汇票。光票(Clean Draft)，是指不附带商业单据的汇票。银行汇票多是光票。跟单汇票(Documentary Draft)，指附有包括运输单据在内的商业单据的汇票。跟单汇票多是商业汇票。

(3) 按付款日期不同，汇票可分为即期汇票和远期汇票。汇票上付款日期有四种记载方式：见票即付(at sight)；见票后若干天付款(at days after sight)；出票后若干天付款(at days after date)；定日付款(at a fixed day)。若汇票上未记载付款日期，则视为见票即付。见票即付的汇票为即期汇票。其他三种记载方式为远期汇票。

(4) 按承兑人的不同，汇票可分成商业承兑汇票和银行承兑汇票。远期的商业汇票，经企业或个人承兑后，称为商业承兑汇票。远期的商业汇票，经银行承兑后，称为银行承兑汇票。银行承兑后成为该汇票的主债务人，所以银行承兑汇票是一种银行信用。

8.2.2 本票

1. 本票的定义

《英国票据法》的定义是：本票(Promissory Note)是一人向另一人签发的，约定即期或定期或在可以确定的将来时间向指定人或根据其指示向来人无条件支付一定金额的书面付款承诺。我国《票据法》认为，"本票是出票人签发的，承诺自己在见票时无条件支付确定的金额给收款人或者持票人的票据。本法所称本票，是指银行本票。"简言之，本票是出票人对收款人承诺无条件支付一定金额的票据。

2. 本票的特点

(1) 本票是无条件的支付承诺。本票的基本关系人只有两个，即出票人(Maker)和收款人(Payee)，本票的付款人就是其出票人，本票是出票人承诺和保证自己付款的凭证。在任何时候，本票的出票人都是绝对的主债务人，一旦拒付，持票人即可立即要求法院裁定，只要本票合格，法院就要裁定出票人付款。因此，在实务中，银行一般是不会拒付本票或出票人与付款人都是本行分支机构的汇票的，根据《英国票据法》，后者也可被作为本票处理。因为拒付本票，会直接影响银行的信誉。

(2) 在名称和性质上与汇票不同。为强调本票是出票人或付款人的付款承诺这一特性，在英文名称上，本票法称 Note(付款承诺)，而不是 Bill(债权凭证)，后者是票据的统称。

(3) 本票不必办理承兑。本票本来就是付款承诺和保证，因此，即使是远期本票也不必办理承兑。除承兑和参加承兑外，关于汇票的其他有关规定，如出票、背书和保证等均适用于本票。

(4) 本票必须保证支付。本票的出票人必须具有支付本票金额的可靠资金来源，并保证支付。

3. 本票的当事人

本票只涉及两方基本当事人，即出票人(Maker)和受款人(Payee)。本票的付款人即出票人本人，出票人在任何情况下都是主债务人；受款人是本票的债权人，可以背书转让本票，并对后手保证付款。若出票人拒付，后手可对前手背书人行使追索权。

4. 本票的内容

图 8.2 所示的是本票票样。

```
(1) PROMISSORY   NOTE
(7) GBP10000.00                        (5) London, 25th   April, 2002
(6) On the 28th July, 2002 fixed by the promissory note (2) we promise to pay (3) China
Export corporation or order the sum of (7) pounds sterling Ten Thousand Only.
                                       (4) For and on behalf of
                                       The Trading Company
                                       London (8)
                                       (Singed)
```

图 8.2　本票票样

根据《日内瓦统一汇票、本票法公约》，本票必须包括以下几个方面。
(1) 必须写明"本票"字样。
(2) 无条件的支付承诺。
(3) 受款人或其指定人(未写明者即为持票人)。
(4) 出票人签字。
(5) 出票日期和地点(未写明出票地点，出票人地点视为出票地点)。
(6) 付款期限(未写付款期限者，视为见票即付)。
(7) 一定金额。
(8) 付款地点(未写明时，出票地视为付款地点)。

以上条款，其中没有注明的缺一不可，否则本票无效。关于付款地、出票地等事项的记载也应清楚明确，不过没有记载也不影响本票的效力。

按照我国《票据法》的规定，本票上未记载付款地的，出票人的营业场所为付款地；未记载出票地的，出票人的营业场所为出票地。

(1) 表明"本票"的字样。
(2) 无条件支付的承诺。
(3) 确定的金额。
(4) 收款人名称。
(5) 出票日期。
(6) 出票人签章。

本票上未记载前款规定事项之一的，本票无效。

比较汇票可以发现，本票比汇票少了一个必要项目，即付款人。这是因为出票人即为付款人。

5. 本票的种类

本票可以分为商业本票和银行本票两种，我国《票据法》规定，本票仅指银行本票。

(1) 商业本票。商业本票(Trader's Promissory Note)又称一般本票，它是指公司、企业或个人签发的本票。国际结算中开立本票的目的是为了清偿国际贸易而产生的债权债务关系。

商业本票的信用基础是商业信用，出票人的付款缺乏保证，因此其使用范围渐趋缩小。中小企业很少签发本票，一些大企业签发本票通常也限于出口买方信贷的使用。当进口国的银行把资金贷放给进口国的商人用以支付进口货款时，往往要求进口商开立分期付款的本票，并经进口国银行背书保证后交贷款银行收执，作为贷款凭证。因此，商业本票多为远期本票，即期商业本票的实用价值更小。

(2) 银行本票。银行本票(Banker's Promissory Note)是指银行签发的本票，它通常被用于代替现金支付或进行现金的转移。即期的银行本票即上柜即可取现。因此，银行本票多为即期本票，远期本票则严格限制其期限，如我国《票据法》规定，本票自出票日起，付款期限最长不超过 2 个月。不过由于银行本票在很大程度上可以代替现金流通，各国为了加强对现金和货币金融市场的管理，往往对银行发行本票作出一些限制。

6. 我国《票据法》对本票的其他规定

(1) 本票上记载付款地、出票地等事项的，应当清楚、明确。

本票上未记载付款地的，出票人的营业场所为付款地。本票上未记载出票地的，出票人的营业场所为出票地。

(2) 本票的出票人在持票人提示见票时，必须承担付款的责任。
(3) 本票自出票日起，付款期限最长不得超过 2 个月。
(4) 本票的持票人未按照规定期限提示见票的，丧失对出票人以外的前手的追索权。
(5) 本票的背书、保证、付款行为和追索权的行使，除本规定外，适用有关汇票的规定。

7. 汇票与本票的异同

1) 本票与汇票的相同之处

(1) 本票的收款人与汇票的收款人相同。
(2) 本票的制票人与汇票的承兑人相似，两者同是主债务人。
(3) 本票的第一背书人相似于已承兑汇票的收款人，他与出票人是同一人，两者同是第二债务人。

2) 本票与汇票的不同之处

(1) 基本当事人不同。本票只有两个当事人,汇票有三个当事人。这是本票与汇票、支票最显著的区别。汇票和支票均为委托第三人付款的票据,有三个基本当事人。

(2) 付款方式不同。本票是出票人承诺自己向持票人付款,汇票是一个人向另一个人发出的支付命令。

(3) 本票遭到退票不需做成拒绝证书,汇票遭到退票必须做成拒绝证书。

(4) 主债务人不同。本票的主债务人是制票人,汇票的主债务人承兑前是出票人,承兑后是承兑人。

(5) 本票不允许制票人与收款人做成相同的一个人,汇票允许出票人与收款人做成同一个人。

(6) 本票的出票人即付款人,远期本票不需承兑;汇票的受票人是付款人。

8.2.3 支票

1. 支票的定义

《英国票据法》给支票下的定义是,支票是以银行为付款人的即期汇票。这个定义简单、明确。

我国《票据法》的定义是:支票是出票人签发的,委托办理支票存款业务的银行或者其他金融机构在见票时无条件支付确定的金额给收款人或者持票人的票据。

从定义中可以看出,支票本质上是一种特殊的汇票,也是一种命令第三人付款的票据。支票在许多方面与汇票相似,比如两者都是无条件的付款命令,都有出票人、收款人和付款人等第三个基本当事人,都可以背书转让等。正因为如此,各国的票据法都有支票的有关事项准用汇票的规定,有关汇票的提示、背书、付款、追索权、拒绝证书等方面的规定,同样适用于支票。

支票是银行存款户根据协议向银行签发的无条件支付命令。其实质是银行为付款人的即期汇票。具体来说就是出票人(银行存款人)对银行(受票人)签发的,要求银行见票时立即付款的票据。出票人签发支票时,应在付款行存有不低于票面金额的存款。如存款不足,持票人提款遭拒付,这种支票称为空头支票。开出空头支票的出票人要负法律责任。

2. 支票的特点

前文所述,支票是一种特殊的汇票,因此,它在许多方面都同汇票类似。如都是无条件的付款命令,都有三个基本关系人,主要条款的规定都类似等。但同时支票又与汇票有着重要差别。

(1) 支票出票人必须具备的条件。支票的出票人首先必须是银行的存款户。即在银行要有存款,在银行没有存款的人绝不可能成为支票的出票人。其次,要与存款银行订有使用支票的协定,即存款银行要同意存款人使用支票。最后,支票的出票人必须使用存款银行统一印制的支票。支票不能像汇票和本票一样由出票人自制。

(2) 支票为见票即付。支票都是即期付款,所以付款银行必须见票即付。由于支票没有远期,因而也不需办理承兑手续。

(3) 支票的付款人。支票的付款人仅限于银行，而汇票的付款人可以是银行、企业或个人。

(4) 支票的出票人。通常情况下，支票的出票人都是主债务人。

3. 支票的必要项目

图 8.3 所示的是支票票样。

```
(1)Cheque for GBP5000.00 No.5451016
(5)London, 1st Jan.2019
(2)Pay to (7) the order of (9) British Trading Company the sum of (8) pounds sterling Five Thousand Only.
TO: (3)National Westminster Bank Ltd.
(6)London
                              (4) For London Export Corporation，London
                                           (Singed)
```

图 8.3　支票票样

1) 根据《日内瓦统一汇票、本票法公约》，本票必须包括以下几个方面。
(1) 必须写明"支票"字样。
(2) 无条件书面支付命令。
(3) 付款银行名称或称付款人名称。
(4) 出票人签字。
(5) 出票日期地点(未写明出票地点，出票人名字旁的地点视为出票地点)。
(6) 付款地点(未写明付款地点，付款银行所在地视为付款地点)。
(7) 必须写明"即期"字样(未写明即期，仍视为见票即付)。
(8) 一定金额。
(9) 收款公司名称。

2) 我国《票据法》规定，支票必须记载以下事项。
(1) 表明"支票"的字样。
(2) 无条件支付的委托。
(3) 确定的金额。
(4) 付款人名称。
(5) 出票日期。
(6) 出票人签章。

根据我国的《票据法》，以上内容除有特别注明外缺一不可，否则，支票无效。《日内瓦统一法》规定，支票应包括的条款有："支票"字样、无条件支付一定金额的命令、付款人、付款地、出票日期与地点、出票人签名。

这里需要补充说明的是，支票上的金额可以由出票人授权补记。除必要项目以外，收款人、付款地、出票地都是支票的重要内容。支票上未记载收款人名称的，经出票人授权可以补记；未记载付款地的，付款人的营业场所为付款地；未记载出票地的，出票人住所或者经常居住地为出票地。

4. 支票的基本当事人

(1) 出票人。出票人是与付款人有一定资金关系的人。出票人开出支票就等于承诺支票被提示时银行保证付款，并在拒付时赔偿。在通常情况下，支票的出票人是主债务人，但保付支票除外。保付支票的主债务人是兑付银行。

(2) 收款人。支票的取得可能来源于交易，也可以因为受赠、继承，因此，支票收款人很广泛。客户可以自己拿支票去取款，也可以交给开户行委托其收款 (这时他的开户行称为代收行)。

(3) 付款人。支票项下的付款人就是出票人的开户银行。出票人在支票上签发一定的金额，要求受票的银行见票即付一定金额给特定人或持票人。出票人在签发支票后，应承担票据上的责任和法律上的责任。前者是指出票人对收款人担保支票的付款；后者是指出票人签发支票时，应在付款的银行存有不低于票面金额的存款。

5. 支票主要当事人责任

1) 出票人责任

支票出票人必须对所出支票担保付款。具体而言，包括以下几个方面。

① 必须在银行有足够存款。有足够存款是一个相对概念，它是指支票的出票人所签发的支票金额不能超过其付款时在付款人处实有的金额。

② 透支金额不超过银行允许的范围。为给支票存款户提供使用资金的方便，对于信誉较好的支票户、银行往往允许其在一定限度内透支。如果支票的出票人在存款不足时，签发的支票不超过银行允许的透支范围，也是可以的。不过应在规定的时间内偿还透支金额并承担相应的利息。

③ 不得开立空头支票。空头支票是指出票人在付款行处没有存款或存款不足的情况下，签发的超过存款余额及银行透支允许范围的支票。各国法律均严格禁止签发空头支票。

④ 如果付款行拒付，支票签发人应负偿还之责。

⑤ 支票提示期限过后，出票人仍应对持票人承担票据责任。

《日内瓦统一法》规定了支票的提示期限：国内支票为出票日起 8 天；出票和付款不在同一国家的为 20 天；不同洲的为 70 天。如超过提示期限，支票过期作废，但出票人的责任并不因此消失。他们应对持票人承担票据责任。如我国《票据法》规定，持票人对支票出票人的权利，自出票日起 6 个月内仍有效。如果过期仍不行使其权利，则票据权利自动消失。

2) 付款行责任

付款行的责任是审查支票是否合格，特别是核对出票人签字的真实性。只有当支票上的出票人签字与支票开户人留在银行的印鉴相符时，付款行才付款。如果错付，银行应承担赔偿责任。此外，付款行在付款时还应要求持票人做收款背书。

3) 收款人责任

收款人的主要责任是在有效期内提示支票。

6. 支票的种类

(1) 记名支票(Cheque Payable to Order)：在支票上注明收款人，只有收款人才能收款。

出票人在收款人栏中注明"付给某人""付给某人或其指定人"。这种支票转让流通时，须由持票人背书，取款时须由收款人在背面签字。不记名支票又称空白支票，抬头一栏注明"付给来人"。这种支票无须背书即可转让，取款时也无须在背面签字。

(2) 不记名支票(Cheque Payable to Bearer)：不指定收款人。

(3) 划线支票(Crossed Cheque)：是指由出票人或持票人在普通支票上划有两条平行线的支票。划线支票的持票人只能委托银行收款，不能直接提现。划线支票可以起到防止遗失后被人冒领，保障收款人利益的作用。划线支票可分为普通划线支票和特殊划线支票。

普通划线支票，即一般划线支票(Generally Crossed/General Crossing)，指不注明收款银行的划线支票，收款人可以通过任何一家银行收款。普通划线支票有以下几种形式。

① 在支票上划两条平行线，不进行任何记载。
② 在两条平行线间加上"and Company"的字样；"and Company"也可简写成"and Co."，它不表示任何含义。
③ 在两条平行线之间加上"Not Negotiable"(不可议付)的字样。这种支票的出票人只对收款人负责，收款人仍可转让该支票，但受让人的权利不优于收款人。
④ 在平行线间加上"A/C Payee"或"Account Payee"(入收款人账)的字样。
⑤ 在两条平行线之间加上"banker"字样。

特殊划线支票(Specially Crossed/Special Crossing)，是指在平行线中注明了收款银行的支票。对于特殊划线支票，付款行只能向划线中指定的银行付款，当付款行为指定银行时，则只能向自己的客户转账付款。

普通划线支票可以经划线而成为划线支票，一般划线支票可以经记载指定银行而成为特殊划线支票，但特殊划线支票不能回复成一般划线支票，一般划线支票不能回复成普通支票。

划线支票可以防止支票丢失或被偷窃而被冒领票款。因为记名支票如果已经划线，冒领者没有在银行开户，要找一个开户人帮他收取票款有一定难度。

(4) 保兑支票(Certified Pay)：是指由付款银行加注"保付"(Certified to Pay)字样的支票。由于普通支票仅仅是出票人向银行发出的支付命令，出票人是否在银行有足够的存款。银行是否能够承担付款责任，对于持票人来说，并无确实的保障。如果付款行对支票进行了保付，就是承担了绝对付款的责任，从而使持票人在任何情况下都能保证获得支付。

(5) 银行支票(Banker's Cheque)：是指由银行签发，由银行付款的支票。如我国的定额支票就属于这一性质。

7. 汇票与支票的不同

(1) 支票是授权书，汇票是委托书。
(2) 支票是支付工具，只有即期付款一种，无须承兑，也没有到期日的记载。汇票是支付和信用工具，它有即期、远期或板期几种期限，有承兑行为，也可有到期日的记载。
(3) 支票的主债务人是出票人，汇票的主债务人是承兑人。
(4) 支票可以保证付款。汇票没有保付的做法。
(5) 划线支票的受票行要对真正所有人负责付款，而即期汇票或未划线支票的受票行要对持票人负责付款。
(6) 支票可以止付，汇票承兑后即不可撤销。
(7) 支票只能开出一张，汇票可以开出一套。

8. 支票的其他规定

(1) 支票上的金额可以由出票人授权补记，未补记前的支票，不得使用。

(2) 支票上未记载收款人名称的，经出票人授权，可以补记。

支票上未记载付款地的，付款人的营业场所为付款地。支票上未记载出票地的，出票人的营业场所、住所或者经常居住地为出票地。出票人可以在支票上记载自己为收款人。

(3) 支票的出票人不得签发与其预留本名的签名式样或者印鉴不符的支票。

(4) 出票人必须按照签发的支票金额承担保证向该持票人付款的责任。

出票人在付款人处的存款足以支付支票金额时，付款人应当在当日足额付款。

(5) 支票限于见票即付，不得另行记载付款日期。另行记载付款日期的，该记载无效。

(6) 支票的持票人应当自出票日起 10 日内提示付款；异地使用的支票，其提示付款的期限由中国人民银行另行规定。

超过提示付款期限的，付款人可以不予付款；付款人不予付款的，出票人仍应当对持票人承担票据责任。

(7) 付款人依法支付支票金额的，对出票人不再承担受委托付款的责任，对持票人不再承担付款的责任。但是，付款人以恶意或者有重大过失付款的除外。

(8) 支票的背书、付款行为和追索权的行使，除本章规定外，适用本法第二章有关汇票的规定。

支票的出票行为，除有其他规定外，均适用《票据法》关于汇票的规定。

小 结

本章我们具体接触了国际结算中三种基本票据，重点内容概况如下：

区别项目	支 票	本 票	汇 票
性质	无条件支付命令	无条件支付承诺	无条件支付命令
当事人	出票人、银行、收款人	出票人、收款人	出票人、付款人、收款人
用途	支付结算	结算和融资	结算和融资
资金关系	预先有存款关系	出票人即付款人，无资金关系	不要求预先有资金关系
票据份数	一张	一张	一式两份或多张
票据行为	出票、背书	出票、背书、第三者作保证	出票、背书、承兑，且以上环节均可保证
主债务人	出票人	出票人	承兑前的出票人，承兑后的承兑人
付款责任	出票人担保付款	出票人即付款人	承兑人担保付款
提示和承兑	即期付款，不需要提示和承兑	不需要提示和承兑	远期汇票必须提示和承兑
追索权	对出票人追索	对出票人追索	对出票人、背书人、承兑人均可追索

本章的难点在于对三种票据的填写。

复习思考题

1. 名词解释

   (1) 汇票
   (2) 本票
   (3) 支票
   (4) 承兑
   (5) 背书

2. 问答题

   (1) 汇票上标明出票日期有什么作用？
   (2) 汇票的付款时间有哪几种情况？
   (3) 收款人抬头有哪几种写法？
   (4) 对出票人、收款人、付款人而言，出票的效力各是怎样的？
   (5) 行使追索权必须具备哪些条件？
   (6) 简述追索权的特征。
   (7) 请比较汇票、本票和支票的不同特点。
   (8) 请比较本票在票据行为上与汇票有哪些不同？
   (9) 本票的出票人必须具备哪些条件？
   (10) 根据所给条件，开具一张汇票：

     Drawer: Shanghai Exporting Co., No.12, Nanjing Rd.(East), Shanghai
     Drawee: Hongkong Importing Co., 65 Nathan Rd., Kowloon, Hongkong
     Payee: Bank of China, Shanghai
     Sum: USD 3,000.00
     Tenor: at 30 days after sight
     Date: March 10, 2019

   (11) 在美国佛罗里达州坦布尔(Temper, Florida)的一家电脑生产厂商(America Exporting Co.)出口一批电脑给法国巴黎的某电脑中间商(French Importing Co.)，合同价值为 23 万美元，支付条件为见票后 60 天付款，通过美国银行办理结算，交单结算日期是 2019 年 8 月 15 日。请作为美国出口商开具以美国银行为收款人的汇票。

案例及热点问题分析

扫一扫，阅读案例并回答问题。

课后阅读材料

课后阅读 《英国票据法》与《日内瓦统一法》

 (扫一扫,一起来学习《英国票据法》与《日内瓦统一法》。)

第 9 章 汇款与托收

【内容提要】

汇款是汇出行应汇款人或债务人的要求通过国外联行或代理行将一定金额的货币支付给收款人或债权人的一种结算方式。托收是债权人签发汇票(也可不签发汇票)委托当地银行通过其国外往来行向债务人收款的方式。

汇款与托收是国际贸易中重要的结算手段。

本章将学习有关国际结算的两种主要方式。具体内容如下。
(1) 汇款与托收的含义及主要当事人。
(2) 汇款与托收的种类和结算流程。
(3) 汇款与托收的结算特点和运用时应注意的问题。

9.1 汇 款

9.1.1 国际汇兑的结算方式

国际汇兑按其资金流向和结算支付工具的流向是否相同可以分为两类：顺汇法和逆汇法。

1. 顺汇法

顺汇法又称汇付法。它是汇款人(通常为债务人)主动将款项交给银行，委托银行通过结算工具，转托国外银行将汇款付给国外收款人(通常为债权人)的一种汇款方法。其特点是资金流向和结算支付工具的流向是一致的。其流程如图 9.1 所示(图中以实线箭头表示资金流向，虚线箭头表示结算支付工具的流向)。

2. 逆汇法

逆汇法又称出票法。它是由收款人出具汇票，交给银行，委托银行通过国外代理行向付款人收取汇票金额的一种汇款方式。其特点是资金流向和结算支付工具的流向不相同。其流程如图 9.2 所示(图中以实线箭头表示资金流向，虚线箭头表示结算支付工具的流向)。

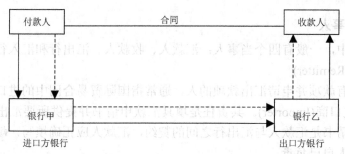

图 9.1 顺汇法

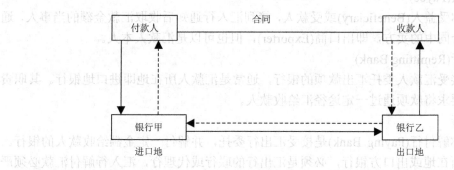

图 9.2 逆汇法

9.1.2 汇款的定义及其当事人

汇款有动态和静态两种含义。汇款的静态含义是指外汇，它是一国以外币表示的、用于国际结算的支付手段的总称。汇款的动态含义，即通过银行的汇兑来实现国与国之间债权债务的清偿和国际资金的转移。通常所说的汇款都是指它的动态含义。

1. 汇款的定义

汇款(Remittance)又称汇付，是银行应付款人的要求，使用各种结算工具，将款项交付收款人的结算方式，是付款人主动通过银行或其他途径将款项汇交收款人。汇款是一种顺汇结算方式，其特点是资金流向和结算支付工具的流向是一致的。它不仅适用于贸易和非贸易结算，而且适用于各种外汇资金的调拨。

一般会在合同中约定以汇款作为结算方式。例如：

(1) 买方应于××××年 09 月 15 日前将全部货款用电汇方式预付给卖方。(The Buyer shall pay the total value to the seller in advance by T/T not later than 0915)

(2) 买方应于合同签署后 30 天内，以电汇方式预付给卖方合同价格 20%(20000 美元)。[The Buyer shall pay the seller 20% of the contract price (USD 20000) in advance by T/T with in thirty days after signing this contract]

(3) 买方应在收到本合同所列单据后，于××天内电汇付款。(Payment by T/T Payment to be effected by the Buyer shall not be later than ×× days after receipt of the documents listed in the contract)

2. 汇款的当事人

在汇款业务中，一般有四个当事人：汇款人、收款人、汇出行和汇入行。

1) 汇款人(Remitter)

汇款人是持有款项并申请汇出款项的人，通常指国际贸易合同中的进口人、买方，即债务人(Debtor)或进口商(Importer)。其责任是填具汇款申请书并提供所要汇出的金额和承担有关费用。汇款申请书是汇款人与汇出行之间的契约，汇款人应正确填写，填制上的错漏所引起的后果由汇款人自己负责。

2) 收款人(Payee)

收款人也称受益人(Beneficiary)或受款人，接到汇入行通知后收取汇款金额的当事人，通常是国际贸易合同中的卖方，即出口商(Exporter)，但也可以是汇款人本人。

3) 汇出行(Remitting Bank)

汇出行是接受汇款人委托汇出款项的银行，通常是汇款人所在地即进口地银行。其职责是按汇款人的要求将款项通过一定途径汇给收款人。

4) 汇入行

汇入行也称解付行(Paying Bank)是接受汇出行委托，并解付一定金额给收款人的银行。通常是收款人所在地或出口方银行，必须是汇出行的联行或代理行，汇入行解付汇款必须严格按照汇出行的支付委托书(Payment Order)执行。汇出行和汇入行之间，事先订有代理合约，在代理合约规定的范围内，汇入行对汇出行承担解付汇款的义务。

9.1.3 汇款的种类

根据汇出行通知汇入行付款的方式，或汇款委托书的传递方式不同，汇款可以分为电汇、信汇和票汇三种。

1. 电汇

电汇(Telegraphic Transfer，T/T)是汇出行应汇款人的申请，拍发加押电报或电传(目前世界各国银行都以 SWIFT 方式电汇)给其在另一国家的分行或代理行(即汇入行)指示解付一定金额给收款人的一种汇款方式。

(1) 采用电报或电传的汇款方式的业务流程：先由汇款人提交电汇申请书和款项给汇出行，再由汇出行拍发加押电报或电传给汇入行，汇入行给收款人到汇通知书，收款人接到通知后通知银行兑付，银行进行解付，解付完毕汇入行发出借记通知书给汇出行，同时汇出行给汇款人电汇回执。

(2) 采用 SWIFT 的电汇方式，这是目前采用最多的电汇业务流程。过去进行全电开证时，都采用电报或电传开证，各国银行标准不一，条款格式也各不相同，而且文字烦琐。采用 SWIFT 开证时，电汇申请人在电汇时填写收入行在 SWIFT 中的代码 (SWIFT CODE，即 BIC 码)能保证汇款快速准确地到达收款人账户。

(3) 电汇结算程序如图 9.3 所示。

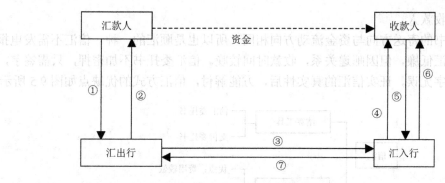

图 9.3　电汇结算程序

具体说明如下。

① 汇款人填写汇款申请书并交款付费给汇出行，在电汇结算业务中汇款人应在申请书上选择电汇这一方式。

② 汇出行接受申请，将电汇回执交付汇款人。

③ 汇出行根据申请书的内容，用电传或者 SWIFT 方式向其国外的联行或代理行(即汇入行)发出支付委托书。

④ 汇入行收到支付委托书后应核对密押，再通知收款人取款。

⑤ 收款人持通知书及其他有关证件前去汇入行取款，并在收款人收据上签字。

⑥ 汇入行核对无误即刻解付汇款。

⑦ 汇入行将付讫借记通知书邮寄给汇出行。

电汇方式的主要特点是汇款迅速，银行占用客户资金的时间较短，收款较快；费用较高的汇款人必须负担电报费用；安全可靠，银行之间直接通信差错率低。所以通常只有金额较大或有急用的汇款才采用电汇方式。

电汇方式的优缺点如图 9.4 所示。

图 9.4　电汇方式的优缺点

2. 信汇

信汇(Mail Transfer，M/T)是汇出行应汇款人的申请，将信汇委托书寄给(用航空信函)汇入行，授权解付一定金额给收款人的一种汇款方式。因信汇方式人工手续较多，目前欧洲银行已不再办理信汇业务。

信汇业务的程序与电汇大致相同，所不同的是汇出行应汇款人的申请，不用电报，而以信汇委托书(M/T Advice)或支付委托书(Payment Order)作为结算工具，邮寄给汇入行，委托后者解付汇款给收款人。

信汇委托书的寄送方向与资金流动方向相同，所以也是顺汇的一种。信汇不需发电报，所以费用较电汇低廉，但因邮递关系，收款时间较晚。信汇委托书不加密押，只需签字，经汇入行核对签字无误，证实信汇的真实性后，方能解付，信汇方式的优缺点如图9.5所示。

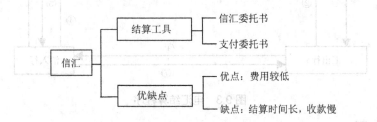

图9.5　信汇方式的优缺点

3. 票汇

票汇(Remittance by Banker's Demand Draft，D/D)是汇出行应汇款人的申请，代汇款人开立以其分行或代理行为解付行的银行即期汇票(Banker's Demand Draft)交汇款人，由其自行携带出国或寄送给收款人凭票取款的一种汇款方式。

1) 票汇与电、信汇的不同之处

票汇的汇入行无须通知收款人取款，而由收款人持票登门取款，节省取款手续；而电汇、信汇需要通过银行转账通知收款人。票汇的汇票除有限制转让和流通的规定外，经收款人背书，可以转让、流通；而电汇、信汇的收款人不能将收款权转让流通。

票汇方式的优缺点如图9.6所示。

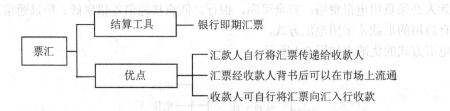

图9.6　票汇方式的优缺点

2) 票汇结算业务流程

票汇结算业务流程如图9.7所示。

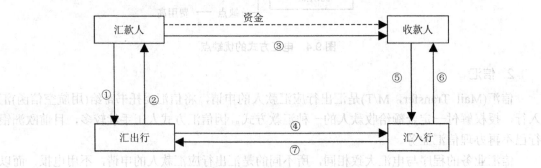

图9.7　票汇结算业务流程

具体说明如下：

① 汇款人填写汇款申请书并交款付费给汇出行，在票汇结算业务中汇款人应在申请书上选择票汇这一方式。

② 汇出行根据汇款申请书开立银行即期汇票交给汇款人。

③ 汇款人自行邮寄汇票给收款人，或亲自携带汇票给收款人。

④ 汇出行开立汇票后，将汇款通知书与汇票的票根邮寄给汇入行。

⑤ 收款人持汇票向汇入行取款。

⑥ 汇入行核对票根无误后解付票款给收款人，并收回经收款人签章的汇票。

⑦ 汇入行将付讫借记通知书邮寄给汇出行。

在银行票汇业务中，以汇票所用货币的清算中心的银行为付款人的汇票被称为中心汇票。中心汇票的付款人是出票行(即汇出行)在某货币清算中心的账户行，出票行无须划拨资金，收款人持票提示付款，付款行见票即付。这样买入汇票的银行只要将中心汇票邮寄到汇票所用货币的清算中心银行即可收款，手续简单，同时买入汇票时还可以获得一定天数的贴息，故中心汇票汇款业务弥补了在电汇和信汇业务中收款人收款滞后的问题，同时也解决了汇入行付款后的偿付问题。

9.1.4 汇款的偿付

汇出行委托汇入行解付汇款，应及时将汇款金额拨付汇入行，这叫作汇款偿付(Reimbursement of Remittance Cover)，俗称"拨头寸"。按照拨款和解付的先后来分，有两种拨头寸的方法，即：汇款时汇出行先拨给汇入行；解付后汇入行向汇出行索偿。按照偿付汇款拨账方法的不同来分，有以下三种。

1. 汇出行和汇入行之间设立了往来账户关系

如果汇入行在汇出行开立存款账户，汇出行在委托汇入行解付时，即由汇出行将汇款金额收在汇入行的账上。汇出行应在支付委托书上注明：In cover, we have credited the sum to your account with us. (作为偿付，我行已经贷记你行在我行开立的账户)。如果汇出行在汇入行开立存款账户，汇出行应在支付委托书上注明：In cover, please debit the sum to our account with you. (作为偿付，请借记我行在你行开立的账户)，汇入行收到汇出行的汇款委托书后借记汇出行账户，拨出头寸解付收款人，并寄出借记报单通知汇出行。

2. 双方在同一代理行开立往来账户

当汇出行与汇入行相互之间没有往来账户，但是在同一代理行均开立账户时，为了偿付解款，汇出行可在汇款时，主动通知代理行将款拨付汇入行在该代理行的账户，汇出行应在支付委托书上注明：In cover, we have authorized × bank to debit our account and credit your account with the above sum. (作为偿付，我行已经授权×银行借记我行的账户并同时贷记你行在他们银行所开立的账户)，也可由汇入行在汇款解付后，向代理行要求将款项从汇出行在该代理行的账户拨付给汇入行，这叫作索偿或索汇(Claim reimbursement)。

3. 双方在不同银行开立往来账户

为了偿付，汇出行可在汇款时，主动通知其代理行，将款项拨付给汇入行在其代理行的账户。这时汇出行应在支付委托书上注明：In cover, we have instructed A bank to pay the Proceeds to your account with B bank.(作为偿付，我行已经指示 A 银行支付款项于你行在 B 银行所开立的账户)。汇出行还要寄一张授权书给他的代理行，授权将款拨付指定的汇入行账户，如图 9.8 所示。

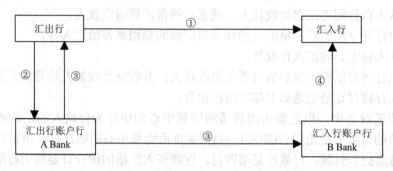

图 9.8　不同银行往来账户下的汇款偿付

具体说明如下。

① 汇出行向汇入行发出汇款委托。

② 汇出行向其账户行发出指示，授权其账户行借记汇出行账户并将款项汇给汇入行的账户行。

③ 汇出行账户行向汇入行账户行邮寄贷记报单并同时向汇出行邮寄借记报单。

④ 汇入行账户行贷记汇入行账户并邮寄贷记报单给汇入行。

9.1.5　汇款的退汇

退汇是指汇款在解付以前的撤销。退汇可能由收款人提出，也可能由汇款人提出。

1. 收款人退汇

在信汇、电汇业务项下，收款人若拒收信汇或电汇，就需通知汇入行，汇入行可将支付委托书退给汇出行，再由汇出行通知汇款人前来办理退汇。在票汇业务项下，收款人若拒收票汇，就应当将汇票邮寄给汇款人，由汇款人自己到汇出行办理退汇手续。

2. 汇款人退汇

对电汇、信汇业务，汇出行应通知汇入行停止解付，撤销汇款。收款人如有意见，应向汇款人交涉。若汇款已经解付，汇款人即不能要求退汇，只能直接向收款人交涉退回。汇出行接受汇款人电、信汇的退汇要求后，应该用函或电告知国外汇入行办理退汇。待接到国外汇入行同意退汇的通知，再转告国内汇款人，持汇款回执到汇出行退款。汇入行接到国外汇出行要求电汇或信汇的退汇通知后，如尚未解付，一般可以同意照办。

在票汇业务下，汇款人在邮寄汇票之前可由汇款人持该汇票到汇出行申请办理退汇，汇出行应发函通知汇入行将有关汇票通知书注销寄还。若汇款人已将汇票寄出，汇票款项已被收款人领取或者虽未领款但估计已在市场中流通，则汇款人不可以办理退汇。

汇票如果遗失、被窃，应办理挂失止付手续，即由汇款人向汇出行出具担保书，担保万一发生重付情况，由汇款人负责赔偿。汇出行据以电、函告汇入行挂失止付，待国外汇入行回电、复函信确认后，办理退汇或补发汇票手续。

9.2 托　　收

9.2.1 托收的含义及其当事人

1. 托收的定义

托收(Collection)是出口商为向国外买主收取销售货款或劳务价款，开立金融票据或商业票据或两者兼有并委托银行通过它在进口商所在地的分行或代理行代收的一种结算方式。托收业务中，由债权人(卖方)委托银行向债务人(买方)收取货款。

其中，金融票据是指汇票、本票、支票、付款收据等工具；商业单据主要是指商业发票、运输单据、所有权单据或其他类似单据。与汇款结算方式不同的是，托收不是进口商或债务人的主动付款，而是出口商或债权人的催收。它属于一种逆汇结算方式。

在国际商会 《托收统一规则》(《URC522》)中，托收是指银行依据所收到的指示处理金融单据以便取得付款或承兑，或凭此付款或承兑交单，或按照其他条款或条件交单。

2. 托收的当事人

托收业务的基本当事人主要有四个：委托人、托收行、代收行和付款人。

1) 委托人

委托人(Principal)就是开出汇票委托银行进行托收的当事人，也称为出票人。当贸易合同确定的结算方式为托收时，出口商就需委托收款。因此，作为出口商应履行与进口商之间签订的贸易合同；作为委托人又受与托收行之间的托收申请书的约束。委托人的责任与义务具体如下。

(1) 根据贸易合同的要求交付货物。这是出口商最基本的合同义务，也是跟单托收的前提条件。

(2) 提交符合合同要求的单据。跟单托收项下，进口商提货必须先获取单据，单据是合同项下货物所有权的代表。出口商在装运货物后需要将由此而取得证明自己履约的单据，如运输单据、保险单据，连同自己缮制的商业发票等单据交给托收行。这些单据的名称、份数以及内容均与合同相符。

(3) 填写托收申请书，开立汇票，并将托收申请书和汇票连同商业单据一并交给托收行。委托申请书一旦被托收行接受，即成为委托人与托收行之间的法律契约，构成委托代理关系。委托人必须全面、准确地表达自己的意图和要求，根据商业合同条款据实填写申请书。若填制不当，所引起的后果则由委托人自行负责。

2) 托收行

托收行(Remitting Bank)是接受委托人的委托并通过国外代理行向付款人收款的银行。由于托收行地处出口地国家，将转而委托进口地银行代为办理此笔托收业务的汇票提示和货款收取事宜，必须将单据寄往进口地代理银行，所以托收行也称寄单行。

托收行是托收业务的代理收款人，其责任就是根据委托人的指示办理，并对自己的过失负责。托收行有下列责任和义务。

(1) 缮制托收委托书。托收行在接受委托时应当根据托收申请书的内容缮制托收委托书,并将委托书及单据寄给国外的代理行,指示其向付款人收款。

(2) 核对单据。托收行应核对实收单据的种类与份数是否与委托人在申请书中填写的情况相同,但没有义务审核单据的内容。

(3) 按常规处理业务,并承担过失责任。凡委托人就某些方面未提出要求的,托收行都应按常规处理,如选择代收行(如果代收行破产使委托人收款受影响,此时托收行不承担责任)、航邮单据等。但如代收行通知付款人拒付,托收行却未立即通知委托人,结果因未及时指示如何处理货物而使委托人受到损失,则托收行对此负有过失责任。

3) 代收行

代收行(Collecting Bank)是指接受委托行委托向付款人办理收款并交单的银行。代收行在托收业务中所承担的责任与托收行基本相同,如核对单据的名称和份数。若有不符立即通知托收行;代收行在未经托收行同意前不得擅自变更委托书上的任何条件,否则责任自负;除此之外,代收行还负有如下责任。

(1) 保管好单据。单据是物权代表,进口商取得货物必须先取得单据。代收行在进口商付款或承兑前不可以将单据释放给进口商。付款人拒付,代收行应当通知托收行,若发出通知90天后仍未收到指示,可将单据退回托收行。

(2) 及时反馈托收情况。代收行是委托人直接与付款人接触的代表,它应将各种异常情况及其原因立即用快捷的方式通过托收行通知委托人,便于委托人及时了解托收情况并采取必要措施。

(3) 谨慎处理货物。代收行原则上无权处理货物,只有在付款人拒付时,可根据委托人指示办理提货、存仓、保险等手续。不过,在发生天灾人祸等紧急情况下,代收行可以不凭委托人指示处理货物,以使委托人避免或减少损失。

4) 付款人

付款人(Drawee)是指在托收业务中承担付款责任的人,即进口方或债务人。付款人有审查单据以决定接受与否的权利,同时根据托收交单方式承担付款或承兑的业务。在具备正当理由的前提下,付款人有权拒绝接受单据的权利,但是其拒付理由必须经得住委托人的抗辩,否则会遭受信誉和经济上的损失。

9.2.2 托收的种类与交单方式

托收方式按有无随附货运单据,分为光票托收和跟单托收两种。

1. 光票托收

1) 光票托收的定义

光票托收(Clean Bill for Collection)是指出口商开立的汇票不附带货运单据的托收。有时也可能附带非货运的商业单据,如发票、运保费收据和垫款清单等。光票托收方式的货运单据由出口商直接寄给进口商。光票托收通常用于收取出口货款尾数、样品费、佣金、代垫费用、其他贸易从属费用、进口索赔款以及非贸易各个项目的收款等。

光票托收的汇票一般应由收款人制作空白背书,托收银行制作记名背书给代收行,并制作光票托收委托书(Advice of Clean Bill for Collection)随汇票寄代收行托收票款。

光票托收的汇票有即期汇票和远期汇票之分。对即期汇票,代收银行在收到汇票后,应立即向付款人提示要求付款。付款人如无拒付理由，应当即付款赎票。对远期汇票，代收银行在收到汇票后，应向付款人提示要求承兑，以肯定到期付款的责任。付款人如无拒绝承兑的理由应立即承兑。承兑后，代收银行收回汇票，在到期日再作付款提示要求付款。如付款人拒绝承兑或付款，除托收委托书另有规定外，应由代收银行在法定期限内制作拒绝证书，并及时将拒付情况通过托收银行通知委托人，以便委托人采取适当措施。

2) 光票托收程序

光票托收程序如图9.9所示。

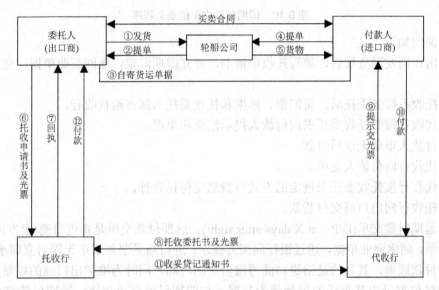

图9.9　光票托收程序

2. 跟单托收

跟单托收(Documentary bill for Collection)是指汇票连同所附货运单据(发票、提单、装箱单、品质证及保险单等)一起交银行委托代收货款的一种托收方式。个别也有的只交货运单据不开汇票委托银行代收，以避免印花税负担，跨国公司内部之间以及相互信任的公司之间，一般会采取这种托收方式。

根据交付单据的条件不同，跟单托收可分为付款交单和承兑交单两种。

1) 付款交单

付款交单(Documents against Payment，D/P)是被委托的代收银行必须在进口商付清票款之后，才将货运单据交给进口商的一种托收方式。付款交单根据付款时间的不同又可分为即期付款交单和远期付款交单。

跟单托收中的单据很重要，在象征性交货的国际贸易中，货物的买卖实际上是一种单据的买卖，代表货物所有权的单据不能轻易脱手。国外代收行将托收行寄来的汇票和单据向进口人提示后，进口人必须先向代收行付款，付款后，代收行才可将单据交付进口人。

(1) 即期付款交单(D/P at sight)。出口商(卖方)装运后开具即期汇票，随附全套单据，单据寄到进口地的代收行，由代收行提示给进口商(买方)见票，在进口商审核有关单据无误后，立即付款赎单，买方付清货款后取得全套单据，以买方先付款为条件，银行向其交单，这样票款和物权单据即可两清。具体如图9.10所示。

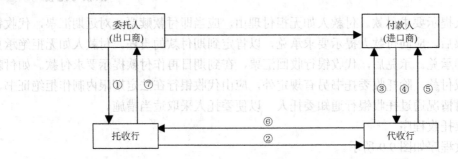

图9.10 即期付款交单的业务程序

具体说明如下。

① 出口商发运货物后，填写托收申请书，开立即期汇票，连同商业单据，交托收行委托收款。

② 托收行接受委托后，将汇票、单据和托收委托书邮寄给代收行。

③ 代收行按照托收委托书向付款人提示汇票和单据。

④ 付款人审单无误后付款。

⑤ 代收行向付款人交单。

⑥ 代收行按托收委托书规定的方式将货款交付托收行。

⑦ 托收行向出口商交付货款。

(2) 远期付款交单(D/P at X days after sight)。远期付款交单是指进口商(卖方)装运后开出远期汇票，随附商业单据，通过银行向买方提示，进口商见票并审单无误后立即承兑汇票，于到期日付款赎单。其目的是给进口商筹措资金的时间，同时为维护出口商的权益，在付款之前，物权单据仍由其委托的银行代为掌握。与即期付款交单相比，远期付款交单有以下特点。

① 出口商开具的是远期汇票。即期付款交单中，出口商开具的是即期汇票，也可以不开汇票。远期付款交单中，出口商开具的是远期汇票，并且通常必须开立汇票。采用远期付款交单的目的是给进口商一段时间以筹措资金。

② 进口商应先予承兑。在代收行提交远期汇票和单据时，进口商应先予承兑，承兑后的汇票及单据由代收行收回。即期付款交单无此环节。

③ 到期付款赎单。在远期汇票到期时，代收行应向进口商做付款提示，进口商应予付款，代收行收到货款后即交单。

2) 承兑交单

承兑交单(Document against Acceptance，D/A)是出口商(卖方)在装运后开出远期汇票，随附全套单据，通过银行向买方提示，买方承兑汇票后，代收行将全套单据交给买方，付款人在汇票到期时，履行付款义务的一种方式。即：承兑交单需要在汇票到期后买方再来履行付款义务，因而承兑交单中买方先取得了货物所有权，然后汇票到期时才付款，所以对卖方来说风险非常大，一旦买方到期不付款，卖方就会遭到货款两空的损失。所以现在我国的外贸公司对使用承兑交单非常谨慎。

承兑交单方式只适用于远期汇票的托收。承兑交单程序如图9.11所示。

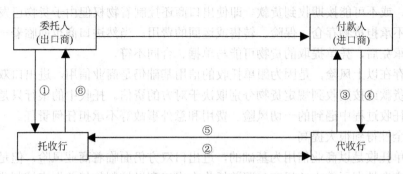

图 9.11　承兑交单程序

具体说明如下。

① 出口商发运货物后，填写托收申请书，开立远期汇票，连同商业单据，交托收行委托收款。

② 托收行接受委托后，将汇票、单据和托收委托书邮寄给代收行。

③ 代收行按托收委托书向付款人提示汇票和单据；付款人审单无误后，对汇票进行承兑，代收行收回汇票，将单据交给付款人。

④ 付款人到期付款。

⑤ 代收行按托收委托书规定的方式将货款交付托收行。

⑥ 托收行向出口商交付货款。

承兑交单与远期付款交单都属于远期托收。出口商开具的是远期汇票，进口商在见票时并不是马上付款，而是应先予承兑，只有在汇票到期时，才予以付款。因此它们都属于远期托收，所不同的是交单条件。远期付款交单中，进口商只有在汇票到期并支付货款后才能得到单据；承兑交单中，进口商只要承兑后便可得到单据，这时，汇票并未到期，进口商也尚未付款。

不同的交单方式对进出口双方的影响不同。对出口商而言，最理想的是即期付款交单，其次是远期付款交单，最后是承兑交单。因为采用即期付款交单方式，出口商在进口商付款之前始终控制着单据，从而控制着货物，不会出现既收不到货款，又失去货物的情况，有利于降低风险；如果进口商付款，则出口商能迅速收到货款，避免资金积压，有利于提高资金的使用效率。远期付款交单在风险控制方面与即期付款交单类似，但要等到汇票到期、进口商付款时，才能收回货款。因此，对于出口商而言，会不同程度地存在资金积压的问题，不利于高效使用资金。承兑交单在货款收回的时间、资金占用方面同远期付款交单方式类似，而且在交单后，进口商可能会破产或无力支付货款，或无理由拒付、延迟付款等。因此，无论是在风险控制还是资金使用方面，这种方式都不利于出口商。

9.2.3　托收方式的特点

1. 托收结算方式的特点

1) 结算的基础是商业信用

跟单托收中银行只提供代收货款的服务，出口商能否按期收回货款完全取决于进口商的资信，如果进口商不付款或不承兑，或承兑后破产或无力支付或故意拖延支付，则出口商就收不到货款,或不可能按期收到货款。即使出口商还控制着物权但由于货物已发至国外,出口商将不得不承担货物存仓、保险、转售或运回的费用。当然进口商也面临着一定的风险,即他付款或承兑后,凭单提取的货物可能与单据、合同不符。

之所以存在以上风险,是因为跟单托收的信用基础仍是商业信用,进出口双方能否取得合同规定的货款或按期收到规定货物分别取决于对方的资信。托收中的银行只是一般的代理人,他们对托收过程中遇到的一切风险、费用和意外事故等不承担任何责任。

2) 安全性得到很大提高

虽然跟单托收是以商业信用为基础的,进出口双方仍面临着商业风险,但是与汇款结算方式相比其安全性有了较大的提高。跟单托收中出口商以控制物权单据来控制货物,以交付物权单据代表交货,而交单又是以进口商付款或承兑为条件的,因此出口商一般不会受到"银货两空"的损失,比赊销安全。对进口商来说,只要付了款或进行了承兑,即可得到货权单据,从而得到货物,比预付货款安全。因此,无论是对进口商还是对出口商,跟单托收比汇款更安全。

3) 出口商和进口商的资金负担不平衡

托收结算方式中,出口商的资金负担较重,在进口商付款之前,货物的占用资金主要由出口商来承担,进口商基本不负担资金。但是出口商有货权单据,他可以通过出口押汇从银行融通资金,因而可在一定程度上减轻资金负担的压力。不仅出口商可以从银行融资,进口商也可以通过信托收据和担保提货向银行融资。相对来讲,托收是一种有利于进口商,不利于出口商的结算方式。

2. 运用托收方式结算应注意的问题

由于托收方式是一种商业信用,出口商面临的风险较大,所以,为确保收汇的安全,采用出口托收应注意以下问题。

1) 加强对进口商资信的调查

采用托收方式,是出口商对进口商的信任,带有对进口商融资的性质,所以要详细调查进口商的资信,对资信不好的客户或新客户最好不使用托收方式,以免因进口商无理由拖延货款或无力支付货款而使出口商遭受损失。

2) 正确使用交单方式和价格条件

在托收业务中,出口商应注意妥善确定交单方式,尽量采用即期付款交单方式,如果一定要采用远期付款交单和承兑交单,应对期限加以限制,付款期限不宜过长,一般掌握在不超过从出口地到进口地的运输时间。目前,远期付款交单方式的具体掌握方法在国际上尚无明确规定,在使用这一方式时很不规范,各国的处理方法也不同:有些国家或地区的银行不接受远期付款交单的托收;而另一些国家或地区的银行则把远期付款交单方式视为承兑交单方式。因此,出口商在采用远期付款交单方式托收时,应注意合理使用。

此外,要选择好价格条款,根据交货方式的不同,国际商会在1990年出版的《国际贸易术语解释通则》中介绍的13种价格术语,可分为实际交货条件和推定交货条件。实际交货条件以出口商向进口商实际交付货物的行为来履行其交货义务,进口商只有在收到货物后才有义务付款。此类交货条件,不宜采用托收支付方式,因为出口商交货后不再拥有控制货物的物权单据。推定交货条件是指出口商不是直接将货物交给进口商,而是只要他将货物向承运人托运就算作已向进口商交货,出口商向进口商出示货权单据,后者就必须付款。采用这种交货方式时，出口商交货与进口商付款(收货)不同时发生，转移货权以单据为媒介，CIF、CFR 就是这类交货条件，这种情况下一般宜于采用托收方式，不过其中有些价格术语，如FOB、FCA，由于运输是由进口商安排的，也不宜采用托收方式。

3) 正确选择代收行

托收属于商业信用，货款的收回和进口商有很大关系，托收银行只是收款代理人，并不担保货款的回收，但如果代收行选择得好，对收回出口货款会起很大作用，因为具体向付款人提示付款以及催收货款的是代收行，正确选择代收行，可以减少收款的风险。

4) 了解进口国家的有关规定

出口商应了解进口国家的有关贸易法令、外汇管理条例等，如进口许可证、外汇支付限制等方面的内容。

5) 事先找好代理人

在跟单托收业务中，如果发生拒付，出口商可以指定一个在货物目的港的代表办理存仓、保险、转售或运回等事宜，这个代表称为需要时的代理人，他可以是与出口商关系较好的客户，也可以是代收行。代理人的名称和权限须在托收委托书中列明。

6) 注意办理保险

出口商应主动安排相应的货物运输保险，万一货物在运输途中出险，可以从保险公司获得赔偿。另外，许多国家开展出口保险业务，中国出口商可以向中国人民保险公司投保"短期出口信用风险"，对于以付款交单和承兑交单为方式的放账期限不超过180天的出口合同，一旦进口商无力支付货款，不按期付款，或因进口国实施外汇和贸易管制、发生战争和骚乱，而使出口商遭受经济损失的，保险公司将予以赔偿。

9.2.4 银行对托收业务的资金融通和信托收据

在托收方式下，银行对出口商的资金融通可以采取托收出口押汇方式；对进口商的资金融通可以采取信托收据方式。

托收出口押汇(Collection Bill Purchased)是代收银行买入出口商向进口商开出的跟单汇票。出口商将汇票及全套货运单据交托收行收取货款时，如托收行认为这笔交易的货物销售情况良好，进出口商资信可靠，即可根据出口商的要求承做托收出口押汇，买入跟单汇票，按照票面金额扣减从付款日到估计收到票款日的利息及银行手续费，将净款付给出口商。托收银行作为跟单汇票的持票人，将汇票和单据寄至代收行向进口商提示。票款收妥后，归还托收行的垫款。

银行承做托收出口押汇可以使出口商在货物装船取得提单时，得到银行的资金融通。但是托收方式没有银行的信用保证，买卖之间仅凭一张商业汇票，而汇票付款与否全凭进口商的信用，缺乏第三者对于买卖之间的交货和付款作出信用保证。因此银行承做托收出口押汇的风险较大，许多银行不愿承做，或者很少承做，出口商很少得到这种资金融通的便利。

银行对进口商的资金融通方式是信托收据。在付款交单方式中，进口商如想在付款以前先行提货，可以开立信托收据(Trust Receipt，T/R)交给代收银行，凭此借出单据，以便提货出售，取得货款后偿还代收银行，换回信托收据。这是银行给予进口商资金融通便利的一种方式。

但并不是所有的进口商都能通过出具信托收据得到融资。代收行有保管好单据的责任，如果代收行借出了单据，付款人也因此提了货，那么代收行在到期日就非向委托人(出口商)

付款不可,除非是出口商主动授权代收行通过信托收据放单。因此,代收行为了控制风险,一般只是在付款人(进口商)信誉较好时才愿借出单据。

9.2.5 《托收统一规则》

《托收统一规则》(Uniform Rules for Collection,URC)是由国际商会编写的关于国际贸易和国际结算方面的重要国际惯例。

1958年,国际商会为了调和托收业务中各当事人之间的矛盾,促进国际贸易和金融活动的发展,草拟了《商业单据托收统一规则》(Uniform Rules for Collection of Commercial Paper),建议各国采用。1967年,国际商会重新订立和公布了这一规则(即254号出版物),使银行在进行托收业务时,有了一套统一的术语、定义、程序和原则,也为出口商提供了一套在委托代收货款时得以遵循的统一规则。1978年,国际商会又根据托收实践的变化和发展,对该规则进行了修改和补充,并更名为《托收统一规则》(Uniform Rules for Collection,Publication No.322)(即322号出版物),于1979年1月1日起正式生效和实施。

《托收统一规则》自公布实施以来,对减少当事人之间在托收业务中的误解、争议和纠纷起了较大作用。我国银行在采用托收方式结算时,也参照这个规则的解释和原则办理。

国际商会《托收统一规则》(《URC522》)的有关规定如下。

(1) 托收指示中注明遵循《URC522》,不提倡使用 D/P 远期。

(2) 不应含有远期汇票,同时规定商业单据要在付款后才交付,如果是远期付款交单,应注明单据是付款后交单,还是仅凭承兑交单。

(3) 银行及其指定人不应为收货人,银行只管单不管货。

(4) 银行不负责核实单据,只负责审核单据所列的份数是否与托收指示相符。

(5) 托收如被拒付,或拒绝承兑,提示行应向托收行发出拒付通知。

小　　结

国家间由于贸易或非贸易往来而发生的债权债务,以一定的形式,按一定的条件,使用一定的货币进行的结算,称为国际结算方式。根据结算程序的不同,国际结算方式又可分为汇款方式、托收方式和信用证方式三种。汇款与托收都是建立在商业信用基础上的贸易结算方式,汇款方式速度快、使用灵活、费用低,是跨国公司分支机构之间以及跨国公司相互之间经常采用的结算方式;而托收方式因其交货与付款方式的变化,使得出口商收款的安全性得到加强。本章的重点包括汇款的定义、类型和流程;托收的定义和流程。其中难点部分在于汇款的流程和托收的流程。

复习思考题

1. 名词解释

(1) 汇款

(2) 电汇

(3) 信汇
(4) 票汇
(5) 汇款偿付
(6) 托收
(7) 光票托收
(8) 跟单托收
(9) 承兑交单
(10) 即期付款交单
(11) 远期付款交单

2. 问答题
(1) 汇款的种类有哪些？各自的特点是什么？
(2) 票汇是否可以退汇？
(3) 汇款的基本当事人有哪几个？
(4) 即期付款交单、远期付款交单与承兑交单有何异同？
(5) 与汇款相比，托收结算方式的特点是什么？

案例及热点问题分析

案例：上海长城电器公司(Shanghai Great Wall Electrical Equipment Co. Ltd)出口一批电冰箱到香港凤凰贸易公司(Hongkong Phoenix Trading Co.)，金额为 100 万港元。合同规定用托收方法结算，交单条件为 D/P90 天。长城公司将通过建行上海分行(The Construction Bank of China，Shanghai)办理托收业务，托收行又通过香港汇丰银行(The Hongkong and Shanghai Banking Corporation Limited)代收这笔货款。

问题：作出此托收业务流程图。

课后阅读材料

课后阅读 9-1　国际汇款业中的巨头

(扫一扫，看看国际汇款业中的巨头都有谁。)

课后阅读 9-2　汇票诈骗案

(扫一扫，阅读汇票诈骗案。)

第 10 章　信用证

【内容提要】

信用证是有条件的银行担保，是银行(开证行)应买方(申请人)的要求和指示保证立即或将来某一时间内付给卖方(受益人)一笔款项。卖方(受益人)得到这笔钱的条件是向银行(议付行)提交信用证中规定的单据。例如：商业、运输、保险、政府和其他用途的单据。

按照国际惯例，信用证是以买卖合同为基础的，但它并不依附于买卖合同，而是独立于买卖合同之外的银行信用凭证。银行只对信用证负责，与买卖合同无关，也不受其约束。

本章将介绍以下问题。
(1) 信用证的概念、内容。
(2) 信用证的业务流程。
(3) 信用证的当事人。
(4) 各种主要的信用证。
(5) 《UCP600》信用证操作实务。

10.1　信用证概述

信用证是 19 世纪发生的一次国际贸易支付方式的革命。这种支付方式首次使不在交货现场的买卖双方在履行合同时处于同等地位，在一定程度上使他们重新找回了"一手交钱，一手交货"的现场交易所具有的安全感，解决了双方互不信任的矛盾。在托收方式下，出口商能控制单据，但他最终能否收回货款还要取决于进口商的信用；进口商虽然掌握了付款的主动权，但他能否收到与合同规定相符的货物，则取决于出口商的信用。在国际贸易中，交易双方往往难以充分了解对方的资信情况，因而双方都存在风险。在这种情况下，进出口双方就需要一个第三方来充当中间人和担保人，为双方的商业信用进行保证，信用证中的银行便承担起了这一角色。银行在执行这一任务时，使用的工具就是信用证。

信用证是目前我国外贸进出口结算的一种主要方式。它以银行信用取代商业信用，以银行的付款责任取代买方的付款责任，在买卖双方缺乏信任、互不熟悉的情况下，信用证的付款方式很好地解决了支付中的难题。

信用证交易使卖方收回货款得到了保证。作为银行，开出信用证只是借重它的信誉，在开证时仅仅作出付款的承诺，并未动用银行的资金，但有收取买方押金和手续费的好处，银行在付款时取得了单据所有权，在买方拒绝赎单或在破产的情况下，银行有权处置单据，没收买方的押金，银行在信用证交易中将自身风险降到了最低限度。

自 2007 年 7 月 1 日起，国际商会开始实施新的跟单信用证统一惯例，即 UCP600。该惯例对信用证业务的一系列问题予以较为全面的规范。

10.1.1 信用证的概念

1. 信用证的定义

国际商会对信用证所下的一般定义是：跟单信用证是银行有条件的付款承诺。详细地说，信用证是开证银行根据申请人的要求和指示、向受益人开立的、在一定期限内凭规定的符合信用证条款的单据、即期或在一个可以确定的将来日期承付一定金额的书面承诺。

1) 《跟单信用证统一惯例》《UCP600》第 2 条的信用证定义

《UCP600》关于信用证的定义是：信用证是指一项不可撤销的安排，无论其名称或描述如何，该项安排构成开证行对相符交单予以承付的确定承诺。

根据这一定义，一项约定如果具备了以下三个要素就是信用证。

(1) 信用证应当是开证行开出的确定承诺文件。
(2) 开证行承付的前提条件是相符交单。
(3) 开证行的承付承诺不可撤销。

2) 重要概念

(1) 承付。承付是《UCP600》中出现的一个全新的概念。通过创设这一概念，开证行和被指定银行在信用证下的所有承诺和付款行为被概括为两种：承付和议付。

① 承付行为被限定在三种信用证下，即承付是在即期付款信用证、延期付款信用证和承兑信用证项下的行为，而在议付信用证项下则没有承付行为可言。

② 并不是开证行、保兑行或其他被指定银行在信用证下所有的付款行为都称为承付。例如，在议付信用证下的所有付款行为，包括被指定议付行的议付，开证行或保兑行对议付行的偿付等。

(2) 议付。《UCP600》将议付的概念修改为：指定银行在相符交单下，在其应获偿付的银行工作日当天或之前向受益人预付或者同意预付款项，从而购买汇票(其付款人为指定银行以外的其他银行)及/或单据的行为。

对议付的内容归纳如下：①议付的前提是受益人向被指定银行提交了相符单据。②议付只能由开证行指定议付的银行进行。如果是自由议付信用证，任何银行都是被指定银行。③议付行对受益人的议付既可以是保留追索权的融资，也可以是无追索权的买断，这完全取决于双方的事先约定，《UCP600》对此没有规定。④议付行对受益人的议付可以是受益人交单金额扣除融资利息和费用后的全额融资，也可以只预付交单金额的一部分。⑤预付款项行为既可以发生在受益人交单的当天，也可以发生在开证行或保兑行应予偿付日期之前的任何时间。

(3) 相符交单。该定义表述了一个概括的单据相符的标准，即审核单据是否与信用证条款、《UCP600》相关条款以及《审核跟单信用证项下单据的国际标准银行实务》相符，信用证条款、《UCP600》相关条款以及《审核跟单信用证项下单据的国际标准银行实务》之间是并列关系。

对本款的理解应把握以下几点。

① 在《UCP600》的规则之下，相符交单的含义被扩大了：受益人提交的单据不但要做到"单证一致，单单一致"，而且要做到与《UCP600》的相关适用条款一致，与《审核跟单信用证项下单据的国际标准银行实务》一致，只有同时符合以上三个方面的要求，受益人所提交的单据才是相符单据。

② 根据相符交单的定义，单据要与信用证条款、相关的《UCP600》条款以及《审核跟单信用证项下单据的国际标准银行实务》相符。

③ 判断是否矛盾时，要具体情况具体分析，将常理(Common Sense)与国际跟单信用证实务相结合。

2. 信用证定义的解释

(1) 信用证是开证银行以自己的信用向受益人所作的一项书面承诺或保证这项承诺或保证是否可靠，唯一可以判断的依据是开证银行的资信。资金雄厚、信用良好的开证银行开立的信用证，才可能对付款起到可靠的保证作用。因此，受益人最关心的是开证银行的资信问题。

(2) 信用证是银行信用为商业信用所作的一种担保信用证，多是开证银行依照申请人的请求而开立的，信用证的要求、指示、付款、金额等条款，其依据是申请人的开证申请书所列的内容，它也是基础合同(买卖合同)的主要内容。该合同内容能否得到履行，则依赖于买卖双方的商业信用。信用证的开立将这种商业信用转化为一种银行信用，即银行信用为商业信用所作的一种担保。

(3) 信用证是有条件的付款承诺或保证开证行保证付款并非是无条件的，它必须是在受益人完全履行了信用证规定的条件下，才保证付款。因此，对受益人来说，只有履行了信用证规定的条件，才能享有开证行保证付款的保障，即取得信用证所赋予的取款权利。相反，若受益人没有履行信用证的条件，则开证行不承担付款责任。

(4) 开证银行的付款形式是多样的。开证行对于受益人予以付款，可以是付款给受益人或其指定人；开证行既可以是自己直接付款，也可以是授权另一银行进行付款或议付。

(5) 开证银行既可以在接受请求后开证，也可以主动开证。几乎所有的信用证都是银行根据开证申请人的请求而开立的，但银行也可以以自己的名义主动开证。银行主动开证，由此产生的信用证仍构成开证行的同样承诺，受益人所享受的信用证项下的权利不受影响。

3. 信用证的特点

信用证不同于汇款与托收，信用证属于银行信用。信用证具有以下重要特点。

1) 开证银行负第一性的付款责任

根据《UCP600》第 7 条，如果信用证有以下情形之一，开证行负第一性付款责任。

(1) 信用证规定由开证行即期付款、延期付款或承兑。

(2) 信用证规定由被指定银行即期付款但其未付款。

(3) 信用证规定由被指定银行延期付款但其未承诺延期付款；或其虽承诺延期付款，但未在到期日付款。

(4) 信用证规定由被指定银行承兑，但其未承兑以其为付款人的汇票；或虽承兑了汇票，但未在到期日付款。

(5) 信用证规定由被指定银行议付但其未议付。

在满足上述情况时，银行一旦开出信用证，就表明它以自己的信用作了付款保证，即：信用证的开证银行是第一付款人。这不同于银行只负第二性付款责任的一般担保业务。尽管开证银行是应开证申请人的请求而开立信用证的，但其对受益人的付款责任是一种独立责任。受益人(出口商)可凭规定的与信用证的条款相符的单据直接向开证行要求承付，而无须要求开证申请人(进口商)付款。即使开证申请人未履行其义务或已经失去偿付能力，只要受益人提交了相符的单据，开证行就必须承付。

因此，在信用证支付方式下，开证行是主债务人，其对受益人承担独立的付款责任，总是处于第一付款人的地位。其对受益人负有不可推卸的付款责任。换言之，开证行与受益人之间的法律关系独立于开证行与开证申请人之间的关系之外。

2) 信用证是一种独立性文件

信用证的开立以贸易合同为基础，但一经开出，便成为独立于贸易合同以外的独立契约，不受贸易合同的约束。

《UCP600》第4条a款规定：就其性质而言，信用证与可能作为其开立基础的销售合同或其他合同是相互独立的交易，即使信用证中含有对此类合同的任何援引，银行也与该合同无关，且不受其约束。

a款继续规定："因此，银行关于承付、议付或履行信用证项下其他义务的承诺，不受申请人基于其与开证行或与受益人之间的关系而产生的任何请求或抗辩的影响。受益人在任何情况下不得利用银行之间或申请人与开证行之间的合同关系。"

第4条b款规定："开证行应劝阻申请人试图将基础合同、形式发票等文件作为信用证组成部分的做法。"

上述规定充分体现了信用证的独立性原则，或称自治性原则，即信用证独立于其基础合同(如申请人与受益人之间的买卖合同)。尽管信用证的开立是以买卖合同为依据的，但它一经开出，就成为独立于买卖合同之外的另一契约，不受买卖合同的约束，开证行和参与信用证业务的其他银行只按信用证的规定办事。开证行不能利用申请人根据买卖合同对受益人所享有的抗辩对抗受益人；而申请人亦不得要求从信用证款项中扣除其向受益人提出的违约索赔；受益人也不能以完全履行了买卖合同项下的义务为由要求开证行付款。同时，开证行也不能利用它与申请人之间的关系中所存在的抗辩对抗受益人；受益人也不能利用开证行与申请人间的关系而从中受益。上述规定的最后一款是《UCP600》的新增条款，其目的是避免银行在审核单据时，不得不越过单据本身去涉及与信用证交易相独立的基础交易而给银行审单造成一定障碍。

3) 信用证业务实质是单据买卖，它处理的对象是单据

在信用证之下，银行实行的是凭单付款原则。《UCP600》第5条规定："在信用证业务中，银行处理的是单据，而不是与单据有关的货物、服务或履约行为。"因此，在信用证业务中，单据是决定能否付款的唯一依据。银行的责任仅仅是审核单据，若与信用证条款相符则予以承付；反之，银行有权拒绝承付。银行无须理会单据以外的其他任何问题。即使开证

申请人发现单据是伪造的,即被欺诈,但只要单据表面上与信用证相符,开证申请人就必须向开证行付款;即使货物与单据或合同不一致,也不影响银行的承付责任;申请人只能根据买卖合同和有关单据向受益人(出口商)或有关责任方交涉索赔。

另一个角度,货物与单据及合同完全相符,提示的单据与信用证规定不符,银行同样有权拒绝承付。因此,《UCP600》第14条"审核单据的标准"规定,银行必须仅仅依据单据审核提示,以决定单据是否在表面上构成相符的提示。所以,在信用证条件下,银行不仅要求做到"单证一致",即受益人提示的单据在表面上与信用证规定一致;"单单一致",即受益人提示的各种单据之间表面上也要一致;还要求做到"单内一致",即受益人提示的每一种单据内的相关内容不得相互矛盾。

在信用证业务中,银行对任何单据的形式、完整性、真实性、虚假性或法律效力,或对于单据中载明的或附加的一般或特殊条件,概不负责;银行对任何单据中所代表的货物的描述、数量、重量、品质、状况、包装、交货、价值或存在与否,或对货物发货人、承运人、货运代理、收货人,或货物的保险人或任何其他人的诚信、行为或疏忽、清偿能力、履约或资信状况,概不负责。

4. 信用证的种类

按照不同的标准,可以对信用证进行不同的分类。

1) 根据信用证的开立方式及记载内容不同分类

根据信用证的开立方式及记载内容不同,可将信用证分为信开信用证和电开信用证。

(1) 信开信用证。信开信用证(Open by Airmail of Credit)是指以信函(Letter)形式开立的信用证。其记载的内容比较全面。银行一般会有印就的信用证格式,开立时填入具体内容即可。信开信用证一般是开立一式两份或两份以上,开立后以航空挂号寄出。这是一种传统的开立信用证的方式。

(2) 电开信用证。电开信用证(Full Cable of Credit)是指银行将信用证内容以加注密押的电报或电传的形式开立的信用证。电开信用证又可分为简电本和全电本。

① 简电本。简电本(Brief Cable)是指仅记载信用证金额、有效期等主要内容的电开本。简电本的内容比较简单,其目的是预先通知出口商,以便其早日备货。

简电本通常不是信用证的有效文本,因此,开立简电本时,一般要在电文中注明"随寄证实书"(Mail Confirmation to Follow)字样,并随即将信开本形式的证实书寄出。证实书是信用证的有效文本,可以作为交单议付的依据。

② 全电本。全电本(Full Cable)是开证行以电文形式开出的内容完整的信用证,如果电文中注明"This is an operative instrument, No airmail confirmation to follow.",则这样的开本就是有效文本。可以作为交单议付的依据。如果电文上注明"随寄证实书",则以邮寄的证实书作为有效文本及交单议付的依据。为节省时间与费用,这种形式的信用证的使用越来越普遍。

SWIFT(环球银行金融电信协会)信用证是随着网络和通信技术的发展,为节省时间和费用,申请全电开证的客户越来越多。银行做全电开证时,多半采用telex(电报或电传)和SWIFT方式,而且SWIFT已逐渐取代telex开证。所谓SWIFT信用证,就是依据国际商会所制定的电报信用证格式,利用SWIFT系统所设计的特殊格式来传递的信用证。它具有标准化的特征,其传递速度较快,开证成本较低,各开证行及客户乐于使用。

2) 根据是否要求提交货运单据作为付款条件不同分类

根据是否要求提交货运(或商业)单据作为付款条件,信用证可分为光票信用证和跟单信用证。

(1) 光票信用证(Clean Credit)。光票信用证主要用于非贸易结算,如支付工资、旅费、佣金、使用费等。此时一般将其视为汇款的一种工具。在国际贸易中,若使用光票信用证,因没有货运单据作为担保,只能依靠出口商的信用,因此,开证行可能会面临较大风险,除非进口商信用较高,通常银行不轻易开立这种信用证。通常情况下,只是在贸易从属费用的结算中使用,如货款余额、样品费等。但这种信用证常用于一个公司内部之间的交易,如总公司与分公司之间,或分公司之间的交易结算。

(2) 跟单信用证(Documentary Credit)。跟单信用证是开证行凭跟单汇票或仅凭信用证规定的单据付款的一种信用证。这里的"单据"一般是代表货物所有权的单据,如海运提单,或证明货物已交运的单据,如铁路运单、航空运单、邮包收据等,以及与货物有关的其他单据,如发票、保险单、检验检疫证书等。

国际贸易实务中所使用的信用证绝大多数是跟单信用证。

10.1.2 信用证统一惯例的沿革

《跟单信用证统一惯例》(Uniform Customs and Practice for Documentary Credits,UCP)是在长期的贸易实践中发展起来,由国际商会(International Chamber of Commerce,ICC)加以成文,旨在确保在世界范围内将信用证作为可靠支付工具的一套国际惯例。

1933年5月,在维也纳举行的ICC第七次年会通过了关于采用《商业跟单信用证统一惯例》的决定。

1951年1月,ICC在里斯本举行的第十三次年会上对UCP进行了第一次修订。

1962年4月,在墨西哥城举办的第十九次年会上,ICC通过了新版UCP。

1974年ICC再次对UCP进行了修订,以ICC第290号出版物公布(即《UCP290》)。

1983年ICC再度进行了修订,后以ICC第400号出版物公布(即《UCP400》)。

1993年3月10日,ICC第500号出版物公布(即《UCP500》),并于1994年1月1日起生效。

2007年7月1日,ICC正式启用了《UCP600》。

《UCP600》的条文编排参照了ISP98的格式,对《UCP500》的49个条款进行了大幅度的调整及增删,变成现在的39条。

第1~5条为总则部分,包括UCP的适用范围、定义条款、解释规则、信用证的独立性等。

第6~13条明确了有关信用证的开立、修改、各当事人的关系与责任等问题。

第14~16条是关于单据的审核标准、单证相符或不符的处理的规定。

第17~28条属于单据条款,包括商业发票、运输单据、保险单据等。

第29~32条规定了有关款项支取的问题。

第33~37条属于银行的免责条款。

第38条是关于可转让信用证的规定。

第39条是关于款项让渡的规定。

10.1.3 信用证的当事人

信用证业务所涉及的基本当事人为三个：开证申请人、开证行和受益人。除此以外，还可能出现保兑行、通知行、被指定银行、转让行和偿付行等，如图 10.1 所示。

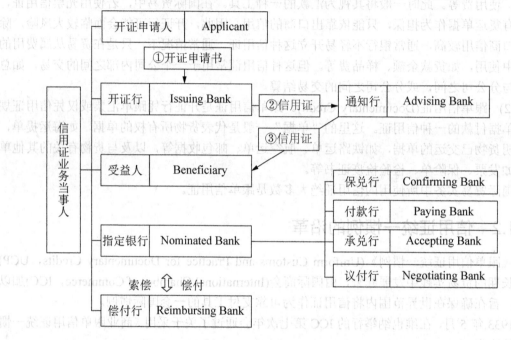

图 10.1 信用证的当事人

1. 申请人(Applicant)

申请人是请求开立信用证的一方。它通常是买卖合同中的当事人，即买方或进口商，而不是信用证的当事人，一般称之为信用证的关系人；但与开证银行存在合同关系：开证申请书是其与开证银行之间的合同。申请人支付信用证业务活动中的费用并从银行取得提取货物的全部单据。

在国际贸易中，开证申请人(买方)的权利和义务如下：

(1) 开立信用证的义务。
(2) 付款责任。
(3) 得到合格单据的权利。
(4) 对于受益人利用信用证的欺诈行为，开证申请人也有权请求银行拒付，或请求法院通过支付令强制银行停止对信用证的支付。

2. 开证行(Issuing Bank/Opening Bank/Establishing Bank)

开证行是依据申请人的请求或代表自己开立信用证的银行，它是信用证的当事人之一。银行通常依据进口商的申请开证，也可自己主动开证，其性质完全相同。开证行通过开证承担了根据受益人提交的相符单据付款的全部责任。开证行成为信用证中的第一付款人，即银行信用代替了商业信用。

其主要权利和义务如下。
(1) 根据开证申请人的指示开证。
(2) 承担第一性的付款责任。
(3) 相符付款时，开证行有权从开证申请人处获得偿付。
(4) 开证行审核单据的义务。
(5) 开证行保管单据的义务。

3. 受益人(Beneficiary)

受益人是指享受已开立信用证利益的一方，一般是出口商或中间商。它的利益获得信用证的最大保护。受益人受两个合同的约束：与开证申请人之间的贸易合同和与开证行之间的信用证。

其权利和义务如下。
(1) 受益人所提交的单据，必须做到单单一致、单证一致，必须符合《UCP600》和ISBP的规定，受益人权利的兑现以提交相符单据为前提。
(2) 受益人有要求改证的权利。

4. 通知行(Advising Bank/Notifying Bank)

通知行是在开证行的请求下通知信用证的银行，一般是开证行在受益人当地的代理行。《UCP600》增加了第二通知行的概念，并赋予其与通知行相同的义务，这是对通知行定义的补充。在可转让信用证中，可能出现另外的通知行，为"第二通知行"(Second Advising Bank)，通知行可以通过另一银行(第二通知行)向受益人通知信用证及修改。第二通知行通知信用证或修改的行为表明其已确信收到的通知的表面真实性，并且其通知准确地反映了收到的信用证或修改的条款。

通知行的具体责任如下。
(1) 验明信用证的真实性。通知行通知信用证或修改的行为表示其已确信信用证或修改的表面真实性。
(2) 通知行的审证责任。通知行与开证行是委托代理关系。通知行接受开证行指示，及时传递信用证并证明其真实性，此外，并不承担任何责任。

5. 被指定银行(Nominated Bank)

被指定银行是指除了开证行以外，信用证可在其处兑用的银行，如信用证可在任一银行兑用，则任一银行均为被指定银行。被指定银行可以是即期付款行、延期付款行、承兑行、保兑行，也可以是议付行。

其中，付款行是信用证中指明的履行承付责任的银行，通常为开证行或其指定的银行。议付行是开证行指定的或自愿买入出口商信用证项下单据和汇票的银行。由开证指定的银行作为议付行的信用证为"限定议付信用证"。若信用证未指定议付行，则任何一家银行都可以议付出口商的信用证，这种信用证往往在信用证中规定"可在任何银行议付(Negotiation with any bank)"。

《UCP600》第12条规定如下。

第一，除非被指定银行是保兑行，对被指定银行发出的承付或者议付的授权并不赋予指定银行承付或者议付的义务，除非该被指定银行明确同意并照此通知受益人。

第二，通过指定一家银行承兑汇票或者承担延期付款承诺，开证行即表明授权该被指定银行预付或者购买经其承兑的汇票或者由其承担延期付款责任的承诺，被指定银行对于承兑信用证和延期付款信用证这两种远期信用证可以办理贴现。

第三，非保兑行身份的被指定银行接受、审核并寄送单据的行为既不使该被指定银行具有承付或者议付的义务，也不构成承付或者议付。

6. 保兑行(Confirming Bank)

根据开证行的授权或要求对信用证加具保兑(Add Confirmation)的银行，即为保兑行。保兑信用证下的受益人可获得开证行和保兑行的双重独立付款保证。

保兑行的责任和义务如下：

(1) 如果规定的单据被提交至保兑行或者任何其他被指定银行并构成相符交单，保兑行必须根据信用证的种类予以承付。

(2) 自从为信用证加具保兑之时起，保兑行即不可撤销地受到承付或者议付责任的约束。

(3) 保兑行偿付另一家银行的承诺独立于保兑行对于受益人的承诺。

(4) 《UCP600》规定，被授权加具保兑的银行有权不予照办，但是必须毫不迟疑地通知开证行，并仍可通知此份未经加具保兑的信用证。

在未经开证行授权或要求的情况下，一家银行与受益人达成协议(往往在受益人的要求下)对信用证加具保兑的行为，习惯上被称为沉默保兑(silent confirmation)。沉默保兑行并不享有UCP中规定的保兑行的权利，除非在它与受益人达成的协议中另行规定。

7. 偿付行(Reimbursing Bank)

开证行若授权另一家银行代为偿付被指定银行、保兑行(均称为索偿行)的索偿时，则该银行为偿付行。偿付行一般是信用证结算货币清算中心的联行或者代理行，主要是为了头寸调拨的便利。

在指定偿付行的情况下，索偿行一方面向偿付行邮寄索偿书，另一方面向开证行寄单，开证行若收到与信用证不符的单据，有权向索偿行追回已经偿付的款项，但开证行不得向偿付行追索。

10.1.4 信用证的作用

1. 对出口商的作用

(1) 信用证可以保证其凭借与信用证条款相符的单据取得货款，即使进口商有违约现象或破产倒闭等，也不会影响出口商收汇的安全性。

(2) 信用证可保证其按时收汇只要单据合格，银行都会在一段规定的时期内对出口商进行付款，或是由出口地银行垫款买入单据，从而使出口商能够尽早收汇。

(3) 出口商可以凭信用证获得融资。大多数国家为了推动出口贸易，往往鼓励银行对出口商提供信用证项下的打包放款或预支等，以此减少出口商本身的资金负担。

2. 对进口商的作用

(1) 能够大大降低收货风险。进口商可以通过信用证条款控制出口商交货的各个环节，如质量标准、数量、运输、保险、商检等，从而尽可能最大程度地降低出口商交货违约的风险。而且一旦进口商付款，就能获得符合信用证要求的、通常包含特权单据的一整套单据，从而控制货物所有权。

(2) 能够获得信用证项下的融资。进口商同样可以要求开证行提供进口押汇的便利，或通过信托收据等方式获得银行提供的融资，以减少自身资金的压力。

(3) 信用证业务对于所有参与的银行来说，可谓风险小、收益高。以开证行为例，开立信用证时银行并不会垫资，只是出借自身的良好信用，就可以取得开证手续费收入及开证押金；只有当合格的单据向开证行提示时，银行才必须支付货款，但同时又可立即获得商业单据，享受特权的保障；此后，开证行可以立即要求进口商进行付款，从而回笼资金。如果进口商提货时发现问题，只能凭合同与出口商交涉，而不能将开证行牵涉其中。如果进口商无理拒付或无力清偿，开证行可以没收押金或质押品，并通过变卖货物来收回其余款项。若押金加货款仍不足以弥补开证行垫款及有关利息、费用，开证行仍可以以债权人的身份，就差额部分向进口商索赔或参与其破产清理并优先受偿。

10.1.5 信用证的内容

1. 信开本的内容

现在各开证行的开证格式已基本接近国际商会拟定的"开立标准信用证格式"，主要包括以下项目。

1) 关于信用证本身的项目

(1) 信用证号码(L/C Number)。开证行的信用证编号，不可缺少。

(2) 开证日期(Date of Issue)。必须标明开证日期，这是信用证是否生效的基础。

(3) 受益人(Beneficiary)。这是唯一享有利用信用证支取款项权利的人，因此，必须标明完整的名称和详细地址。

(4) 开证申请人(Applicant)。信用证为买卖合同签约双方约定的支付工具，信用证的申请人应是买卖合同中的买方，应标明完整的名称和详细地址。

(5) 信用证金额(L/C Amount)。这是开证行付款责任的最高限额，应能满足买卖合同的支付。信用证金额要用大小写分别记载。

(6) 有效期限(Terms of Validity or Expiry Date)。即受益人交单取款的最后期限，超过这一期限开证行就不再负付款责任。

(7) 生效地点。即交单地点，《UCP600》特别规定，信用证除要明确有效期外，还要明确一个交单地点，一般为开证行指定的银行。

(8) 开证行名称(Issuing Bank)。一般在信用证中首先标出，应为开证行全称加详细地址。

2) 关于汇票的项目

(1) 出票人(Drawer)。一般是信用证的受益人，只有可转让的信用证经转让后，出票人才可能不是原证受益人。

(2) 付款人(Drawee)。信用证的付款人是开立汇票的重要依据。汇票付款人须根据信用证的规定来确定。

(3) 出票条款(Drawn Clause)。主要表明汇票是根据某号信用证开出的。

3) 关于单据的项目

信用证中一般列明需要的单据，分别说明单据的名称、份数和具体要求。最基本和最重要的单据主要是商业发票(Commercial Invoice)、运输单据(Transport Documents)和保险单据(Insurance Policy)。此外，买方还往往要卖方提供产地证、品质证书等。

要准确地说明单据名称、正本还是副本。

规定单据如果是运输单据、保险单据和商业发票以外的单据，信用证应表明出单人、单据措辞或资料内容。

4) 关于货物描述部分

关于货物描述部分一般包括货名、数量、单价以及包装、唛头、价格条件等最主要的内容和合同号码。对信用证金额、数量和单价的增减幅度，《UCP 600》规定：①若有"约""大概""大约"或类似的词语，应解释为增减幅度10%；②当成交总金额小于信用证金额时，货物重量的增减幅度为5%以内；③如果如数交货，而且信用证规定了单位价格，而该价格减少则可以允许支取的金额减少5%。

5) 关于运输的项目

信用证中关于运输的项目通常包括装货港(Port of Loading/Shipment)、卸货港或目的地(Port of Discharge or Destination)和装运期限(Latest Date of Shipment)等，此外，还有可否分批装运(Partial Shipment Permitted/not Permitted)和可否转运(Transhipment Allowed/not Allowed)。

6) 其他项目

(1) 开证行对议付行、通知行和代付行的指示条款(Instructions to Negotiating Bank/Advising Bank/Paying Bank)。这一条款对于通知行，常要求其在通知受益人时加注或不加注保兑；对于议付行或代付行，一般规定议付金额背书条款、索汇方法和寄单方法。

(2) 开证行保证条款(Engagement/Undertaking Clause)。开证行通过这一条款来表明其付款责任。在信用证中，开证行必须明确表示其保证付款之意，如："我行保证凡符合本证条款所开立及议付的汇票须本行提示时，本行将对汇票出票人、背书人或正当持有人履行付款的义务。"(We hereby engage with drawers and/of bona fide holders that drafts drawn and negotiated in conformity with the terms of this credit will be duty honoured on presentation.)

(3) 开证行代表签名(Opening Bank's Name & Signature)。信开本信用证须有开证行有权签名人签字方能生效，一般情况下是采取"双签"，即两人签字的办法。

(4) 其他特别条件(Other Special Condition)。主要用以说明一些特别要求，如限制由某银行议付、限制某国籍船只装运、装运船只不允许在某港口停靠或不允许采取某航线、发票须加注信用证号码、受益人必须交纳一定的履约保证金后信用证方可生效等。

2. 简电本的内容

《UCP600》第 11 条规定如下。

若开证行准备开立有效的信用证或作出修改时，开证行才能发出开立信用证或作出修改的初步通知(预先通知)。发出预先通知的开证行应不迟延地、不可撤销地承诺以与预先通知不矛盾的条款开立有效的信用证或作出修改。

据此规定，简电或预先通知信用证不是有效的信用证文件，即受益人不能凭此发货，银行不能凭此付款、承兑或议付。开证行在发出简电或预先通知信用证后，必须及时地将信用证证实书(有效信用证文件)寄送通知行，由其转递受益人，凭此发货，银行凭此付款、承兑或议付。

此外,《UCP600》第 11 条第 1 款还规定:经证实的电开信用证或修改将被视为是有效的信用证或修改,任何随后的邮寄确认书将不予理会。若电讯传递中声明"详情后告"(或类似词语),或声明以邮寄确认书为有效的信用证或修改,则该电讯传递不被视为有效的信用证或修改。此后,开证银行必须不迟延地以与电讯传递不相矛盾的条款开立有效的信用证或作出修改。

3. 全电本的内容

随着通信技术的发展,申请全电开证的客户越来越多。银行做全电开证时,多半采用 Telex 和 SWIFT(环球银行金融电信协会),而且 SWIFT 正逐渐取代 Telex 开证。

所谓 SWIFT 信用证,就是依据国际商会所制定的电报信用证格式,利用 SWIFT 系统所设计的特殊格式来传递信用证的信息方式开立的信用证。它具有标准化的特征,其传递速度较快,开证成本较低,各开证行及客户都乐于使用。

SWIFT 系统设计的信用证格式代号为 MT700、MT701。与信开本相比,SWIFT 信用证将保证条款省略掉,但其必须加注密押,密押经核对正确无误后,SWIFT 信用证方能生效。虽然没有说明文句,但 SWIFT 信用证一律受《UCP 600》的约束,除非信用证中有特别注明。

10.1.6 信用证业务程序

信用证业务分出口信用证业务和进口信用证业务。出口信用证业务,主要是对国外开来信用证的审核、信用证的通知、审单、单据议付、寄单索汇和收汇考核。进口信用证业务主要是信用证的开立、信用证的修改、国外银行来单的审核、付款。

接下来就信用证业务展开说明。

1. 向开证行申请开证

开证申请人首先填写开证申请书(Application Form),其中每项内容必须符合《UCP600》的要求。填写国际商会第 516 号出版物《标准跟单信用证格式》规定的开证申请书所要求具备的项目。

(1) 申请人。信用证为买卖合同签约双方约定的支付工具,信用证的申请人应是买卖合同中的买方,应标明完整的名称和详细地址。

(2) 开证行。一般在信用证中首先标出,应为全称加详细地址。

(3) 申请书的日期。

(4) 交单的有效日期和地点。

(5) 受益人。这是唯一享有利用信用证支取款项权利的人,因此,必须标明完整的名称和详细的地址。

(6) 航空邮寄开证。

(7) 简电通知(按《UCP600》第 11 条行事)。

(8) 电讯传递开证(按《UCP600》第 11 条行事)。

(9) 可转让信用证(按《UCP600》第 38 条行事)。

(10) 保兑。

(11) 金额。

(12) 使用信用证的被指定银行。

(13) 分批装运。

(14) 转运。

(15) 申请人投保。

(16) 运输细节。

(17) 货物描述。货物描述应尽量简短，不应罗列过多细节，如果描述太烦琐，且不清楚，根据《UCP600》的规定将会延迟通知信用证。

(18) 贸易条件。现在使用的贸易条件是《2000 年国际贸易术语解释通则》(国际商会出版物第 560 号)。

(19)～(23) 规定的单据。须准确说明：a. 单据名称，申请人要确定这些单据是受益人能够提供的。b. 每种单据要多少张，是正本还是副本。c. 出单人是谁，不要加列没有用的词语形容出单人，如"第一流""著名的"等。

(24) 交单时期。

(25) 附加指示。填写需要的附加指示。

(26) 结算。

(27) 签字。

开证人申请开立信用证，应向开证银行交付一定比率的押金，一般为信用证金额的百分之几到百分之几十。开证人还应按规定向开证银行支付开证手续费和邮电费。

2. 申请人与开证行之间的关系

(1) 每个信用证下面，申请人与开证行之间的契约关系体现为开证申请书。

(2) 为了开立信用证，开证行与申请人之间需要订立经常性的开证便利(Formal Facility)，须明确以下几点。

① 信用证项下提交单据作为担保品或抵押品(Security)，当申请人无法偿付时，开证行可将单据上的货物处理还款。

② 申请人提供的担保品独立于信用证和提交的单据。

③ 订明申请人负担费用和承担风险。

(3) 开证行与申请人还需要订立经常性的偿付协议(Reimbursement Agreement)，须明确以下几点。

① 申请开证是否预交若干成保证金。

② 偿付方式采用付款交单 D/P 方式，或收到单据×天偿付的方式，或其他方式。

(4) 申请人对于开立信用证应承担以下六项义务和责任。

① 确定申请人和受益人都同意信用证的条款和条件以及规定的单据，各自的理解也是相同的。

② 确定安排开出信用证给受益人，以便使后者有充足的时间装运。

③ 了解开证申请书格式，保证填写完整准确的指示给开证行。

④ 对任何修改请求作出迅速答复。

⑤ 对任何要求放弃不符点的请求作出迅速答复。

⑥ 只要提交信用证规定的单据，且符合信用证的条款和条件者就要支付这些单据项下的款项。

3. 开立信用证

开证银行根据开证人的申请向受益人开立信用证，所开信用证的条款必须与开证申请书所列一致。信用证一般开立正本一份，副本若干份。其中正本和若干份副本邮寄通知银行，以供通知受益人；另副本一份给进口人，供其核对，以便在发现与开证申请书不符或有其他问题时，可及时进行更正或修改。如开证银行委托其他国家的银行代为付款，还需将信用证的副本寄一份给付款银行或另寄一份授权通知书给付款银行，以便付款银行于接到单据后核对或凭议付银行偿还通知拨款。

1) 审阅开证申请书的内容

以国际商会出版物第 516 号所列的"致受益人和致通知行的信用证通知书"为例说明审阅开证申请书的内容。

(1) 信用证类型。
(2) 信用证号码。
(3) 开证地点和日期。
(4) 交单的有效日期和地点。
(5) 申请人。
(6) 受益人。
(7) 通知行。
(8) 金额。
(9) 被指定银行和信用证可用性。
(10) 分批装运。
(11) 转运。
(12) 买方投保。
(13) 《UCP600》第 3 条所述从(From)……用于确定发运日或到期日的不同确定方法。
(14) 货物描述。
(15) 规定的单据(普遍之点)。
(16) 商业发票。
(17) 运输单据(普遍的)。
(18) 运输单据(特定的)。
(19) 保险单据。
(20) 其他单据。
(21) 交单期限。
(22) 通知指示(仅用于"致通知行的通知书")。
(23) 银行致银行的指示(仅用于"致通知行的通知书")。
(24) 页数。
(25) 签字。

2) 开证行开立信用证应承担的义务和责任

(1) 按照下述要求开立信用证。
① ISBP 如《UCP600》。
② 严格按照申请人指示。

③ 受益人能够在信用证下凭单支款，这些单据是受益人能够获得或提供的，即信用证是有效的可供受益人使用的。

④ 迅速开证，使受益人凭此装运货物。

(2) 挑选代理行承担通知、承付、议付和保兑(如适合做保兑时)信用证。

(3) 对修改信用证的要求作出迅速答复。

(4) 按照 ISBP 审核单据和承付信用证的承诺或拒绝接单。

(5) 开证行不能回避这一事实，即不可撤销的承诺如下。

① 独立于申请人的看法和概念。

② 独立于信用证已经付款而不论申请人是否能够偿还。

(6) 开证行如已审单并决定承付，有责任抵制申请人利用开证行作为拒付工具的企图。

4. 通知、转递及保兑信用证

1) 通知与转递

(1) 信用证的通知，是针对电开本信用证而言的。电开本信用证是以电讯方式通知收件人的，通知行收到信用证并核押无误后，即以自己的通知书格式照录全文，通知受益人。

(2) 信用证的转递，是针对信开本信用证而言的。当信用证寄送到出口地银行后，由银行核对印鉴，若相符，银行只需将原证照转给受益人即可。

2) 保兑

若通知信用证时要求对信用证加具保兑，这时开证行通常会邀约通知行对信用证加具保兑。因此，保兑行通常是通知行或其他信誉卓著的银行。由于保兑行在信用证下责任同开证行，因此被邀约加具保兑的银行应该注意避免风险。比如，应考察开证行的资信、与本银行的关系等，再决定是否保兑。因为保兑行与开证申请人并无合约关系，无法强制申请人付款赎单，因此保兑行只能处理单据及货物，或者作为开证行的债权人对其提出清偿要求。所以，银行一般只对与自己保持良好业务关系的联行或代理行开立的信用证提供保兑。

出口方银行可根据不同的情况，按有关规定向开证行收取通知、转递、保兑或代开手续费。

5. 信用证的审核与修改

1) 信用证审核

受益人接到信用证通知或收到信用证原件后，应立即进行审核。审核内容包括两方面：一方面要根据合约审核信用证的内容是否与合约一致，进口方是否擅自变更某些条件，损害自己的利益；另一方面要认真审核信用证中是否包含不公平的"软条款"。

"软条款"是指付款条件含混不清、银行责任不明的未生效条款。它的根本特征就是它赋予开证行或开证申请人单方面的主动权，使得信用证可能随时因开证行或开证申请人单方面的行为而解除，成为一种可撤销的"陷阱"信用证。常见的"软条款"有以下几种。

(1) 信用证规定货物检验证书为开证申请人指定的人签发。这样，当进口地市场行情发生变化或发生其他情况时，进口商会拖延时间或不派人签发单据，造成信用证过期，出口商收汇会面临很大风险。

(2) 信用证规定某些单据如发票、货物收据等为特定人签发，而且签字式样应与开证行的预留字样相符。这种情况发生的原因类似于上面一条的情况，但对出口商造成的影响可能会更大。出口商提交单据的签字很难与开证行的预留印鉴相一致,因为进口商派出签单的人可能与预留印鉴人不是同一个人。

(3) 信用证中规定暂不生效条款出口商须等到开证行另行通知后,此信用证条款才能生效。这种情况下业务的主动权完全掌握在开证行以及进口商手中,出口商表面上已经获得开证行的保证,但此保证被附加条件限制住了,出口商不能及时发货,其资金周转将受到很大影响。

2) 信用证的修改

如果受益人审核发现信用证与合约不符或存在"软条款",可以拒绝接受或提出修改信用证。《UCP600》第10条规定:"Except as otherwise provided by article 38, a credit can neither be amended nor can celled without the agreement of the issuing bank, the confirming bank, if any, and the beneficiary.)"(除本惯例第38条另有规定外,凡未经开证行、保兑行(如有)以及受益人同意,信用证既不能修改也不能撤销)。因此,不论是进口商还是出口商提出修改,都应经开证行同意后,由开证行通过原通知行将修改通知书或电报通知转告给出口商,出口商接受后此修改才能生效。但要注意不允许部分接受修改,这将被视为拒绝接受修改的通知。自发出信用证修改书之时起,开证行就不可撤销地受其发出修改的约束。保兑行可将其保兑承诺扩展至修改内容,且自其通知该修改之日起,即不可撤销地受到该修改的约束。然而,保兑行可选择仅将修改通知受益人而不对其加具保兑,但必须不延误地将此情况通知开证行和受益人。

6. 议付与索汇

接受出口商单据、汇票和信用证,审单后购进汇票及所附单据并付出对价(实务中称为买入单据)的银行叫作议付行(Negotiating Bank),它可能是通知行、转递行和保兑行等,也可以是另外的银行。议付行持有汇票即成为正当持票人,对前手背书人和出票人拥有追索权。

受益人收到信用证经审核无误或收到修改通知书认可后,即可根据信用证规定的条款进行备货和办理装运手续,缮制并取得信用证所规定的全部单据,签发汇票,连同信用证正本、修改通知书以及与信用证有关的其他文件在信用证有效期内,送交通知银行或信用证指定限制议付单据的银行办理议付。议付就是办理议付的银行买进汇票及所附单据并将票款付给信用证受益人,办理议付的银行就是议付银行。议付银行办理议付后,应在信用证背面批注代付日期、金额、装运数量、提单签发日、承载船名及余额等内容,以便下次议付时查考,防止重复议付。批注后的信用证退还受益人,然后议付银行根据信用证的要求将单据分次寄给开证银行,并将汇票和索偿证明书分别寄给开证银行或偿付银行,以航空信或电报、电传索汇。

开证银行收到议付银行寄来的汇票和单据后,应立即根据信用证条款进行核验。如认为单据与信用证规定相符,应在合理的时间内(一般习惯在两天以内)将票款偿还议付银行。如为远期汇票,开证银行或指定的付款银行应立即对汇票进行承兑,并将经承兑的汇票航邮寄还议付银行,如与议付银行有代理或往来协议,也可根据协议将汇票留存,但应向议付银行寄发承兑通知书,将汇票到期日通知议付银行。在前一种情况下,议付银行在汇票到期日前将汇票与索汇证明书寄往开证银行或付款银行索偿;在后一种情况下,开证银行或付款银行应在到期日记入议付银行账户并通知议付银行或将票款用其他方式拨交议付银行。

7. 开证人付款赎单与提货

开证银行将全部票款拨还议付银行后,应立即通知开证人付款赎单。开证人接到开证银行通知后要立即到开证银行核验单据,经核验确认无误后,将全部票款及有关费用一并向开证银行付清并赎取单据。如申请开证时曾交付押金,付款时可扣除押金;如申请开证时曾递交抵押品,则在付清票款和费用后由开证银行发还抵押品。此时,开证人与开证银行之间由于开立信用证所构成的权利义务关系即告终结。如果开证人验单时发现单证不符,可以拒绝付款赎单,这样开证银行就有可能遭受损失,而且开证银行不能以验单时未发现单证不符为理由向议付银行要求退款。

根据上述解释,可以将信用证的业务流程归纳如图 10.2 所示。

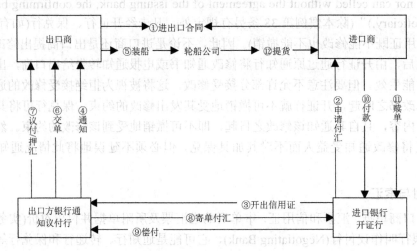

图 10.2 信用证流程

具体说明如下。

(1) 申请人和受益人订立合同,约定使用商业跟单信用证付款。

(2) 申请人按照销售合同制作开证申请书,指示开证行按照开证申请书开立信用证。

(3) 开证行开立信用证和要求位于受益人所在国家的银行去通知或保兑信用证。

须特别注意如下。

① 通知信用证给受益人,通知行必须核验信用证的表面真实性。

② 如果通知行不能核验信用证的表面真实性,必须毫不延迟地告知开证行,并在通知信用证中告知受益人:它不能核验该证。

③ 不通知信用证时,通知行必须毫不延迟地告知开证行,不必说明拒绝通知的理由。

④ 如果信用证要求通知行加上保兑(We request you to advise the beneficiary adding your confirmation),通知行愿意加上保兑时就在信用证上注明。

⑤ 如果通知行不愿保兑,必须毫不延迟地通知开证行。

⑥ 《UCP600》第 9 条规定通知信用证指示时,如遇指示不完整或不清楚时,通知行可以对受益人作出仅供参考的预先通知,不负任何责任。

⑦ 通知行可以被信用证规定为指定银行。

⑧ 可转让、不可撤销、自由议付的信用证应在信用证中指定一家银行作为转让行,多

数情况是指定通知行作为转让行。
　　(4) 通知行通知受益人。
　　(5) 受益人审证发货并制作单据。
　　审核的项目一般包括如下几个方面。
　　① 信用证是否属通知行正式通知的有效信用证。
　　② 审核信用证的种类。
　　③ 审核 L/C 是否加具保兑。
　　④ 审核开证申请人和受益人。
　　⑤ 审核信用证的支付货币和金额。
　　⑥ 审核信用证付款期限和有关货物的内容描述。
　　⑦ 审核信用证的到期地点。
　　⑧ 审核装运期、转船、分批装运条款和有效期。
　　⑨ 审核信用证付款方式和提交的单据。
　　⑩ 审核信用证上印就的其他条款和特殊条款。
　　(6) 受益人将要求的单据提交指定银行。
　　受益人交单给被指定银行有以下四项优点。
　　① 有效地点在被指定银行，受益人可以充分利用有效日期，即使在有效日期最后一天交单给被指定银行也不会过期。
　　② 被指定银行寄单给开证行在路途中可能遗失，开证行仍应承担付款责任，不能让受益人承担单据遗失的风险。
　　③ 被指定银行审单发现不符点，受益人就近修改单据很方便。
　　④ 被指定银行审单，如单证相符，向受益人办理各种结算方式使受益人尽早得到资金融通便利。
　　受益人也可直接交单给开证行，但这样存在以下三个缺点。
　　① 开证行必须在有效期内收到单据，为了防止过期，受益人必须提早寄单。
　　② 从受益人所在地寄单给开证行，单据在路途中可能丢失，风险要由受益人承担。
　　③ 开证行审单发现不符点，受益人要去修改单据，很不方便。
　　(7) 指定银行凭信用证按照《审核跟单信用证项下单据的国际标准银行实务》，合理地小心地审单。
　　① 银行审单、寄单。
　　② 银行付款、议付或者承兑。
　　(8) 指定银行寄单给开证行要求开证行偿付。
　　信用证规定的索偿方式一般分为四类：单到付款、主动借记、授权借记和向偿付行索偿。
　　① 单到付款是指议付行向开证行寄单、索偿，开证行审单无误后付款。
　　② 主动借记，是指开证行或其总行在议付行开立账户。信用证规定，议付后可立即借记其账。
　　③ 授权借记是指开证行在议付行虽然开立了账户，但信用证规定，必须在开证行收到正确单据后，再授权议付行借记其账户。
　　④ 向偿付行索偿，是指开证行指定第三家银行为偿付行，偿付行一般是在开证货币的

发行国。

(9) 开证行收到单据，在最多5个银行工作日内审单完毕，确认单证相符后，就向指定银行偿付。如果信用证另有偿付行，开证行不办理偿付，而只接受单据。

(10) 开证行接受单据后，按照它与开证申请人预先订立的偿付协议交单给开证申请人。

(11) 申请人按照预先订立的协议，偿付单据款项给开证行。

(12) 开证申请人把运输单据提交当地承运人或其代理人，以提取货物。

10.2 信用证的主要种类

10.2.1 不可撤销与可撤销信用证

根据开证行对所开出的信用证所负的责任来划分，信用证分为可撤销信用证和不可撤销信用证。根据《UCP600》第3条中的规定，实际业务中的信用证都是不可撤销的，即使未载明"不可撤销"字样。

1. 不可撤销信用证

1) 不可撤销信用证的含义

对于不可撤销信用证而言，在其规定的单据全部提交给指定银行或开证行，符合信用证条款和条件时，即构成开证行确定承诺的责任，必须承付。

具体说来，信用证必须为以下情形之一。

(1) 信用证规定由开证行即期付款、延期付款或承兑。

(2) 信用证规定由指定银行即期付款，但其未付款。

(3) 信用证规定由指定银行延期付款，但其未承诺延期付款，或虽已承诺延期付款，但未在到期日付款。

(4) 信用证规定由指定银行承兑，但其未承兑以其为付款人的汇票，或虽已承兑了汇票，但未在到期日付款。

(5) 信用证规定由指定银行议付，但其未议付。

标准信用证格式的承诺条款是：

We (Issuing Bank) hereby issue the Irrevocable Documentary Credit in your favour. It is subject to the Uniform Customs and Practice for Documentary Credit (2006 Revision International Chamber of Commerce Publication No.600) and engages us in accordance with the terms thereof, and especially in accordance with the terms of Article 7a thereof.

2) 信用证的不可撤销性

不可撤销信用证是指未经开证行、保兑行(如有保兑行的话)和受益人的明确同意，既不能修改，也不能撤销。这就是不可撤销信用证的本质，即信用证的不可撤销性。

《UCP600》秉承了现代信用证法律实践和学术研究的主流意见，规定一旦信用证脱离开证行的控制，即为开立并生效，从而不可撤销地约束开证行，开证行不得单方撤销或修改该证。

《UCP600》第10条a款规定不可撤销信用证如需修改或撤销必须获得开证行、保兑行(如有保兑行的话)和受益人的明确同意，修改书才能生效。

如果保兑行不同意修改，可按照本条 b 款的规定，不将其保兑责任延伸到修改上。

现将修改书对三个当事人的生效时点分述如下。

对开证行而言，自其发出修改书时起修改书即行生效，即对开证行起着约束作用。

对保兑行而言，将其保兑行为扩展至修改书上的内容，并应自其通知修改书时起，修改书即行生效，即对保兑行起着约束作用。

对受益人而言，在他接到修改书后，应作出明确表示接受或拒绝接受修改，这种表示方法如下。

其一，收到修改书后，受益人应提供接受或拒绝接受修改的通知。如表示接受，则修改书生效，对受益人起着约束作用；反之修改不生效。

其二，受益人也可不立即发出接受通知，直到交来单据符合尚待接受的修改书时，该修改书生效，即对受益人起着约束作用。

其三，对于同一修改通知中的修改内容，不允许部分接受，因此部分接受修改内容当属无效。

3) 不可撤销信用证的公开议付和限制议付

(1) 公开议付(Unrestricted Negotiation)。公开议付亦称自由议付。凡公开议付信用证，一般来讲在信用证的议付条款中须注明"公开议付"(Free Negotiation)字样。但有的信用证不载明此字样，而载明"邀请"(Invitation)或"建议"(Order)公开议付条款。开证银行开立的信用证是通过其承诺条款(Undertaking Clause)或称保证条款来表达其公开议付的功能。凡信用证中列有如下承诺条款的，皆为公开议付。

① 本银行(开证银行)向出票人、背书人及正当持票人保证，凡依本信用证所列条款开具的汇票，于提交时承担付款责任。

We (Issuing Bank) hereby engage with the drawers, endorsers and bona - fide holders of draft(s) drawn under and in compliance with the terms of the credit that such draft(s) shall be duly honoured on due presentation and delivery of documents as specified.

② 凡依本信用证条款开具并提示汇票，本银行保证对其出票人、背书人和正当持票人于交单时承兑付款。

Provided such drafts are drawn and presented in accordance with the terms of this credit, we hereby engage with the drawers, endorsers and bona - fide holders that the said drafts shall be duly honoured on presentation.

③ 本信用证项下签发的汇票并符合信用证所列条款，则其出票人、背书人及正当持票人于_____年___月___日以前向议付银行提示议付，开证银行保证于提交单据时付清票款。

We hereby agree with the drawers, endorsers and bona-fide holders of drafts drawn under and in compliance with the terms of this credit that the same shall be duly honoured on due presentation, and negotiated at the Negotiating Bank on or before，_____.

④ 本银行向出票人、背书人及正当持票人表示同意，凡依本信用证所列条款开具的汇票向本银行提示时，到期即予以付清票款。

We hereby agree with the drawers, endorsers and bona - fide holders of drafts drawn in compliance with the terms of the credit that such drafts shall be duly honoured on presentation and paid at maturity.

(2) 限制议付(Restricted Negotiation)。开证银行在信用证中指名由"某某银行"议付者，称限制议付。此时，受益人只能到这家银行议付。

① 以"标题"示其功能。这是以信用证类别和信用证标题表示其功能，如不可撤销(Irrevocable)、跟单(Documentary)和限制议付(Restricted Negotiation)。

② 以"限制议付"条款示其功能。本信用证限通知银行议付。其英文表示为：Negotiation under this Credit is restricted to Advising Bank.

依本信用证签发的汇票限某地名称银行议付。其英文表示为：Draft(s)drawn under this Credit are negotiable through_____Bank_____.

③ 以"正文"条款示其功能。开证银行开立以贵公司为受益人的不可撤销跟单限制议付信用证，并授权贵公司签发汇票，以供议付。其英文表示为：We (The Issuing Bank) hereby issue in your favour this Irrevocable Documentary Restricted Negotiation Credit which is available by negotiation of your draft(s).

④ 以"汇票"条款示其功能。具有不同功能的信用证，要求在汇票正面和汇票背面列有不同的条款。

依不可撤销跟单限制议付信用证所签发的汇票须注明开证银行名称及信用证号码。Draft (s) drawn under Irrevocable Documentary Restricted Negotiation Credit No. _____of Bank.

开具汇票须注明本限定议付信用证的号码和日期。Draft(s) so drawn must be inscribed with the number and dateof this Restricted Negotiation Credit.

⑤ 以"承诺"条款示其功能。不同功能的信用证，开证银行书写不同内容的承诺条款，以求适应和表示其功能。

本银行(开证银行)向贵公司承诺，凡按本限制议付信用证各项条款所签的汇票，到期付款不误。We hereby engage with you that all Draft (s) drawn in conformity with the terms of this Restricted Negotiation Credit will be duly honoured on presentation.

本条款含义是表示开证银行对受益人的承诺，并说明付款银行只能向签发汇票的出票人付款。

2. 可撤销信用证

可撤销信用证是指开证行在开证之后，无须事先征得受益人同意就有权修改条款或者撤销的信用证。这种信用证对于受益人来说缺乏保障。

10.2.2 保兑与不保兑信用证

根据是否有另一家银行对信用证加具保兑，不可撤销信用证又可分为保兑信用证与不保兑信用证。

1. 保兑信用证

1) 保兑信用证的定义和保兑行责任

(1) 保兑信用证(Confirmed Letter of Credit)是指根据开证行的授权和要求，另一家银行(保兑行)对不可撤销信用证加具保兑，只要信用证规定的单据在到期日那天或以前提交至保兑行或指定银行，并与信用证条款和条件相符，则构成保兑行在开证行以外的确定承诺去支付、承兑汇票或议付，从而成为不可撤销的保兑信用证(irrevocable confirmed credit)。

信用证具有保兑功能应载明的条款如下。

① 委请通知银行保兑。

The Advising Bank is restricted from adding their confirmation.

② 本银行(开证银行)授权贵银行(通知银行)对本信用证加以保兑。

We (Issuing Bank) are authorized to add your (Advising Bank's) confirmation.

③ 请通知受益人本信用证由贵银行(通知银行)加以保兑。

Please notify beneficiary and add your (Advising Bank's) confirmation.

④ 兹授权通知银行对第×××号信用证加以保兑。

The Advising bank is authorized to add its confirmation to this credit No.×××

信用证欲实现其保兑功能，必须明确该信用证是不可撤销的，才能保兑。按照《UCP600》的规定，保兑行从对信用证加具保兑之时起就不可撤销地承担承付或议付的责任。

如果开证行授权或要求一银行对信用证加具保兑，其可不予照办，但其必须毫不延误地通知开证行，告知此信用证不加保兑。

(2) 保兑行自对信用证加具保兑之时起，即不可撤销地承担承付或议付的责任如下。

① 承付。如果信用证为以下情形之一，履行承付责任。

a. 信用证规定由保兑行即期付款、延期付款、或承兑。

b. 信用证规定由另一指定银行即期付款，但其未付款。

c. 信用证规定由另一指定银行延期付款，但其未承诺延期付款，或虽已承诺延期付款，但未在到期日付款。

d. 信用证规定由另一指定银行承兑，但其未承兑以其为付款人的汇票，或虽已承兑了汇票，但未在到期日付款；

e. 信用证规定由指定银行议付，但其未议付。

② 无追索权地议付，如果信用证规定由保兑行议付。

2) 保兑的需要和做法

保兑的具体做法如下。

(1) 开证行在给通知行的通知书 Notification 中授权另一家银行(通知行)在信用证上加保。例如：

without adding your confirmation

adding your confirmation

adding your confirmation, if requested by the Beneficiary

(2) 保兑行在信用证上面加列保兑条款和加盖保兑行名称的橡皮章表示它已保兑此证。例如：

This credit is confirmed by us. We hereby added out confirmation to this credit. (此系由我行加保的信用证。我行因此给该信用证加具保兑。)

3) 保兑行责任的开始

从前面引用的《UCP600》第 8 条可以看到，b 款规定，保兑行自对信用证加具保兑之时起即不可撤销地承担承付或议付的责任。

4) 保兑行的议付

当保兑行同时为被指定议付行时,保兑行的责任为议付。

要注意的是,保兑行的议付与其他指定银行的议付有以下两点不同。

(1) 作为保兑行,其必须对相符交单履行议付的义务,而其他指定银行没有必须议付的义务,除非其事先与受益人达成协议。

(2) 保兑行对受益人的议付是没有追索权的,而其他指定银行对受益人的议付须根据是否有汇票,以及该行与客户之间的协议而定。

5) 保兑行对于修改的处理

保兑行将修改通知受益人这一行为本身就被视为它已同意将保兑延展至修改的表示,并自那时起受该修改约束。

保兑行还可以选择不把保兑延展至修改,但却不能不对该修改进行通知,在通知修改时应不延迟地告知开证行和受益人它的保兑并不延展至修改。

6) 单据绕过保兑行

如果受益人交单给指定银行审核相符后再寄单,绕过保兑行,直接寄给开证行,等于是放弃使用保兑行的保证付款机会。

正规的做法是指定银行寄单给保兑行索偿,保兑行审单相符予以偿付再寄单给开证行索偿,开证行审单相符,予以偿付再交单给开证申请人向其索偿。

7) 沉默保兑

沉默保兑的本质是加具沉默保兑的银行向受益人作出承担开证行履约风险的一种保证或约定,在开证行不履约或无法履约时,沉默保兑的银行对受益人予以赔偿。

沉默保兑责任是一种担保或风险承担责任,完全不同于 UCP 中真正保兑的第一性付款责任。

2. 不保兑信用证

不保兑信用证(Irrevocable Unconfirmed Credit)是指未经另一家银行加保的信用证。即便开证行要求另一家银行加保,如果该银行不愿意在信用证上加具保兑,则被通知的信用证仍然只是一份未加保的不可撤销信用证。通知行在给受益人的信用证通知中一般会写上:

This is merely an advice of credit issued by the above mentioned bank which conveys no engagement on the part of this bank. (这是上述银行所开信用证的通知,我行只通知而不加保证。)

不保兑信用证的特点是:只有开证行一家承担确定的付款责任。

1) 构成

开证行的不可撤销跟单信用证被一家通知行予以通知,此时,信用证项下的通知行作为开证行的代理人,除了合理谨慎地核验所通知信用证的表面真实性外,对受益人不承担任何责任。

这种信用证就是不可撤销不保兑的信用证,它与通常的不可撤销信用证内容完全相同。

2) 说明

开证行已在 without adding your confirmation 前面小方格中加上"×"标记,通知行则在信用证上另加面函,上面印有通知或保兑的词句。

通知行在第一个小方格中加上"×"标记,这就成为不可撤销不保兑的信用证。

10.2.3 跟单信用证和光票信用证

根据信用证项下的汇票是否随附单据，可将信用证分为跟单信用证和光票信用证。

1. 跟单信用证

跟单信用证(Documentary L/C)是指凭规定的单据或跟单汇票付款的信用证。国际贸易结算中使用的信用证绝大部分是跟单信用证，受益人应提交的单据一般在信用证中有明确指示。

其业务流程见本章图10.2。

2. 光票信用证

光票信用证(Clean Credit)是不附单据、受益人可以凭证开立收据(或汇票)分批或一次在通知行领取款项的信用证。在贸易上它可以起到预先支取货款的作用，信用证中常见类似文句：Payment in advance against clean draft is allowed. 贸易结算中的预支信用证和非贸易结算中的旅行信用证都是光票信用证。

10.2.4 即期付款信用证

即期付款信用证(Sight Letter of Credit)是开证行或指定银行收到相符交单后应立即付款的一种信用证。

其条款一般为"本信用证可以在开证行(或被指定银行)即期付款兑用有效(THIS CREDIT IS AVAILABLE WITH ISSUING BANK(OR ×××) BY PAYMENT AT SIGHT)"。

这种信用证可以要求汇票，也可以不要求汇票。

实务中，即期付款信用证通常不要求汇票。

1. 即期付款方式的常用套语

(1) 交单地点栏写城市名称，应是被指定银行所在的城市。

(2) with 后面填写开证行自行付款或授权通知行/其他行作为被指定银行付款，这里有限制上述指名银行使用信用证的作用。

(3) by 后面选择 sight payment，表明信用证使用方式。

(4) 可要求汇票或不要求汇票，如要求汇票在 and 前面的□中加"×"标记。

(5) 汇票期限是 at sight。

(6) 付款人/受票人是指定付款行。

2. 直接付款信用证

直接付款信用证(Straight Credit)是开证行作为即期付款行，要求受益人直接寄单给开证行，审单相符立即付款。这种信用证只有两个当事人，即开证行和受益人，没有指定银行。

1) 定义

在不可撤销直接付款信用证项下，开证行的义务扩展至受益人，以支付汇票/单据。通常在开证行所在地到期，这种跟单信用证没有传送开证行的许诺和义务给除指名受益人以外的其他任何人。

2) 说明

银行和其他金融机构可以选择购买受益人的汇票/单据。然而，凭这样的信用证购买受益人的汇票/单据并没有得到向开证行索偿的权利，汇票/单据的购买人只有权利代表受益人提交汇票/单据。

这种信用证的开证行的责任通常表示在信用证中：

Credit available by payment with the Issuing Bank and expiring for presentation of documents at the office of the Issuing Bank.

3. 指定付款行的即期付款信用证

指定付款行付给受益人票面上的金额，不能从中扣收利息，而指定付款行向开证行索偿时，要看开证行账户设立情况来确定能否立即偿付或索偿后数日再行偿付。

开证行未在指定银行设立账户的情况很多，此时，指定付款行的索偿路线有两种。

(1) 采用电讯传递向偿付行即期索偿。按照《银行间偿付统一规则URR525》(即《ICC 525》)规定，应给予偿付行3个银行工作日处理索偿和偿付，所以偿付行要在收到索偿要求翌日起算的第3个工作日偿付。

(2) 向开证行即期索偿，允许指定付款行发电索偿。

指定付款行对于上述两种索偿路线采用在预计收到偿付的日期向受益人付款，也就是指定付款行向偿付行或开证行发电3天后向受益人付款。

10.2.5 延期付款信用证

开证行或指定银行按信用证规定在收到相符单据若干天后再付款的信用证称为延期付款信用证。此类信用证不要求汇票，否则就是承兑或远期议付信用证了。

1. 延期付款方式的常用套语

常用套语的要点如下。

(1) 交单地点栏写城市名称，应是被指定银行所在的城市。

(2) with 后面填写开证行自行付款，或授权通知行/其他行作为被指定银行，这里有限制上述指定银行使用信用证的作用。

(3) by 后面填写确定的付款到期日，如 60 days after B/L date，使其成为完整的信用证使用方式。延期付款方式需要一并表示如何确定付款到期日，通常是：

① 提单日或装运日后若干天延期付款(deferred payment at ×× days after the date of B/L or shipment)。

② 交单后若干天延期付款(deferred payment at ×× days after presentation of documents)。

③ 固定在将来某日期延期付款[deferred payment on (a future date) fixed]。

(4) 一律不要求汇票时，在 and 前面的□空着。

根据 ICC 516 的规定，如果客户坚持需要汇票，银行将要求在延期付款到期日提示即期汇票。不要汇票是为了避免政府征收汇票印花税，但也因此失去票据法律的保护。

2. 延期付款可以贴现融资

延期、承兑、议付这三种使用方式都有远期付款情况，在《UCP600》时代以延期付款信用证隐含欺诈风险为最大。受益人把交单后的延期收款视为信用证项下应得的款项，引用《UCP600》第49条让渡给指定银行，以获取融资。

《UCP600》并没有明确开证行对指定银行的授权包括允许指定银行提前付款的授权，导致指定银行要自行承担提前付款带来的风险。

为了适应国际贸易和银行实务发展的需要，ICC 在《UCP600》中新增了对延期付款信用证的融资许可。第 12 条 b 款的所谓"融资许可"条款明确规定：当开证行授权某银行作出延期付款承诺时，也即授权该指定银行预付或购买其已作出的延期付款承诺。这就表明了开证行应该偿付指定银行作出的该条融资，把它当作一个国际惯例提供给世界各国银行遵循和其他各界正确参考。

另外，开证行有责任必须偿付指定银行，这已在《UCP600》第 7 条 c 款中作出明确规定："开证行有偿付指定银行的责任独立于开证行对受益人的责任。"

10.2.6 议付信用证

议付信用证(Negotiation Credit)是指允许受益人向某一指定银行或任何银行交单议付的信用证。

议付信用证下开证行的承诺扩展至第三当事人即议付行，它议付或购买受益人在信用证下交来的汇票和单据，确信任何议付行被授权议付汇票、单据，而这些汇票、单据将被开证行正当付款，只要它们与信用证条款相符。一家银行有效地议付汇票、单据，从受益人那里购买以后，就成为正当持票人(holder in due course)。

按是否限定议付银行分为限制议付信用证和自由议付信用证两种。当信用证规定在某一家具体的指定银行办理议付时称为限制议付信用证，当信用证允许某个国家或某个城市内的任何银行办理议付时称为自由议付。

1. 议付

《UCP600》第 2 条对于议付的解释是，指定银行在相符交单下，在它应获得偿付的那天或以前向受益人预付并购买汇票及/或单据的行为。

即期议付是指议付信用证规定受益人开立以开证行作为付款人的即期汇票，议付行审单无误后，垫付资金，扣去垫款利息。

远期议付是指议付信用证规定受益人开立以开证行作为付款人的(见票后)/(提单日期后)若干天付款的远期汇票，议付行将相符单据寄至开证行，在接到它电告承兑汇票时，即可垫付资金。

议付信用证可以规定要求开立汇票，也可以规定不要求汇票。

议付有追索权，除非议付银行同时是保兑行，或除非信用证规定由开证行办理，否则议付信用证应授权一家银行议付。

2. 限制议付方式的常用套语

限制议付信用证一般是只准许被指定银行议付的信用证。

常用套语的要点如下。

(1) 交单地点栏写城市名称，应是被指定银行所在城市。

(2) with 后面填写授权通知行/其他行作为被指定银行，这里有限制上述指定银行使用信用证的作用。开证行不能自行议付，只能授权其他行议付，开证行的责任是向提交汇票及/或单据的出票人及/或善意持票人履行无追索权的付款。

(3) by 后面填写 negotiation。

(4) 即期议付信用证要求汇票时在 and 前面的□加"×"标记，也可不要求汇票，则不在□中加"×"标记，即凭单据议付。远期议付信用证必须要求汇票，在 and 前面的□中加"×"标记。

(5) 在 at 后面，凡是即期议付信用证要求汇票时在 sight 前加虚线，如 at---- sight；凡是远期议付信用证，填写×× days，如 at 30 days sight。

(6) 汇票受票人是开证行。如果是不可撤销保兑的信用证，汇票受票人是开证行或保兑行，这时的保兑行必须是与指定议付行分离的两家银行。

3. 议付信用证与汇票

议付信用证可以要求提交汇票，也可以不要求提交汇票。

(1) 要求提交汇票。通过对跟单汇票的提前付款(买入)，被指定议付行不仅成为一家合格的议付行，同时还成为《票据法》上的正当持票人，取得票据法赋予持票人的两种权利——对开证行的付款请求权和对受益人的追索权。即使在开证行尚未承兑的情况下，汇票的主债务人不是开证行而是受益人，但由于信用证关系，提交相符单据时开证行承担绝对的向被指定议付行(正当持票人)付款的责任，使得票据关系和信用证关系并存。

(2) 不要求提交汇票。如果议付信用证未要求提交汇票，那么被指定议付行议付的将是单据。被指定议付行在开证行的授权/允许/邀请下向受益人善意地付出对价，将有权获得开证行的偿付。但因为没有汇票，被指定议付行将无法享有票据法对正当持票人赋予的向受益人追索的权利。

4. 正当持票人

根据英国《票据法》第 29 条规定，一个当事人，他是转让汇票的受让人，他不知道转让人的权利有何缺陷，支付对价，善意地取得汇票，就成为正当持票人。第 38 条规定正当持票人所持有的汇票不受前手当事人任何权利缺陷(例如跟单汇票项下伪造单据事后发现)的影响。

根据《ICC515》的解释，一家银行从受益人那里购买汇票/单据以后，它就成为正当持票人，不管汇票是否背书转让。

5. 议付单据的银行

国际商会第 516 号出版物《标准跟单信用证格式》明确要求任何一张信用证均必须注明指定包括开证行本身在内的一家银行承担相应的责任，即信用证需指定在某银行即期付款或承兑或议付或延期付款。

ICC535 案例 17 说道：信用证指定了议付行，则该行将议付受益人交来的单据并向开证行寄单索偿。如果第三家银行议付受益人的单据，而该行的行为没有得到开证行的授权，则无权获得开证行的偿付。

作为指定银行，履行了付款、延期付款、承兑或议付的责任，视为受开证行的委托代其付款，开证行是保证偿付的。

根据国际惯例，只要单据正常，非指定银行可以按照信用证条款寄单索汇，但需要特别注意的是这里说的是提示而非议付。

6. 自由议付信用证

自由议付信用证是指任何银行均可议付的信用证。

自由议付方式的常用套语如：

(1) 交单地点栏填写在出口国家，如 in China，交单地点范围从城市扩大到国家。

(2) with 后面填写在出口国家的任何银行，如 any bank in China。

(3) by 后面选择 negotiation。

(4) 与"限制议付方式常用套语"的(4)相同。

(5) 与"限制议付方式常用套语"的(5)相同。

(6) 汇票受票人是开证行。

10.2.7 可转让信用证

可转让信用证(Transferable Letter of Credit)是指信用证的受益人(第一受益人)可以要求信用证中特别授权的转让银行，将该信用证全部或部分转让给一个或数个受益人(第二受益人)使用的信用证。

根据《UCP600》第 38 条的规定，可转让信用证是指特别注明"可转让"(transferable)字样的信用证。可转让信用证是指该信用证的受益人(第一受益人)可以请求授权付款、承担延期付款责任、承兑或议付的银行(转让行)，或如果是自由议付信用证时，可以要求信用证特别授权的转让行，将信用证全部或部分转让给一个或数个受益人(第二受益人)使用的信用证。凡可转让信用证必须载明以下文句，以表示其可以转让：

"This credit is transferable."(本信用证可以转让)

"Transferable to be allowed."(本信用证允许转让)

1. 可转让信用证的运作程序(见图 10.3)

1) 申请开证

(1) 可转让信用证的正确名称是 Irrevocable Transferable Documentary Credit。

(2) 并非任何银行都可以办理信用证的转让，转让银行必须是信用证中的被指定的银行，或者在自由议付信用证下开证行特别授权的银行。

与《UCP500》相比，《UCP600》在第 38 条中加了一句"开证行也可以担任转让行"。开证行转让自身开立的可转让信用证可减少另一行转让的环节，第二受益人可以直接向开证行交单。

2) 传递原始信用证

开出的原始可转让信用证，必须传递给通知行，而不是传递给指定银行。

3) 通知信用证

即银行对收到的信用证通知给受益人。

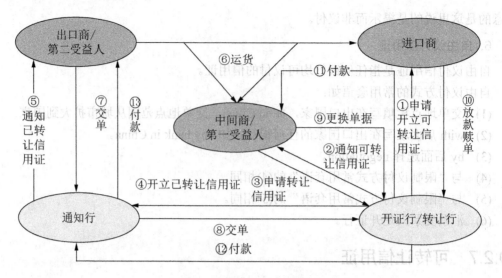

图 10.3　可转让信用证的流程

4）请求转让信用证

(1) 转让行必须同意转让范围和转让方式，并应收取第一受益人交纳的转让费。《UCP600》第 38 条 c 款规定有关转让的所有费用须由第一受益人支付。

(2) ICC 632 R375　案例 1 指出，转让行的责任是将原始信用证内容和第一受益人提供的转让申请书内容转换至转让信用证正文中。

其中，转让申请书包括以下两个主要内容：①是否变更信用证条款。②根据《UCP600》第 38 条 e 款规定，任何转让要求须说明是否允许及在何条件下允许将修改通知第二受益人，已转让信用证须明确说明该项条件。

关于修改通知受让人的权利有以下三种情形：①保留修改权利。②部分放弃修改权利。③放弃修改权利。

部分转让(partial transfer)和全部转让与信用证是否允许分批装运有关联。

所谓全部或部分，指的是信用证的金额。转让行往往在自己的转让面函中或信用证的特殊条款中加以说明。

5）通知转让信用证

转让行按照原始信用证和转让申请书列出变动条款转换至转让信用证，然后通知给第二受益人。

6）交单

第二受益人在以下两种转让信用证的情况下交单。①不变更条款的转让信用证，不要求第一受益人调换发票，没有赚取差价。②变更条款的转让信用证要求第一受益人调换发票赚取差价利润。具体变更内容如图 10.4 所示。

7）换单、寄单、索款

银行审核并通知第一受益人替换单据，然后将单据寄往国外开证行或指定行进行索汇。

8）付款

开证行付款给转让行，转让行收到后将第二受益人的发票金额付给第二受益人，将调换发票以后的差价利润付给第一受益人。

信用证 第10章

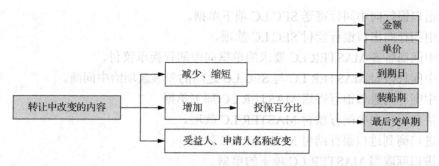

图 10.4　可转让信用证的变更内容

10.2.8　背对背信用证

背对背信用证(Back-to-Back Letter of Credit)是适应中间商经营进出口业务的需要而产生的一种信用证。

1. 含义

由于进口商开立的信用证是不可转让的，因此受益人以该证(母证，Original Credit or Master Credit)作保证，要求该证的通知行或其他银行在该证的基础上开立一张以本地的或第三国的实际供货商为受益人的新证(子证或第二信用证，Secondary Credit)。这张另开的新证就是背对背信用证。新证开立后，原证仍有效，由新证开证行代原受益人(中间商)保管。

2. 背对背信用证的运作程序

(1) 进口商与中间商签订买卖合同。
(2) 中间商与出口商也签订相应的买卖合同。
(3) 进口商在进口银行开立以中间商为最初或第一受益人(Primary or First Beneficiary)的信用证(此证为 MASTER LC)。
(4) 进口银行开出 MASTER LC 到中间行。
(5) 中间行将此 MASTER LC 通知给中间商。
(6) 中间商在中间行凭 MASTER LC 申请开立背对背信用证。

背对背信用证条款与原证基本相同，但变动如下：第一受益人为新证开证申请人；以实际供货商为受益人；开证行是原证的通知行或其他出口地银行；信用证金额及单价比原证小，差额为中间商利润；装期与效期提前，交单期缩短。

(7) 中间行向出口银行开出背对背信用证(第二信用证，SEC LC)。
(8) 出口银行通知背对背信用证给出口商。
(9) 出口商按背对背信用证的要求洽订舱位。
(10) 出口商出货。
(11) 出口商到海关办理出口通关事宜。
(12) 出口商装船出口。
(13) 出口商到船公司领取提单。
(14) 出口商备齐 SEC LC 要求的单据向出口银行交单议付。
(15) 出口银行向出口商垫付 SEC LC 议付款项。

(16) 出口银行向中间行寄送 SEC LC 项下单据。

(17) 中间行向出口银行偿付 SEC LC 款项。

(18) 中间商备齐 MASTER LC 要求的单据向中间行换单议付。

(19) 中间行拨付 MASTER LC 与 SEC LC 之间的差额款项给中间商。

(20) 中间行向进口银行寄送 MASTER LC 项下单据。

(21) 进口银行向中间行偿付 MASTER LC 款项。

(22) 进口商到进口银行结付 MASTER LC 款项。

(23) 进口商取得 MASTER LC 项下的单据。

(24) 进口商到船公司送交提单。

(25) 进口商从船公司处换取提货单(Delivery Order-D/O)。

(26) 进口商到海关办理进口通关事宜。

(27) 进口商到指定地点提取货物。

10.2.9 对开信用证

1. 定义

对开信用证(Reciprocal Credit)是指买卖双方各自开立的以对方为受益人的信用证。在对等贸易中，交易双方互为买卖双方，双方各为自己的进口部分互为对方开立信用证，这两张互开的信用证便是对开信用证。

对开信用证中，第一份信用证的开证申请人就是第二份信用证的受益人；反之，第二份信用证的开证申请人就是第一份信用证的受益人。第二份信用证也被称作回头证。第一份信用证的通知行一般就是第二份信用证的开证行。

在第一份信用证开立时，应列有下列文句的条款，以示其功能：本信用证待××银行开具对开信用证后生效，对开信用证以××为受益人，金额为×××，货物由××运至××。本信用证的生效将由××银行用电传通知受益人。

This credit shall not be available unless and until the reciprocal credit is established by ×× Bank in favour of ×× for a sum of ×× covering shipment from ×× to ××. This reciprocal credit in effect shall be advised by telex from ×× Bank to Beneficiary.

2. 特点

(1) 第一张信用证的受益人就是第二张信用证的申请人。

(2) 第一张信用证的通知行就是第二张信用证的开证行，后开的证称为回证，与第一证金额大致相等。

(3) 两证可以分别生效，即先开证先生效，也可以同时生效。

其中：①同时生效。第一张信用证开立后暂不生效，待对方开来回证，经受益人同意后，再通知对方银行生效，即两证同时生效。②分别生效。各证开立后立即生效。

一般对开信用证在易货贸易、补偿贸易、来料加工、来件装配业务中使用居多。

3. 对开信用证的程序

对开信用证的程序如图 10.5 所示。

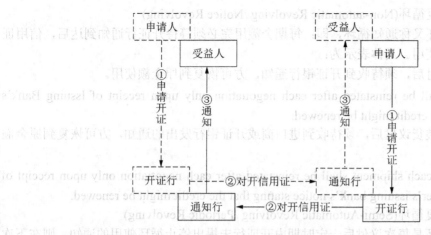

图 10.5　对开信用证的程序

10.2.10　循环信用证

1. 定义

信用证的部分或全部金额被使用后可以恢复到原金额再被利用的信用证称为循环信用证(Revolving Credit)。

循环信用证分为两种，一种是按时间循环使用的信用证，另一种是按金额循环使用的信用证。

不论是按时间循环还是按金额循环，凡是上次未用完的信用证余额，可以移到下一次一并使用的称为积累循环信用证(Cumulative Revolving Credit)。凡是上次未用完的信用证余额不能移到下一次一并使用的称为非积累循环信用证(Non-cumulative Revolving Credit)。信用证未表明是否可积累时，则是不可积累的。

按时间循环的信用证是指受益人在一定的时间内(如一个月)可议付信用证规定的一定金额，议付后，在以后一定时间内(如下一个月)又恢复至原金额仍可议付使用，在若干个月内循环使用，直至该证规定的总金额用完为止。

按金额循环的信用证是指受益人按照该证规定的一定金额进行议付后，该证仍恢复到原金额，可供再行议付使用，直至该证规定的总金额用完为止。

2. 循环按恢复方式分类

当用完信用证规定的每期金额再恢复到原金额循环使用时,其具体的恢复方式有以下三种。

1) 自动恢复循环(Automatic Revolving)

自动恢复循环是受益人按规定的时间或时间间隔装运货物议付后，不必等待开证行通知，即可自动恢复到原金额使用。具体表示为：

本信用证项下总金额于每次议付后自动循环。

The total amount of this credit shall be restored automatically after date of negotiation.

本信用证项下支付金额，于每次议付后自动循环，直至用完金额____美元为止。

The amounts paid under this credit are again available to you automatically until the total of the payments reaches USD____.

2) 非自动恢复循环(Non-automatic Revolving /Notice Revolving)

非自动恢复循环又称通知循环，即：每期金额用完必须等待开证行通知到达后，信用证才能恢复到原金额使用。具体表示为：

于每次装货议付后，须待收到开证银行通知，方可恢复到原金额使用。

The amount shall be reinstated after each negotiation only upon receipt of Issuing Bank's notice stating that the credit might be renewed.

受益人于每次装货议付后，须待收到进口商或开证银行发出的通知，方可恢复到原金额使用。

The amount of each shipment shall be reinstated after each negotiation only upon receipt of credit-writing importer's issuing bank's notice stating that the credit might be renewed.

3) 半自动恢复循环(Semi-Automatic Revolving /Periodic Revolving)

半自动恢复循环是每次议付后一定时期内开证行未提出停止循环使用的通知，则在下次时期开始起，就可自动恢复到原金额使用。具体表示为：

每次议付后于七天之内，议付银行未接到停止循环的通知时，本信用证项下尚未用完的余额，可积累于原金额中使用。

Should the Negotiating Bank not be advised of stopping renewal within seven (7) days after each negotiation, the unused balance of this credit shall be increased to the original amount.

3. 循环信用证按"金额"循环分类

1) 积累循环(Cumulative Revolving)

积累循环是指上期未使用的余额可转入下期使用。具体表示为：

每三(3)个日历月积累循环一次，由20__年3月15日，从达成第一笔交易之日起至____年12月15日循环终止。

Per three (3) calender month cumulative commencing with 15th March____, revolving on the first business day of each successive month and ending with 15th December____.

2) 非积累循环(Non-Cumulative Revolving)

它是指本期尚未使用的余额，不能转入下期使用。不能转入下期使用的尚未使用的余额视为过期、放弃和作废的金额处理，故称非积累循环。具体表示为：

每批货物所支付的金额，尚未满额时不得积累使用。

The unused balance of each shipment is not cumulative to the following shipment.

4. 用途

在进出口买卖双方订立长期合同，分批交货，而且货物比较大宗、单一的情况下，进口方为了节省开证费用，简化开证手续，即可开立循环信用证。

10.3 信用证出口押汇

10.3.1 信用证出口押汇的定义

信用证出口押汇(Negotiations under Guauntee)是指出口商在收到信用证的情况下，因资金短缺，在货物装船发货后，将信用证要求的有关全套单据交到银行，要求银行立即按照信用证的金额进行付款，使出口商能够得到短期的资金周转。

10.3.2 出口押汇种类

1. 信用证单据的押汇

这是出口商根据信用证的要求，将信用证上面所列的各种单据和信用证交给银行进行短期借款，实际上就是将信用证的单据抵押给银行。

2. 远期信用证承兑的押汇

这是出口商的远期信用证业务，得到开证银行承兑通知，出口商利用远期信用证的承兑通知，向银行申请短期借款。

3. 远期银行承兑汇票的贴现

这是用远期银行承兑汇票作为抵押品的短期借款。出口商拿到了一张远期银行汇票，这张汇票已经被银行承兑了，但还没有到期，出口商可以拿着这张汇票抵押给银行进行借款。

10.3.3 信用证出口押汇的操作规程

1. 向银行提供外汇押汇借款申请书

申请书内容包括企业基本情况的介绍、企业的财务状况、申请的金额和申请的期限。

2. 向银行提供有关的资料

(1) 企业的营业执照副本。
(2) 外贸合同或代理协议。
(3) 企业近三年年度财务报表及最近一期的财务报表。
(4) 银行的出口议付(押汇)申请书。
(5) 银行的出口押汇协议书。
(6) 信用证正本及信用证修改的正本。
(7) 信用证(包括信用证修改)要求的全套单据。

3. 信用证出口押汇的金额

(1) 押汇金额最高为汇票金额的90%，一般采用预扣利息方式，即押汇金额-押汇利息。
(2) 即期信用证的押汇利息=(押汇金额×押汇利率×押汇天数)/360天。
(3) 远期信用证押汇利息=(押汇金额×押汇利率×押汇天数)×(承兑付款日-押汇起息日)/360天。

4. 押汇期限

(1) 即期信用证押汇期限根据各个国家的不同而不同，一般情况下的国家期限如下。

15天：日本、韩国、港澳、新加坡、马来西亚。
20天：欧洲、美国、加拿大、澳大利亚、新西兰。
25天：西亚各国、中南美洲、非洲。
30天：其他国家或地区。

(2) 远期信用证承兑后押汇的期限为押汇起息日起至承兑付款日。

5. 议付款的回收和贷款的归还

如果议付款的收回，归还押汇金额后还有余额时，银行将会将余额转入企业的有关账户中。如果银行实际收到议付款的时间长于押汇的时间，这段时间的利息银行将会向企业追收。

6. 以下情况，在银行办理出口押汇将会受到限制

(1) 信用证不在同一家银行通知、付款(或承兑)和议付。因此企业最好选择同一家银行进行通知付款(或承兑)和议付。

(2) 信用证为可撤销(或可转让)。因此企业不能要求开出此类型信用证。

(3) 信用证已用于抵押。抵押包括打包放款。

(4) 申请押汇期限超过90天。因此企业要求对方开出远期信用证要低于90天。

(5) 信用证为付款信用证。因此企业不能要求开出此类信用证。

(6) 信用证项下的单据有不符点。企业一定要按照信用证的各项条款的要求制作单据。

(7) 信用证的有效地点在国外。因此信用证的有效地点要求在中国。

(8) 信用证交单期离有效期很近。因此一方面要求信用证的有效期长一点，另一方面企业制作单据时应抓紧时间做好。

(9) 远期信用证已经寄出单据，但还没有被承兑。因此远期信用证承兑后才能到银行办理出口押汇。

(10) 开证银行的信誉不佳。因此信用证开证时应选择一些大的银行进行开证。

(11) 开证银行国家的政局不稳定、外汇管制较严、资信等级较低、战争多发地、开证银行处于经营危机。因此信用证开证时也要考虑该国的国家形势。

小　　结

本章主要从信用证的基础知识，包括信用证的概念，信用证的业务流程，信用证的种类等方面入手，并进一步介绍了《UCP600》下信用证实务，信用证的融资和信用证的风险。其中，重点问题包括信用证的定义，信用证的流程，《UCP600》下信用证实务和信用证融资。本章的难点在于对信用证的流程和各类信用证的了解。

复习思考题

1. 名词解释

(1) 信用证

(2) 通知行

(3) 议付行

(4) 开证行

(5) 可撤销信用证

(6) 承兑信用证

(7) 预付信用证

(8) 备用信用证

2. 问答题

(1) 简述信开信用证的内容。
(2) 简述信用证的程序。
(3) 说明信用证的当事人。
(4) 如何防范信用证风险?

案例及热点问题分析

扫一扫,阅读案例并回答问题。

课后阅读材料

课后阅读 10-1　信用证领域国际惯例《UCP600》中的几点变化

(扫一扫,跟踪学习信用证领域国际惯例《UCP600》中的几点变化。)

课后阅读 10-2　中国银行的进口信用证业务

(扫一扫,一起来了解一下中国银行的进口信用证业务吧!)

第 11 章 银行保函

【内容提要】

国际贸易中,跟单信用证为买方向卖方提供了银行信用作为付款保证,但不适用于需要为卖方向买方作担保的场合,也不适用于国际经济合作中货物买卖以外的其他各种交易方式。然而在国际经济交易中,合同当事人为了维护自己的经济利益,往往需要对可能发生的风险采取相应的保障措施,银行保函和备用信用证就是以银行信用的形式所提供的保障措施。

本章主要介绍以下问题。
(1) 银行保函的含义。
(2) 银行保函的作用。
(3) 银行保函的内容、种类。
(4) 银行保函与信用证的区别。
(5) 银行保函当事人的责任。
(6) 银行保函的实务操作。

11.1 银行保函概述

银行保函源于最初的口头信誉担保,在商品经济不发达、法制不健全的情况下,商品交易中采用第三者担保具有手续简便、降低成本和易于操作管理的优点。

国际商会第 758 号出版物,《见索即付保函统一规则》(简称《URDG758》)是国际商会在《URDG458》的基础上,借鉴近年来保函及相关业务实践发展经验,引入全新的术语体系修订的,2009 年 12 月 3 日公布,于 2010 年 7 月 1 日正式实施。《见索即付保函统一规则》适用于任何明确表明适用本规则的见索即付保函或反担保函。除非见索即付保函或反担保函对本规则的内容进行了修改或排除,本规则对见索即付保函或反担保函的所有当事人均具约束力。

11.1.1 银行保函的含义及特点

1. 银行保函的含义

银行保函(Letter of Guarantee，L/G)又称银行保证书，它是商业银行作为担保人，应申请人的要求向受益人开出的担保申请人正常履行合同义务的书面保证。它是银行按条件承担一定经济责任的契约文件。当申请人未能履行其所承诺的义务时，银行负有向受益人赔偿经济损失的责任。

银行保函的功能，其一是保证合同项下的价款支付；其二是保证在违约情况发生时，受害方可以得到合理的补偿。

按索偿条件，银行保函可分为独立保函(Independent Guarantee)和从属保函(Accessory Guarantee)。

独立保函是根据基础合同开出的，但不依附于基础合同而存在的具有独立法律效力的法律担保文件。担保银行承担第一性的付款责任，即不管委托人是否同意均应付款；不调查基础合同履行的事实，担保银行均应付款。

从属保函是基础合同的一个附属性契约，其法律效力随合同的存在而存在。担保银行承担第二性的付款责任，即担保银行的偿付责任从属于或依赖于委托人在基础业务合同下的责任义务，只有委托人违约时，担保行才负责赔偿。

2. 银行保函的特点

(1) 以银行信用作为保证，易于被客户接受，即：银行保函本质上是以促使申请人履行合同为目的的银行信用。

(2) 保函是依据商务合同开出的，但又不依附于商务合同，是具有独立法律效力的法律文件。当受益人在保函项下合理索赔时，担保行就必须承担付款责任，而不论申请人是否同意付款，也不管合同履行的实际事实。即保函是独立的承诺，并且基本上是单证化的交易业务。

(3) 银行开出保函主要以自身的信用向受益人保证申请人履行合同的责任和义务，只有在申请人违约或受益人具备索偿条件时才能依据保函要求赔偿，主要目的在于担保而不是付款。

(4) 通常保函上会有自动展期条款，即保函在到期时自动续期一年之类的字句，令业务方便操作和减省成本。

(5) 保函一旦开立，即不可撤销，即使保函中并未声明其不可撤销。

11.1.2 银行保函的当事人及关系

1. 当事人

(1) 申请人(Principal)也称委托人，是指向开出保函的银行申请开立保函的合同当事人。

(2) 受益人(Beneficiary)，是指有权依据保函条款向开出该保函的银行提出索偿的当事人。

(3) 担保行(Guarantor Bank)也称担保人，就是接受申请人委托开出保函的银行，其通过保函向受益人承诺在提交相符索赔的情况下付款，然后向申请人提出索偿。

除以上三方基本当事人外，还包括其他当事人。

(1) 通知行(Advising Bank)，是指受担保银行的委托将保函通知给受益人和银行的当事人。

(2) 反担保行(Counter Guarantor)，是指为申请人向担保人开具书面反担保的人。

(3) 转开行(Reissuing Guarantor)，是指在担保人的保证下，按担保人的要求，向受益人开立保函的银行。

(4) 保兑行(Confirming Bank)，是指对保函加具保兑的银行，保证担保人按规定履行赔偿义务。

2. 当事人之间的关系

银行保函各当事人之间的关系如图 11.1 所示。

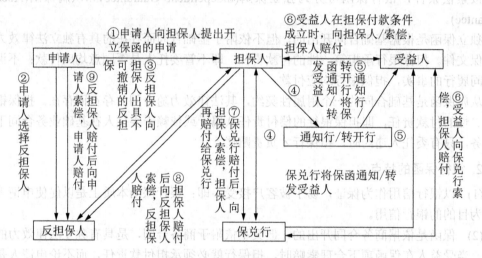

图 11.1　银行保函当事人的关系

11.1.3　银行保函当事人责任和权利

1. 委托人的责任

(1) 在担保行按照保函规定向受益人付款后，委托人须立即偿还担保行垫付的款项。

(2) 负担保函项下一切费用及利息。

(3) 如果担保人认为有需要，应预支部分或全部押金。

2. 担保人的责任、权利

(1) 已经接受开立保函申请书，就有责任按照申请书开出保函。

(2) 已经开出保函，就有责任按照保函承诺条件，对受益人付款。

(3) 如果委托人不能立即偿还担保行已付款项，则担保行有权行使担保权利，并就不足部分进行追偿。

3. 受益人的权利

受益人按照保函规定，提交相符的索款声明，或连同有关单据，有权向担保行索偿，并获得付款。

11.1.4 银行保函的开立方式

1. 直开法

直开法即担保银行应申请人的要求直接将保函开给受益人，或仅通过通知行将保函通知给受益人，这也是保函开立中最简单最直接的方法(见图 11.2)。

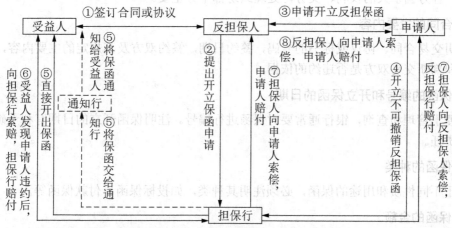

注：如果不涉及反担保人和通知行，则虚线框中的步骤省略

图 11.2 银行保函直开法

2. 转开法

转开法是申请人所在地的银行(指示行)以提供反担保的形式委托国外受益人所在地的银行(即转开行)所出具的保函，并由后者承担付款责任(见图 11.3)。

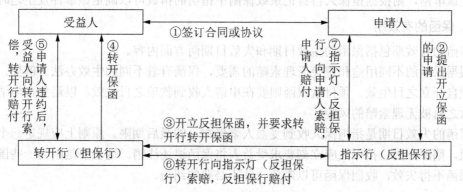

图 11.3 银行保函转开法

11.1.5 银行保函的内容

银行保函虽然种类繁多，用途不一，但目前各国银行开出的保函已逐渐形成了一个较为统一、完整的格式，其基本要素是相同的，归纳起来主要有以下几个方面。

1. 各方当事人的名称和地址

保函应写明各方尤其是担保人的完整名称和详细地址，因为《合约保函统一惯例》明确规定"担保书受担保人营业地所在国的法律约束，如果担保人有几个营业地，则受担保人签发担保书的那个营业地所在国的法律约束"。而各国法律差异很大，因此，明确当事人各方尤其是担保人的全称和地址，不仅可以保证保函的完整、真实，而且对于明确保函的有关法律问题，各方当事人的权利、义务，处理纠纷都十分重要。

2. 合同的主要内容

写明交易合同、协议或标书的号码，签约日期，签约双方及其规定的主要内容，作为确定合同和判断交易双方是否违约的依据。

3. 保函的编号和开立保函的日期

为便于管理和查询，银行通常要对保函进行编号。注明保函开立的日期有利于确定担保银行的责任。

4. 保函的种类

对于不同性质和用途的保函，必须注明其种类，如投标保函、付款保函等。

5. 保函的金额

它是担保责任的最高限额，通常也是受益人的最高索偿金额。保函的金额可以是具体的金额，也可以用交易合同金额的一定百分比来表示，一般要写明货币种类。金额的大小写要完整、一致。

保函金额可以约定在特定日期或发生特定事件时根据保函有关条款减少或增加。所谓特定事件是：当保函中规定的表明该事件发生的单据向担保人提交之时，或者如果保函中没有规定该单据，则根据担保人自身记录或保函中指明的指数可以确定该事件发生之时。

6. 保函的有效期

保函的有效期包括保函的生效日期和失效日期两方面内容。

根据保函的不同用途和避免无理索赔的需要，保函有着不同的生效办法。例如，投标保函一般自开立之日生效。预付款保函则要在申请人收到款项之日生效，以避免在申请人收到预付款之前被无理索赔的风险。

保函的失效日期是指担保人收到受益人索偿文件的最后期限。原则上应规定一个明确时间期限，期限一到，担保人应立刻要求受益人将保函退还注销。这主要是因为一些国家法律规定保函不得失效，收回保函可以避免一些不必要的纠纷。

7. 当事人的权利、义务

保函应明确申请人、受益人、担保人及涉及的其他各当事人的责任和权利，如规定担保人在受益人证明申请人违约、提出索偿时，有责任支付受益人的合理索赔，并且有权向申请人或反担保人索偿等。

8. 索偿条件

索偿条件即判断是否违约和凭以索偿的证明，对此有几种不同的意见。

1) 以担保人的调查意见作为是否付款的依据

这种意见认为当索偿提出时，应由担保人对违约事实进行调查，以调查意见作为判断是否违约、是否付款的条件。这种做法固然有利于担保人，但也易使其卷入无谓的合同纠纷中。

2) 凭申请人的违约证明付款

认为索偿条件不必与事实相联系，仅须凭申请人签发承认违约的证明作为索偿条件。这种做法对受益人非常不利，往往难以为其所接受。

凭受益人提交的符合保函规定的单据或证明文件付款认为索偿条件不必与事实相联系，但必须由受益人在有效期内提交保函规定的单据或书面文件，证明申请人违约，且申请人提不出相反证据时，即可认定所规定的付款条件已经具备，索赔有效。

目前的保函多数采用第三种意见为索偿条件。

3) 保函的转让

在实际业务中，保函一般是不可转让的，因为保函转让后，担保人的责任将会复杂化，风险将加大。因此，银行在开立保函时，都尽量避免转让条款，而采用其他措施加以协调。若申请人因交易需要坚持要开立可转让保函，担保人则需在保函上写明受让人，规定不得以无记名方式自由转让，且应注明由申请人承担转让风险，并及时将转让情况通知担保人。

4) 反担保条款

反担保(Counter Guarantee)是指由反担保人应申请人的要求向担保人开立书面反担保文件，承诺当担保人在申请人违约后作出赔偿，且申请人不能向担保人提供补偿时，由反担保人提供补偿，并赔偿担保人的一切损失。

在国际业务中，由于对外国银行不了解、不信任，以及各国法律差异较大，受益人往往只接受本国银行开立的保函，因而申请人只能委托其往来银行先在受益人当地代理行开立反担保，由该代理行再向受益人开立保函，这是一种适用较为普遍的反担保形式，在开立保函时应写明反担保人名称、地址、权利、责任以及反担保索偿条件、金额等要素。

9. 其他条款

其他条款包括与保函有关的保兑、修改、撤销及仲裁等内容。

11.1.6　银行保函的种类

银行保函按其应用范围可分为出口类保函、进口类保函、对销贸易类保函、其他类保函四种。简要概括如下。

1. 出口类保函

出口类保函是指银行应出口方申请，向进口方开出的保函，是为满足出口货物和出口劳务需要而开立的保函。

1) 承包保函

承包保函具体有以下几种。

(1) 投标保函(Tender Guarantee，Tender Bond，Bid Guarantee，Bid Bond，Bid Security)。投标保函是指在以招标方式成交的工程建造或货物买卖等交易中，银行应投标方的要求向招标方(受益人)出具的，保证投标方在投标有效期内不撤标、不改标，在中标后规定期限内签订招投标项下的合同或提交履约保函或履约保证金，如投标方违反以上条件，则由银行按照保函约定向招标方(受益人)赔付一定金额的款项作为补偿的书面承诺。

投标保函金额一般为投标金额的 1%～5%。有效期至开标日为止,有时再加 3～15 天索偿期。如投标人中标,则有效期自动延长至投标人与招标人签订合同、交来履约保函时为止。

投标保函的风险点如下:①申请人履约风险。②招标方信用风险。③操作及技术性风险。

银行对投标保函的风险控制措施如下:①申请人履约能力审核。②受益人资信审核。③技术性审核。

(2) 履约保函(Performance Guarantee,Performance Bond,Performance Security)。履约保函是指应商品供货方或工程承包方的申请,银行向买方或发包方出具的、保证供货方或工程承包方严格履行合同义务的书面承诺。

保函金额由招标人确定,一般为合同金额的 5%～10%。履约保函的有效期至合同执行完毕日期为止,有时再加上 3～15 天索偿期。

履约保函的风险点如下:①申请人履约风险。②受益人信用风险。③操作及技术风险。

银行对履约保函的风险控制措施如下:①申请人履约能力审核。②受益人资信方面。③技术性审核。④可根据交易情况设立减额条款。

(3) 预付款保函(Advance Payment Guarantee)或退还预付款保函(Refundment Guarantee for the Advance Payment)或还款保函(Repayment Guarantee)。预付款保函是指应供货方或承包方的要求,银行向买方或发包方出具的、保证供货方或承包方在收到预付款后履行合同义务的书面承诺。

保函有效期至合同执行完毕日期为止,再加上 3～15 天索偿期,或者定为预付金全部扣完时失效。

预付金保函的风险点如下:①申请人履约风险。②受益人信用风险。③操作及技术风险。

银行对预付金保函的风险控制措施如下:①申请人履约能力方面。②受益人资信方面;③技术性审核。④可根据交易情况设立减额条款。⑤尽量避免出具可转让保函。⑥保函中加列生效条款。⑦对申请人预付款的使用情况进行监控。

2) 保留金保函或留置金保函

如果卖方要求买方将此笔保留金随大部分货款一并支付给卖方,卖方则须提供银行保函,保证货到发现品质不符、货物短量或伤残时,担保行便将卖方预支的保留金退还买方。此银行保函即是保留金保函(Retention Money Guarantee)。

保函金额就是保留金的金额,有效期是合同规定的索赔期满加上 3～15 天索偿期。

保留金保函的风险点如下:①申请人履约风险。②受益人信用风险。③操作及技术风险。

银行对保留金保函的风险控制措施如下:①申请人履约能力方面。②受益人资信方面。③技术性审核。④保函中加列生效条款。

3) 质量保函

在供货合同中,尤其在机械设备、船舶、飞机等出口合同中,买方要求卖方提供银行担保,保证如货物质量不符合合同规定,而卖方又不能更换或维修时,担保行便将保函金额赔付给买方,以弥补其所受的损失。这种银行保函即为质量保函(Quality Guarantee)。

保函金额一般为合同金额的 5%～10%,保函有效期一般至合同规定的质量保证期满再加上 3～15 天索偿期。

质量保函的风险点如下:①申请人履约风险。②受益人信用风险。③操作及技术风险。

银行对质量保函的风险控制措施如下:①申请人履约能力。②受益人资信。③技术性审核。④跟踪背景交易进展情况。

4) 维修保函

在承包工程合同中，工程完工后业主扣留一部分款项以备补偿工程质量缺陷而承包人不予维修造成的损失。工程业主要求承包人提供银行担保，保证在工程质量与合同规定不符而承包人又不能维修时，担保行按保函金额赔付业主，以弥补其所受的损失，则业主可以释放这部分扣款，供担保行赔付使用。这种银行保函即为维修保函(Maintenance Guarantee)。

保函金额一般为合同金额的5%～10%，保函有效期一般至合同规定的工程维修期满再加上3～15天索偿期。

2. 进口类保函

进口类保函是指银行应进口方申请，向出口方开出的保函，是为满足进口货物和进口技术需要而开立的保函。

1) 付款保函

(1) 在只凭货物付款而不是凭单据付款的交易中，进口方向出口方提供银行担保，保证在出口方交货后，或货到后，或货到经买方检验与合同相符后，担保行一定支付货款，或进口方一定支付货款，如进口方不支付，担保行代为付款。

(2) 在技术交易中，买方向卖方提供银行担保，保证在收到与合同相符的技术资料后，担保行一定付款，或买方一定付款，如买方不付，由担保行代为付款。

以上两种银行担保就是付款保函(Payment Guarantee)。保函金额即合同金额，保函有效期按合同规定付清价款日期再加半个月。

2) 延期付款保函

发展中国家进口大型机械成套设备多采用延期付款方式。

进口方按照合同规定预付出口方一定比例(如货款的5%)的定金，其余部分(货款的95%)由进口方银行开立保函，保证进口方凭货运单据支付一部分(如货款的10%)，其余部分(货款的85%)分为10个相等份额，每份金额加利息，连续每半年支付一次，共5年分10次付清全部货款。如果买方不能付款，担保行代为付款。这种保函称为延期付款保函(Deferred Payment Guarantee)。

保函金额即扣除预付部分的货款金额，保函有效期按保函规定最后一期货款及利息付清日期再加半个月。

3) 租赁保函

用租赁方式进口机械、仪器、设备、运输工具时，承租人向出租人提供银行担保，保证：担保行一定代承租人按租赁合同规定交付租金，或承租人一定按租赁合同规定交付租金，如不交付，担保行代为交付，这种保函即为租赁保函(Leasing Guarantee)。

3. 对销贸易类保函

1) 补偿贸易保函

在补偿贸易中，进口设备的一方向供应设备的一方提供银行担保，向其保证：如进口方在收到与合同相符的设备后，未能以该设备生产的产品，按合同规定返销出口给供应设备方或由其指定的第三者以偿付进口设备的价款，又不能以现汇偿付设备款及附加利息，担保行即按保函金额加利息赔付供应设备的一方。这种保函即为补偿贸易保函(Compensation Guarantee)。

其保函金额通常是设备价款金额加利息，保函有效期一般为合同规定进口方以产品偿付设备款的日期再加上半个月。

2) 来料加工保函及来件装配保函

在来料加工或来件装配业务中，进料或进件方向供料或供件方提供银行担保，向其保证如进料或进件方收到与合同相符的原料或元件(有时还包括加工或装配所需的小型设备及工具)后，未能以该原料或元件加工或装配，并按合同规定将成品交付供料或供件方，或由其指定的第三者，又不能以现汇偿付来料或来件价款及附加的利息，担保行便按保函金额加利息赔付供料方或供件方。这种保函即为来料加工保函(Processing Guarantee)及来件装配保函(Assembly Guarantee)。

其保函金额即来料或来件的价款金额加上利息，保函有效期一般为合同规定进料或进件方以成品偿付来料方或来件价款的日期再加上半个月。

4. 其他类保函

1) 借款保函

企业或单位向国外借款，一般需要提供银行担保，向国外贷款人保证，如借款人未按借款契约规定按时偿还借款并付给利息，担保行即代借款人偿还借款并支付利息。这种保函即为借款保函(Loan Guarantee)。

其保函金额即借款金额加利息，保函有效期为借款契约规定的还清借款并付给利息的日期再加上半个月。

2) 关税保付保函(Customs Guarantee)

关税保付保函主要有两种情况，第一，应进口商(含加工贸易企业)的要求，银行向海关出具的、保证进口商履行关税缴纳义务的书面承诺，又称海关免税保函、海关保函、临时进口保函。第二，在国际承包工程或国际展览、展销等活动中，施工机械或展品运往工程或展览所在地时，应向该国海关缴纳一笔关税作为押金，工程或展览完毕将机械或展品运出该国时，海关将这笔税金退还。承包商或参展商要求银行向对方海关出具担保代替押金，并保证如承包商或参展商未将机械或展品运出该国，由担保行支付这笔税金。

其保函金额即外国海关规定的税金金额，保函有效期为合同规定的施工器械或展品等撤离该国的日期再加上半个月。

3) 账户透支保函

承包工程公司在外国施工，常在当地银行开立账户，为了得到当地银行资金融通，有时需要开立透支账户。在开立透支账户时，一般须提供银行担保，向当地账户行保证，如该公司未按透支合约规定及时向该行补足透支金额，担保行代其补足。这种保函即为账户透支保函(Overdraft Guarantee)。

其保函金额是透支合约规定的透支限额，保函有效期一般为透支合约规定的结束透支账户日期再加半个月。

4) 保释金保函

载运货物的船只或其他运输工具，由于船方或运输公司责任造成货物短缺、残损，使货主遭受损失，或因碰撞事故造成货主或他人损失，在确定赔偿责任前，被当地法院下令扣留，须缴纳保释金予以放行时，可由船方或运输公司向当地法庭提供银行担保，向其保证如船方或运输公司不按法庭判决赔偿货主或受损方所受损失，担保行就代其赔偿，当地法庭即以此银行担保代替保释金，将船只或其他运输工具放行。这种银行担保就是保释金保函(Bail Bond)。

保函金额视可能赔偿金额大小由当地法庭确定，保函有效期一般至法庭裁决日期后若干天。

11.1.7　银行保函与信用证的关系

银行保函和信用证虽然都是银行应申请人的要求向受益人开出的文件，都属于银行信用，且都以单据而非货物作为付款依据，但是银行保函却以其鲜明的特点区别于信用证。

1. 开立的目的不同

保函的目的是以银行信用作为担保，通过促使申请人履约而促成交易的实现。其侧重点在于担保而不在于付款，保函只有在申请人违约的情况下才发生支付。而信用证则是一种国际结算工具，其主要目的在于由银行承担第一性的付款责任，而并非信用保证，它在交易正常进行时发生支付。

2. 文件的性质不同

根据保函与基础业务合同的关系不同，可以分为从属性保函和独立性保函。

从属性保函是将担保责任置于基础交易合同的从属性地位，它是基础合同的一个附属性契约，担保人在保函项下所承担的付款责任的成立与否将依照基础合同的实际执行情况加以确定，主合同无效，从合同也无效；它随基础合同的改变、灭失而发生相应变化。在保函产生初期，其性质也基本如此。现在各国国内保函基本上都是从属性的。

独立性保函是指保函根据基础合同开立后，不依附于基础合同而存在，它是具有独立性法律效力的文件。它是一种与基础交易的执行情况相脱离，虽根据基础交易的需要而出具，但一旦开立后其付款责任仅以自身的条款为准的担保，它与基础交易合同之间是一种相互独立、各自具有法律效力的平行法律关系。

二十世纪六七十年代在国际结算中出现的大多是独立性保函。独立性保函之所以出现并被广泛采用，原因有二：从受益人的角度来说，独立性保函能使其权益不至于因基础合同纠纷而遭受损失，从银行的角度来说，独立性保函使其不会卷入复杂的商业纠纷中去。

信用证的性质类似于独立性的保函，它是独立文件，不依附于合同而存在，合同发生变化并不影响信用证的内容和效力。

3. 银行付款责任不同

银行的付款责任是与保函的性质相联系的。

在从属保函中，银行的付款责任是第二性的，即当申请人违约后，担保银行才负赔偿责任。即：第一性的责任是申请人履行合同，通常是支付货款或偿还借款等，只有在申请人不履行其责任的情况下，担保银行才履行责任，即赔偿。因此，申请人不履约，必然直接导致担保银行发生赔付；反之，申请人履约，担保银行就不会发生赔付。

在独立性保函中，银行的付款责任是第一性的，即只要受益人提出的索赔要求符合保函规定的条件，担保银行就必须付款，而不管申请人是否同意支付，也无须调查合同履行的事实。在这里，合同的履行情况与保函的赔付没有直接的、必然的因果联系。在独立性保函下，即便申请人履行了合同，如果受益人仍能提出合理索赔，担保银行也应付款；反之，即便申请人没有履行合同,如果受益人提出的索赔要求不符合保函规定的条件,担保银行也不会付款。

信用证中开证行的付款责任是第一性的,只要受益人或出口方银行寄来的单据与信用证的规定相符,它就必须付款,而不管申请人(进口商)的付款意愿或支付能力如何。

4. 银行付款的依据不同

保函付款的依据是受益人提出的索偿条件,包括受益人证明申请人违约的声明和有关单据的副本及其他证明文件;而信用证的付款依据通常是代表货权的单据。

5. 适用范围不同

保函的适用范围十分广泛,除用于贸易结算外,还可用于投标、履约、预付款、维修、质量、补偿贸易、来料加工和工程承包等各种国际经济交易的履约担保;旧信用证一般只适用于货物贸易,用途比较单一。

6. 遵循的规则不同

保函业务遵循的是《合约保函统一规则》。其操作还未被各国认可而形成惯例;信用证业务遵循的是《跟单信用证统一惯例》,已经形成了一整套程序化、惯例化的做法。这两种业务在内容条款的规定和付款依据上都有所不同。

11.2 银行保函的实务操作

银行保函的开立是一项手续复杂、政策性很强的工作。

11.2.1 对外开出银行保函

申请人在与受益人签订合同或协议以后,根据合同或协议规定的条件和期限向银行申请开函。

1. 递交保函申请书

保函申请书是申请人表示请求担保人为其开立保函的意愿的文件,是担保人凭以开出保函并澄清申请人法律义务的依据。其主要内容包括以下几个方面。

(1) 担保人名称。

(2) 申请人名称、地址(用中、英文两种文字)。

(3) 受益人名称、地址(用中、英文两种文字)。

(4) 合同、标书或协议的名称、号码及日期。

(5) 合同或协议下商品或项目名称、数量。

(6) 保函的币种、金额(大、小写)。

(7) 保函的种类,用以标明保函的性质、用途。

(8) 保函的效期,包括生效日期和失效日期。

(9) 保函的发送方式,即保函是电开还是信开。

(10) 保函的其他当事人情况,即保函是直接开给受益人还是通过通知行通知、转开行转开、或是经保兑行保兑。若是后者，还须写明通知行、转开行或保兑行的全称及详细地址。

(11) 申请人的保证，即当受益人按照保函索偿条件提示所需文件，并提出索赔时，申请人将承担全部责任，保证补偿担保人因承担担保责任对受益人所做的任何支付，且付款后无追索权。

(12) 申请人声明、同意按照国际惯例、有关法规和担保行内部规定处理保函业务的一切事宜，明确双方各自的责任，并由申请人承担由此产生的一切责任。

(13) 申请人的开户银行名称、账号及联系电话。

(14) 申请人单位公章，法人签章及申请日期。

2. 提交交易合同或协议或标书的副本

为便于担保人了解交易的有关内容，申请人应提交有关合同的副本，若合同或协议中规定了保函的格式，则应提供该保函的格式。

3. 提交财务报表以及与交易有关的资料

申请人应向银行提交出口许可证、项目可行性研究报告等有关资料及财务报表，以供银行审查。

4. 缴存保证金，提交反担保文件，落实反担保措施

银行同意开立保函后与申请人签订"开立担保协议"，申请人存入相应比例的保证金，对于需要提供反担保的，还应按银行要求办理反担保手续。

11.2.2 担保银行审查

担保人在接到申请书以后，要对是否接受开立保函申请进行审查。其主要内容包括以下几个方面。

1. 对申请人资格的审查

根据我国《境内机构对外提供外汇担保管理办法》(1991年9月26日公布)的规定，申请人必须是中国境内按中国法律登记的中国企业；由国家外汇管理局审批同意的中国驻外企业以及由国家外汇管理局审批同意的提供等值外汇资产作抵押的境内外国机构和外国企业。不符合上述条件的单位没有申请资格。

2. 对申请手续的审查

首先，审查申请书内容是否填写清楚、准确、完整，申请人的法人签章和公章是否齐全、正确。其次，审查申请人应提交的其他文件，如合同副本、反担保文件、企业财务报表是否真实、准确、齐全。对于外资企业，在第一次申请开函时，还需提交全套的审批文件、合资合同、章程、验资报告、营业证书、营业执照和董事会决议等一系列资料。

3. 对担保范围的审查

申请开立的保函必须在担保法规规定的担保业务范围内，外汇保函担保金额与银行外债余额之和不得超过担保人自有外汇资金的法定比例。担保人不得为外商投资企业中外方注册资本担保，违反上述条件均不能担保。

4. 对交易项目的审查

担保人对保函所涉及项目的合法性、可行性和效益情况要作出判断，即项目合同的内容是否符合我国的有关政策和平等互利的原则，贸易合同是否符合国家进出口许可证制度；借款项目是否已纳入国家利用外资的计划，是否报经国家外汇管理部门批准；项目的配套资金、原材料是否落实，产品市场前景如何；项目的经济效益如何，借款人的偿债能力怎样等。

5. 审查反担保及抵押情况

(1) 审查反担保人资格。按照我国担保法规规定，允许提供外汇反担保的机构仅限于经批准有权经营外汇担保业务的金融机构和有外汇收入来源的非金融性企业法人，政府部门和事业单位不得对外提供外汇担保。对人民币保函进行反担保的单位也必须是资信较好、有偿债能力的金融机构和企业法人。不满足上述条件的反担保人开立的反担保函银行应不予接受。

(2) 审查保证金情况。对于外汇保函，根据不同的需要，申请人或缴存100%的现汇保证金，或只提交由合法反担保人出具的人民币反担保。以上情况银行可视同保证金到位，予以开函，但申请人必须保证在汇率发生变化，原保证金不足以对外支付时，及时补足差额部分。对于人民币保函，申请人缴存100%的人民币保证金或提交合法反担保人出具人民币反担保，银行都可以开函。

(3) 审查反担保文件。反担保人出具的反担保函必须是不可撤销的，其责任条款也应与银行对外出具的保函责任条款一致。反担保函的内容必须准确、清楚、完整，并且明确说明当反担保人在收到担保人书面索偿通知后若干天内必须无条件支付所有款项，到期未付，担保人有权凭反担保从反担保人账户上自动划款。反担保人不得以任何理由拒付，并放弃一切抗辩和追索的权利。另外，反担保函的生效日期应早于保函生效日期，而失效日期则应迟于保函。

(4) 审查抵押物情况。审查抵押物是否合法。申请抵押时是否履行必要的审批登记程序，在申请人无力偿债时，担保人是否能依法对抵押物取得无可争辩的置留权。抵押物的品质、价格情况如何，是否易于保管，变现能力怎样等。

11.2.3 开立保函

担保人对申请人提供的上述资料审查无误后，可以开函。

1. 编号登记

为了便于内部管理和事后查阅，担保行在每笔保函开出之前都应编号，并按顺序登记，注明有关保函的主要内容，如保函号码、开立日期、种类、金额、效期、申请人、受益人或其他当事人的全称以及保函的电开、信开等。

2. 缮打开函

编号登记完毕以后，银行根据印请书的有关内容(有时还有申请人提供的保函格式)，缮打保函一式五联，要求外观整洁、整齐、要素齐全、不得涂改。保函五联中，一联退回申请人留存，一联由担保行归档、留底，一联作为担保行记账传票附件，另外两联在信开方式中直接寄给受益人，在电开方式中则应交有关部门加押后作为发电依据。

在电开方式中还应注意，由于担保人与受益人之间没有密押关系，受益人无法核实保函，因此，电开保函一般先开给与之有密押关系的通知行，由通知行核对无误后，通知受益人。

若电开保函直接开给受益人,担保人还须向受益人补寄电传证实书,以便受益人证实、查收保函。

3. 审查保函

在保函发出之前,担保行应对保函的条款及文字表述做严格审查,看保函是否合法,是否与合同一致。保函一般不应该有不确定金额、效期,或有"无条件见索即付""可自由转让"等字样。对此,审查人员应严格把关,避免不利条款或文字表述不当造成不必要的纠纷。

11.2.4 保函的审批、登记

1. 行内审批登记

保函在对外发出以前,经办人只需填写保函审批表,写明保函主要内容,报科、处、行领导审批,并同时填写保函管理表,写明保函收费、修改和保函副件情况,为日后修改、查询之需。

2. 报请上级管理机关审批和登记

我国《担保法》规定,提供外汇担保必须报请国家外汇管理局及其分局审批,并进行登记。为境内机构提供外汇担保,由担保人所在地外汇管理部门审批;为中国驻外企业或境内外国机构或外资企业提供外汇担保,由国家外汇管理局审查。担保人办理担保报批手续时,应向外汇管理部门提供全部或部分下列资料。

(1) 担保项目可行性研究报告批准件和有关批复文件。
(2) 担保人自有外汇资金情况的证明。
(3) 担保人对外债务担保的文件。
(4) 担保合同意向书。
(5) 被担保项下主债务合同或意向书及有关文件。
(6) 落实反担保措施文件。
(7) 外国机构、外资企业的等值外汇资产抵押证明。

另外,担保银行还应按月填写《外汇担保变动反馈表》,写明本月担保债务变动情况,向担保管理机构进行登记,并随附《境内机构提供外汇担保备案表》,领取《外汇担保备案证书》。

11.2.5 保函的修改

不可撤销保函的修改必须经当事人各方一致同意后方可进行,任何一方单独对保函条款进行修改都视作无效。当申请人与受益人就保函修改取得一致后,由申请人向担保人提出书面申请并加盖公章,注明原保函的编号、开立日期、金额等内容以及要求修改的详细条款和由此而产生的责任条款,同时应出具受益人要求修改或同意修改保函的书面材料。担保人在审查申请并同意修改以后,向受益人缮打修改函电,由主管负责人签字后发出。若修改为增加保函金额,则应视作重开一份新的保函,一切手续与前述手续相同;若修改为减少保函金额,担保人只需填制有关传票冲销减少额即可。

11.2.6 保函的管理

担保行在开出保函后,须对保函进行严格的后期管理,以保证项目的顺利进行,确保银行资产安全。

1. 保函的档案管理

担保行每办理一笔保函业务,都要将其归档留底,以备事后监督、查询、风险分析、处理债权债务关系以及法律诉讼之需,因此保函的档案必须完整、系统,便于查找。首先,要对保函进行立卷,每笔保函立一个卷宗,其基本内容应包括保函副本、申请书、申请人证明文件、合同或协议副本、保函审批文件等;其次,对保函卷宗进行分类,按照币种、保函性质及开立年份对保函进行三级分类,在同一性质保函中,按时间顺序编号;最后,设立档案目录,以方便档案的查阅和管理。

2. 担保项目的管理

担保行除了对保函的相关文件进行档案管理外,还应对保函涉及的项目进行监督管理,其主要内容包括以下几个方面:首先,担保人应经常检查项目的执行情况,督促申请人严格履约,必要时,还需调解双方的纠纷和争议;其次,对项目贷款进行监督,要求申请人将项目的贷款转入担保行账户,严格按照预先确定的项目资金使用计划使用贷款,并及时还本付息;最后,担保人在每年年初,应及时向申请人计收当年的担保费,并登记保函管理表,防止迟收、少收或漏收。

11.2.7 保函的索偿与赔付

当申请人违约,受益人提示符合保函要求的全套正确的单据或文件时,担保人即可认定索偿有效,立即予以赔付,而不得以任何理由拖延。在划款之前,担保人还应要求受益人或由受益人通过其往来银行确认,在收到赔付款项之后,担保人在保函项下的责任将随着赔付而减少,直至全部款项清偿完毕而自动解除,并要求受益人在收到全部赔款后,将失效保函退回担保人注销。

11.2.8 保函的撤销

保函在到期后或在担保人赔付保函项下全部款项后失效。保函失效以后,担保人应向受益人发出函电,要求其退还保函正本,并将保函留底从档案卷中调出,用红笔注明"注销"字样,连同退回的保函正本一同归于清讫卷(已注销保函的档案)备查。另外,担保人还须视情况对账面作出相应调整。

小   结

银行保函是在国家间银行办理代客担保业务时,应委托人要求,向受益人开出的一种保证文件。银行一经开出保函,就有责任按照保函承诺的条件,对受益人付款;同时,在担保行按照保函规定向受益人付款后，委托人须立即偿还担保行垫付之款、一切费用及利息。本章从基础知识和实务操作两方面入手介绍了银行保函。重点内容包括：银行保函的定义、特点和作用；银行保函与信用证的区别；银行保函的种类；银行保函当事人的责任等。本章的难点内容包括：银行保函与信用证的区别；银行保函当事人的责任。

复习思考题

1. 名词解释

银行保函

2. 问答题

(1) 简述银行保函的内容。
(2) 简述银行保函的作用。
(3) 对比说明银行保函和跟单信用证。
(4) 说明银行保函的当事人及其责任。

案例及热点问题分析

扫一扫，阅读保函内容，并回答问题。

课后阅读材料

课后阅读 11-1　我国办理保函的有关规定

(扫一扫，详细了解我国办理保函的有关规定。)

课后阅读 11-2　中国银行的融资保函业务

(扫一扫，一起来了解一下中国银行的融资保函业务。)

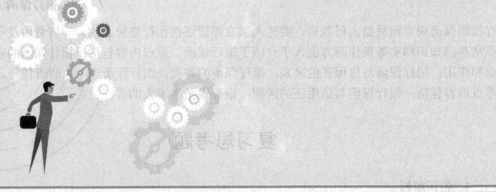

第12章 国际结算中的单据

【内容提要】

在国际结算中,单据是办理货物的交付和货款的支付的一种依据。单据可以表明出口商是否履约,履约的程度。进口商品以单据作为提取货物的货权凭证,有了单据,就表明有了货物。本章着重介绍商业单据、运输单据、保险单据和政府单据的主要形式。

本章介绍了国际结算中常用的各类单据,主要包括以下几点。

(1) 商业单据。
(2) 保险单据。
(3) 运输单据。
(4) 政府单据。

12.1 商业单据

商业单据(Commercial Documents)一般是指商人即出口商出具的单据。它有很多种类,如:商业发票,简称发票(Commercial Invoice);形式发票(Pro forma Invoice);详细发票(Detailed Invoice);证明发票(Certified Invoice);厂商发票(Manufacturers' Invoice);重量单(Weight Note/List);装箱单(Packing List);供货商检验证明(Supplier's Inspection Certificate);证明信(Certificate)等。本节将针对其中主要的几类加以介绍。

12.1.1 商业发票

1. 商业发票的概念

商业发票是货物出口商向进口商开立的装运货物及凭以向进口商收取货款的价目清单,即载有货物名称、数量、价格等内容的清单,是装运货物的总说明。商业发票必须带有详细货物描述的价目清单、运输单据等,但只需带有笼统的货物名称,以示发票作为中心依据。

对出口商来说,商业发票是出货的记账单据,也是凭以向进口商索取提供货物及/或服务价款的单据。对进口商来说,商业发票是进货的记账凭证,也是凭以办理进口报关、纳税手续的重要文件。

商业发票是全套单据的中心，其他单据如运输单据、保险单据、包装单等都是为支持商业发票的货物而开立的。

汇票仍以商业发票的金额作为计算基础。

信用证要求发票而未做进一步界定，则提交任何形式的发票均可，如商业发票(Commercial Invoice)、海关发票(Customs Invoice)、税务发票(Tax Invoice)、最终发票(Final Invoice)、领事发票(Consular Invoice)等，但是临时发票(Provisional Invoice)、预开发票(Pro-forma Invoice)或类似的发票则不可接受。当信用证要求提交商业发票时，标为"发票"的单据是可以接受的。

2. 商业发票的主要作用

(1) 商业发票是全部单据的中心，是出口商装运货物并表明是否履约的总说明。由于发票是出口商自己制作的，全面表述所装运的货物及交货条件而起中心单据的作用，其他单据内容应与发票一致或不相矛盾，特别是信用证方式的发票，应根据信用证规定和条款制作，它是出口商收汇的基本单据之一。

(2) 发票全面反映一笔交易，详细列明货物名称、数量、重量、规格、包装、价格条件、单价及总值等内容，方便进口商凭以核查出口商是否履约，按质、按量装运货物，以维护自己的利益。

(3) 发票是售货凭证，进、出口商均需根据发票的内容逐笔登记入账，可以作为核算盈亏的依据。

(4) 发票是进、出口双方在当地报关和交税的计算依据。装运货物前，出口商递交商业发票凭以报关，发票上的货物说明及金额是海关定税的依据，也是验关放行的主要凭证。同时，发票也是进口商当地海关核定税金，并使进口商得以清关提货的主要凭证。

(5) 发票是作为保险等索赔时的价值证明。当货物发生毁损、丢失、遗漏和盗抢时，需要根据发票所标识的价格结合具体的保险条款实施索赔。

(6) 托收或信用证业务中，由于有时不要求出具汇票，发票则要替代汇票进行结算。

3. 商业发票的内容

从目前来看，发票的格式各国还未完全统一。而发票内容虽各有不同，但总体都可被分为三大部分：首文(Heading)部分、本文(Body)部分和结文(Complementary Clause)部分。

1) 首文部分

(1) 发票名称、号码、出具日期及地点。

发票名称：INVOICE。

发票号码：例如：发票号码 BD2019-1，是出票企业按顺序自行编排的号码。

发票出具地点：一般为出口方所在地。如果出口商在双方签约后即出具，日期可由签约后至不能迟于信用证的有效期或信用证规定的交单期。《UCP500》有明确规定，除非信用证另有规定，单据(包括发票)出具日可以早于信用证开出日期。

(2) 发票出具人。

发票出具人一般是出口商，即 SELLER 一般为信用证的受益人。

托收方式下必须与签约双方中的卖方一致。信用证方式下，一般应是信用证的受益人。

(3) 合约或订单号码(Contract/Order No.)。

合约或订单号码同时也方便买方用发票核对所装运货物等是否符合双方合约的各项规定。实务中也有要求加注进口商(信用证的申请人)有关文件编号。信用证中规定发票加注证号的，应注意严格按信用证要求加注。

(4) 发票抬头人。

发票抬头人也称买方：BUYER

一般是进口商或信用证开证申请人(可转让信用证除外)。

《UCP600》第 18 条 a(ii)规定，发票必须出具成以申请人为抬头，但如果信用证规定发票抬头是开证申请人以外的另一方，则应照办。

(5) 装运基本情况。

装运基本情况包括运输方式、船名、起运地或港、卸货地或港名称。如转运，应加注转运情况，但信用证项下应严格与信用证规定一致。

起运地：FROM

例如，起运地 Shanghai，即信用证规定的货物的装货港、收货港或接受监管地。

目的地：TO

例如，目的地 Thailand，即信用证规定的货物的卸货港、交货地或最终目的地。

运输工具名称：SHIPPED BY

例如，采用海运，则填写相应的承运船名及航次 Dingyuan V.380。

2) 本文部分

本文部分一般包括：唛头、货物名称、货量、规格、包装、毛重、净重、价格条件、单价及总金额等。

(1) 唛头。

唛头(Mark)又称运输标志，是指为了使货物在装卸、运输和保管的过程中便于承运人和收货人识别，而在货物的运输包装上所标注的识别标志。唛头通常包括主标志、目的港标志和件号标注，有时也会加注原产地标志。

唛头帮助承运人和收货人用其识别货物，发票应正确标明。唛头设置的内容不一。

在审核发票唛头时，需要注意以下几点。

① 使用唛头的目的在于对箱、袋或包装提供标识。如果信用证规定了唛头细节，则载有唛头的单据必须显示这些细节，但额外信息可以接受，只要其与信用证的条款不相矛盾。

② 某些单据中唛头所包含的信息常常超出通常意义上的唛头所包含的内容，可能包括诸如货物种类、易碎货物的警告、货物净重及/或毛重等。如果一些单据里显示了此类额外信息而其他单据没有显示，不构成不符点。

③ 集装箱货物的运输单据有时在"唛头"栏中仅仅显示集装箱号，其他单据则显示详细的唛头，如此并不视为矛盾。

④ 信用证如要求"Markings as triangle"，则唛头是三角形，即△；又如"Shipping Marks: K in diamond"，意指菱形符号中有 K 字；有时为了便于计算机制单，在单据唛头栏不用符号表示，而是照写"K in diamond"，可予接受。

(2) 货物描述。

货物描述是发票的中心内容，主要包括品名、数量、单价与总金额、价格条件等内容必须完整正确。信用证项下应与信用证规定相符。

审核掌握的原则如下：其一，商业发票上的货物描述应该与信用证中的描述一致。(《UCP600》第 18 条 c 款)；其二，发票中的货物描述必须与信用证中的一致，但并不要求如镜像般一致。

关于货物描述的内容包括以下几个方面。

① 品名。

国际商会并不强求发票的品名仅限于信用证所规定的内容，发票除注明与信用证描述相符者外，允许添加其他一些描述。国际商会出版物第 511 号 100 页指出：这些增加的内容并不认为破坏或不符合信用证的要求，因此是可以接受的。

信用证不准许时，银行不接受发票上对货物是"用过的"(used)、"旧的"(secondhand)、"重新改造的"(rebuilt)或"修整的"(reconditioned)批注。

预开发票与货物品名描述。预开发票所列的内容仅是出口商所作的估算，仅供下一步出口的明细表示参考，对双方无最终约束力，正式成交时还要另外重新缮制商业发票。

有时因为品名描述过于繁杂，会在信用证中作简要规定，注明"货物细节依照随附预开发票"。

发票不得表明信用证未要求的货物(包括样品、广告材料等)，即使注明免费也不行。

② 数量。

发票中的货物数量必须反映实际发运情况。

《UCP600》第 30 条对信用证项下出运货物数量的增减幅度分别作了明确的规定，具体内容如下。

- "约"或"大约"用于信用证规定的数量时，应解释为允许有关数量有不超过 10%的增减幅度。
- 在信用证未以包装单位件数或货物自身件数的方式规定货物数量时，货物数量允许有 5%的增减幅度，只要总支取金额不超过信用证金额。
- 如果信用证规定了货物数量，而该数量已全部发运及如果信用证规定了单价，而该单价又未降低，或当《UCP600》第 30 条 b 款不适用时，则即使不允许部分装运，也允许支取的金额有 5%的减幅。若信用证规定有特定的增减幅度或使用《UCP600》第 30 条 a 款提到的用语限定数量，则该减幅不适用。

归纳起来，关于数量的审核需要注意以下几点。

- 信用证规定的货物数量前有"约""大约"等类似用语时，允许数量有不超过 10%的增减幅度。
- 在信用证未以包装单位件数或货物自身件数的方式规定货物数量时，货物数量允许有 5%的增减幅度，只要总支取金额不超过信用证金额。
- 信用证如果规定货物数量不得超额或减少时，没有±5%的幅度，包括数量前使用"not exceeding""up to""maximum""to the extent of""not less than"等用语。
- 如果信用证未规定货物数量，发票视为涵盖全部货物数量。

③ 单价及总金额。

它直接体现发票价目清单的重要作用：凡信用证规定有单价的，发票应严格制作。金额不应超额，并注意与有关汇票的金额一致。但是如果在货量装齐，而发票金额有超的情况下，而被授权付款,承担延期付款责任,承兑或议付的银行接受了该发票且履行其责任与义务,只要其付款、承担延期付款责任,承兑或议付的金额不超信用证,该银行的决定将对有关各方面均产生约束力;而超信用证部分可以用减除、放弃或可能情况下采用证外托收试收。但为了防止信用证内金额收款的风险,也可采用批注声明"证外金额收不进不能影响证内货款金额"条款。又如在货量装足,单价未降而发票金额有短时,根据《UCP500》,只要少支取的金额低于5%是允许的。

④ 价格条件。

这是买卖双方交易中很重要的一项内容。应严格按照信用证的规定制作,并视此条件检查是否或应由谁投保且出具保险单,应出具何种运输单据等相关内容。

⑤ 贸易术语。

关于贸易术语,国际商会认为,贸易术语是合同的重要部分,贸易双方均受其约束。贸易术语常被写进信用证的货物描述,被视作货物描述的一部分。不论它在信用证内被写进货物描述还是显示在别处,它必须被写进商业发票内。如果商业发票未列明信用证规定的贸易术语,便构成不符,银行有权拒绝接受单据。

费用和成本必须包括在信用证和发票中标明的贸易术语所显示的金额内,不允许任何超出该金额的费用或成本。

3) 结文部分

结文部分一般包括以下几点。

(1) 证明和声明。

有的信用证上要求在发票上加注各类声明文句,如出口到澳大利亚的商品,发票上经常要求受益人宣称商品来自发展中国家,以便海关给予优惠税率。

像上述这样作出了证明(Certification)的发票在审核上还须注意以下几点。

① 如果信用证要求的是签字的发票,则证明不需要单独签字。

证明、声明(Declarations)之类既可以是单独的单据,也可以在信用证要求的其他单据中载明,如果证明或声明载于另一份有签字和日期的单据里,只要该证明或声明看似由出具和签署该单据的同一人作出,则该证明或声明无须另行签字或加注日期。

② 如果信用证不要求是签字的发票,则证明或发票必须签字和注明日期。

(2) 签发人 ISSUED BY。

例如,SHANGHAI UNITED IMPORT & EXPORT CO.,LTD。《UCP600》第18条a(i)规定:发票必须看似由受益人出具(第38条规定的情形除外)。

(3) 签字 SIGNATURE。

除非信用证要求提供经过签字的发票(如 signed invoice),否则发票无须签字。

4. 商业发票的正本和副本

1) 《UCP600》第17条"正本单据及副本"规定

(1) 信用证规定的每一种单据须至少提交一份正本。

(2) 银行应将任何带有看似出单人的原始签名、标记、印戳或标签的单据视为正本单据,除非单据本身表明其非正本。

(3) 除非单据本身另有说明,在以下情况下,银行也将其视为正本单据。

① 单据看似由出单人手写、打字、穿孔或盖章。

② 单据看似使用出单人的原始信纸出具。
③ 单据声明其为正本单据，除非该声明看似不适用于提交的单据。
(4) 如果信用证要求提交单据的副本，提交正本或副本均可。
(5) 如果信用证使用诸如"一式两份"(in duplicate)、"两份"(in two fold)、"两套"(in two copies)等用语要求提交多份单据，则提交至少一份正本，其余使用副本即可满足要求，除非单据本身另有说明。

2)《关于审核跟单信用证项下单据的国际标准银行实务》(ISBP 681)中关于正副本的规定

单据的多份正本可标注为"正本"(original)、"第二联"(duplicate)、"第三联"(triplicate)、"第一正本"(first original)、"第二正本"(second original)等。上述任一标注均不使其丧失正本地位。

提交单据的正本数量必须至少为信用证或《UCP600》要求的数量，或当单据自身表明了已出具的正本数量时，至少为该单据表明的数量。

有时从信用证的用语难以确定信用证要求提交正本单据还是副本单据，以及确定该要求是以正本还是副本予以满足。

在正、副本的辨识问题上，可以参考以下几点。
(1) 手签的单据(manually signed documents)。
(2) 签样印制签字的单据 (facsimile signed documents)。
(3) 复印件 (photocopies)。
(4) 电传传真交单。
(5) 表明正本的陈述。
(6) 表明非正本的陈述。

5. 其他
1) 更正和更改

对未经履行法定手续、签证或证明的由受益人自己出具的单据(汇票除外)的更正和更改无须证实。

2) 拼写错误及/或打印错误

如果拼写或打字错误并不影响单词或其所在句子的含义，则不导致单据不符。

3) 信用证的特殊要求

信用证要求需签字(sign)、公证(notarize)、认证(legalize)、证实(certify)等，应予照办。

12.1.2 其他商业票据

1. 形式发票

它是出口商发给进口商列有出售货物名称、规格包装、价格等内容的参考性单据，供进口商参考并可凭以办理有关手续。形式发票不是正式发票，不能用于托收或信用证下议付，其所列的单价、金额等仅仅是事先估算而成，所以，有时称为估价发票，正式成交后结算时还要重制正式的商业发票。形式发票虽非正式，但与商业发票有密切关联。如信用证在货物描述栏内有提或要求加注形式发票号码时，则应照加。如来证附有形式发票，则制单时应注意发票与形式发票内容的一致性。

2. 重量单、装箱单

一般由出口商出具，内容要与信用证规定一致，且应该与发票、运输单据等其他单据相符。

3. 供货商检验证明

出具人及内容应与信用证规定相符。

4. 证明信

证明信是指出口商按照信用证规定出具有关证明词句的文件。

12.2 保 险 单 据

保险的种类很多，本书所涉及的保险主要是关于国际货物运输的保险。该种保险是一种特定条件下的货物保险。

12.2.1 保险单的种类

保险单据是保险人与投保人之间订立的保险合同的证明文件，它是保险人对投保人的承保证明，也是反映双方权利、义务关系的契约。在被保险货物发生保险责任范围内的损失时，保险单据是保险索赔和理赔的主要依据。

由保险公司、保险人或他们的代理人签发的保单凭证或有关文件常见的有以下几种。

1. 保险单

保险单(Insurance Policy)用于承保一个指定航程内某一批货物发生的损失。它是保险人和投保人订立的正式保险合同的书面凭证，它是一种正规的保险合同，是完整独立的保险文件，因此又称为正式保险单，俗称大保单。

大保单的背面印有货物运输保险条款，一般表明承保的基本险别条款的内容，还列有保险人的责任范围及保险人与被保险人各自的权利、义务等方面的条款。

保险单是有价凭证，如同指示性的海运提单一样，可以由被保险人背书后随物权的转移而转让。保险单的转让无须征得保险人的同意，也无须通知保险人。

可以接受保险单代替预约保险项下的保险证明书或声明书(《UCP600》第 28 条 d 款)，所以，当信用证要求提交保险证明或声明时，可以提交保险单代替。

目前，我国的出口贸易以保险公司出具的保险单作为保险凭证，并可以代替保险证明和保险声明，反之则不可以。

2. 预保单

预保单(Open Cover)也称预约保险单，它是保险人为承保在一定时期内分批发运的货物而出具的保险单据，是进出口贸易商进行长期或多次运输时，为了避免多次投保的繁杂手续，而与保险人订立的一种保险约定。

预约保险单应详列保险条件。货物一经启运，被保险人应即刻通知保险人，则自动保险生效。预约保险单可以是定期的，也可以是永久性的，往往都注有"Cancellation Clause(注销条款)"。

3. 保险证明

保险证明(Certificate of Insurance)俗称小保单，是在预约保险单项下签订的一种保险单据，是保险人发给被保险人的用以证明保险合同已生效的文件。

保险证明同样也可以经被保险人背书后随物权的转移而转让。

它同正式保险单的区别在于，背面通常不载明保险人与被保险人双方的权利和义务等全部保险条款，只列明注意事项和索赔指南。

4. 保险声明

保险声明(Declaration of Shipment/Insurance Declaration)也是预约保险项下的一种保险单据，是投保人在确定了货物详情、装运日期、运输工具等细节后，将这些资料填写在印有保险人预先签字(pre-signature)注明预约保险单号的声明格式上，向保险人作出的单向申报。

5. 暂保单

暂保单(cover note)就是由保险经纪人接受投保人的委托后，向投保人签发的保险单据，是投保人的代理人出具的非正式保单。

通常，暂保单是基于不明确的货物运载工具以及起运日等情况，先办理投保而经保险公司同意后签发的。一旦得知确切的运载工具和起运日期等详细资料后，须将暂保单交给保险人换取正式保险单，因此，除非信用证特别要求，银行不接受保险经纪人出具的暂保单。(《UCP600》第 28 条 c 款)

有一种情况例外，在保险经纪人的文件上出具的保险单据可以接受，但须经保险公司或其代理人或代表，或由承保人或其代理人或代表签署。保险经纪人可以以具名保险公司或具名承保人的代理人身份签署。

在国际结算中，还有其他保险相关单据，如修改原保险单的批单、证明其身份或其他内容的文件、保费收据等。

12.2.2 保险单的内容

保单除背面印就的条款以外，正面记载的文句也非常重要。保险单正面除了印定的说明保险人与被保险人的保险合同关系的文句，即出具保险单的依据外，需要填写如下内容：保险人与被保险人的名称、发票及保险单的号码、货物运输标志、货物的项目、包装及数量、保险金额、保费、费率、装载工具的名称、开航日期、航程起讫地点、承保险别、查勘人名称及地址、赔付地点、出单公司地址、出单日期及保险人签章。

1. 保险人名称

保险人名称应是承保的保险公司名称，而不能是保险经纪人或代理人。

2. 被保险人名称(insured)

如信用证(L/C)和合同无特别定，此栏一般填写信用证的受益人，即出口公司名称。如 L/C 无特殊要求，或要求"Endorsed in blank"，一般也应填写 L/C 受益人名称，可不填写详细地址，但出口公司应在保险单背面背书。

如果有指定，会出现以下两种情况。

(1) 若来证指定以××公司为被保险人，则应在此栏填××CO.。出口公司不要背书。

(2) 若来证规定以×××银行为抬头，如："TO ORDER OF ××× BANK"，则此栏先填受益人名称，再填上"HELD TO THE ORDER OF ××× BANK"或以开证行、开证申请人名称为被保险人。此时受益人均须在背面作空白背书。如：TO ORDER，则应填 THE APPLICANT +出口企业名称，FOR THE ACCOUNT OF WHOM IT MAY CONCERN。

3. 保险金额和总保险金额

保险金额及总保险金额应用小写与大写数字表示，要求两者严格一致。除非信用证另有规定，保险单据上的货币种类应与信用证所用货币相同。信用证对于投保金额为货物价值、发票金额或类似金额的某一比例的要求，将被视为对最低保额的要求。否则，最低保险金额应是货物的 CIF 或 CIP 价的 110%；在无法从单据表面断定货物的 CIF 或 CIP 价格时，银行应按该信用证的要求付款、承兑或议付的金额，或有关商业发票毛金额这两者中之较大者的 110%作为最低金额。这里应注意，必须是按发票的毛金额(Gross Amount)计算其 110%，而不能按照毛金额扣减佣金后的净金额(Net Amount)计算其 110%，否则，将会造成保额不足。

4. 货物运输的唛头、货物的项目、包装及数量

按信用证规定，保险单上标记应与发票、提单上一致。可单独填写，若来证无特殊规定，一般可简单填成"AS PER INV. No. ×××"。

5. 装载工具名称、开航日期、航线起讫地点

装载工具名称、开航日期、航线起讫地点均应与提单一致。开航日期前一般应加"on or about"字样。开航日期(Slg on or abt.) 此栏填制应按 B/L 中的签发日期或签发日期前 5 天内的任何一天填，或可简单填上 AS PER B/L。

保险单中的装载工具要与运输单据一致，并应按照实际情况填写。海运方式下的保险单填写船名和航次；如整个运输由两段或两段以上运程完成时，应分别填写一程船名及二程船名，中间用"/"隔开；例如：提单中一程船名为"XX1"，二程船为"YY1"，则填"XX1/YY1"。

铁路运输加填运输方式为 BY RAILWAY 或 BY TRAI，最好再加车号，如：BY TRAIN: ABC No.××；航空运输为"BY AIR"，邮包运输为"BY PARCEL POST"。

起讫地点(FROM…TO…)此栏填制货物实际装运的起运港口和目的港口名称，货物如转船，也应把转船地点填上。如：FROM SHANGHAI, CHINA TO NEW YORK, USA VIA HONGKONG(OR W/T HONGKONG)。

6. 承保险别

承保险别指保险人的责任范围。通常要求保险单所填的基本险和附加险的类别应符合信用证规定。对于承保险别，《UCP600》第 28 条有以下这样的规定。

(1) 信用证应规定所需投保的险别及附加险(如有的话)。如果信用证使用诸如"通常风险"或"惯常风险"等含义不确切的用语，则无论是否有漏保之风险，保险单据将被照样接受。

(2) 当信用证规定投保"一切险"时，如保险单据载有任何"一切险"批注或条款，无论是否有"一切险"标题，均将被接受，即使其声明任何风险除外。

(3) 保险单据可以援引任何除外条款。
(4) 保险单据可以注明受免赔率或免赔额(减除额)约束。

7. 检验代理

保险单据上列明保险人在目的港的代理检验人，以便当货物受损、被保险人索赔时，能及时就近勘查，分析出原因及受损程度，以确定赔偿责任。

8. 赔款偿付地点

赔款偿付地点应符合信用证规定。
(1) 如来证未具体规定，一般将目的地即在进口国家的地点作为赔付地点，将目的地名称填入这一栏目，赔款货币为投保险金额相同的货币。
(2) 如信用证规定不止一个目的港或赔付地，则应全部照打。
(3) 如来证要求"INSURANCE CLAIMS PAYALE AT A THIRD COUNTRY CHINA"，此时应把第三国"CHINA"填入此栏。

9. 出单公司地址

出单公司地址即出单地点。它涉及适用法律问题。一般而言，在哪里出单，就以当地法律为依据。一般是出口商所在地。

10. 出单日期

出单日期即保险人责任的起点。保险单据的签发日期不应晚于提单签发日期，否则银行将不予接受。《UCP600》第 28 条 e 款作了规定：保险单据日期不得晚于发运日期，除非保险单据表明保险责任不迟于发运日生效。

11. 保险人签字

一般都由保险人或其代表签字。但是，英国保险法允许保险公司在出具海洋货物运输保险单据时用盖章代替签名。

需要注意，按照《UCP600》条款中规定，正本保险单上必须有"ORIGINAL"字样。

12.2.3 保险险别概况

1. 损失原因

(1) 自然灾害(Natural Calamity)，指不以人的意志为转移的自然界破坏力量所引起的灾害，如恶劣天气、雷电、海啸、地震、洪水等。
(2) 意外事故(Fortuitous Accidents)，指由于偶然的、难以预料的原因造成的事故，如搁浅、触礁、沉没、碰撞、失火、爆炸等。
(3) 一般外来原因(General Extraneous Risks)，如偷窃、短装、钩损、雨淋、串味等。
(4) 特殊外来原因(Special Extraneous Risks)，指战争、罢工、拒收、交货不到等。

2. 损失程度

1) 全部损失(Total Loss)
(1) 实际全损(Actual Total Loss)，指货物全部灭失，如焚毁、沉入海底、失去原有使用价值等。

(2) 推定全损(Constructive Total Loss),指货物受损后实际全损已不可避免,或恢复、修复受损货物并将其运送到原定目的地的费用将超过该货物的价值。

2) 部分损失(Partial Loss)

(1) 共同海损(General Average)。海运途中遇到自然灾害或意外事故危及整个船舶、货物安全时,船方将部分货物抛入海里,或支付特殊费用以维护船舶和其余大部分货物的安全,这种牺牲或费用由船舶、货物、运输三方按比例分摊,这称为共同海损。

(2) 单独海损(Particular Average),指某货主的货物受到部分海损。

3. 保险类别及保险条款

国际贸易中,货物运输保险根据运输方式的不同可以分为:海洋运输保险(Ocean Transportation Risks),适用于海上运输;陆上运输保险(Overland Transportation Risks),适用于火车、汽车等陆上运输;航空运输保险(Air Transportation Risks),适用于航空运输;邮政包裹保险(Parcel Post Risks),适用于邮包运输。

实务中最常用的是海洋运输保险。目前国内使用较为广泛的海洋运输保险条款有伦敦协会货物保险条款和中国海洋运输货物保险条款。

1) 伦敦协会货物保险条款

1982年1月1日起正式使用的伦敦保险业协会的《协会货物条款》(Institute Cargo Clauses, ICC)得到了世界保险界和贸易界的广泛接受。

《协会货物条款》将海洋货物运输保险条款分为两大类,即主险和附加险。

(1) 主险。主险有协会货物(A)险条款(Institute Cargo Clauses A)、协会货物(B)险条款(Institute Cargo Clauses B)和协会货物(C)险条款(Institute Cargo Clauses C),均不包括附加险。

(A)险条款采用综合承保方式,承保除条款中所记载的一般除外责任以外的一切风险所造成的保险标的的损失,同时,对保险责任范围内的共同海损分摊和救助费用,以及根据运输契约订有"船舶互撞规则"条款规定,按被保险人应负的比例责任,由保险人负责赔偿。

(B)险条款采用列举方式,承保范围是:火灾或爆炸;船舶或驳船遭受搁浅、触礁、沉没或倾覆;陆上运输工具的倾覆或出轨;船舶、驳船或运输工具同除水以外的任何外界物体碰撞;在避难港卸货;地震、火山爆发或雷电;共同海损的牺牲;抛货或浪击落海;海水、潮水、河水进入船舶、驳船、船舱、运输工具、集装箱、储存处所;货物在船舶或驳船装卸时落海或跌落造成任何整件货物的全损。

(C)险条款亦采用列举方式,承保范围是:火灾或爆炸;船舶或驳船遭受搁浅、触礁、沉没或倾覆;陆上运输工具的倾覆或出轨;船舶、驳船或运输工具同除水以外的任何外界物体碰撞;在避难港卸货;共同海损的牺牲;抛货。

(2) 附加险。附加险有协会战争险条款(货物)、协会罢工险条款(货物)两种。附加险不能单独投保。

2) 中国《海洋运输货物保险条款》

中国人民保险公司在1981年1月1日修订的《海洋运输货物保险条款》(Ocean Marine Cargo Clauses, OMCC)分为基本险和附加险两类。基本险可以单独投保,而附加险不能单独投保,只有在投保某一基本险的基础上才能加保。

(1) 基本险。基本险分为平安险(Free From Particular Average, F.P.A.)、水渍险(With Particular Average, W.P.A. or With Average, W.A.)和一切险(All Risks, A.R.)三种。

① 平安险，是海运基本险中保险范围最小的一种，其承保责任范围如下。

被保险货物在运输途中由于恶劣气候、雷电、海啸、地震、洪水等自然灾害造成整批货物的全部损失或推定全损。当被保险人要求赔付推定全损时，须将受损货物及其权利委付给保险公司。

由于运输工具遭受搁浅、触礁、沉没、互撞、与流冰或其他物体碰撞及失火、爆炸等意外事故造成货物的全部或部分损失。

在运输工具已经发生搁浅、触礁、沉没、焚毁等意外事故的情况下，货物在此前后又在海上遭受恶劣气候、雷电、海啸等自然灾害所造成的部分损失。

在装卸或转运时由于一件或数件整件货物落海造成的全部或部分损失。

被保险人对遭受承保责任内危险的货物采取抢救、防止或减少货损的措施而支付的合理费用，但以不超过该批被救货物的保险金额为限。

运输工具遭遇海难后，在避难港由于卸货引起的损失，以及在中途港、避难港由于卸货、存仓以及运送货物所产生的特别费用。

共同海损的牺牲、分摊和救助费用。

运输契约定有"船舶互撞责任"条款，根据该条款规定应由货方偿还船方的损失。

② 水渍险。水渍险的承保责任范围，除包括上述平安险的各项责任外，还负责被保险货物由于恶劣气候、雷电、海啸、地震、洪水等自然灾害所造成的部分损失。

③ 一切险。一切险，除包括平安险、水渍险的各项责任外，还负责被保险货物在运输途中由于一般外来风险所造成的全部或部分损失。所以，一切险承担了一般附加险包括的责任，但不包含特殊附加险，如欲投保，必须在一切险之外另加。

(2) 附加险。附加险有一般附加险(General Additional Risk)和特别/特殊附加险(Special and Specific Additional Risk)之分。

① 一般附加险。一般附加险所承保的是由一般外来风险所造成的全部或部分损失，其险别共有下列 11 种。

- 偷窃、提货不着险(Theft, Pilferage and Non-Delivery, TPND)。
- 淡水雨淋险(Fresh Water and/or Rain Damage, FWRD)。
- 短量险(Risk of Shortage)。
- 混杂、玷污险(Inter-Mixture and Contamination Risk)。
- 渗漏险(Leakage Risk)。
- 碰损破碎险(Clash and Breakage Risk)。
- 串味险(Taint of Odour Risk)。
- 受潮受热险(Sweating and Heating Risk)。
- 钩损险(Hook Damage Risk)。
- 包装破碎险(Breakage of Packing Risk)。
- 锈损险(Risk of Rusting)。

② 特别/特殊附加险。特别/特殊附加险承保由于特殊外来风险所造成的全部或部分损失，共有下列八种。

- 战争险(War Risks)，又称兵险。

- 罢工、暴动及民变险(Risks of Strike, Riot and Civil Commotion, SRCC), 简称罢工险。
- 交货不到险(Failure to Deliver Risk)。
- 拒收险(Rejection Risk)。
- 黄曲霉素险(Aflatoxin Risk)。
- 舱面险(On Deck Risk)。
- 进口关税险(Import Duty Risk)。
- 货物出口到香港(包括九龙)或澳门存仓火险责任扩展条款。

(3) 保险单除载有上述保险条款外,有时还会加注免赔率和仓至仓条款,这两个条款并不是独立的险别,而是某些险别的附加说明。

① 免赔率。根据《UCP600》第 28 条 j 款的规定,保险单据可以注明受免赔率或免赔额(减除额)约束。

免赔率是指货物遭受损失的程度超过规定的百分比,保险才给予赔偿,这个规定的百分比就是免赔率。免赔率又有相对免赔率(Franchise or Non-deductible franchise)和绝对免赔率(Excess or Deductible franchise)之分。

通常把受到免赔率的约束称为相对免赔率,受到超过额赔偿(免赔额扣减)的约束称为绝对免赔率。现在举例说明。

相对免赔率:如果 100 英镑损失的相对免赔率是 5%,这就意味着损失总额低于 5 英镑由被保险人支付,损失总额在 5 英镑及其以上的,假如是 100 英镑,应由保险公司全部支付 100 英镑,被保险人不负责。

绝对免赔率:如果 100 英镑损失的绝对免赔率是 5%,这就意味着 5 英镑的损失由被保险人支付(即可扣减的免赔额为 5 英镑),由保险公司支付 95 英镑的损失。

② 仓至仓条款。根据《UCP600》第 28 条 f(iii)的规定,保险单据须表明承保的风险区间至少涵盖从信用证规定的货物接管地或发运地开始到卸货地或最终目的地。仓至仓条款(Warehouse to Warehouse Clause)就是对保险责任的起讫规定,指的是被保货物自起运地仓库开始运输起,直至到达目的地收货人最后仓库或储存处所止的整个运输过程,保险公司均负责任。

12.2.4 保险单据的背书转让

保险单据的背书转让在贸易条件是 CIF 和 CIP 的销售中显得尤为重要。

ISBP681 中,对保险单据的背书转让有这样的说明:如果信用证对被保险人未作规定,则表明保险金的赔付将按托运人或受益人指示的保险单据不可接受,除非经过背书。保险单据应出具或背书使保险单据项下的索赔权利在放单之时或之前得以转让。

保险单据的背书有空白背书和记名背书两种,采用何种方式,取决于信用证的规定。

1. 空白背书

XYZ Co., Place
    Signature

2. 记名背书

Claim payable

to the order of ABC Bank,place

XYZ Co., Place

　　　　Signature

12.2.5　保险单据的审核、修改

1. 审核

1) 日期

(1) 保险单据日期不得晚于发运日期，除非保险单据表明保险责任不迟于发运日生效。(《UCP600》第 28 条 e 款)

(2) 载有截止日期的保险单据必须清楚地表明该截止日期系指货物装船、发送或接管(视情况适用)的最迟日期，还是在保险单据项下提出索赔的期限。(ISBP 681)

2) 货币和金额

(1) 保险单据必须以信用证的币种，至少按信用证要求的金额出具。《UCP600》并未规定任何投保的最高比例。(ISBP 681)

(2) 信用证对于投保金额为货物价值、发票金额或类似金额的某一比例的要求，将被视为对最低保额的要求。如果信用证对投保金额未作规定，投保金额须至少为货物 CIF 或 CIP 价格的 110%。如果从单据中不能确定 CIF 或者 CIP 价格，投保金额必须基于要求承付或议付的金额，或者基于发票上显示的货物总值来计算，两者之中取金额较高者。(《UCP600》第 28 条 f(ii))

(3) 如果从信用证或单据可以得知最后的发票金额仅仅是货物总价值的一部分(例如由于折扣、预付或类似情况，或由于货物的部分价款将晚些支付)，必须以货物的总价值为基础来计算应保金额。(ISBP 681)

3) 货物描述

按照《UCP600》第 14 条 e 款的规定：除商业发票外，其他单据中的货物、服务或履约行为的描述，如果有的话，可使用与信用证中的描述不矛盾的概括性用语。

4) 投保风险

(1) 信用证应规定所需投保的险别及附加险(如有的话)。

如果信用证使用诸如"通常风险"或"惯常风险"等含义不确切的用语，则无论是否有漏保之风险，保险单据将被照样接受。(《UCP600》第 28 条 g 款)

如果信用证未规定投保险别，则保单至少应该投保一项基本险。

(2) 当信用证规定投保"一切险"时，如保险单据载有任何"一切险"批注或条款，无论是否有"一切险"标题，均将被接受，即使其声明任何风险除外。(《UCP600》第 28 条 h 款)

保险单据可以援引任何除外条款。(《UCP600》第 28 条 i 款)

保险单据必须投保信用证规定的风险。如果信用证明确列明应投保的风险，则保险单据对上述风险必须不作任何排除。如果信用证要求"一切险"，则只要提交任何带有"一切险"

条款或批注的保险单据,即使该单据声明不包括某些风险,也符合信用证要求。如果保险单据标明投保(伦敦保险)《协会货物条款》(A),也符合信用证关于一切险条款或批注的要求。(ISBP 645)

保险单据必须涵盖信用证规定的风险。即使信用证明确列明应投保的风险,保险单据中也可以援引除外条款。如果信用证要求投保"一切险",提交载有"一切险"条款或批注的保险单据即满足要求,即使该单据声明某些风险除外。如果保险单据标明投保(伦敦保险)《协会货物条款》(A),也符合信用证关于"一切险"条款或批注的要求。(ISBP 681)

(3) 同一运输的同一风险的保险必须由同一保险单据涵盖,除非第一份涵盖部分保险的保险单据以百分比或其他方式明确反映每一保险人负责的保险金额,并且每一保险人将各自分别承担自己的责任份额,不受其他保险人可能已承保的该次运输的保险责任的影响。(ISBP 681)

2. 单据修改

如果单据记载带有任何修改,要确保这些修改被适当地证实。这里要注意两点。

(1) 同一份单据内使用多种字体、字号或手写,其本身并不意味着必然为更正或更改。(ISBP 681)

(2) 当一份单据包含不止一处更正或更改时,必须对每一处更正作出单独证实,或者以适当的方式使一项证实与所有更正相关联。例如,如果一份单据显示出有标为1,2,3的三处更正,则使用类似"上述编号为1,2,3的更正经×××授权"和声明即满足证实的要求。(ISBP 681)

12.3 运 输 单 据

12.3.1 运输单据的含义和种类

1. 含义

运输单据(Shipping Document)是出口商按规定装运货物后,承运人或其他代理人签发的一种收货凭证。是承运方收到托运货物的收据,又是承运方与托运方之间的运输契约,运输单据如果是可转让形式则又成为物权凭证,经过背书,可以转让,其受让人即成为货权所有人。(详见图12.1)

它不仅是货物运输中最重要的证件,也是国际贸易中买卖双方及其他有关当事人最关注的一种单据,特别是用其货权凭证的性质来抵押有融资行为的金融机构更受关注。

2. 种类

根据运输方式的不同,常见的运输单据分为七类。

(1) 海运——海运提单(Marine/Ocean B/L)。
(2) 海运——不可转让海运单(Non-Negotiable Sea Way Bill)。
(3) 海运——租船合约提单(Charter Party B/L)。
(4) 多式运输——多式运输单据(Multimodal Transport Document)。
(5) 空运——(Air Transport Document/Air Way Bill)。

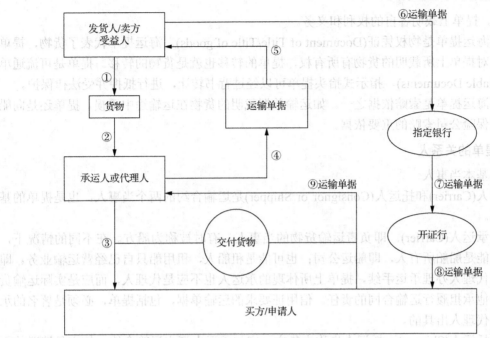

图 12.1 运输单据流程

(6) 公路、铁路、内河运输——公路、铁路、内河运输单据(Road、Rail or Waterway Transport Document)。

(7) 专递和邮寄——专递和邮政收据(Courier and Post Receipts)。

12.3.2 海运提单

根据《汉堡规则》,海运/海洋提单(Marine/Ocean Bills of Lading)(简称提单)是指一种证明海上运输合同和把货物已经由承运人接管或者装船,以及承运人保证据以交付货物的单证。

《UCP600》中的提单(Bills of Lading)是要求港至港的运输单据,也就是说,只要运输的起始地和目的地都是港口,就适用于《UCP600》第 20 条。

第 20 条写明海运单据"不论其称谓如何",单据名称不是审核准则,审核准则如下。

(1) 满足信用证条款和条件。

(2) 符合第 20 条适用部分。

(3) 是信用证要求的海运运输方式。

海运提单是承运人签发给托运人的货物收据,是代表物所有权的凭证,收货人或提单的合法持有人凭提单向承运人提取货物。

在跟单信用证实务中,提单无疑是最重要的单据之一,因为其"物权凭证"(Document of Title)的属性,银行往往对其设置担保权益。

1. 海运提单的主要作用

(1) 海运提单是承运人出具的已装船的货物收据(Receipt for Goods Shipped)。

(2) 海运提单是承运人和托运人之间订立运输合约的证据(Evidence of the Contract of

Carriage)。提单上载明各自的权利和义务。

(3) 海运提单是物权凭证(Document of Title/Title of goods)。海运提单代表了货物,提单的持有人对提单上所载明的货物有所有权,提单的转移也就是货物的转移。提单是可流通单据(Negotiable Documents),指示式抬头提单可以经过背书转让,进行抵押并受法律保护。

(4) 海运提单是索赔依据之一。如运输单据载明的货物在运输途中受损,提单还是向船运公司或保险公司索赔的重要依据。

2. 提单的关系人

1) 基本当事人

承运人(Carrier)和托运人(Consignor or Shipper)是运输合约的两个当事人,也是提单的基本关系人。

(1) 承运人(Carrier)。即负责运输货物的当事人,有时被称为船方。在不同的情况下,承运人可能是船舶所有人,即船运公司;也可能是租船人,租用船只自己经营运输业务。即使是通过代理人办理承运手续,提单上所体现的承运人也不应是代理人,而应是实际运输货物的人,他承担履行运输合同的责任。信用证要求的运输单据,包括提单,必须是署名的承运人或其代理人出具的。

(2) 托运人(Shipper)。托运人也称为货方,它与承运人订立运输合约。按交易情况的不同,它可能是发货人(Shipper)或卖方,也可能是收货人(Consignee)或买方。信用证项下提单上的 Shipper 应是信用证的受益人。

2) 其他当事人

除了基本关系人外,在提单上出现的还有收货人和被通知人等。

(1) 收货人(Consignee)。通常被称为提单的抬头人。收货人可以是托运人,也可以是第三方。他有在目的港凭提单向承运人提取货物的权利。通过提单的背书转让,实际收货人则是提单上的受让人(Transferee)或持单人(Holder)。

(2) 被通知人(Notify Party)。他不是提单的当事人,只是收货人的代理人,是被承运人通知的人。在提单上填写被通知人,是因为空白抬头提单无收货人的名称及地址,故应有被通知人的记载,以便货到目的港后,承运人通知被通知人,由他转告实际收货人及时办理报关、提货等手续。这是承运人给予货主的一种便利。

由于背书转让,出现了受让人,即通过背书转让后接受提单的人。他不仅有向承运人要求提货的权利,同时也承担了托运人在运输合同中的义务。在提单的交接过程中,还出现了持单人。他是经过正当交接手续而持有提单的人。在提单交接的不同阶段,他可能是托运人、收货人,也可以是受让人。

3. 提单的分类

1) 按货物装船与否划分

(1) 已装船提单(Shipped on Board B/L)。已装船提单是船公司将货物装上指定船舶后签发的提单。

(2) 收妥备运提单(Received for Shipment B/L)。这是指承运人应托运人的要求,在收到货物等待装船期间先行签发的一种提单。其特点是先签单后发运。

2) 按提单有无不良批注划分

(1) 清洁提单(Clean B/L)。即未载有明确宣称货物及/或包装状况有缺陷的条文或批注的提单。

(2) 不清洁提单(Unclean B/L)。即承运人在提单上加注货物或包装状况不良或存在缺陷等批注的提单。

3) 按运输途中是否转船划分

(1) 直运提单(Direct B/L)。即货物运输途中不转船，直接运达目的港的提单。

(2) 转运提单(Transshipment B/L)。即货物需要在途中港口换船才能运往目的港的提单，一般注有在"××港转船"的字样。

4) 按提单收货人的抬头划分

(1) 记名提单(Straight B/L)。提单收货人名字、地址确定，且不可背书转让，只能由收货人本人提货，多用于贵重物品或捐赠品的运输。

(2) 不记名提单(Open B/L)。提单收货人未指明，任何提单持有者都可向承运人提取货物。这种提单不用背书即可转让，风险很大。

(3) 指示提单(Order B/L)。在记载收货人姓名时，记载为"凭指示(to order)"或"凭××指示(to the order of...)"。

5) 按提单内容的繁简划分

(1) 全式提单(Long Form B/L)。即正反面均有详细条款，全面记载承运人和托运人权利和义务的提单。目前一般用全式提单。

(2) 简式提单又称背面空白的提单(Short Form /Blank Back B/L)。按照国际商会的定义，简式提单是指船运公司或其代理人所签发的提单，背面未印有承运条款细则，仅注明某些或全部装运条款系参照提单以外的来源或文件。除非信用证有特殊规定，银行一般不接受简式提单。

6) 按使用船只的不同划分

(1) 班轮提单(Liner B/L)。由班轮承运人或其代理人签发的提单。

(2) 租船提单(Charter Party B/L)。大宗货物通常包租不定期船整船运输，当货方租船运输时，由船长、船东或他们的代理人签发的以租船合约为依据的提单就叫租船提单。

7) 按承运人身份的不同划分

(1) 承运人提单(Carrier B/L)。由承运人、船长或他们的代理人签发的提单。

(2) 运输行提单(Freight Forwarder B/L)。由运输行以自己的名义签发的提单，由运输行以承运人的名义或以承运人的代理人身份签发的提单均称为运输行提单。

8) 按在装运港是否付运费划分

(1) 运费到付提单(Freight Collect)。提单上注明运费到付。

(2) 运费已付提单(Freight Prepaid)。提单上注明运费已预付。

4. 提单的主要内容

目前不同船运公司设计的提单格式和内容不尽相同，但由于海运提单是物权凭证，直接牵涉到各关系人的责任和权益，因而要求内容尽可能详尽明确，以避免或减少纠纷。完整的提单包括正面关于商品装运情况的记载和背面印就的运输条款。

1) 提单正面的记载内容

提单正面的记载内容可以分为以下三个部分。

(1) 托运人填写部分。这是在货物装运前托运人从船运公司取得空白提单后需要填写的内容，包括托运人、收货人和被通知人的名称和地址，提单号码，船名，装运港和目的港，货物名称叙述，装船件数(小写及大写)，毛重，体积，运输唛头，包装方式，全套正本提单份数等。这些内容大部分都分别填写于提单上半部分印定的空白栏目内。

例如：

① 被通知人名称和地址。
- Notify Party：××××××。只需将××××××照样缮打在通知方栏即可。
- Notify Party：Applicant。需将开证申请人的名址缮打在通知方栏内。
- Notify Party：Applicant and us。这种情况除缮打开证申请人的名称和地址外，还要加打开证行的名称。
- 当信用证未对 Notify Party 作明确规定时，通常此栏可缮打实际收货人名称和地址（一般情况下即为 Applicant），当然也可将此栏空白。但为通知收货人提货，副本提单的此栏一定要缮打收货人的名称和地址。

② 起运地，即装货港，指货物实际装船起运的港口，是承运人义务的起点。

③ 铅封号、唛头。即装运标志，如果信用证规定了唛头，提单此栏应照样填写，位置和形状最好都不要改变。如果没有唛头，则填写"No Mark"或"N/M"或空白，应注意与商业发票一致。

④ 毛重(Gross Weight)、尺码(Measurement)件数和包装种类(Number & Kinds of Packages)。毛重、尺码、件数应填准确，大写应与小写一致，且数字后加"仅"(only)字样。包装应照实填写，不宜省略。散装货应填明 In Bulk。

⑤ 托运人。一般为出口商，信用证的受益人。根据《UCP600》，除非信用证有特别规定，允许银行接受受益人以外的第三者为发货人的提单(Third Party's B/L)。

⑥ 收货人(Consignee)，应按信用证规定分为记名式和指示式两种。

其一，记名式。指定受货人名称(Consigned to ×××)只能背书提货，而不能转让，称为"记名提单"。

其二，指示式。在收货人栏内有"指示"(Order)一词。意指承运人凭"指示"交货，指示人背书后可以转让，受让人成为提单持有人有权凭以提货，该提单称为"指示提单"。

指示提单，又分为不记名指示和记名指示两种：Order——不记名指示，一般由托运人背书、转让；Order of Shipper，Order of Applicant，Order of Issuing Bank——均为记名指示，分别由托运人、申请人、开证行指示并背书、转让。

背书，也分为两种：一种是空白背书(Blank Endorse)，背书人只在提单背面盖章，无其他记录文句。背书后谁持有提单谁有权提货。另一种是记录被背书人的名字，然后背书人盖章。如，词句一般是 Deliver to ×××，被背书人即受让人，可凭提单提货；又如，当词句是 Deliver to the Order of ×××，则背书人还可以背书再转让，依此类推。

⑦ 提单编号(B/L No.)，一般列在提单的右上角。为方便起见，往往参考有关单据号码编制。

⑧ 船名(Vessel Name)。所装船只，必要时要有航班次数。其他单据上船名应与其一致，

如信用证有指定船名，应与信用证一致。

(2) 由承运人或其代理人填写部分。这是承运人在核对托运人实际装货情况后填写的。其内容包括：运费交付情况，如"运费已付"(Freight Prepaid)、"运费待付"(Freight to Collect)、"运费在目的港支付"(Freight Payable at Destination)，签发的日期与地点，船公司的签章，船长或其代理人的签章等。这些内容通常位于提单的下半部分。

其中，运费和费用(Freight & charges)：一般只填运费支付情况。如，发票显示 CFR 和 CIF 价格，海运提单应填运费已预付(Freight Prepaid)；如 FOB，应填写运费到付(Freight Collect 或 Freight Payable at Destination)。如果信用证有规定，一定要与信用证的规定一致，否则至少也要保证与价格条件以及其他单据内容等相协调，不能有矛盾；如信用证规定加注运费数，则应照加。

(3) 承运人或其代理人填写的部分。这是承运人对接受委托承运货物的若干带契约性的声明文字，一般有以下四方面的内容。

① 装船条款。

印明承运人收到外表状况良好的货物(另有说明者除外)，并已装船，将运往目的港卸货。其常见的英语文句是：

Shipped on board the vessel named above in apparent good order and condition (unless otherwise indicated)the goods or packages specified here-in and to be discharged at the mentioned port of discharge.

② 内容不知悉条款。

印明承运人对托运人在提单上所填写的货物质量、数量、内容、价值、尺码和唛头等，概不知悉，表示船方对上述各项内容正确与否不负核对之责。其常见的英语文句是：

The weight, quality, content, value, measure, marks, being particulars furnished by the shipper, are not checked by the Carrier on loading and are to be considered unknown.

③ 承认接受条款。

说明托运人、收货人和提单持有人表示同意接受提单背面印定的条款、规定和负责事项。托运人接受提单即表示接受提单背面印就、书写或戳记的条款。其常见的英语文句是：

The Shipper, Consignee and the Holder of this Bill of Lading hereby expressly accept and agree to all printed, written or stamped provisions, exceptions and conditions of this Bill of Lading, including those on the back here of.

④ 签署条款。

印明为了证明以上各节，承运人或其代理人特签发正本提单一式几份，凭其中一份提货后，其余各份即行失效。其常见的英语文句是：

In witness where of, the Master or Agents or the vessel has signed/original(the/above stated number)Bill of Lading, all of this tenor and date, one of which being accomplished, he others to stand void.

2) 提单背面的印就条款

提单背面印就的运输条款，规定了承运人的义务、权利和责任的豁免，是承运人与托运人双方处理争议时的依据。根据《UCP600》的规定，银行不审核这些条款，在此不再详述。

5. 提单全套正本

(1) 海运提单必须注明所出具的正本的份数。注明"第一正本""第二正本""第三正本""正本""第二联""第三联"等字样的运输单据均为正本。提单不一定要注明"正本"字样方为正本。

(2) 1/3 正本提单直接寄给申请人。议付行收到交来全套单据中包含 2/3 提单，由于 1/3 提单早已寄给申请人用于提货，2/3 的两张提单实际已经无效，议付行丧失对货物的控制权，不能议付单据。若受益人没有把握交来正确单据，不能接受一张正本提单直接寄给申请人的条件。(ICC 596)

(3) 提单包括全部承运条件或部分承运条件须参阅提单以外的某一出处或文件(简式/背面空白提单)者，银行对此类承运条件的内容不予审核。

(4) 提单上的更正和更改必须经过证实。证实必须看似由承运人或船长所为，或者由其任一代理人所为，但要注明其作为承运人或船长的代理人身份。(ISBP 681)

对于正本提单可能做过的任何更正或更改，其不可转让的副本无须加具任何签字或证实。(ISBP 681)

12.3.3 多式运输单据

多式运输单据(Multimodal Transport Document)表示至少有两种不同运输方式的运输，即至少包括海运、空运、公路、铁路、内河运输中的两种。同一运输方式、不同运输工具的联运，例如海/海联运、空/空联运等不能视作多式运输(见图12.2)。涵盖至少两种不同运输方式合同以及证明多种运输方式经营人接管货物并负责按照合约条款交付货物单据。

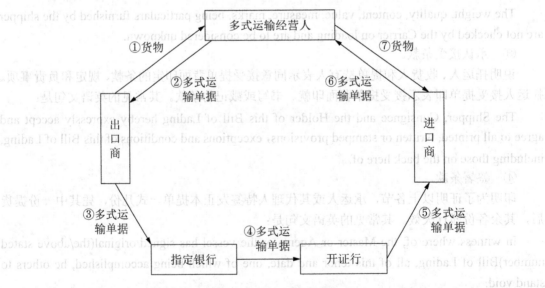

图 12.2 多式运输流程

多式运输单据项下的承运人，对运输全程负责，从收到货物开始直至货物到达最终目的地为止。多式运输第一程为海运时需注明已装船只。即使信用证不允许转运，银行也将接受多式运输单据，因为多种运输方式必然要发生货物从一种运输方式的运输工具上卸下，再装上另一种运输方式的运输工具上,不可避免将发生转运。因此,只要单据包括全程,将被银行及有关各方接受。多式运输单据的收货人如果是指示式,为可转让单据;收货人如果是记名式,则为不可转让单据。

相关解释如下。

(1) 多式运输合约意指单一的、采用至少两种不同运输方式运输货物的合约。

(2) 多式运输单据(Multimodal Transport Document,MTD)意指证明多式运输合约的一份单据,并且在适用法律允许时可被电子数据交换信息代替。

① 以可流通形式发出,特点是这种多式运输单据是物权凭证。

② 以不可流通形式发出,注明指名收货人,特点是不提交正本单据,交货给证明身份的收货人,不能背书转让。

(3) 承运人(Carrier)是一家公司,其在多式运输的一段或多段运输中负责实际运输货物。

(4) 托运人(Consignor),意指与多式运输经营人订立多式运输合约的人。

(5) 收货人(Consignee),意指有权从多式运输经营人那里收取货物的人。

(6) 接受监管(Taken in Charge),意指货物已经交给多式运输经营人和被其接受待运。

(7) 交货给收货人(Delivery of the goods to the consignee):①当多式运输单据以可流通形式出具,作成货物运交来人时,则该货物交给提交一张正本单据的人,该单据无须背书。②当多式运输单据是以可流通形式出具,作成货物运交指示方(或称空白抬头人)时,则货物交给提交一张正本单据带有作成背书的人。③当多式运输单据以可流通形式出具,作成货物运交指名人或其指示方时,则货物交给证明其身份和交出一张正本单据的那个指名人,或如果单据已被那个指名人作成空白背书并被他转让给一个指示方时,则货物交给提交一张正本单据带有作成适当背书的指示方。④当多式运输单据以不可流通形式出具时,一个提货人经证明自己是单据收货人,货物即可交给这个指名的人(无须交出该正本单据)。⑤没有发出多式运输单据时,货物交给托运人指名的人。

12.3.4 空运单据

空运单据是在航空运输方式下,由作为承运人的航空公司或其代理人接受托运人的委托,以飞机装载货物进行运输而签发的货运单据。

1. 空运单据名称

航空运单(Air Waybill,AWB)是托运人与承运人之间的运输合同和货物收据,但不是物权凭证,不能背书转让。在很多情况下,空运提单并不是提货的必要条件,收货人要凭到货通知办理提货。

信用证要求提交航空运单或航空托运单(Air Consignment Note,CAN)等类似单据,则适用《UCP600》第23条。

当运输行作为航空运输合约承运人时,该运输行有时从不同的发货人那里汇集收到货物,然后交给航空承运人,并从后者那里获得一张包括全部装载物的航空运单,这份单据常被称为航空主运单(Master Air Waybill,MAWB),它是以运输行为受益人的,而不是以许多单个发货人为受益人的。

运输行自己签发多张航空运单给那些单个的发货人,这种运输行单据常被称为航空分运单(House Air Waybill, HAWB)。

在实务中，航空运输主要包括以下两类承运人：①航空运输公司。②航空货运代理公司。

主运单即是由航空公司签发的航空运单；分运单即是由航空货运代理公司签发的航空运单。

主运单和分运单的内容基本相同，法律效力相同，对于收货人和发货人而言，只是承担货物运输的当事人不同。

2. 空运单据的特点

(1) 提交银行一张正本单据。信用证不应要求提交银行的正本航空运单多于一张。
(2) 航空运单是不可流通的单据。
(3) 航空运单不能控制买方付款。在 D/P 托收项下航空运单不能控制买方付款，信用证项下航空运单不能作为提供给银行的抵押品。
(4) 必须作成记名收货人。

12.4 政府单据

贸易各方所处国家和地区不同，根据商品不同种类所需的单据也不同，甚至差别很大，但总起来说政府单据对贸易双方很重要，下面简述其中几种。

12.4.1 海关发票

海关发票(Customs Invoice)是进口国(地区)海关制定的一种专用于向该国(地区)出口的发票格式。其主要内容是说明价值(Value)和产地(Origin)。

海关发票由出口商填制后，供进口商在报关时提交给进口国(地区)海关。其作用是：作为对进口货物估价定税的依据；核定货物原产地，以实行差别税率政策；核查货物在出口国市场的销售价格，以确定出口国是否以低价倾销，而征收反倾销税；用于海关统计的资料等。

目前，要求出具海关发票的国家或地区有美国、加拿大、加勒比海岸国家和澳大利亚等。有的国家要求使用联合发票产地证(Combined Invoice and Certificate of Origin)，也同样起海关发票的作用。其内容应严格照格式填写。

12.4.2 出口原产地证明书

出口货物原产地证明书通常也称为原产地证明书(Certificate of Origin)，是证明出口货物的生产来源地，以便供进口国海关采取不同的国别政策和关税待遇的书面证明文件，在国际贸易中具有独特的法律效力，在证明原产地方面具有不可替代的作用，是进行国际贸易的一项重要证明文件。一些不使用领事发票或海关发票的国家，根据产地证来确定对货物应征的税率。还有些国家控制或禁止从某国或某地区输入货物，往往也要求出口商提供产地证明书。

签发产地证明书的机构，应依照信用证具体指定出具。如无指定，一般可由政府有关商品检验机构或出口地其他有权检验机构签发。

目前，国际上主要是按原产地证明书的不同用途和适用范围进行分类的。按此标准，出口货物原产地证明书通常可以分为一般原产地证、普通优惠制产地证、纺织品产地证、地区经济集团协定原产地证四种。

1. 一般原产地证

一般原产地证(Certificate of Origin)，是用以证明有关出口货物和制造地的一种证明文件，是货物在国际贸易行为中的"原籍"证书。在多数情况下，一般原产地证是在实施优惠关税的双边协定国家之间享受最惠国待遇的一种凭证。目前我国是由中国国际贸易促进会出具或由中国进出口商品检验局出具一般原产地证明书。我国签发的一般原产地证主要有以下几种。

(1) 国际贸易促进委员会(简称"贸促会")原产地证书或中国商会原产地证书。贸促会产地证主要填写以下内容。

① 证书编号。在证书编号前还要加打公司代号。
② 签发日期。不得迟于提单日期，参照发票日期填写。
③ 证明产地文句。如信用证内有规定文句，必须把此类文句恰当填写。
④ 唛头、件号、商品名称、数量、重量，按发票与提单有关内容填写。
⑤ 出证人签章，如信用证规定要手签，必须由授权签字人手签，其他人不可代签。
⑥ 其他方面要符合信用证的有关规定。

(2) 欧盟纺织品专用产地证明书。

(3) 对美国出口的原产地证声明书。

2. 普通优惠制产地证

普通优惠制产地证简称普惠制产地证(Generalized System of Preferences，GSP)，是一个国家对另一个国家向其出口的制成品和半制成品(包括某些初级产品)给予的一种普遍的、非歧视性的、非互惠的关税减免优惠制度。由于给惠国实行减免关税产生的差额，使受惠国出口商品的价格具有更大的竞争能力，吸引进口商购买更多的受惠产品，从而扩大受惠国制成品和半制成品的出口，增加外汇收入，促进工业化。

普惠制产地证目前普遍采用格式 A，即：FORM A。FORM A 一正两副、正本印有绿色扭索图案底纹，尺寸为297mm×210mm，使用文种为英文或法文，由出口商填制申报，签证机构审核、证明及签发。签证机构必须是受惠国政府指定的，其名称、地址、印鉴都在给惠国注册登记，在联合国贸发会秘书处备案。我国 FORM A 的签证由国家进出口商品检验局统一负责。

在填制与审核 FORM A 时，要注意以下事项。

(1) FORM A 的标题栏(右上角)。填上签证当局所编的证书号(Reference No.)，在证头横线上方填"Issued in the People's Republic of China"，国名必须是全名，不得简化。

(2) 出口商的公司名称、地址、国别。这是带强制性的，不能省略，必须是中国境内的详细地址。

(3) 进口商的名称、地址和国别。一般应填给惠国最终收货人(即信用证上规定的提单通知人或特别声明的受货人)，如最终收货人不明确，可填发票抬头人，不能填中间转口商的名称。

(4) 运输方式及路线。一般应填装货、到货地点及运输方式。如系转运商品，应加上转运港，如"Via Hongkong"。

(5) 供官方使用。申请单位不用填。在一般情况下，此栏空白，如有需要则由签证当局填写；如果是后发(签证日期晚于提单日期)、需加盖 Issued Retrospectively 红色印案，日本一般不接受"后发"证书。

(6) 商品顺序号。单项商品可不填，若是多种商品，可填"1""2""3"…

(7) 唛头及包装号。照实缮制，如装箱货物无唛头，填"N/M"，不得留空；如唛头过多，此栏填制不下时，可另加附页。附页大小与 FORM A 相等，一式三份，打上 FORMA 的编号，并由签证机构授权签证人手签，加盖签证章；或将附页附在证书背面，由商检机构加盖骑缝印章，并在本栏打上"To See the Attached List"。

(8) 品名、包装数量、种类。商品名称要尽量具体、明白，一般情况下，商品商标、牌名、货号可以不表示出来。包装一定要打上大写数字。商品名称列完以后，应在末行或次行加上表示结束的符号，以防伪造。内容要与信用证规定一致，与发票内容一致。

(9) 原产地标准。这一栏是整个证书最重要的。如完全原产无进口成分，填"P"；含有进口成分，但符合原产地标准的，出口至欧盟和日本的，填"W"，并在"W"下加盖商品四位数字级 HS 税目号；出口至加拿大的，填"F"；出口至澳大利亚、新西兰的商品，此栏可留空。

(10) 毛重或其他数量。一般填毛重，若是净重，须标 N.W，此外，还可以按商品的正常计量单位填，如"只""件""台"和"打"等。

(11) 发票日期与发票号。不得留空，月份一律用英文缩写表示出来。

(12) 签证当局证明。由商检机构手签并加盖签证印章，还要打上签证地点及日期，如：Beijing，JAN、20，2020，但只签发正本。签发时，手签和公章的位置不能重叠，签发日期不能早于发票日期和申报日期，但应早于货物出运日期和提单日期。

(13) 出口商声明。生产国的横线填"CHINA"，进口国名一定要正确，不能以地区或城市名称或非正式名称代替。申报中由在商检局注册的手签人在此栏签字，任何人不得代签。并加盖公章，同时填上申报地点、日期。FORM A 若出现内容或打字上的错误，应重新填制，如果发现内容遗漏，要用原打字机补打，证书的内容必须与信用证及所附单据一致。

3. 纺织品产地证

纺织品产地证(Certificate of Origin(Textile Products))，是指出口国的授权机构对向设定进口限制的国家出口纺织品配额类商品所签发的一种原产地证，主要是针对实施优惠关税多边纺织品贸易协定的国家(如欧盟国家以及美国、加拿大、芬兰、瑞典、挪威和奥地利等国)而使用的。

4. 地区经济集团协定原产地证

地区经济集团协定原产地证是指一定区域内的国家享受互惠的减免关税待遇的货物原产地证明文件，例如北美自由贸易区产地证、英联邦特惠税产地证。

12.4.3 卫生证明书、动物检疫证明书和植物检疫证明书

进口国家为防止传染病菌，对进口食品、包装材料、兽皮、活牲畜等动植物类商品，官方规定须由出口国卫生或动植物检验机构出具检验合格的证明，即卫生证明书(Health

Certificate)、动物检疫证明书(Veterinary Certificate)和植物检疫证明书(Plant Quarantine Certificate)。其内容应根据信用证的要求和具体商品的需要填写。

12.4.4 检验证明书

为防止出口商装运的货物不符合标准或合同上规定的品质,进口商常在信用证中规定要求提供检验证明书(Inspection Certificate)。有时进口国海关规定对某些进口货物必须提供检验证明书才允许进关;有时出口国海关还规定对某些出口货物即法定检验商品必须提供检验证书才能放行。

签发检验证书的机构一般视信用证规定而定。中国进出口商品检验局是中国官方检验机构,一般由其签发;但在信用证未明确规定检验机构时,根据国际惯例,银行可接受任何机构签发的证书,只要内容合理、正确。

小　　结

本章我们接触了许多种类的单据。具体来说,重点单据可以总结如下表所示。

项　目	基本单据	其他单据
商业单据	商业发票(Commercial Invoice)	装箱单(Packing List); 重量单(Weight List/Certificate); 产地证明书(Certificate of Origin); 数量单(Quantity Certificate); 受益人证明(Beneficiary's Certificate); 质量证明书(Certificate of Quality);电报抄本(Cable Copy)
运输单据	提单(Bill of Lading); 运货单据(Transport Documents)	船运公司证明(Shipping Company's Certificate); 邮包收据(Post Receipts)
保险单据	保险单(Insurance Documents)	投保声明
政府单据	海关发票(Customs Invoice); 领事发票(Consular Invoice); 进出口许可证(Export License)	商检证书

本章难点在于商业发票和海运提单的填写。

复习思考题

1. 名词解释

(1) 商业发票

(2) 海关发票

(3) 保险单
(4) 海运提单

2. 问答题

(1) 所谓商业单据一般有哪几种？
(2) 商业发票主要内容有哪些？
(3) 试述商业发票的作用。
(4) 保险的当事人有哪几个？
(5) 保险单的种类一般包括哪五种？
(6) 海运提单的作用是什么？
(7) 海关发票的作用是什么？

案例及热点问题分析

扫一扫，阅读案例并时行问题分析。

课后阅读材料

课后阅读 12-1　单证上的中英文对照表

(扫一扫，一起来学习单证上的中英文对照知识吧！)

课后阅读 12-2

国际商会出版物——《审核跟单信用证项下单据国际标准银行实务》

《审核跟单信用证项下单据国际标准银行实务》(国际商会出版物第 645 号，ISBP)，于 2003 年 1 月 1 日生效。2007 年，针对《UCP600》的发布实施，国际商会对第 645 号出版物进行了修订，推出了 ICC 出版物 681 号，即《审核跟单信用证项下单据国际标准银行实务》(国际商会出版物第 681 号，于 2007 年 7 月 1 日生效。

ISBP 全书共 185 段，结构如下。

第一，信用证的申请和开立(第 1 段至第 5 段)。

第二，一般原则。它们不是针对《UCP600》的任何一个条文，也不是针对任何一项单据而订立的(第 6 段至第 42 段)。

第三，明确地连接着一项指名单据类型。

(1) 汇票(第 43 段至第 56 段)。
(2) 发票(第 57 段至第 67 段)。
(3) 运输单据(第 68 段至第 169 段)。
(4) 保险单据(第 170 段至第 180 段)。
(5) 产地证(第 181 段至第 185 段)。

(资料来源：百度文库)

附录 A　参考资料

本书提供以下参考资料,可联系出版社索取。
(1) 《国际收支和国际投资头寸手册》第六版(BPM6)
(2) 中国国际收支平衡表
(3) 世界各国货币名称及缩写
(4) 全球主要国家经常账户余额(截至 2018 年)
(5) 外国直接投资净额国别数据(截至 2018 年)
(6) 现行有效的外汇管理法规目录(截至 2019 年 6 月 30 日)
(7) 银行间外汇市场交易做市商名单(2019 年 8 月)
(8) 2019 年人民币国际化报告
(9) 2018 年我国国际收支状况分析

附录 B　国际金融事务中的委员会

二十国委员会

1971 年以后，由于国际货币危机的不断发生，修改国际货币基金协定、改革国际货币体制被提上了议事日程。这一工作不仅涉及技术性问题，还涉及与各国直接相关的政治经济问题。

国际货币基金组织内的机构中，理事会过于庞大，无法讨论货币改革的微妙问题，执行董事会政治级别不够高，没有充分的权力对重大经济问题作出决定，因此 1972 年国际货币基金组织理事会决议设立了"国际货币制度改革及相关问题委员会"(Committee on Reform of the International Monetary System and Related Issues)，即"二十国委员会"，作为国际货币基金组织的一个附属机构，在一定程度上行使理事会的职能，研究国际货币制度的改革和有关问题。

二十国委员会由 11 个发达国家(法国、联邦德国、英国、美国、意大利、荷兰、比利时、瑞典、加拿大、日本、澳大利亚)和九个发展中国家(阿根廷、巴西、墨西哥、埃塞俄比亚、摩洛哥、扎伊尔、印度尼西亚、印度、伊拉克)的财政部长组成，每个代表可任命两名副手，组成"二十国副手委员会"，协助二十国委员会工作。

十国集团(G10)

巴黎俱乐部(Paris Club)也称"十国集团"(Group-10)，成立于 1961 年 11 月，是一个非正式的官方机构，由于其经常在巴黎克莱贝尔大街的马热斯蒂克旅馆聚会，故称巴黎俱乐部。

巴黎俱乐部的诞生是由于 1956 年阿根廷向国际社会发出了警告：它已无力偿还所欠债务。其困难在于索债的银行和其他债权机构太多，无法进行双边谈判。于是就产生了建立一个协调机构的想法。

该组织的宗旨是专门为发展中国家讨论与协调西方债权国的官方债务推迟偿还事宜；协调成员国的货币政策，以便在国际货币基金组织内采取一致行动；在国际金融领域的许多方面加强合作，以应付国际收支的不平衡和货币危机。

成员：由法国委派一位部长或高级官员任该俱乐部主席，俱乐部始终是一个没有固定成员和组织章程的特殊集团，其核心成员是经合组织中的工业化国家，即美国、英国、法国、德国、意大利、日本、荷兰、加拿大、比利时、瑞典、瑞士等，即"十国集团"(1984年瑞士加入该集团，但该组织名称不变)。

一般情况下，俱乐部的会议除了债务国和债权国派员参加外，国际货币基金组织、国际复兴开发银行、经合组织、联合国贸发会议、国际清算银行和欧洲经济共同体也派观察员参加。俱乐部的秘书处由10多个常驻代表组成，办公地点在法国财政部。

七国集团(G7)

20世纪70年代初，西方国家经历了"二战"后严重的全球性经济危机。为共同研究世界经济形势、协调各国政策、重振西方经济，在法国的倡议下，法、美、德、日、英、意六国领导人于1975年11月在法国举行了第一次首脑会议。

1976年6月在波多黎各的圣胡安举行第二次会议时，增加了加拿大，形成七国集团，也称为"西方七国首脑会议"。此后，西方发达国家最高级经济会议作为一种制度固定了下来，每年一次轮流在各成员国召开。从1977年起，欧洲联盟(当时称欧洲共同体)委员会主席也应邀参加会议。七国集团成员包括美国、日本、德国、英国、法国、意大利和加拿大。

历次首脑会议主要讨论经济问题，协调各国的宏观经济政策。近年来政治问题也逐渐成为会议的重要议题。

八国集团(G8)

八国首脑会议由西方七国首脑会议演变而来，八国是指美国、英国、法国、德国、意大利、加拿大、日本和俄罗斯。

1991年7月，苏联总统戈尔巴乔夫应邀同与会的七国首脑在会后举行会晤。从此每年的正式会议后俄罗斯领导人都要参加"7+1"会谈，且参与程度逐步提升，直至1994年俄罗斯获准参加政治问题的讨论。1997年在美国丹佛举行七国首脑会议时，克林顿总统作为东道主邀请叶利钦以正式与会者的身份"自始至终"参加会议，并首次与七国集团首脑以"八国首脑会议"的名义共同发表公报。从此，延续了23年的西方七国首脑会议演化为八国首脑会议，但在经济问题上依然保持七国体制。

中国政府派官员参加了工业化七国集团2004年10月举行的财长会议。这是中国首次被正式邀请并同意参加这个世界上最富有国家组织的活动。

(根据互联网上相关资料整理摘编)

附录 C　新型的金融衍生工具
——索罗斯的量子基金及其他

对冲基金

1. 对冲基金的基本内涵

对冲基金(Hedge Funds)是一种衍生工具基金，即对冲基金可以运用多种投资策略，包括运用各种衍生工具如指数期货、股票期权、远期外汇合约，乃至其他具有财务杠杆效果的金融工具进行投资，同时也可在各地的股市、债市、汇市、商品市场进行投资。与特定市场范围或工具范围的商品期货基金、证券基金相比，对冲基金的操作范围更广。经过几十年的演变，对冲基金已失去其初始的风险对冲的内涵，对冲基金的称谓亦徒有虚名。对冲基金已成为一种新的投资模式的代名词，即基于最新的投资理论和极其复杂的金融市场操作技巧，充分利用各种金融衍生产品的杠杆效用、承担高风险、追求高收益的投资模式。

2. 对冲基金的起源和发展

第一个有限合伙制的琼斯对冲基金起源于 1949 年。该基金实行卖空和杠杆借贷相结合的投资策略。卖空是指出售借入的证券，然后在价格下跌的时候购回，获取资本升值。杠杆投资是通过借贷扩大投资价值，增加收益，但同时也有加剧亏损的风险。两者结合，形成稳健投资策略。20 世纪 80 年代后期，金融自由化的发展，为基金界提供了更为广阔的投资机会，更使得对冲基金进入了另一轮快速发展阶段。进入 20 世纪 90 年代，随着世界通货膨胀威胁逐渐解除，以及金融工具日趋成熟和多样化，对冲基金更加蓬勃发展。对冲基金不像传统基金那样有义务向有关监管部门和公众披露基金状况，它们的资料主要依赖基金经理自愿呈报，而不是基于公开披露资料。其原因与对冲基金以合伙制为主的组织形式，以及以离岸注册为主尽量逃避监管的运作方式是分不开的。对冲基金运作神秘和缺乏监管，正是造成对冲基金危害金融市场的原因之一。

3. 对冲基金的运作方法

在一个最基本的对冲操作中，基金管理者在购入一只股票后，同时购入这只股票的一定价位和时效的看跌期权(Put Option)。看跌期权的效用在于当股票价位跌破期权限定的价格时，卖方期权的持有者可将手中持有的股票以期权限定的价格卖出，从而使股票跌价的风险得到对冲。在另一类对冲操作中，基金管理人首先选定某类行情看涨的行业，买进该行业中看好的几只优质股，同时以一定比率卖出该行业中较差的几只劣质股。如此组合的结果是，如该行业预期表现良好，优质股涨幅必超过其他同行业的股票，买入优质股的收益将大于卖空劣质股而产生的损失；如果预期错误，此行业股票不涨反跌，那么较差公司的股票跌幅必大于优质股，则卖空盘口所获利润必高于买入优质股下跌造成的损失。正因如此的操作手段，早期的对冲基金可以说是一种基于避险保值的保守投资策略的基金管理形式。

4. 对冲基金的主要类别

(1) 宏观基金(Macro Funds)。这类对冲基金根据国际经济环境的变化利用股票、货币汇率等投资工具在全球范围内进行交易。老虎基金、索罗斯基金以及 LTCM 都属于典型的"宏观"基金。

(2) 全球基金(Global Funds)。它更侧重于以从下而上(Bottom-up)的方法在个别市场上挑选股票。与宏观基金相比，它们较少使用指数衍生工具。

(3) 买空(多头交易)基金(Long only Funds)。它们按对冲基金架构建立，征收利润奖励费和使用杠杆投资，但从事传统的股票买卖。

(4) 市场中性基金(Market-Neutral Funds)。这类基金采用相互抵消的买空卖空手段以降低风险。

(5) 卖空基金(Short Sales Funds)。这类基金向经纪商借入它认为价值高估的证券并在市场出售，然后希望能以低价购回还给经纪商。

(6) 重组驱动基金。此类基金的投资人旨在利用每一次公司重组事件而获利。

(7) 抵押证券基金。

(8) 基金中基金(Funds of Funds)。即投资于对冲基金的对冲基金。

量 子 基 金

量子基金是由乔治·索罗斯创立的，其前身是双鹰基金，1969 年创立时，资本额为 400 万美元，1973 年改名为索罗斯基金，资本额约 1 200 万美元。美国金融家乔治·索罗斯旗下经营了五个风格各异的对冲基金，其中，量子基金是最大的一个，也是全球规模较大的几个对冲基金之一。1979 年，索罗斯将公司更名，改为量子公司，来源于海森帕格量子力学测不准定律。这一定律认为：在量子力学中，要描述原子粒子的运动是不可能的。这与索罗斯的下述观点相吻合，索罗斯认为：市场总是处在不确定和不停的波动状态，但通过明显的贴现，与不可预料因素下赌，赚钱是可能的。公司顺利地运转，得到超票面价格，是以股票的供给和要求为基础的。量子基金设立在纽约，但其出资人皆为非美国国籍的境外投资者，从而避开了美国证券交易委员会的监管。量子基金投资于商品、外汇、股票和债券，并大量运用金融衍生产品和杠杆融资，从事全方位的国际性金融操作。索罗斯凭借其过人的分析能力和胆识，引导着量子基金在世界金融市场一次又一次的攀升，在破败中逐渐成长壮大。他曾多次准确地预见到某个行业和公司的非同寻常的成长潜力，从而在这些股票的上升过程中获得超

新型的金融衍生工具——索罗斯的量子基金及其他　附录 C

额收益。即使是在市场下滑的熊市中，索罗斯也以其精湛的卖空技巧而大赚其钱。经过不到30年的经营，至1997年年末，量子基金已增值为资产总值近60亿美元的巨型基金。在1969年注入量子基金的1万美元在1996年年底已增值至3亿美元(即增长了3万倍)。

索罗斯成为国际金融界炙手可热的人物，是由于他凭借量子基金在20世纪90年代中所发动的几次大规模货币阻击战。量子基金以其强大的财力和凶狠的作风，自20世纪90年代以来在国际货币市场上兴风作浪，常常对基础薄弱的货币发起攻击并屡屡得手。量子基金虽只有60亿美元的资产，但由于其在需要时可通过杠杆融资等手段取得相当于几百亿甚至上千亿资金的投资效应，因而成为国际金融市场中一个举足轻重的力量。同时由于索罗斯的声望，量子基金的资金行踪和投注方向无不为规模庞大的国际游资所追随，因此量子基金的一举一动常常对某个国家货币的升降走势起关键的影响作用。对冲基金对一种货币的攻击往往是在货币的远期和期货、期权市场上通过对该种货币大规模卖空进行的，从而造成该种货币的贬值压力。对外汇储备窘困的国家，在经过徒劳无功的市场干预后所剩的唯一办法往往是任其货币贬值，从而使处于空头的对冲基金大获其利。在20世纪90年代中发生的几起严重的货币危机事件中，索罗斯及其量子基金都负有直接责任。

20世纪90年代初为配合欧共体内部的联系汇率，英镑汇率被人为固定在一个较高水平，引发国际货币投机者的攻击，量子基金率先发难，在市场上大规模抛售英镑而买入德国马克。英格兰银行虽下大力气抛出德国马克购入英镑并配以提高利率的措施，仍不敌量子基金的攻击而退守，英镑被迫退出欧洲货币汇率体系而自由浮动，短短1个月内英镑汇率下挫20%，而量子基金在此英镑危机中获取了数亿美元的暴利。在此不久之后，意大利里拉亦遭受同样的命运，量子基金同样扮演主角。1994年，索罗斯的量子基金对墨西哥比索发起攻击。墨西哥在1994年之前的经济良性增长，是建立在过分依赖中短期外资贷款的基础之上的。为控制国内的通货膨胀，比索汇率被高估并与美元挂钩浮动。由量子基金发起的对比索的攻击，使墨西哥外汇储备在短时间内告罄，不得不放弃与美元的挂钩，实行自由浮动，从而造成墨西哥比索和国内股市的崩溃，而量子基金在此次危机中则收入不菲。

1997年下半年，东南亚发生金融危机。与1994年的墨西哥一样，许多东南亚国家，如泰国、马来西亚和韩国等长期依赖中短期外资贷款维持国际收支平衡，汇率偏高并大多维持与美元或一揽子货币的固定或联系汇率，这给国际投机资金提供了一个很好的捕猎机会。量子基金扮演了狙击者的角色，从大量卖空泰铢开始，迫使泰国放弃维持已久的与美元挂钩的固定汇率而实行自由浮动，从而引发了一场泰国金融市场前所未有的危机。危机很快波及所有东南亚实行货币自由兑换的国家和地区，迫使除了港币之外的所有东南亚主要货币在短期内急剧贬值。东南亚各国货币体系和股市的崩溃以及由此引发的大批外资撤出和国内通货膨胀的巨大压力，给这个地区的经济发展蒙上了一层阴影。

在过去31年半的历史中，量子基金的平均回报率高达30%以上，也就是说，当年投资10万美元，如果进行利滚利的投资，如今已值4.2亿美元。量子基金的辉煌也在于此。然而，从1998年年底起，索罗斯基金已从103.6亿美元减至1999年4月中旬的82.5亿美元。索罗斯的量子基金出现亏损主要是因为量子基金投资的俄罗斯债券上。由于俄罗斯金融危机爆发，卢布汇价急速下跌，索罗斯投资的俄罗斯债券价格亦狂跌，量子基金损失惨重，损失约20亿美元。

尽管索罗斯在1998年俄罗斯债务危机及对日元汇率走势的错误判断遭受重大损失之后

便专注于美国股市的投资,特别是网络股的投资,但 2000 年 4 月美国纳斯达克指数狂泻 30%,索罗斯的量子基金遭受重大损失,亏损总数近 50 亿美元,量子基金元气大伤。此后,索罗斯不得不宣布关闭旗下两大基金"量子基金"和"配额基金",基金管理人德鲁肯米勒和罗迪蒂"下课",量子基金这一闻名世界的对冲基金至此寿终正寝。索罗斯同时宣布将基金的部分资产转入新成立的"量子捐助基金"继续运作。而且,他强调,由于市场的激剧动荡和传统的衡量股值的办法已不适用,"量子捐助基金"也将改变投资策略,即主要从事低风险、低回报的套利交易。

老 虎 基 金

老虎基金的创始人朱利安·罗伯逊于 25 岁在 KidderPeadbody 公司担任股票经纪人,他以精选价值型股票闻名于华尔街,被称为"明星经纪人"。1980 年,罗伯逊集资 800 万美元创立了自己的公司——老虎管理公司。其下的对冲基金在 1993 年攻击英镑、新土耳其里拉成功,大赚一把。公司的名声大噪,投资人纷纷上门投资,老虎基金公司管理的资金迅速膨胀,成为美国最为显赫的对冲基金。

此后,老虎基金管理公司的业绩节节攀升,在股、汇市投资双双告捷的带动下,公司的最高赢利(扣除管理费)达到 32%,在 1998 年的夏天,其总资产达到 230 亿美元的高峰,一度成为美国最大的对冲基金。

但进入 1998 年下半年,老虎基金开始交上厄运,在俄罗斯金融危机后,日元对美元的汇价跌至 147∶1,朱利安预计该比价将跌至 150 日元以下,因此,他命令旗下的老虎基金、美洲豹基金大量卖空日元,但日元却在日本经济没有任何好转的情况下,在两个月内急升到 115 日元,罗伯逊损失惨重,仅在 10 月 7 日一天,老虎管理公司就亏损 20 亿美元,而 10 月份总共损失 34 亿美元,再加上 9 月份的损失,老虎管理公司在日元的投资上损失了近 50 亿美元。祸不单行,1999 年,罗伯逊在股市上的投资也告失败,重仓股票美国航空集团和废料管理公司的股价却持续下跌。

从 12 月开始,近 20 亿美元的短期资金从美洲豹基金撤出,到 1999 年 10 月,总共有 50 亿美元的资金从老虎基金管理公司撤走,投资者的撤资使基金经理无法专注于长期投资,从而将会影响长期投资者的信心。因此,1999 年 10 月 6 日,罗伯逊要求从 2000 年 3 月 31 日开始,"老虎""美洲狮""美洲豹"三只基金的赎回期改为半年一次,但到 2000 年 3 月 31 日,罗伯逊却宣布将结束旗下六只对冲基金的全部业务!

罗伯逊不得不如此,因为,老虎管理公司只剩下 65 亿美元的资产,除去撤走的 76.5 亿美元,老虎管理公司从顶峰的 230 亿美元亏损 88.5 亿美元,而且只用了 18 个月。罗伯逊宣布老虎管理公司倒闭的同时,决定在两个月内对公司 65 亿美元的资产进行清盘,其中 80%归还投资者,自己剩余的 15 亿美元将继续投资。

(根据互联网上的相关资料整理摘编)

附录 D 世界货币名称

世界各国(地区)货币名称及符号、辅币进位制等如表 D.1 至表 D.5 所示。

表 D.1 亚洲货币名称及符号

国家及地区	货币名称		货币符号		辅币进位制
	中文	英文	原有旧符号	标准符号	
中国	人民币元	Renminbi Yuan	RMB¥	CNY	1CNY=10jiao(角) 1jiao=10fen(分)
中国香港	港元	HongKong Dollars	HK$	HKD	1HKD=100cents(分)
中国澳门	澳门元	Macao Pataca	PAT.；P.	MOP	1MOP=100avos(分)
朝鲜	圆	Korean Won		KPW	1KPW=100 分
越南	越南盾	Vietnamese	DongD.	VND	1VND=10 角=100 分
日本	日圆	Japanese Yen	¥；J.¥	JPY	1JPY=100sen(钱)
老挝	基普	Laotian	KipK.	LAK	1LAK=100ats(阿特)
柬埔寨	瑞尔	Camboddian Riel	CR.；JRi.	KHR	1KHR=100sen(仙)
菲律宾	菲律宾比索	Philippine Peso	Ph.Pes.；Phil.P.	PHP	1PHP=100centavos(分)
马来西亚	马元	Malaysian Dollar	M.$；Mal.$	MYR	1MYR=100cents(分)
新加坡	新加坡元	Ssingapore Dollar	S.$	SGD	1SGD=100cents(分)
泰国	泰铢	ThaiBaht(ThaiTical)	BT.；Tc.	THP	1THP=100satang(萨当)
缅甸	缅元	Burmese Kyat	K.	BUK	1BUK=100pyas(分)
斯里兰卡	斯里兰卡卢比	SriLanka Rupee	S.Re.复数： S.Rs.	LKR	1LKR=100cents(分)
马尔代夫	马尔代夫卢比	Maldives Rupee	M.R.R； MAL.Rs.	MVR	1MVR=100larees(拉雷)
印度尼西亚	盾	Indonesian Rupiah	Rps.	IDR	1IDR=100cents(分)
巴基斯坦	巴基斯坦卢比	Pakistan Pupee	Pak.Re.；P.Re. 复数：P.Rs.	PRK	1PRK=100paisa(派萨)

续表

国家及地区	货币名称		货币符号		辅币进位制
	中文	英文	原有旧符号	标准符号	
印度	卢比	Indian Rupee	Re.复数：Rs.	INR	1INR=100paise(派士)(单数：paisa)
尼泊尔	尼泊尔卢比	Nepalese Rupee	N.Re.复数：N.Rs.	NPR	1NPR=100paise(派司)
阿富汗	阿富汗尼	Afghani	Af.	AFA	1AFA=100puls(普尔)
伊朗	伊朗里亚尔	Iranian Rial	RI.	IRR	1IRR=100dinars(第纳尔)
伊拉克	伊拉克第纳尔	Iraqi Dinar	ID	IQD	1IQD=1000fils(费尔)
叙利亚	叙利亚镑	Syrian Pound	£.Syr.；£.S.	SYP	1SYP=100piastres(皮阿斯特)
黎巴嫩	黎巴嫩镑	Lebanese Pound	£L	LBP	1LBP=100piastres(皮阿斯特)
约旦	约旦第纳尔	Jordanian Dinar	J.D.；J.Dr.	JOD	1JOD=1 000fils(费尔)
沙特阿拉伯	亚尔	SaudiArabian Riyal	S.A.Rls.；S.R.	SAR	1SAR=100qurush(库尔什) 1qurush=5halals(哈拉)沙特里
科威特	科威特第纳尔	Kuwaiti Dinar	K.D.	KWD	1KWD=1 000fils(费尔)
巴林	巴林第纳尔	Bahrain Dinar	BD.	BHD	1BHD=1 000fils(费尔)
卡塔尔	卡塔尔里亚尔	Qatar Riyal	QR.	QAR	1QAR=100dirhams(迪拉姆)
阿曼	阿曼里亚尔	Oman Riyal	RO.	OMR	1OMR=1 000baiza(派沙)
阿拉伯也门	也门里亚尔	Yemeni Riyal	YRL.	YER	1YER=100fils(费尔)
民主也门	也门第纳尔	Yemeni Dinar	YD.	YDD	1YDD=1 000fils(费尔)
土耳其	土耳其镑	Turkish Pound (Turkish Lira)	£T.(TL.)	TRL	1TRL=100kurus(库鲁)
塞浦路斯	塞浦路斯镑	Cyprus Pound	£C.	CYP	1CYP=1 000mils(米尔)

表 D.2 欧洲货币名称

国家及地区	货币名称		货币符号		辅币进位制
	中文	英文	原有旧符号	标准符号	
欧洲货币联盟	欧元	Euro	EUR	EUR	1EUR=100eurocents(生丁)
冰岛	冰岛克朗	Icelandic Krona(复数：Kronur)	I.Kr.	ISK	1ISK=100aurar(奥拉)
丹麦	丹麦克朗	Danish Krona(复数：Kronur)	D.Kr.	DKK	1DKK=100ore(欧尔)

续表

国家及地区	货币名称 中文	货币名称 英文	货币符号 原有旧符号	货币符号 标准符号	辅币进位制
挪威	挪威克朗	Norwegian Krone(复数: Kronur)	N.Kr.	NOK	1NOK=100ore(欧尔)
瑞典	瑞典克朗	Swedish Krona(复数: Kronor)	S.Kr.	SEK	1SEK=100ore(欧尔)
芬兰	芬兰马克	Finnish Markka(or Mark)	MK.；FM.；FK.；FMK.	FIM	1FIM=100penni (盆尼)
俄罗斯	卢布	Russian Ruble(or Rouble)	Rbs.Rbl.	SUR	1SUR=100kopee (戈比)
波兰	兹罗提	Polish Zloty	ZL.	PLZ	1PLZ=100groszy (格罗希)
捷克和斯洛伐克	捷克克朗	Czechish Koruna	Kcs.；Cz.Kr.	CSK	1 CSK=100Hellers (赫勒)
匈牙利	福林	Hungarian Forint	FT.	HUF	1HUF=100filler (菲勒)
德国	马克	Deutsche Mark	DM.	DEM	1DEM=100pfennig (芬尼)
奥地利	奥地利先令	Austrian Schilling	Sch.	ATS	1ATS=100Groschen (格罗申)
瑞士	瑞士法郎	Swiss Franc	SF.；SFR.	CHF	1CHF=100centimes (分)
荷兰	荷兰盾	Dutch Guilder(or Florin)	Gs.；Fl.；Dfl.；Hfl.；fl.	NLG	1NLG=100cents(分)
比利时	比利时法郎	Belgian Franc	Bi.；B.Fr.；B.Fc.	BEF	1BEF=100centimes (分)*
卢森堡	卢森堡法郎	Luxembourg Franc	Lux.F.	LUF	1LUF=100centimes (分)
英国	英镑	Pound，Sterling	£；£Stg.	GBP	1GBP=100newpence (新便士)
爱尔兰	爱尔兰镑	Irishpound	£.Ir.	IEP	1IEP=100newpence (新便士)
法国	法郎	French Franc	F.F.；Fr.Fc.；F.FR.	FRF	1FRF=100centimes (分)
西班牙	比塞塔	Spanish Peseta	Pts.；Pes.	ESP	1ESP=100centimos (分)

续表

国家及地区	货币名称 中文	货币名称 英文	货币符号 原有旧符号	货币符号 标准符号	辅币进位制
葡萄牙	埃斯库多	Portuguese Escudo	ESC.	PTE**	1PTE=100centavos(分)
意大利	里拉	Italian Lira	Lit.	ITL	1ITL=100centesimi(分)***
马耳他	马耳他镑	Maltess Pound	£.M.	MTP	1MTP=100cents(分) 1Cent=10mils(米尔)
南斯拉夫	南斯拉夫新第纳尔	Yugoslav Dinar	Din.Dr.	YUD	1YUD=100paras(帕拉)
罗马尼亚	列伊	Rumanian Leu (复数：Leva)	L.	ROL	1ROL=100bani(巴尼)
保加利亚	列弗	Bulgarian Lev (复数：Lei)	Lev.	BGL	1BGL=100stotinki (斯托丁基)
阿尔巴尼亚	列克	Albanian Lek	Af.	ALL	1ALL=100quintars (昆塔)
希腊	德拉马克	Greek Drachma	Dr.	GRD	1GRD=100lepton(雷普)

表 D.3 美洲货币名称及符号

国家及地区	货币名称 中文	货币名称 英文	货币符号 原有旧符号	货币符号 标准符号	辅币进位制
加拿大	加元	Canadian Dollar	Can.$	CAD	1CAD=100cents(分)
美国	美元	U.S.Dollar	U.S.$	USD	1USD=100cent(分)
墨西哥	墨西哥比索	Mexican Peso	Mex.$	MXP	1MXP=100centavos(分)
危地马拉	格查尔	Quatemalan Quetzal	Q	GTQ	1GTQ=100centavos(分)
萨尔瓦多	萨尔瓦多科朗	Salvadoran Colon	¢	SVC	1SVC=100centavos(分)
洪都拉斯	伦皮拉	Honduran Lempira	L.	HNL	1HNL=100centavos(分)
尼加拉瓜	科多巴	Nicaraguan Cordoba	CS	NIC	1NIC=100centavos(分)
哥斯达黎加	哥斯达黎加科朗	Costa Rican Colon	¢	CRC	1CRC=100centavos(分)
巴拿马	巴拿马巴波亚	Panamanian Balboa	B.	PAB	1PAB=100centesimos(分)
古巴	古巴比索	Cuban Peso	Cu.Pes.	CUP	1CUP=100centavos(分)
巴哈马联邦	巴哈马元	Bahaman Dollar	B.$	BSD	1BSD=100cents(分)
牙买加	牙买加元	Jamaican Dollars	$.J.	JMD	1JMD=100cents(分)
海地	古德	Haitian Gourde	G.；Gds.	HTG	1HTG=100centimes(分)
多米尼加	多米尼加比索	Dominican Peso	R.D.$	DOP	1DOP=100centavos(分)
特立尼达和多巴哥	特立尼达和多巴哥元	Trinidadand Tobago Dollar	T.T.$	TTD	1TTD=100cents(分)

续表

国家及地区	货币名称 中文	货币名称 英文	货币符号 原有旧符号	货币符号 标准符号	辅币进位制
巴巴多斯	巴巴多斯元	Barbados Dollar	BDS. $	BBD	1BBD=100cents(分)
哥伦比亚	哥伦比亚比索	Colombian Peso	Col $	COP	1COP=100centavos(分)
委内瑞拉	博利瓦	Venezuelan Bolivar	B	VEB	1VEB=100centimos(分)
圭亚那	圭亚那元	Guyanan Dollar	G. $	GYD	1GYD=100cents(分)
苏里南	苏里南盾	Surinam Florin	S.Fl.	SRG	苏 1SRG=100(分)
秘鲁	新索尔	Peruvian Sol	S/.	PES	1PES=100centavos(分)
厄瓜多尔	苏克雷	Ecuadoran Sucre	S/.	ECS	1ECS=100centavos(分)
巴西	新克鲁赛罗	Brazilian New CruzeiroG	Gr. $	BRC	1BRC=100centavos(分)
玻利维亚	玻利维亚比索	Bolivian Peso	Bol.P.	BOP	1BOP=100centavos(分)
智利	智利比索	Chilean Peso	P.	CLP	1CLP=100centesimos(分)
阿根廷	阿根廷比索	Argentine Peso	Arg.P.	ARP	1ARP=100centavos(分)
巴拉圭	巴拉圭瓜拉尼	Paraguayan Guarani	Guars.	PYG	1PYG=100centimes(分)
乌拉圭	乌拉圭新比索	NewUruguayan Peso	N. $	UYP	1UYP=100centesimos(分)

表 D.4　非洲货币名称及符号

国家及地区	货币名称 中文	货币名称 英文	货币符号 原有旧符号	货币符号 标准符号	辅币进位制
埃及	埃及镑	Egyptian Pound	£E.; LF.	EGP	1EGP=100piastres(皮阿斯特)=1 000milliemes(米利姆)
利比亚	利比亚第纳尔	Libyan Dinar	LD.	LYD	1LYD=100piastres(皮阿斯特)=1 000milliemes(米利姆)
苏丹	苏丹镑	Sudanese Pound	£S.	SDP	1SDP=100piastres(皮阿斯特)=1 000milliemes(米利姆)
突尼斯	突尼斯第纳尔	Tunisian Dinar	TD.	TND	1TND=1 000milliemes(米利姆)
阿尔及利亚	阿尔及利亚第纳尔	Algerian Dinar	AD.	DZD	1DZD=100centimes(分)
摩洛哥	摩洛哥迪拉姆	Moroccan Dirham	DH.	MAD	1MAD=100centimes(分)
毛里塔尼亚	乌吉亚	Mauritania Ouguiya	UM	MRO	1MRO=5khoums(库姆斯)

续表

国家及地区	货币名称 中文	货币名称 英文	货币符号 原有旧符号	货币符号 标准符号	辅币进位制
塞内加尔	非共体法郎	African Financial Community Franc	C.F.A.F.	XOF	1XOF=100centimes(分)
上沃尔特	非共体法郎	African Financial Community Franc	C.F.A.F.	XOF	1XOF=100centimes(分)
科特迪瓦	非共体法郎	African Financial Community Franc	C.F.A.F.	XOF	1XOF=100centimes(分)
多哥	非共体法郎	African Financial Community Franc	C.F.A.F.	XOF	1XOF=100centimes(分)
贝宁	非共体法郎	African Financial Community Franc	C.F.A.F.	XOF	1XOF=100centimes(分)
尼泊尔	非共体法郎	African Financial Community Franc	C.F.A.F.	XOF	1XOF=100centimes(分)
冈比亚	法拉西	Gambian Dalasi	D.G.	GMD	1GMD=100bututses(分)
几内亚比绍	几内亚比绍比索	Guine-Bissau Peso	PG.	GWP	1GWP=100centavos(分)
几内亚	几内亚西里	Guinean Syli	GS.	GNS	辅币为科里cauri，但50科里以下舍掉不表示；50科里以上进为一西里
塞拉里昂	利昂	Sierra Leone Leone	Le.	SLL	1SLL=100cents(分)
利比里亚	利比里亚元	Liberian Dollar	L.$ £；Lib.$	LRD	1LRD=100cents(分)
加纳	塞地	Ghanaian Cedi	¢	GHC	1GHC=100pesewas(比塞瓦)
尼日利亚	奈拉	Nigerian Naira	N	NGN	1NGN=100kobo(考包)
喀麦隆	中非金融合作法郎	Central African Finan-Coop Franc	CFAF	XAF	1XAF=100centimes(分)
乍得	中非金融合作法郎	Central African Finan-Coop Franc	CFAF	XAF	1XAF=100centimes(分)
刚果	中非金融合作法郎	Central African Finan-Coop Franc	CFAF	XAF	1XAF=100centimes(分)
加蓬	中非金融合作法郎	Central African Finan-Coop Franc	CFAF	XAF	1XAF=100centimes(分)
中非	中非金融合作法郎	Central African Finan-Coop Franc	CFAF	XAF	1XAF=100centimes(分)
赤道几内亚	赤道几内亚埃奎勒	Equatorial Guinea Ekuele	EK.	GQE	1GQE=100centimes(分)

续表

国家及地区	货币名称		货币符号		辅币进位制
	中文	英文	原有旧符号	标准符号	
南非	兰特	South African Rand	R.	ZAR	1ZAR=100cents(分)
吉布提	吉布提法郎	Djibouti Franc	DJ.FS；DF	DJF	1DJF=100centimes(分)
索马里	索马里先令	Somali Shilling	Sh.So.	SOS	1SOS=100cents(分)
肯尼亚	肯尼亚先令	Kenya Shilling	K.Sh	KES	1KES=100cents(分)
乌干达	乌干达先令	Uganda Shilling	U.Sh.	UGS	1UGS=100cents(分)
坦桑尼亚	坦桑尼亚先令	Tanzania Shilling	T.Sh.	TZS	1TZS=100cents(分)
卢旺达	卢旺达法郎	Rwanda Franc	RF.	RWF	1RWF=100cents(分)
布隆迪	布隆迪法郎	Burnudi Franc	F.Bu	BIF	1BIF=100cents(分)
扎伊尔	扎伊尔	Zaire Rp	ZaireZ.	ZRZ	1ZRZ=100makuta(马库塔)
赞比亚	赞比亚克瓦查	Zambian Kwacha	KW.；K.	ZMK	1ZMK=100nywee(恩韦)
马达加斯加	马达加斯加法郎	Francde Madagasca	F.Mg.	MCF	1MCF=100cents(分)
塞舌尔	塞舌尔卢比	Seychelles Rupee	S.RP(S)	SCR	1SCR=100cent(分)
毛里求斯	毛里求斯卢比	Mauritius Rupee	Maur.Rp.	MUR	1MUR=100centimes(分)
津巴布韦	津巴布韦元	Zimbabwe Dollar	ZIM.$	ZWD	1ZWD=100cents(分)
科摩罗	科摩罗法郎	Comoros Franc	Com.F.	KMF	1KMF=100tambala(坦巴拉)

表D.5 大洋洲货币名称及符号

国家及地区	货币名称		货币符号		辅币进位制
	中文	英文	原有旧符号	标准符号	
澳大利亚	澳大利亚元	Australian Dollar	$A.	AUD	1AUD=100cents(分)
新西兰	新西兰元	New Zealand Dollar	$NZ.	NZD	1NZD=100cents(分)
斐济	斐济元	Fiji Dollar	F.$	FJD	1FJD=100cents(分)
所罗门群岛	所罗门元	Solomon Dollar	SL.$	SBD	1SBD=100cents(分)

(资料来源：根据互联网上有关资料整理)

参 考 文 献

[1] 姜波克. 国际金融新编[M]. 3 版. 上海：复旦大学出版社，2001.

[2] 刘舒年. 国际金融[M]. 北京：中国人民大学出版社，2000.

[3] 冯文伟. 国际金融管理教程[M]. 上海：华东理工大学出版社，1999.

[4] 梁峰. 国际金融概论[M]. 北京：经济科学出版社，2002.

[5] (美)J. 奥林·戈莱比. 国际金融市场[M]. 北京：中国人民大学出版社，2003.

[6] 薛宝龙，刘洪祥. 国际金融[M]. 大连：东北财经大学出版社，1997.

[7] 穆怀朋. 国际金融[M]. 北京：中国金融出版社，1999.

[8] 梁峰. 国际金融概论[M]. 北京：经济科学出版社，2002.

[9] 斯蒂芬·马奥尼. 国际金融词汇手册[M]. 北京：经济科学出版社，2000.

[10] 高松涛. 国际金融体系重构研究[M]. 北京：经济科学出版社，2002.

[11] 孙建，魏晓琴，黄瑞芬. 国际金融[M]. 青岛：青岛海洋大学出版社，2000.

[12] (美)理查德·M. 列维奇. 国际金融市场——价格与政策[M]. 2 版. 北京：机械工业出版社，2003.

[13] 蓝发钦. 国际金融导论[M]. 北京：世界图书出版社，1997.

[14] 江舟子. 国际贸易结算单据[M]. 广州：广东经济出版社，2004.

[15] 苏宗祥. 国际结算[M]. 北京：中国金融出版社，2002.

[16] www.safe.gov.cn (中国外汇管理局网站)

[17] www.imf.org (国际货币基金组织网站)

[18] www.stats.gov.cn (国家统计局网站)

[19] www.worldbank.org (世界银行网站)

[20] www. cnebi2.net(中商贸易网)

[21] www.xy369.com(369 信合网)

[22] www.b2bsouth.net(南方商务网)